# Horizonte

# 4

*Geschichte · Gymnasium Hessen*

**Herausgegeben von**
Ulrich Baumgärtner

**Erarbeitet von**
Christopher Andres
Ulrich Baumgärtner
Hans-Jürgen Döscher
Gregor Meilchen
Frank Skorsetz
Christine Stangl
Wolf Weigand
Stefan Wolle

**Mit Beiträgen von**
Peter Heldt
Diethard Hennig
Katrin Herzig
Christoph Huber
Bernhard Ilsemann
Hannes Liebrandt
Ulrike Roos

**westermann**

© 2014 Bildungshaus Schulbuchverlage
Westermann Schroedel Diesterweg Schöningh Winklers GmbH, Braunschweig
www.westermann.de

Das Werk und seine Teile sind urheberrechtlich geschützt. Jede Nutzung in anderen als den gesetzlich zugelassenen Fällen bedarf der vorherigen schriftlichen Einwilligung des Verlages.
Für Verweise (Links) auf Internet-Adressen gilt folgender Haftungshinweis: Trotz sorgfältiger inhaltlicher Kontrolle wird die Haftung für die Inhalte der externen Seiten ausgeschlossen. Für den Inhalt dieser externen Seiten sind ausschließlich deren Betreiber verantwortlich. Sollten Sie daher auf kostenpflichtige, illegale oder anstößige Inhalte treffen, so bedauern wir dies ausdrücklich und bitten Sie, uns umgehend per E-Mail davon in Kenntnis zu setzen, damit beim Nachdruck der Verweis gelöscht wird.

Druck $A^3$ / Jahr 2019
Alle Drucke der Serie A sind inhaltlich unverändert.

Redaktion: Thorsten Schimming, Christoph Meyer
Typografie: Thomas Schröder
Druck und Bindung: Westermann Druck GmbH, Braunschweig

ISBN 978-3-14-**111696**-0

# Inhalt

## 1. Die Weimarer Republik ................ 6

Die Deutsche Revolution ........................ 8
Die Gründung der Weimarer Republik ............. 12
Der Versailler Vertrag ......................... 16
Quellen aus dem 20. Jahrhundert ................ 22
Die Krisenjahre 1919–1923 ...................... 26
Außenpolitik der Weimarer Republik 1919–1929 ... 30
Die ruhige Zwischenphase der Weimarer Republik . 34
Die Weltwirtschaftskrise ....................... 40
Methode: Umgang mit Statistiken ................ 44
Der Aufstieg der NSDAP ......................... 46
Die Endphase der Weimarer Republik ............. 50
Ursachen für das Scheitern der Republik ........ 56
Museen der Region und Lesetipps ................ 58
Zusammenfassung ................................ 60
Seiten zur Selbsteinschätzung .................. 62

## 2. Nationalsozialismus und Zweiter Weltkrieg ........................ 64

Die Nationalsozialisten erhalten die Macht ..... 66
Die Nationalsozialisten festigen ihre Macht .... 72
Die Weltanschauung der Nationalsozialisten ..... 76
Verführung und Gewalt .......................... 80
Die „Hitlerjugend" ............................. 86
Ausgrenzung und Entrechtung der Juden .......... 90
Methode: Umgang mit Bildquellen ................ 94
Nationalsozialistische Außenpolitik 1933–1938 .. 96
Vertiefung: Die Sowjetunion unter Stalin ....... 100
Der Beginn des Zweiten Weltkrieges ............. 104
Die „Blitzkriege" 1939–1941 .................... 108
Kriegswende und Kriegsende ..................... 112
Kriegsalltag in Deutschland .................... 118
Methode: Umgang mit Berichten von Zeitzeugen ... 122
Die Ermordung der Juden ........................ 124
Widerstand gegen den Nationalsozialismus ....... 130
Das Ende des Zweiten Weltkrieges ............... 136
Museen der Region und Lesetipps ................ 140
Zusammenfassung ................................ 142
Seiten zur Selbsteinschätzung .................. 144

# Inhalt

## 3. Ost-West-Konflikt und doppelte deutsche Staatsgründung — 146

- Kriegsende in Deutschland — 148
- Die „Zusammenbruchsgesellschaft" — 152
- Die Entwicklung in den Besatzungszonen — 156
- Die Entnazifizierung — 162
- Der Zerfall der Anti-Hitler-Koalition — 166
- Die doppelte Staatsgründung — 172
- Museen der Region und Lesetipps — 178
- Zusammenfassung — 180
- Seiten zur Selbsteinschätzung — 182

## 4. Die Welt nach 1945 — 184

- Die Gründung der UNO — 186
- Der Kalte Krieg in den 1950er-Jahren — 190
- Kuba-Krise, Vietnamkrieg und „Prager Frühling" — 196
- Zwischen Entspannung und Konfrontation — 202
- Der Zerfall der Sowjetunion — 206
- Russland und die USA nach dem Kalten Krieg — 212
- Der Zerfall Jugoslawiens — 218
- Die europäische Einigung — 222
- Die Welt nach dem 11. September 2001 — 228
- Museen der Region und Lesetipps — 234
- Zusammenfassung — 236
- Seiten zur Selbsteinschätzung — 238

## 5. Deutschland – Von der Teilung zur Wiedervereinigung — 240

- Die Bundesrepublik in den Fünfzigerjahren — 242
- Außenpolitik der BRD in den 1950er-Jahren — 248
- Leben in der Bundesrepublik in den 1950er-Jahren — 252
- Die DDR von der Gründung bis zum Mauerbau — 256
- Methode: Umgang mit schriftlichen Quellen — 262
- Leben in der DDR in den Fünfzigerjahren — 264
- Die Bundesrepublik 1963–1990 — 268
- Die DDR zwischen Mauerbau und Revolution — 274
- Die deutsche Einheit 1990 — 280
- Das vereinte Deutschland — 286
- Museen der Region und Lesetipps — 292
- Zusammenfassung — 294
- Seiten zur Selbsteinschätzung — 296

# Inhalt

**Minilexikon** .............................. 298

**Register** .................................. 302

**Bildnachweis** ............................. 304

### Methodenseiten im Überblick:

Umgang mit Statistiken ............................. 44
Umgang mit Bildquellen ............................ 94
Umgang mit Berichten von Zeitzeugen ................ 122
Umgang mit schriftlichen Quellen ................... 262

# 1. Die Weimarer Republik

**Revolution in Kiel**
Soldatenrat auf dem Kriegsschiff „Prinzregent Luitpold" in Kiel, November 1918

**Ausschnitt eines Wahlplakats der DNVP von 1924**

Nationaltheater in Weimar

Geldschein von 1923

Fackelzug durchs Brandenburger Tor, 30.1.1933. Filmszene

# Die Weimarer Republik

## Die Deutsche Revolution

### Ein historischer Tag

Am 9. November 1918 überschlugen sich in der Reichshauptstadt Berlin die Ereignisse: Am Vormittag legte ein Generalstreik das gesamte Wirtschaftsleben lahm. Um 12 Uhr gab Reichskanzler Max von Baden eigenmächtig die Abdankung Wilhelms II. und den Thronverzicht des Kronprinzen bekannt. Zugleich übertrug er sein Amt an Friedrich Ebert, den Vorsitzenden der MSPD. Während des Krieges hatte sich die SPD gespalten. Ein Teil hatte sich als „Unabhängige Sozialdemokratische Partei Deutschlands" selbstständig gemacht und sich von den „Mehrheitssozialdemokraten" (MSPD) getrennt. Damit übernahm zum ersten Mal ein Sozialdemokrat das höchste Regierungsamt. Ohne Ebert zu informieren, rief sein Parteifreund, Philipp Scheidemann, gegen 14 Uhr die „Deutsche Republik" aus und kam damit der Ausrufung einer Sowjetrepublik nach russischem Vorbild zuvor. Zwei Stunden später proklamierte Karl Liebknecht die „Sozialistische Republik" und forderte die „Weltrevolution". Am Abend des 9. November einigten sich schließlich die MSPD und die USPD darauf, eine provisorische Regierung zu bilden. Diese trug den Namen „Rat der Volksbeauftragten" und sollte bis zur Wahl einer Nationalversammlung die politische Verantwortung in Deutschland übernehmen. Das deutsche Kaiserreich hatte damit aufgehört zu bestehen.

**M 1   Extra-Ausgabe**
„Vorwärts" vom 9. November 1918

### Ursachen der Revolution

Nachdem das kommunistische Russland Anfang 1918 im Frieden von Brest-Litowsk riesige Gebiete hatte abtreten müssen, versuchten die deutschen Armeen mit einer groß angelegten Frühjahrsoffensive, die militärische Entscheidung auch im Westen zu erzwingen. Im Laufe des Sommers zeichnete sich jedoch ab, dass diese Aktion erfolglos verlief. Zudem forderten die USA die Demokratisierung Deutschlands: Die konstitutionelle Monarchie, in der zwar eine Verfassung existierte, sollte in eine parlamentarische umgewandelt werden. Die Regierung sollte künftig vom Vertrauen des Reichstages und nicht mehr nur vom

**M 2   Novemberrevolution**
Soldaten am 9. November 1918 am Brandenburger Tor in Berlin, nachträglich kolorierte Fotografie

M 3  **Friedrich Ebert**
**(1871–1925)**

M 4  **Rosa Luxemburg**
**(1871–1919)**

M 5  **Karl Liebknecht**
**(1871–1919)**

Kaiser abhängig sein. Doch diese sogenannte Oktoberreform kam zu spät: Als Ende Oktober 1918 der Befehl gegeben wurde, dass die Kriegsflotte auslaufen sollte, kam es zu Meutereien auf Schiffen der vor Wilhelmshaven ankernden Hochseeflotte, die Anfang November auf die Kieler Werften und Rüstungsbetriebe übergriffen und sich schnell in ganz Deutschland ausbreiteten.

### Die Räte übernehmen die Macht

Aufständische Soldaten und Arbeiter wählten Vertreter, die ihre Interessen wahrnehmen sollten. In diesen Soldaten- und Arbeiterräten arbeiteten meistens Mitglieder der MSPD und der USPD. Die Rätebewegung breitete sich in den ersten Novembertagen in ganz Deutschland aus. Neben der Rätebewegung agierte der am 9. November eingerichtete Rat der Volksbeauftragten. Nur die beiden sozialistischen Parteien und gewählte Arbeiter- und Soldatenräte bestimmten das politische Geschehen. Die bürgerlichen Parteien, Zentrum und Liberale, waren von den Entscheidungen ausgeschlossen. Allerdings hatte General Groener Friedrich Ebert zugesagt, dass sich die Armee, um sich gegenüber den Soldatenräten zu behaupten, der neuen sozialdemokratischen Regierung unterstellen werde. Diese Vereinbarung wird auch als Ebert-Groener-Pakt bezeichnet.

### Räteherrschaft oder parlamentarische Demokratie?

Wie die politische Ordnung Deutschlands aussehen sollte, war unter den Revolutionären umstritten. Die Spartakisten um Karl Liebknecht und Teile der USPD forderten eine Herrschaft der Räte, die direkt vom Volk gewählt, aber auch abgewählt werden konnten. Sie sollten gesetzgeberische, ausführende und richterliche Befugnisse haben. Diese Gruppe lehnte eine Gewaltenteilung ab. Die MSPD strebte eine Volksvertretung mit gewählten Abgeordneten an, die jedoch nicht an die Vorgaben ihrer Partei gebunden sein sollten. Ihr Ziel war die Errichtung eines Staatswesens nach den Prinzipien der Gewaltenteilung. Ungeachtet dieser Auseinandersetzungen fielen aber schon in den ersten Tagen der Revolution Entscheidungen, die eine Ausweitung der Revolution verhindern sollten. Dazu gehörte auch, dass die Unternehmer und Gewerkschaften sich darauf verständigten, Industriebetriebe nicht zu enteignen.

Im Dezember trat in Berlin ein gesamtdeutscher Rätekongress zusammen, der sich mit überwältigender Mehrheit für die parlamentarische Demokratie entschied. In der neu gegründeten KPD, der Kommunistischen Partei Deutschlands, sammelten sich diejenigen, die weiterhin am Ziel einer Räterepublik festhielten und durch eine gewaltsame Revolution die bestehenden Verhältnisse beseitigen wollten. Sie versuchten mit dem sogenannten Spartakus-Aufstand, die für Januar 1919 geplanten Wahlen zu verhindern. Die Regierung setzte zur Niederschlagung Freikorps ein, die sich aus entlassenen Soldaten zusammensetzten und die der Revolution ablehnend gegenüberstanden. Die verhafteten KPD-Führer Rosa Luxemburg und Karl Liebknecht wurden dabei ermordet. Als am 19. Januar 1919 die Wahl zur verfassungsgebenden Nationalversammlung stattfand, war die Revolution beendet, die am 9. November 1918 begonnen hatte. Nun ging es darum, eine neue politische Ordnung zu schaffen.

# Die Weimarer Republik

## Die Republik wird ausgerufen – Arbeiten mit Textquellen

**M 6** Philipp Scheidemann (1865–1939), Foto, Oktober 1918

### M 7 Die „Deutsche Republik"

*Philipp Scheidemann rief am 9. November gegen 14 Uhr die „Deutsche Republik" aus. Der folgende Text wurde von Philipp Scheidemann für seine 1928 erschienenen Memoiren nachträglich angefertigt:*

Arbeiter und Soldaten!
Furchtbar waren die vier Kriegsjahre, grauenhaft waren die Opfer, die das Volk an Gut und Blut hat bringen müssen. Der unglückselige Krieg ist zu
5 Ende. Das Morden ist vorbei. Die Folgen des Krieges, Not und Elend, werden noch viele Jahre lang auf uns lasten. Die Niederlage, die wir unter allen Umständen verhüten wollten, ist uns nicht erspart geblieben, weil unsere Verständigungsvorschläge
10 sabotiert wurden, wir selbst wurden verhöhnt und verleumdet. Die Feinde des werktätigen Volkes, die wirklichen „inneren Feinde", die Deutschlands Zusammenbruch verschuldet haben, sind still und unsichtbar geworden. Das waren die Daheimkrie-
15 ger, die ihre Eroberungsforderungen bis zum gestrigen Tage ebenso aufrechterhielten, wie sie den verbissensten Kampf gegen jede Reform der Verfassung und besonders des schändlichen preußischen Wahlsystems geführt haben. Diese Volks-
20 feinde sind hoffentlich für immer erledigt.
Der Kaiser hat abgedankt. Er und seine Freunde sind verschwunden. Über sie alle hat das Volk auf der ganzen Linie gesiegt! Der Prinz Max von Baden hat sein Reichskanzleramt dem Abgeordneten Ebert übergeben. Unser Freund wird eine 25 Arbeiterregierung bilden, der alle sozialistischen Parteien angehören werden. Die neue Regierung darf nicht gestört werden in ihrer Arbeit für den Frieden, in der Sorge um Brot und Arbeit. Arbeiter und Soldaten! Seid euch der geschichtlichen 30 Bedeutung dieses Tages bewusst. Unerhörtes ist geschehen. Große und unübersehbare Arbeit steht uns bevor.
Alles für das Volk, alles durch das Volk! Nichts darf geschehen, was der Arbeiterbewegung zur Uneh- 35 re gereicht. Seid einig, treu und pflichtbewusst! Das Alte und Morsche, die Monarchie ist zusammengebrochen. Es lebe das Neue! Es lebe die Deutsche Republik!

Geschichte in Quellen, hrsg. von W. Lautemann und M. Schlenke, 40
Band 5, 2. Aufl., München 1975, S. 114.

### M 8 „Die freie sozialistische Republik"

*Karl Liebknecht proklamierte am 9. November 1918 gegen 16 Uhr auf einer Massenversammlung vor dem Berliner Stadtschloss die „Sozialistische Republik":*

Der Tag der Revolution ist gekommen. Wir haben den Frieden erzwungen. Der Friede ist in diesem Augenblick geschlossen. Das Alte ist nicht mehr. Die Herrschaft der Hohenzollern, die in diesem Schloss jahrhundertelang gewohnt haben, ist vor- 5
über […].
Parteigenossen, ich proklamiere die freie sozialistische Republik Deutschland, die alle Stämme umfassen soll, in der es keine Knechte mehr geben wird, in der jeder ehrliche Arbeiter den ehrlichen 10 Lohn seiner Arbeit finden wird. Die Herrschaft des Kapitalismus, der Europa in ein Leichenfeld verwandelt hat, ist gebrochen […].
Wir müssen alle Kräfte anspannen, um die Regierung der Arbeiter und Soldaten aufzubauen und 15 eine neue staatliche Ordnung des Proletariats zu schaffen, eine Ordnung des Friedens, des Glücks und der Freiheit unserer deutschen Brüder und unserer Brüder in der ganzen Welt. Wir reichen ihnen die Hände und rufen sie zur Vollendung der 20 Weltrevolution auf.

Geschichte in Quellen, hrsg. von W. Lautemann und M. Schlenke, Weltkriege und Revolutionen 1914–1945, München 1975, S. 115.

## Die Leistungen der Übergangsregierung – Darstellungen auswerten

### M 9  Bewertungen

*a) Wenige Fragen der Weimarer Republik werden bis heute so kontrovers diskutiert wie die Einschätzung des Werks der provisorischen Regierung unter Friedrich Ebert. Der Historiker Peter Longerich schreibt (1995):*

In ihrer kurzen Amtszeit hat die Regierung der Volksbeauftragten unverkennbare Leistungen vollbracht: friedliche Überleitung der Macht auf allen Ebenen, Zurückführung der Truppen und Einleitung der Demobilmachung, wichtige sozialpolitische Maßnahmen, Abschluss des Waffenstillstandes, Erhalt der Reichseinheit, Sicherung der Ernährung und Versorgung der Bevölkerung, Vorbereitung der Verfassung und anderes mehr. Dem stehen aber große Versäumnisse und nicht ausgeschöpfte Handlungsspielräume gegenüber: Die Mehrheitssozialdemokraten hatten sich nicht entschließen können, die Machtposition, in die sie durch die Revolution gelangt waren, auszunutzen, um durch einige grundlegende Reformen die Macht derjenigen konservativen Eliten in Landwirtschaft, Schwerindustrie, Militär und Staatsapparat zu beschränken, die aus dem Kaiserreich in die neue Zeit hineinragten und der Entfaltung einer parlamentarischen Demokratie in Deutschland entgegenstanden. [...]
Die halbherzige Politik der Sozialdemokraten hat [...] zu erheblichen Belastungen beigetragen, deren Auswirkungen sich in den folgenden Jahren ganz konkret aufzeigen lassen.

Peter Longerich, Deutschland 1918–1933. Die Weimarer Republik, Hannover 1995, S. 81 f.

*b) Der Historiker Walter Mühlhausen schreibt (2006):*

Der Blick auf das, was nicht geschaffen wurde, hat den Blick auf das, was erreicht und was verhindert wurde, manchmal verstellt. Es gab nicht nur verpasste Chancen, sondern auch verhinderte Katastrophen. Es war Verdienst (und Leistung) Eberts und der Mehrheitssozialdemokratie, dass sich angesichts der Rahmenbedingungen und einer Überlast an Problemen überhaupt schon nach so kurzer Zeit eine parlamentarische Demokratie etabliert hatte. [...]
Die parlamentarische Demokratie zu ergänzen, zu erweitern, abzusichern und auszuformen, war nicht Aufgabe der Revolutionsregierung, sondern der Verfassunggebenden Nationalversammlung. Das Volk, der höchste Souverän im demokratisch verfassten Staat, hatte [bei der Wahl] gesprochen. Die von ihm gewählten Vertreter hatten nun über den weiteren Werdegang zu entscheiden; das war grundlegendes demokratisches Prinzip, das stets Leitlinie Eberts in der Revolutionszeit gewesen war.

Walter Mühlhausen, Friedrich Ebert 1871–1925. Reichspräsident der Weimarer Republik, Bonn 2006, S.163 f.

### Aufgaben

1. **Die Novemberrevolution**
   a) Stelle in einem Schaubild die Ursachen für die Novemberrevolution in Deutschland dar. Verwende dabei die Kategorien politisch, ökonomisch, sozial und militärisch.
   b) Stelle die grundsätzlichen Unterschiede zwischen Rätesystem und parlamentarischer Demokratie dar. Diskutiere die Vor- und Nachteile der beiden Modelle.
   c) Fasse die wichtigsten Aussagen der Reden von Scheidemann und Liebknecht zusammen und stelle sie einander gegenüber.
   d) Erläutere die Rolle, die Friedrich Ebert im Verlauf der Revolution spielte.
   e) Informiere dich über die heutige Würdigung wichtiger Personen der Revolution von 1918 (Friedrich Ebert, Philipp Scheidemann, Karl Liebknecht, Rosa Luxemburg) und beurteile diese Würdigung.
   → Text, M3–M8, Lexikon oder Internet

2. **Die Leistungen der Übergangsregierung**
   a) Erläutere die wichtigsten Ergebnisse der Revolution und vergleiche sie mit den Ausführungen der beiden Historiker.
   b) Verfasse eine Darstellung zum Thema: „Die provisorische Regierung unter Friedrich Ebert".
   → Text, M9

# Die Gründung der Weimarer Republik

### Der Name „Weimarer Republik"
Warum hieß der neue Staat „Weimarer" und nicht „Berliner Republik"? Nach der Wahl zur Nationalversammlung traten die Mitglieder des neuen Parlaments in Weimar zusammen, um eine Verfassung für den neuen Staat auszuarbeiten. Die Aufstände in der Hauptstadt hatten sie bewogen, das unruhige Berlin zu verlassen und sich in die durch Goethe und Schiller berühmt gewordene thüringische Kleinstadt zu begeben. In Weimar wählten die Abgeordneten Friedrich Ebert zum ersten Reichspräsidenten, sein Parteifreund Philipp Scheidemann wurde Reichskanzler, und die Reichsregierung bestand aus einer bürgerlich-sozialdemokratischen Koalition. SPD, Zentrum und Linksliberale bildeten die „Weimarer Koalition", die auf dem Boden der parlamentarischen Demokratie und der republikanischen Staatsform stand.

### Die Weimarer Reichsverfassung
Die provisorische Regierung Scheidemann wollte den verfassungslosen Zustand schnell überwinden und dem unruhigen Land eine Konstitution geben, in der sich auch die Errungenschaften der Revolution niederschlagen sollten. Am Ende ausführlicher und leidenschaftlicher Diskussionen in der Nationalversammlung von Weimar verabschiedeten die Abgeordneten im Sommer 1919 die Weimarer Verfassung, die Reichspräsident Ebert am 11. August unterzeichnete.

Diese war zum einen durch die starke Stellung des Reichspräsidenten gekennzeichnet, den das Volk direkt wählte und der in Krisenzeiten besondere Vollmachten erhielt. Aufgrund seiner Machtfülle wurde er als „Ersatzkaiser" bezeichnet.

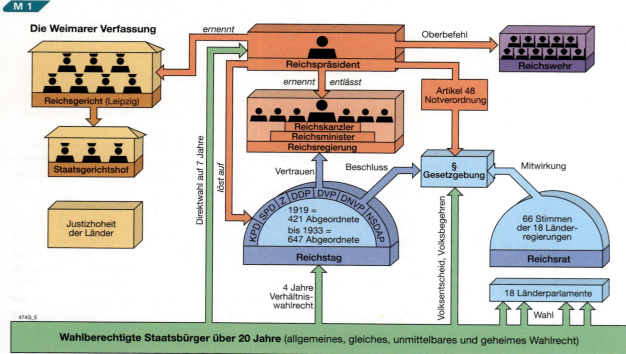

M 1 Die Weimarer Verfassung

**M 2  Weibliche Abgeordnete**
Bei den Wahlen zur Nationalversammlung 1919 hatten Frauen zum ersten Mal aktives und passives Wahlrecht, Fotografie, 1919.

Zum anderen gewann der Reichstag im Vergleich zum Kaiserreich an Macht, da die Regierung nun vom Parlament abhängig war. Zum ersten Mal in der deutschen Parlamentsgeschichte konnten auch Frauen wählen und gewählt werden. Da auch die kleinsten Parteien gemäß ihrem Stimmenanteil im Parlament vertreten waren, gestaltete sich die Regierungsbildung oft sehr schwierig. Schließlich hatten die Bürger die Möglichkeit, durch Volksentscheide (Plebiszite) direkten Einfluss auf die Politik auszuüben. Da die Weimarer Verfassung nur die politische Entscheidungsfindung regeln wollte und keine Vorkehrungen gegen Feinde der Demokratie vorsah, wird die Weimarer Reichsverfassung auch als „wertneutral" bezeichnet.

**Parteien in der Weimarer Republik**
Die Republik von Weimar war ein Parteienstaat. Zum ersten Mal in der deutschen Geschichte hatten die Parteien Einfluss auf die Regierungsbildung und die Besetzung wichtiger Ämter. Während sie im Kaiserreich im „Vorhof der Macht" blieben, gelangten sie in der Republik an die „Schaltstellen des Staates". Das Parteiensystem des Kaiserreiches blieb trotz der Revolution im Wesentlichen erhalten. Auch die weltanschauliche Gebundenheit der Parteien lebte weiter. Die Konservativen sammelten sich vor allem in der Deutschnationalen Volkspartei (DNVP), die Liberalen in der Deutschen Demokratischen Partei (DDP) und der Deutschen Volkspartei (DVP), die Katholiken im Zentrum (Z) beziehungsweise in Bayern in der Bayerischen Volkspartei (BVP) und die Sozialdemokraten in der SPD und der USPD. Hinzu kamen die KPD und zahlreiche kleinere Splitterparteien.

**Wahlen in der Weimarer Republik**
Bei der ersten Wahl Anfang 1919 entschied sich die große Mehrheit für die sogenannte Weimarer Koalition (SPD, Zentrum, DDP). Allerdings war dieses Regierungsbündnis nicht von langer Dauer, sodass Parteien, die der Republik distanziert, ablehnend oder sogar feindlich gegenüberstanden, in der Folgezeit immer wieder mitregierten. Dies trug nicht zur Stabilität des jungen Staates bei. Nach der Verfassungsgebung kehrte der Reichstag wieder nach Berlin zurück. Auch wenn die Hauptstadt nun das politische Zentrum war, blieb der Name „Weimarer Republik" erhalten.

## Parteiprogramme – Informationsentnahme aus Textquellen

### M 3 KPD/Spartakusbund

*Aufruf des Spartakusbundes vom 14.12.1918:*

Der Kampf um den Sozialismus ist der gewaltigste Bürgerkrieg, den die Weltgeschichte gesehen, und die proletarische Revolution muss sich für diesen Bürgerkrieg das nötige Rüstzeug bereiten, sie muss
5 lernen, es zu gebrauchen zu Kämpfen und Siegen. Eine solche Ausrüstung der kompakten arbeitenden Volksmasse mit der ganzen politischen Macht für die Aufgaben der Revolution, das ist die Diktatur des Proletariats und deshalb die wahre Demokratie.

W. Treue, Deutsche Parteiprogramme, Göttingen 1954, S. 99.

### M 4 Deutsche Volkspartei

*Aus den Grundsätzen der DVP vom 19.10.1919:*

Die Deutsche Volkspartei wird den Wiederaufbau des Reiches mit allen Mitteln fördern. Daher wird sie im Rahmen ihrer politischen Grundsätze innerhalb der jetzigen Staatsform mitarbeiten. [...]
5 Die Deutsche Volkspartei erblickt in dem durch freien Entschluss des Volkes auf gesetzmäßigem Wege aufzurichtenden Kaisertum, dem Sinnbild deutscher Einheit, die für unser Volk nach Geschichte und Wesensart geeignetste Staatsform.
10 Verantwortliche Mitarbeit der Volksvertretung an der Regierung, ohne Ausbeutung der jeweiligen Parteimacht, gilt uns als wesentliche Grundlage jeder Verfassung.

W. Treue, Deutsche Parteiprogramme, Göttingen 1954, S. 128.

### M 5 Deutsche Demokratische Partei

*Aus dem Programm der DDP vom 15.12.1919:*

Die DDP steht auf dem Boden der Weimarer Verfassung; zu ihrem Schutz und zu ihrer Durchführung ist sie berufen. [...] Die deutsche Republik muss ein Volksstaat sein und unverbrüchlich
5 zugleich ein Rechtsstaat. Wir erstreben die Einheit des Reiches, aber unter Berücksichtigung und Erhaltung der Eigenart der deutschen Stämme.

W. Treue, Deutsche Parteiprogramme, Göttingen 1954, S. 136.

### M 6 Deutschnationale Volkspartei

*Aus den Grundsätzen der DNVP vom 9.9.1920:*

Die monarchische Staatsform entspricht der Eigenart und geschichtlichen Entwicklung Deutschlands. Über den Parteien stehend verbürgt die Monarchie am sichersten die Einheit des Volkes, den Schutz der Minderheiten, die Stetig- 5 keit der Staatsgeschäfte und die Unbestechlichkeit der öffentlichen Verwaltung. [...]
Der aus allgemeinen, gleichen, unmittelbaren und geheimen Wahlen beider Geschlechter hervorgehenden Volksvertretung gebührt entscheidende 10 Mitwirkung bei der Gesetzgebung und wirksame Aufsicht über Politik und Verwaltung.

W. Treue, Deutsche Parteiprogramme, Göttingen 1954, S. 121.

### M 7 Sozialdemokratische Partei

*Aus dem Görlitzer Programm vom 23.9.1921:*

Die SPD ist entschlossen, zum Schutz der errungenen Freiheit das Letzte einzusetzen. Sie betrachtet die demokratische Republik als die durch die geschichtliche Entwicklung unwiderruflich gegebene Staatsform, jeden Angriff auf sie als ein 5 Attentat auf die Lebensrechte des Volkes.
Die Sozialdemokratische Partei kann sich aber nicht darauf beschränken, die Republik vor den Anschlägen ihrer Feinde zu schützen. Sie kämpft um die Herrschaft des im freien Volksstaat organi- 10 sierten Volkswillens über die Wirtschaft, um die Erneuerung der Gesellschaft im Geiste sozialistischen Gemeinsinns.

W. Treue, Deutsche Parteiprogramme, Göttingen 1954, S. 112 f.

### M 8 Zentrum

*Aus den Richtlinien von 1923:*

Die Stellung der Zentrumspartei zu den innerstaatlichen Angelegenheiten wird durch die christliche Staatsauffassung und durch den überlieferten Charakter als Verfassungspartei bestimmt. Jeden gewaltsamen Umsturz der verfassungsmäßigen 5 Zustände lehnt sie grundsätzlich ab. Ebenso entschieden, wie sie die Staatsallmacht verwirft, bekämpft sie die Verneinung und Auflösung des Staatsgedankens. Die Staatsgewalt findet ihre Grenzen im natürlichen Recht und im göttlichen 10 Gesetz, die Unterordnung und Pflichterfüllung dem Staate gegenüber ist eine Forderung des Gewissens. Die Zentrumspartei bekennt sich zum deutschen Volksstaat, dessen Form durch den Willen des Volkes auf verfassungsmäßigem Wege bestimmt wird. 15

H. Mommsen, Die verspielte Freiheit, Berlin 1989, S. 124.

## Wahlergebnisse – Informationen aus einer Statistik entnehmen

| Wahl | Wahl-beteili-gung (in %) | KPD | | USPD | | SPD | | DDP | | Zentrum | |
|---|---|---|---|---|---|---|---|---|---|---|---|
| | | Stimmen-anteil (in %) | Anzahl der Sitze | Stimmen-anteil (in %) | Anzahl der Sitze | Stimmen-anteil (in %) | Anzahl der Sitze | Stimmen-anteil (in %) | Anzahl der Sitze | Stimmen-anteil (in %) | Anzahl der Sitze |
| 19.01.1919 | 83,0 | – | – | 7,6 | 22 | 37,9 | 163 | 18,5 | 75 | 19,7 | 91 |
| 06.06.1920 | 79,2 | 2,0 | 4 | 17,8 | 84 | 21,7 | 102 | 8,2 | 39 | 13,6 | 64 |
| 04.05.1924 | 77,4 | 12,5 | 62 | 0,7 | – | 23,9 | 100 | 5,3 | 28 | 13,3 | 65 |
| 07.12.1924 | 78,7 | 8,9 | 45 | 0,3 | – | 26,0 | 131 | 6,3 | 32 | 13,5 | 69 |
| 20.05.1928 | 75,6 | 10,6 | 54 | – | – | 28,7 | 153 | 4,9 | 25 | 11,9 | 62 |
| 14.09.1930 | 82,0 | 13,1 | 77 | – | – | 24,5 | 143 | 3,8 | 20 | 11,8 | 68 |
| 31.07.1932 | 84,1 | 14,3 | 89 | – | – | 21,6 | 133 | 1,0 | 4 | 12,5 | 75 |
| 06.11.1932 | 80,6 | 16,9 | 100 | – | – | 20,4 | 121 | 1,0 | 2 | 11,9 | 70 |

Quelle: Statistisches Jahrbuch für das Deutsche Reich, 1933

| Wahl | Wahl-beteili-gung (in %) | DVP | | BVP | | DNVP | | NSDAP | |
|---|---|---|---|---|---|---|---|---|---|
| | | Stimmen-anteil (in %) | Anzahl der Sitze | Stimmen-anteil (in %) | Anzahl der Sitze | Stimmen-anteil (in %) | Anzahl der Sitze | Stimmen-anteil (in %) | Anzahl der Sitze |
| 19.01.1919 | 83,0 | 4,4 | 19 | – | – | 10,3 | 44 | – | – |
| 06.06.1920 | 79,2 | 13,9 | 65 | 4,1 | 21 | 15,0 | 71 | – | – |
| 04.05.1924 | 77,4 | 9,2 | 45 | 3,2 | 16 | 19,5 | 95 | 6,5 | 32 |
| 07.12.1924 | 78,7 | 10,6 | 51 | 3,7 | 19 | 20,4 | 103 | 3,0 | 14 |
| 20.05.1928 | 75,6 | 8,7 | 35 | 3,9 | 16 | 14,2 | 73 | 2,6 | 12 |
| 14.09.1930 | 82,0 | 4,5 | 30 | 3,0 | 19 | 7,0 | 41 | 18,3 | 107 |
| 31.07.1932 | 84,1 | 1,2 | 7 | 3,2 | 22 | 5,9 | 37 | 37,3 | 230 |
| 06.11.1932 | 80,6 | 1,9 | 11 | 3,1 | 20 | 8,3 | 52 | 33,1 | 196 |

Quelle: Statistisches Jahrbuch für das Deutsche Reich, 1933

**M 9** Wahlen zur Nationalversammlung und zum Reichstag 1919–1932

## Aufgaben

1. **Die Gründung der Weimarer Republik**
   a) Erläutere die Ursachen der Bezeichnung „Weimarer Republik".
   b) Beschreibe die Rechte der einzelnen Verfassungsorgane (Reichspräsident, Reichstag, Reichsrat, Reichsregierung) der Weimarer Republik.
   c) Der Reichspräsident wird auch oft als „Ersatzkaiser" bezeichnet. Beurteile diese Aussage.
   d) Vergleiche mithilfe einer Tabelle die Situation unmittelbar vor Ausbruch der Revolution mit den Ergebnissen der Revolution und beurteile, ob diese Revolution erfolgreich war.
   → Text, M1, M2

2. **Parteiprogramme – Informationsentnahme aus Textquellen**
   a) Analysiere die Textauszüge unter dem Aspekt ihrer Stellung zur Weimarer Republik.
   b) Erläutere die Staatsformen, die die politischen Gruppierungen anstrebten.
   → M3–M8

3. **Wahlergebnisse – Informationen aus einer Statistik entnehmen**
   a) Stelle mithilfe eines Tabellenprogramms die Stimmanteile der einzelnen Parteien in einem Liniendiagramm grafisch dar.
   b) Erstelle ein weiteres Diagramm für die Anzahl der Sitze der einzelnen Parteien.
   c) Vergleiche das Liniendiagramm „Stimmanteile der Parteien" mit dem Diagramm „Anzahl der Sitze". Erkläre wichtige Veränderungen.
   d) Analysiere die Veränderungen des Stimmenanteils der Parteien der „Weimarer Koalition".
   → M9

Die Weimarer Republik

# Der Versailler Vertrag

**Der Abschluss des Friedensvertrags**

„Welche Hand müsste nicht verdorren, die sich und uns in solche Fesseln legt", urteilte Reichskanzler Scheidemann über den Friedensvertrag mit Deutschland – den Vertrag von Versailles, der am 28. Juni 1919 in Versailles bei Paris unterzeichnet wurde und im Januar 1920 in Kraft trat. Vorausgegangen war der Waffenstillstand vom 11. November 1918 – also zwei Tage nach der Revolution. Die Vereinbarung wurde von einer deutschen Kommission unter dem Zentrumspolitiker Matthias Erzberger unterzeichnet, also nicht die Krieg führenden Militärs, sondern zivile Politiker der Revolutionsregierung schlossen den Waffenstillstand.

Im Mai 1919 übergaben die Sieger ihre Forderungen, die bei allen Parteien in der Nationalversammlung und bei der Bevölkerung auf einmütige Ablehnung stießen. Da sich Deutschland durch die Errichtung einer Republik dem politischen System des Westens angepasst hatte, war ein milder Frieden erwartet worden. Doch die „großen Drei", der US-Präsident Wilson, der britische Premier Lloyd George und der französische Ministerpräsident Clemenceau, zeigten wenig Entgegenkommen. Die deutschen Vertreter wurden von den Verhandlungen ausgeschlossen, und die Siegermächte erzwangen die Annahme

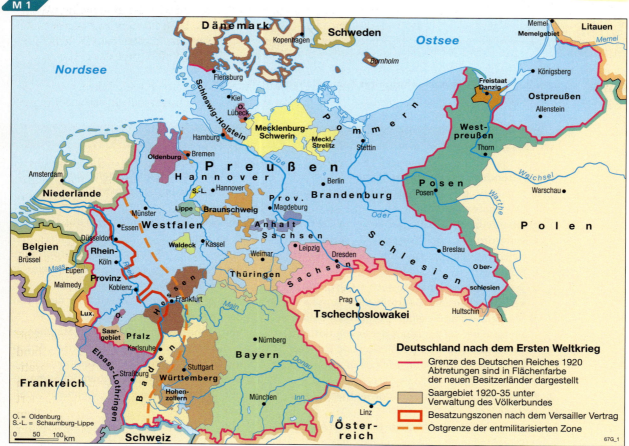

M 1

des Friedensvertrages mit der Drohung, in Deutschland einzumarschieren und das Land militärisch zu besetzen. Parallel dazu wurden in den Pariser Vororten Saint Germain-en-Laye und Trianon mit Bulgarien, der Türkei und Österreich-Ungarn separate Friedensverträge abgeschlossen. Sie bedeuteten das Ende des Habsburger Vielvölkerstaates.

### Die Bestimmungen
Der Vertrag von Versailles legte die Alleinschuld Deutschlands und seiner Verbündeten am Ausbruch des Ersten Weltkrieges fest und führte bis ins Kleinste alle Forderungen auf, die das Reich gegenüber den Siegern zu erfüllen hatte. Der Kriegsschuldartikel 231 diente dabei als Begründung für die Zahlung von Entschädigungen, sogenannten Reparationen, deren endgültige Höhe später bestimmt werden sollte. Deutschland musste Gebiete wie zum Beispiel Elsass-Lothringen, Westpreußen und Posen abtreten, ohne dass die Bevölkerung gefragt wurde. In anderen Gebieten – z.B. in Nordschleswig, im südlichen Ostpreußen und in Oberschlesien – sollten Volksabstimmungen stattfinden. Danzig wurde zur „Freien Stadt" unter Aufsicht des Völkerbundes erklärt. Das linke Rheinufer und ein 50 km breiter Gebietsstreifen rechts des Rheins wurden entmilitarisiert. Hinzu kam der Verlust aller Kolonien.

Neben Kriegsschuld, Reparationen und Gebietsverlusten wurde Deutschland auch entmilitarisiert: An die Stelle der allgemeinen Wehrpflicht sollte ein Berufsheer mit 100 000 Mann treten. Fast das gesamte Kriegsmaterial musste abgeliefert werden. Zudem wurde gefordert, dass die Regierung Kriegsverbrecher ausliefert und dass Kaiser Wilhelm II. unter Anklage gestellt wird.

Ziel der deutschen Außenpolitik der folgenden Jahren war eine Revision, also Änderung des Friedensvertrages durch Verhandlungen.

**M 2** „Nieder mit dem Gewaltfrieden!"
Demonstration gegen den Versailler Vertrag im Berliner Lustgarten (vor dem Schloss), Mai 1919

### Die Dolchstoßlegende
Nur weil sie keinen anderen Ausweg sah, hatte die Regierung den Versailler Vertrag unterzeichnet. Trotzdem wurden die demokratischen Politiker in der Folge von konservativer und nationalistischer Seite als „Erfüllungspolitiker" beschimpft. So wurde der Friedensvertrag zu einer massiven Belastung der Republik. Auch die „Dolchstoßlegende" spielte in diesem Zusammenhang eine wichtige Rolle. Diese Unterstellung besagte, dass die deutsche Armee von hinten „erdolcht" worden sei. Nicht der äußere Gegner, sondern diejenigen, die den Umsturz im Innern herbeigeführt hatten, seien für die militärische Niederlage verantwortlich.

### Der Völkerbund
Die Idee des amerikanischen Präsidenten Woodrow Wilson, einen Völkerbund zu schaffen, der künftig den Weltfrieden sichern sollte, fand große Zustimmung. Zum Sitz dieser neuen internationalen Organisation wurde die Schweizer Stadt Genf bestimmt. Alle Streitigkeiten sollten hier durch Verhandlungen beigelegt, bewaffnete Konflikte verhindert werden. Die USA und auch das kommunistische Russland traten dem Völkerbund nicht bei, das besiegte Deutschland wurde erst Jahre später aufgenommen. Der Völkerbund gilt als Vorläufer der heutigen UN.

# Die Weimarer Republik

## Der Versailler Vertrag – Kontroverse Standpunkte erfassen

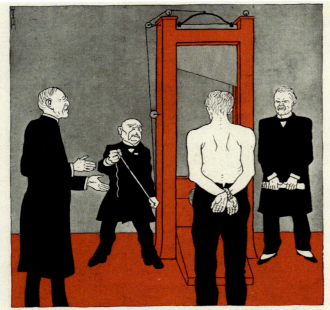

„Auch Sie haben noch ein Selbstbestimmungsrecht: wünschen Sie, daß Ihnen die Taschen vor oder nach dem Tode ausgeleert werden?"

**M 3** **Versailles**
Dargestellt sind US-Präsident Wilson, der französische Ministerpräsident Clemenceau und der britische Premierminister Lloyd George, Karikatur von Thomas Theodor Heine, 3.6.1919.

**M 4** **„Die Stunde der Abrechnung"**

*Aus der Ansprache des französischen Ministerpräsidenten Clemenceau an die deutsche Delegation in Versailles am 7.5.1919 vor der Aushändigung des Vertragstextes:*

Meine Herren Delegierten des Deutschen Reiches! Es ist hier weder der Ort noch die Stunde für überflüssige Worte. Sie haben vor sich die Versammlung der Bevollmächtigten der kleinen und gro-
5 ßen Mächte, die sich vereinigt haben, um den fürchterlichsten Krieg auszufechten, der ihnen aufgezwungen worden ist. Die Stunde der Abrechnung ist da. Sie haben uns um Frieden gebeten. Wir sind geneigt, ihn Ihnen zu gewähren.
10 Wir übergeben Ihnen das Buch des Friedens. Jede Muße zu seiner Prüfung wird Ihnen gegeben werden. Ich rechne darauf, dass Sie diese Prüfung im Geiste der Höflichkeit vornehmen werden, welche zwischen den Kulturnationen vorherrschen muss;
15 der zweite Versailler Friede ist zu teuer von uns erkauft worden, als dass wir es auf uns nehmen könnten, die Folgen dieses Krieges allein zu tragen.

Um auch die andere Seite meines Gedankens zu Ihrer Kenntnis zu bringen, muss ich notwendigerweise hinzufügen, dass dieser zweite Versailler Frie-
20 de, der den Gegenstand unserer Verhandlungen bilden wird, von den hier vertretenen Völkern zu teuer erkauft worden ist, als dass wir nicht einmündig entschlossen sein sollten, sämtliche uns zu Gebote stehenden Mittel anzuwenden, um jede uns
25 geschuldete berechtigte Genugtuung zu erlangen.

Wolfgang Lautemann/Manfred Schlenke (Hg.), Geschichte in Quellen, München 1975, S. 126 f.

**M 5** **Flammender Protest**

*Rede des Reichsministerpräsidenten Philipp Scheidemann in der Nationalversammlung am 12.5.1919:*

Die deutsche Nationalversammlung ist heute zusammengetreten, um am Wendepunkte im Dasein unseres Volkes gemeinsam mit der Reichsregierung Stellung zu nehmen zu dem, was unsere Gegner Friedensbedingungen nennen. […]
5 Heute, wo jeder die erdrosselnde Hand an der Gurgel fühlt, lassen Sie mich ganz ohne taktisches Erwägen reden: was unseren Beratungen zugrunde liegt, ist dies dicke Buch, in dem 100 Absätze beginnen: Deutschland verzichtet, verzichtet, ver-
10 zichtet! Dieser schauerliche und mörderische Hexenhammer, mit dem einem großen Volke das Bekenntnis der eigenen Unwürdigkeit, die Zustimmung zur erbarmungslosen Zerstückelung abgepresst werden soll, dies Buch darf nicht zum Gesetz-
15 buch der Zukunft werden. Seit ich die Forderungen in ihrer Gesamtheit kenne, käme es mir wie eine Lästerung vor, das Wilson-Programm, diese Grundlagen des ersten Waffenstillstandvertrages, mit ihnen auch nur vergleichen zu wollen! Aber eine
20 Bemerkung kann ich nicht unterdrücken: Die Welt ist wieder einmal um eine Illusion ärmer geworden. Die Völker haben in einer an Idealen armen Zeit wieder einmal den Glauben verloren. […] Ich frage Sie: Wer kann als ehrlicher Mann – ich
25 will gar nicht sagen als Deutscher – nur als ehrlicher, vertragstreuer Mann solche Bedingungen eingehen? Welche Hand müsste nicht verdorren, die sich und uns in solche Fesseln legte? […] Dieser Vertrag ist nach der Auffassung der Reichs-
30 regierung unannehmbar […]

W. Lautemann/M. Schlenke (Hg.), a. a. O., S. 129.

# Der Versailler Vertrag – Mit einer Darstellung arbeiten

### M 6  Eine Bewertung

*Der Historiker Wolfgang Michalka bewertet die Bestimmungen des Versailler Vertrags (1998):*

Die den Ersten Weltkrieg beendende und in den Pariser Vorortkonferenzen ausgehandelte europäische Friedensordnung war das Kompromissresultat divergierender Ordnungsmodelle, die in
5 unterschiedlicher Weise sich durchzusetzen und Einfluss auf die neu geschaffene Mächtekonstellation zu nehmen vermochten. […]
Zentrales Ziel der französischen Politik war es, das Deutsche Reich auf Dauer als Gegner auszuschal-
10 ten und dadurch die französische Hegemonie in Europa zu errichten. Die machtpolitische und wirtschaftliche Rivalität mit Deutschland bestimmte somit die französischen Friedensplanungen. Territoriale Forderungen standen daher im Mittel-
15 punkt der französischen Sicherheitspolitik. Neben Elsass-Lothringen, dessen Rückgliederung für Frankreich außer Frage stand, hoffte es, das Saargebiet zu gewinnen. Um neben wirtschaftlichen Gesichtspunkten vor allem auch militärische
20 Sicherheit erhalten zu können, verfolgte Paris den Plan, das Rheinland aus dem deutschen Reichsverband herauszulösen und dieses entweder selbst zu annektieren oder zumindest zu einem zwar autonomen, jedoch von Frankreich abhängigen Satel-
25 litenstaat werden zu lassen. Daneben verfolgte Frankreich wirtschaftliche Pläne. Durch hohe Reparationsforderungen sollte die eigene Wirtschaft saniert und zum anderen das Frankreich überlegene wirtschaftliche Potenzial Deutsch-
30 lands wesentlich begrenzt und reduziert werden. […] Am meisten konnten die Briten [mit dem Kompromiss] zufrieden sein; denn sie hatten bereits durch den im Waffenstillstandsvertrag vom Deutschen Reich geforderten Verlust der
35 Kolonien und der Flotte das erreicht, was sie wirtschaftlich und sicherheitspolitisch anstrebten. Die Franzosen konnten zwar erhebliche Gewinne einstreichen; jedoch bedeutete der amerikanische Rückzug aus Europa und die damit verbundene
40 Weigerung, den von Frankreich geforderten Garantiepakt zu schließen, für die französische Sicherheitspolitik eine gravierende Schwächung, die Paris in der Folgezeit sowohl durch einen um das Deutsche Reich gelegten Bündnisring mit den
45 im Osten Europas neu entstandenen Staaten als auch durch die Politisierung der Reparationsforderungen wettzumachen suchte. Die Pariser Nachkriegsordnung war ein unausgewogener Kompromiss zwischen heterogenen Vorstellungen, nicht aber eine tragfähige Lösung. So blieb
50 es letztlich bei einem einseitigen Rekonstruktionsversuch der Vorkriegszeit, wobei die Veränderungen zugunsten der Sieger diese nicht zufriedenstellten und die Verlierer von vornherein in eine revisionistische Gegenposition gedrängt wurden.
55 […] Zwar war das Deutsche Reich, militärisch gesehen, [durch die Vertragsbedingungen] nahezu wehrlos, jedoch besaß es nach wie vor andere „Waffen", die in der veränderten europäischen Mächtekonstellation einzusetzen waren und sich
60 auch schon nach kurzer Zeit als politisch höchst wirksam erwiesen:
Deutschland konnte ein Großteil seines Staatsgebiets behaupten und stellte – wenn auch im Augenblick besiegt, teilweise besetzt, beinahe
65 waffenlos und diplomatisch isoliert – nach wie vor die wirtschaftlich und potenziell auch politisch und sogar auf lange Sicht militärisch die stärkste Macht des europäischen Kontinents dar.

Wolfgang Michalka, Deutsche Außenpolitik 1920–1933, in: Karl Dietrich Bracher, Manfred Funke, Hans-Adolf Jacobsen (Hg.), Die Weimarer Republik 1918–1933. Politik Wirtschaft Gesellschaft, 3. Aufl., Bonn 1998, S. 303–326, hier S. 303–307.

### M 7  Die historische Sitzung von Versailles
Den deutschen Bevollmächtigten werden von den Alliierten die Friedensbedingungen übergeben, Titelbild der Zeitschrift „Le Petit Journal" vom 25. Mai 1919

# Die Weimarer Republik

## Der Völkerbund – Karikatur und Darstellung analysieren

**M 8** Der Völkerbund … und wie er in Wirklichkeit aussieht
Karikatur von Arpad Schmidhammer aus dem Jahr 1920

**M 9** Die Leistungen des Völkerbundes

*Der Völkerbund wurde auf Initiative des amerikanischen Präsidenten Woodrow Wilson 1919 gegründet. Der Historiker Peter E. Fäßler beschreibt die Funktionsweise der Institution und bewertet seine Leistungen (2007):*

Der auf Initiative des amerikanischen Präsidenten Woodrow Wilson (14-Punkte-Plan) ins Leben gerufene Völkerbund stellte einen konzeptionell neuartigen Versuch dar, das internationale Kri-
5 senmanagement auf ein kooperatives Fundament zu stellen. Vorgeschichte und Verlauf des Ersten Weltkrieges hatten erhebliche Zweifel an einer künftigen Weltordnung geweckt, deren oberste Ebene die Nationalstaaten sein sollten.
10 Vielmehr erschien eine inter-, möglicherweise sogar supranationale Einrichtung notwendig, welche die Wahrung des Weltfriedens und die Beförderung des Welthandels zum zentralen Ziel erheben müsste.
15 Mit seiner offiziellen Gründung Anfang 1920 fanden sich 32 Staaten zu einer gemeinsamen Organisation zusammen, wie sie bis dahin nicht existiert hatte. Jedes Land verfügte auf der einmal im Jahr zusammentretenden Völkerbundversamm-
20 lung über eine Stimme und das Vetorecht. Im Völkerbundrat entschieden fünf ständige und zwölf nichtständige Mitglieder. Die Geschäftsführung oblag einem Generalsekretariat.
Von Anfang an behinderten strukturelle Defizi-
25 te, nationale Egoismen und situationsbedingte Konstellationen die Arbeit der „League of Nations". Ihr Hauptproblem lag wohl im nicht zu kompensierenden Fehlen der ökonomischen und militärischen Hegemonialmacht USA. [...] Wei-
30 terhin erwies sich das Einstimmigkeitsprinzip in der Völkerbundversammlung bei nahezu sämtlichen Beschlüssen als äußerst hinderlich, blockierte es doch bedeutsame und damit meist auch strittige Resolutionen. Daher präsentierte sich
35 der Völkerbund in zahlreichen internationalen Krisen als wenig entschluss- und durchsetzungsfähig. [...]
Trotzdem seine Erfolgsbilanz eher mager ausfiel, dürfen einige gelungene Maßnahmen des Völ-
40 kerbundes nicht unterschlagen werden. Die Verwaltung Danzigs, die Saarlandregelung und andere territoriale Ordnungen nach 1919 sorgten für eine gewisse Ruhe in Europa. Das Flüchtlingskommissariat erwarb sich große Verdienste in die-
45 ser wichtigen humanitären Frage. Auch der Briand-Kellogg-Pakt von 1928, der die Ächtung von Kriegen zum Inhalt hatte, stellte eine friedensfördernde Maßnahme dar. [...]
In langfristiger Perspektive lag ein Wert des Völ-
50 kerbundes darin, dass er das Bewusstsein für die Notwendigkeit einer Weltorganisation schärfte, zugleich Defizite aufzeigte, die künftig zu vermeiden wären, und so den Weg für eine erfolgreichere UNO ebnete.

Peter E. Fäßler, Globalisierung. Ein historisches Kompendium, Köln u. a. 2007, S. 113–115.

## Die Dolchstoßlegende – Analyse und Beurteilung

**M 10** Ausschnitt eines Wahlplakats der DNVP von 1924

**M 11** „Gewinnen können wir nicht mehr"

*Der Vertreter der Obersten Heeresleitung Major Erich Freiherr von dem Bussche setzte die Vorsitzenden der Reichstagsfraktionen am 2. Oktober 1918 über die militärische Lage in Kenntnis:*

Greift der Gegner weiter an, so kann es die Lage fordern, dass wir auf großen Frontstrecken kämpfend ausweichen. Wir können auf diese Art den Krieg noch auf absehbare Zeit weiter führen, dem
5 Gegner schwere Verluste beibringen, verwüstetes Land hinterlassen, gewinnen können wir damit nicht mehr. Diese Erkenntnis und Ereignisse ließen in dem Herrn Generalfeldmarschall [Hindenburg] und General Ludendorff den Entschluss reifen, Seiner Majestät dem Kaiser vorzuschlagen, zu ver- 10
suchen, den Kampf abzubrechen, um dem deutschen Volk und seinen Verbündeten weitere Opfer zu ersparen.

Die Weimarer Republik. Fundus Quellen für den Geschichtsunterricht, hg. von Jan Trützschler, Schwalbach/Ts. 2011, S. 17.

**M 12** „Von hinten erdolcht"

*Die Nationalversammlung setzte einen Untersuchungsausschuss ein, um die Ursachen für den deutschen Zusammenbruch 1918 zu ergründen. Am 18.11.1919 sagte der oberste Militär, Generalfeldmarschall Paul von Hindenburg, aus:*

Unsere wiederholten Anträge auf strenge Zucht und strenge Gesetzgebung wurden nicht erfüllt. So mussten unsere Operationen misslingen, es musste der Zusammenbruch kommen; die Revolution bildete nur den Schlussstein. Ein englischer 5 General sagte mit Recht: „Die deutsche Armee ist von hinten erdolcht worden." Den guten Kern des Heeres trifft keine Schuld […].
Wo die Schuld liegt, ist klar erwiesen. Bedurfte es noch eines Beweises, so liegt er in dem angeführ- 10 ten Ausspruch des englischen Generals und in dem maßlosen Erstaunen unserer Feinde über ihren Sieg.

Herbert Michaelis/Ernst Schraepler (Hg.), Ursachen und Folgen, Bd. 4, Berlin o. J., S. 7 f.

### Aufgaben

1. **Der Versailler Vertrag**
   a) Nenne Gründe für die Unterzeichnung des Friedensvertrages von Versailles.
   b) Fasse die Friedensbestimmungen für Deutschland in einer Tabelle zusammen. Bilde Oberbegriffe für die verschiedenen Bereiche.
   c) Im Artikel 231 wird Deutschland und seinen Verbündeten die alleinige Schuld am Krieg zugeschrieben. Beurteile diese Festlegung.
   → Text, M1
2. **Der Versailler Vertrag kontrovers**
   a) Fasse die Grundaussagen Clemenceaus und Scheidemanns zusammen.
   b) Analysiere die Karikatur.
   c) Erkläre mögliche innenpolitische Konflikte, die sich aus den Sichtweisen Scheidemanns und der Karikatur ergeben konnten.
   d) Stelle die Standpunkte Clemenceaus und Scheidemanns den Aussagen des Historikers Michalka gegenüber. → M3–M6
3. **Der Völkerbund**
   a) Erkläre die Grundaussage der Karikatur.
   b) Beurteile die Ausführungen von Peter E. Fäßler zu den Leistungen des Völkerbundes.
   → M8, M9
4. **Die Dolchstoßlegende**
   a) Erkläre den Begriff „Dolchstoßlegende".
   b) Hindenburg vertrat die Dolchstoßlegende. Überprüfe den historischen Wahrheitsgehalt seiner Auffassung. → Text, M11, M12

## Quellen aus dem 20. Jahrhundert

### Woher wissen wir etwas über das 20. Jahrhundert?

Damit wir etwas über die Vergangenheit erfahren können, müssen Menschen in dieser Vergangenheit etwas hinterlassen haben, entweder absichtlich oder unabsichtlich. Aufheben oder entsorgen – die tägliche Beantwortung dieser Frage entscheidet darüber, was spätere Generationen über die Vergangenheit wissen werden. Spätestens im 20. Jahrhundert stellte sich diese Frage umso drängender. Papier flutete den Staat und seine Behörden, die Unternehmen, aber auch die privaten Haushalte, uns alle. Die Expansion der Schriftlichkeit ist gleichsam das Problem in den Archiven, an die man üblicherweise im Zusammenhang mit Quellen denkt: Ein regionales deutsches Staatsarchiv verfügt im Schnitt über Bestände um die 20 Kilometer, ein größeres Landesarchiv bis zu 60 Kilometer. Kein Historikerleben würde ausreichen, auch nur einen Bruchteil dieser Archivalien zu sichten, geschweige denn genau zu studieren. Hinzu kommt, dass das 20. Jahrhundert durch den Aufstieg und die Verbreitung moderner Medien gekennzeichnet ist, die ebenfalls Erkenntnisse über die Vergangenheit liefern.

### Der Aufstieg des Hörfunks

Einen wesentlichen Beitrag für die Zunahme verfügbarer Quellen leistete der Hörfunk, der sich im Laufe des 20. Jahrhunderts zum ersten elektronischen Massenmedium entwickelte. 1895 gelang Guglielmo Marconi (1874–1937) die erste drahtlose Nachrichtenübertragung und ab den 1920er-Jahren verbreiteten sich in den USA die ersten Radios. Besondere Berühmtheit erlangte der sogenannte „Volksempfänger" (VE 301W) während der Zeit des Nationalsozialismus (1933–1945), durch den Reden und Ansprachen Hitlers direkt in die deutschen Wohnzimmer gesendet wurden. Für die Geschichtswissenschaft sind Tonträger ähnlich wichtig wie schriftliche Quellen, da sie es zum ersten Mal in der Geschichte ermöglichen, den Tonfall historischer Personen zu übermitteln. So würde die bloße Mitschrift von Goebbels Sportpalastrede, in der er den totalen Krieg ausrief, niemals die Emotionen so wiedergeben können, wie dies durch Tonträger möglich ist.

**M 1** „Volksempfänger" von 1938

### Der Siegeszug bewegter Bilder

Neben den reinen Tonträgern wurde im Laufe des 20. Jahrhunderts auch das Medium Film als dauerhafte Errungenschaft akzeptiert. 1894 erfolgte in Manhattan die erste öffentliche Filmvorführung und auch in Deutschland eröffneten in der Folgezeit zahlreiche Kinos. Für uns sind bewegte Bilder dieser Zeit jedoch in erster Linie wichtige Quellen. Insbesondere Wilhelm II. war begeisterter Anhänger der Filmkunst und dadurch sind zahlreiche Originalaufnahmen des letzten deutschen Kaisers überliefert, die unlängst der Filmregisseur Peter Schamoni in seinem Dokumentarfilm „Majestät braucht Sonne" (1999) verarbeitete und der Öffentlichkeit zugänglich machte. Wegen der unzureichenden technischen Ausstattung der frühen Kameras wurden die ersten bewegten Bilder allerdings stark nachbearbeitet, was den Quellenwert der Filmdokumente beeinträchtigt.

Durch die Erfindung und Ausbreitung zunächst des Kinos und anschließend des Fernsehens wurden die Menschen viel unmittelbarer

Zeugen politischer Entwicklungen. Deutlich ist der Quellenwert bei der Kriegsberichterstattung zu erkennen: Jahrhundertelang waren die Menschen auf persönliche Berichte von Kriegsteilnehmern und auf Aufzeichnungen von Kriegschronisten angewiesen, um sich überhaupt ein Bild über den Krieg machen zu können. Erst mit dem 20. Jahrhundert gelangten bewegte Bilder vom Kriegsalltag in das Gedächtnis der Menschen. Den Höhepunkt dieser Entwicklung stellte der Vietnamkrieg (1964–1975) dar, durch welchen die Menschen erstmals medial für den Krieg sensibilisiert wurden.

### Die Medien als „vierte Gewalt" im Staat?

Bilder lenken und absorbieren menschliche Aufmerksamkeit. Die Medien gewannen folglich zunehmend Einfluss auf das politische Geschehen. Besonders augenfällig war der Einfluss der Medien auf die öffentliche Meinung im Falle der 68er-Bewegung, die maßgeblich aus der medialen Berichterstattung über die Schrecken des Vietnamkrieges resultierte.

Die enge Verzahnung zwischen Politik und Medien ist bis heute beobachtbar. Die Presse beeinflusst zwangsläufig das politische Geschehen und lenkt den Fokus der Berichterstattung auf einzelne Krisenherde, weshalb sie oftmals als „vierte Gewalt" im Staat neben

**M 2   Der Polizeichef von Saigon tötet einen Vietcong, 1968**
Eines der bekanntesten Bilder aus dem Vietnamkrieg, der Fotograf Eddie Adams gewann dafür den Pulitzerpreis.

# Quellen aus dem 20. Jahrhundert

gesetzgebender, ausführender und richterlicher Gewalt bezeichnet wird. Für Historiker stellen Zeitungen, Nachrichtenübertragungen und Dokumentationen wertvolle Quellen dar, die einen Zugang zum zeitgenössischen Denken der Menschen ermöglichen.

### Kann man Geschichte fälschen?

Jedem sollte bewusst sein, dass mit der Zunahme verschiedenster Quellen die Gefahr der Manipulation und der Fälschung keineswegs ausgeräumt ist. Nicht nur im Internet zirkulieren viele Wandersagen, oft kopiert und gespiegelt, aber dennoch unwahr. Gerade moderne Medien können technisch manipuliert werden: So kann Applaus nachträglich eingespielt oder Reden können gekürzt werden. Aber auch „klassische Fälschungen" von schriftlichen Quellen erfreuen sich im 20. Jahrhundert großer Beliebtheit. Das bekannteste Beispiel der Quellenmanipulation stellen die Tagebücher Adolf Hitlers dar, die das Nachrichtenmagazin „Stern" 1983 für 9,3 Millionen DM erworben hat und die sich als eindeutige Fälschung herausstellten.

**M 3** **Ein vermeintlicher Sensationsfund**
Stern-Reporter Gerd Heidemann präsentiert am 25. April 1983 auf einer Pressekonferenz die angeblichen Tagebücher Adolf Hitlers.

### Quellen-Revolution durch digitale Medien?

Mit der Digitaltechnik schien Archivaren das Problem der Papierflut plötzlich lösbar: Auf Speicherträgern gesicherte digitale Medien benötigen weitaus weniger Platz als Papierakten. Doch rasch erwies es sich als schwierig, den Datenspeicher der technischen Entwicklung anzupassen. Wie bei den alten Speichermedien der ersten Computer drohten die mühsam überspielten Daten rasch unlesbar zu werden. Ähnliches hatte man schon einmal erlebt: Aus Besorgnis vor einem alles zerstörenden Atomkrieg begann man in den 1960er-Jahren, wertvolle Unterlagen auf Mikrofilm zu übertragen und in Bergwerksstollen tief unter der Erde einzulagern. Leider wurden viele Filme dadurch unbrauchbar, während beispielsweise mittelalterliche Urkunden bis heute kaum Verfallserscheinungen zeigen. Von daher bleiben „traditionelle Quellen" wie schriftliche Überlieferungen und nichtschriftliche Überreste bedeutend, um das 20. Jahrhundert zu rekonstruieren.

**M 4** **Digitale Kommunikation**
Bundeskanzlerin Angela Merkel während einer Bundestagssitzung

Auch wenn die digitale Technik den politischen Bereich noch nicht vollends durchdrungen hat, revolutionierte sie vor allem den Kommunikationsbereich nachdrücklich. In Telefonaten oder E-Mails können wichtige Entscheidungen getroffen werden, die so kein Archiv aufbewahren kann. Die Probleme des irgendwann übervollen Speichers, der abgestürzten Festplatte oder plötzlich unlesbar gewordener DVDs werden sich den zukünftigen Historikern stellen. Immerhin hinterlässt Kommunikation im Internet Spuren: Unversehens wird damit das Kommunikationsmedium zu einem Speichermedium, zum Archiv, das zukünftig Informationen preisgeben wird, die sein Urheber vielleicht gerne vergessen hätte.

**Alles bekannt – alles erforschbar?**
Wie in früheren Epochen gehen auch Quellen des 20. Jahrhunderts immer wieder durch unsachgemäße Aufbewahrung oder mutwillige Zerstörung verloren, während in regelmäßigen Abständen neue Funde auftauchen. Obwohl die Vergangenheit nicht mehr zu vergegenwärtigen ist, ist sie in ihren Hinterlassenschaften längst noch nicht vollständig erschlossen. Eines der größten Mysterien des 20. Jahrhunderts betrifft den Verbleib des sogenannten Bernsteinzimmers, welches seit dem Ende der nationalsozialistischen Herrschaft 1945 verschwunden ist. Während diese einmalige Quelle, ursprünglich aus dem 18. Jahrhundert, weiterhin vermisst wird, konnten im Jahr 2013 nach einem wahren Fahndungskrimi die Tagebücher des Chefideologen des Dritten Reichs, Alfred Rosenberg, wiedergefunden werden. So können im Prinzip jederzeit neue Quellen entdeckt oder für verloren geglaubte Quellen wieder auftauchen. Und auch durch die Weiterentwicklung der Geschichtswissenschaft ergeben sich neue Fragen an bereits bekannte Quellen, sodass das Geschäft des Historikers auch in Zukunft spannend bleiben wird.

# Die Weimarer Republik

## Die Krisenjahre 1919–1923

### Der Kapp-Putsch

Aufstände gegen die Republik und Attentate auf ihre führenden Vertreter verhinderten in den ersten Jahren, dass sich die politischen Verhältnisse stabilisierten. Im März 1920 löste der sogenannte Kapp-Putsch eine Staatskrise aus. General Walther von Lüttwitz, der Reichswehrbefehlshaber von Berlin, Wolfgang Kapp, ein nationalistischer Politiker, und der Freikorpsführer Hermann Ehrhardt widersetzten sich der Auflösung von Armeeverbänden, wie es dem Versailler Vertrag entsprach, und versuchten, die gewählte Reichsregierung zu stürzen. Als sich die Regierung militärische Hilfe von der Reichswehrführung erbat, weigerte sich diese mit der Begründung „Reichswehr schießt nicht auf Reichswehr". Die Regierung rief den Generalstreik aus, der nach vier Tagen zum Zusammenbruch des Aufstands führte. Das Verhalten der Reichswehrführung und die milden Gerichtsurteile gegen die Aufständischen zeigten, dass wichtige Gruppen in der Gesellschaft dem neuen Staat distanziert bis ablehnend gegenüberstanden.

**M 1** Kapp-Putsch
Putschisten auf dem Pariser Platz vor dem Brandenburger Tor in Berlin mit der Reichskriegsflagge, Fotografie vom 13.3.1920

### Politische Attentate

Seit der Reichstagswahl von 1920 gab es keine Mehrheit für die Parteien der „Weimarer Koalition", die fest auf dem Boden der Verfassung stand. Die einsetzende Wirtschaftskrise, harte Reparationsforderungen Frankreichs und die unsichere politische Lage begünstigten ein Klima der Gewalt, aus dem sich Anschläge gegen Vertreter der Republik entwickelten. Die prominentesten Opfer waren 1921 Matthias Erzberger, der den Waffenstillstand unterzeichnet und den Versailler Friedensvertrag akzeptiert hatte und als „Erfüllungspolitiker" verleumdet wurde, sowie im Juni 1922 Walther Rathenau, der international geachtete Außenminister der Republik.

Reichspräsident Ebert erließ als Reaktion auf die politischen Morde eine „Verordnung zum Schutz der Republik" und setzte einen Staatsgerichtshof ein. Das Parlament beschloss zudem ein „Gesetz zum Schutz der Republik" als Mittel im Kampf gegen die Verfassungsfeinde von rechts und links. Bevor sich die Situation in der Weimarer Republik beruhigte, hatte sie das Krisenjahr 1923 zu überstehen.

### Reparationen als gefährlicher Konfliktherd

Da Anfang der 20er-Jahre in Deutschland eine Wirtschaftskrise herrschte, beendete die Reichsregierung ihre Politik, die durch ein Entgegenkommen eine Abschwächung der im Versailler Vertrag verankerten Reparationen erreichen wollte, und verlangte einen Zahlungsaufschub. Der französische Ministerpräsident Poincaré lehnte dies ab und ließ, um die Sachlieferungen sicherzustellen, daraufhin Anfang des Jahres 1923 durch Truppen das Ruhrgebiet besetzen. Die Reichsregierung beantwortete diese Maßnahme mit dem Aufruf zum passiven Widerstand in den besetzten Gebieten. Der Konflikt verschärfte sich in der Folgezeit, da die französische Besatzungsmacht mit aller Härte vorging: Es kam zu Ausweisungen, Verhaftungen und Beschlagnahmungen. Gegen streikende Arbeiter und einzelne Saboteure wurden sogar Todesurteile verhängt.

**M 2** „Produktive Pfänder"
Ein französischer Soldat bewacht einen Kohlenwaggon im Ruhrgebiet 1923, kolorierte Fotografie.

**M 3** „Zwanzig Milliarden Mark"
Reichsbanknote vom 1. Oktober 1923

### Die Hyperinflation von 1923

Dieser Konflikt verschärfte die wirtschaftliche Krise Deutschlands zusätzlich, da die Reichsregierung den passiven Widerstand im Ruhrgebiet durch staatliche Zuschüsse finanzierte. Dies führte zu einer Inflation mit einer nahezu vollständigen Entwertung des Geldes und zum Zusammenbruch des Währungssystems. Die Inflation, die bereits 1914 eingesetzt und die deutsche Währung bis zum Kriegsende schon zu 50 Prozent entwertet hatte, traf ganz besonders diejenigen, die Geld gespart hatten. Sie verloren ihr Vermögen. Schuldner und Spekulanten dagegen galten als Gewinner der wirtschaftlichen Krise.

Die politischen Folgen der großen Inflation des Jahres 1923 waren unübersehbar: Die bürgerlichen Mittelschichten sahen im Staat den Schuldigen, der für ihre verzweifelte wirtschaftliche Lage die Verantwortung trug, und wandten sich von der Republik ab. Viele setzten ihre Hoffnung in die Parteien der extremen Rechten, die die Weimarer Demokratie bekämpften.

### Kurswechsel und Währungsreform

Die im September 1923 unter Reichskanzler Gustav Stresemann (DVP) gebildete Regierung einer Großen Koalition aus SPD, Zentrum, DDP und DVP brach wegen der ungeheuren finanziellen Verluste den passiven Widerstand ab. Mit der Einführung der Rentenmark, deren Wechselkurs auf eine Billion Papiermark festgelegt worden war, gelang es der Regierung, den Geldwert zu stabilisieren. Die Währungsreform hatte aber nicht nur eine Stabilisierung des Geldwertes zur Folge, sondern war auch mit tiefen sozialen Einschnitten verbunden. Begüterte Familien verloren ihr Kapitalvermögen, kleine Leute wurden um ihre Spargutabeen gebracht. Zudem stieg die Arbeitslosigkeit. Staatsbedienstete mussten Lohn- und Gehaltseinbußen bis zu 40 % hinnehmen. Die steigende Unzufriedenheit in der Bevölkerung nährte die Umsturzhoffnungen der Gegner der jungen Republik.

### Der Hitler-Putsch von 1923

Den Kern der Republikgegner bildeten die vaterländischen Verbände, zu denen auch die Nachfolgeorganisationen der Freikorps zählten, sowie die 1920 in München gegründete Nationalsozialistische Deutsche Arbeiterpartei (NSDAP) mit ihrem Führer Adolf Hitler.

Als Hitler von München aus die Reichsregierung für abgesetzt erklärte und zum „Marsch auf Berlin" rüstete, scheiterten er und seine Anhänger, da die bayerische Polizei einen Zug der Aufständischen am 9. November 1923 an der Münchner Feldherrnhalle gewaltsam auflösen konnte. Hitler wurde verhaftet und Anfang April 1924 zusammen mit einigen Mitverschwörern wegen Hochverrats vor Gericht gestellt. Der Richter behandelte die Aufrührer jedoch außerordentlich milde: Hitler bekam fünf Jahre Festungshaft, wurde allerdings nach einigen Monaten wieder entlassen. Während er in Landsberg einsaß, schrieb er „Mein Kampf", ein Buch, in dem er seine politischen Ziele offen darlegte.

Ende 1923 hatte der neue Staat seine bislang schwersten Herausforderungen überstanden. Die Demokratie war aber nicht dauerhaft gesichert.

**M 4** Aufruf der Hitler-Putschisten, 9. November 1923

# Die Weimarer Republik

## Auswirkungen der Inflation nachvollziehen

### M 5  Gewinner und Verlierer

*Der Historiker Detlev Peukert äußert sich über die sozialen Folgen der Inflation:*

Unter den sozialen Klassen standen die Unternehmer auf der Gewinnerseite. Sie erhielten billige Kredite, konnten größere Investitionen tätigen und Konzernbildungen […] vorantreiben.
5 Zur Gewinnerseite gehörten auch die Bauern und alle sonstigen Hypothekenschuldner, die ihre Verpflichtungen mit wertlosem Geld abtragen konnten, ebenso alle Devisen- und Sachwertbesitzer. […] Für die Arbeiter fiel die Bilanz nicht so eindeu-
10 tig positiv aus […]. Insgesamt erlaubte die Demobilmachungsinflation der Jahre 1919 bis 1921 jedoch die Finanzierung der staatlichen und der zwischen Gewerkschaften und Unternehmen ausgehandelten sozialpolitischen Leistungen. Außer-
15 dem stiegen die Reallöhne an, auch wenn sie unter dem Vorkriegsniveau lagen. Vor allem kam es bis in das Jahr 1923 hinein zu keiner nennenswerten Arbeitslosigkeit, wenn man von einer schnell überwundenen Problemzeit in der frühen
20 Nachkriegsphase absieht. Insgesamt aber blieb das Lebensniveau kärglich. Nur die ungelernten Arbeiter konnten ihre Position im Vergleich zu den Facharbeitern und den Angestellten und Beamten eindeutig verbessern.
25 Zu den Verlierern der Inflation gehörten dagegen all jene, die bisher von den Zinsen ihres langfristig angelegten Geldvermögens gelebt hatten, eine im Vorkriegsdeutschland bedeutsame Gruppe des Bürgertums, zu der auch viele Intellektuelle
30 gehörten. Es verschlechterte sich ebenfalls die Position der gehaltsabhängigen Mittelschichten, der Angestellten und Beamten. Auch die Rentner und die Bezieher von Fürsorgeleistungen gerieten mit steigender Inflation in Not, weil ihre Einkünf-
35 te nur verzögert und unvollkommen an die Preissteigerungen angepasst wurden. Die mittelständische Schicht der kleinen Händler und Handwerker mochte finanziell von der Inflation profitieren, wenn sie sich am Schwarzmarkt schadlos hielt. Sie
40 geriet jedoch ins soziale Abseits, weil sie sowohl Objekt kriminalisierender Staatskontrolle wie Sündenbock der empörten Konsumenten wurde.

Detlev J. K. Peukert, Die Weimarer Republik. Krisenjahre der Klassischen Moderne, Frankfurt 1987, S. 74 f.

### M 6

| | Entwicklung der Münchner Lebensmittelpreise 1922/23 | | | | | | | | | | | | |
|---|---|---|---|---|---|---|---|---|---|---|---|---|---|
| | 1922 | | | | | 1923 | | | | | In Tausend Mark | In Millionen Mark | In Billionen Mark |
| | In Mark | | | | | | | | | | | | |
| | August | September | Oktober | November | Dezember | Januar | Februar | März | April | Juni | 23. Juli | 24. September | 26. November |
| 1 kg Roggenbrot | 16,40 | 16,40 | 24,50 | 53,00 | 158,00 | 300,00 | 390,00 | 500,00 | 510,00 | 1.440,00 | 16,00 | 10,00 | 0,52 |
| Erbsen, gelbe | – | 84,00 | 117,00 | 209,00 | 380,00 | – | – | 2.540,00 | 2.560,00 | 3.555,00 | – | 27,00 | 0,90 |
| Kartoffeln | 12,00 | 10,80 | 11,40 | 13,90 | 17,05 | 27,00 | 74,00 | 127,00 | 114,00 | 385,00 | 9,00 | 2,20 | 0,14 |
| Rindfleisch (Kochfleisch mit Knochen) | 140,00 | 194,00 | 322,00 | 450,00 | 819,00 | 1.828,00 | 5.070,00 | 6.920,00 | 7.175,00 | 16.630,00 | 78,00 | 62,00 | 3,00 |
| Schweinefleisch (Bauchfleisch) | 200,00 | 327,00 | 524,00 | 878,00 | 1.435,00 | 2.475,00 | 6.750,00 | 7.770,00 | 8.180,00 | 18.490,00 | 106,00 | 80,00 | 4,20 |
| Butter | 254,00 | 541,00 | 870,00 | 1.971,00 | 4.025,00 | 4.200,00 | 10.600,00 | 14.300,00 | 17.625,00 | 27.100,00 | 130,00 | 120,00 | 5,60 |
| Zucker | 42,00 | 46,00 | 76,00 | 174,00 | 383,00 | 583,00 | 1.060,00 | 1.695,00 | 2.600,00 | 3.175,00 | 7,60 | 20,00 | 1,30 |
| 1 Ei | 7,00 | 9,00 | 18,00 | 31,00 | 50,00 | 66,00 | 130,00 | 205,00 | 275,00 | 600,00 | 2,50 | 1,20 | 0,20 |
| 1 l Vollmilch | 15,00 | 23,00 | 50,00 | 91,00 | 202,00 | 241,00 | 432,00 | 587,00 | 765,00 | 1.103,00 | 6,10 | 6,80 | 0,30 |

Aus: Nils Freytag (Hg.), Quellen zur Innenpolitik der Weimarer Republik 1918–1933, Darmstadt 2010, S. 100.

## Attentate und politische Justiz

**M 7** „Der Feind steht rechts"

*Am Tag nach der Ermordung Walther Rathenaus hielt Reichskanzler Wirth eine Rede im Reichstag:*

Da schreibt nun ein Kollege in seinem Blatte, die jetzige Regierung sei in Wirklichkeit nur eine vom Deutschen Reich bezahlte, aber von der Entente angestellte Regierung, die alle Forderungen und
5 Vorschriften der Entente einfach zu erfüllen habe, sonst werde sie auf die Straße gesetzt und brotlos. Kann man sich eine schlimmere Entwürdigung von Menschen denken, die, wie wir, seit Jahresfrist an dieser Stelle stehen? Der Kollege Wulle [DNVP]
10 kommt zu dem Schluss: „Sollte nicht die Arbeiterschaft auch zu der Überzeugung kommen, dass das ganze System zum Teufel gejagt werden muss, weil wir in Berlin eine deutsche Regierung, aber keine Ententekommission brauchen?" Durch die-
15 ses Treiben ist eine Mordatmosphäre in Deutschland geschaffen worden und eine Verwilderung der Sitten eingetreten. [...]
Minister Rathenau besaß große Sprachkenntnisse, und die formvollendete Darstellung seiner
20 Anschauungen hat ihn dazu berufen, in der Anknüpfung der Fäden zu allen Völkern mit Erfolg tätig gewesen zu sein. Ich glaube, es ist keiner unter uns, der nicht mit ihm den Wert der Nation über alles stellte. Meine Damen und Herren! Es ist
25 notwendig, dass jeder Faden geflochten wird für die Anknüpfung internationaler Beziehungen, der die zerrissenen Völker wieder näherbringt. [...]
In diesem Sinne, meine Damen und Herren, Mitarbeit! Und in diesem Sinne sollen alle Hände und
30 jeder Mund sich regen, um endlich in Deutschland diese Atmosphäre des Mordes, des Zornes, der Vergiftung zu zerstören. Da steht der Feind, wo Mephisto sein Gift in die Wunde eines Volkes träufelt, da steht der Feind, und darüber ist kein Zwei-
35 fel, dieser Feind steht rechts.

Wolfgang Lautemann/Manfred Schlenke (Hg.), Geschichte in Quellen, Bd. 5, 2. Aufl., München 1975, S. 172 f.

| Jahr | linke Täter | rechte Täter |
|---|---|---|
| Morde gesamt | 22 | 354 |
| gesühnt | 4 | 326 |
| teilweise gesühnt | 1 | 27 |
| ungesühnt | 17 | 1 |
| Zahl Verurteilungen | 38 | 24 |
| Freisprüche geständiger Täter | – | 23 |
| Dauer Einsperrung je Mord | 15 Jahre | 4 Monate |
| Hinrichtungen | 10 | – |

Nach: H. Pross, Die Zerstörung der deutschen Politik, Frankfurt/M. 1959, S. 139.

**M 8** „4 Jahre politischer Mord"
Der Mathematiker und Pazifist Julius Gumbel (1891–1966) analysierte die Haltung der Justiz zu den politischen Morden der Jahre 1919 bis 1923.

## Aufgaben

1. **Der Kapp-Putsch**
   a) Informiere dich über den Ablauf des Kapp-Putsches.
   b) Bewerte die Haltung der Reichswehr während dieses Putsches.
   → Text, Internet
2. **Der Hitler-Putsch**
   a) Verfasse einen Zeitungsartikel, in dem du als Journalist und Zeitzeuge der Ereignisse den Verlauf des Hitlerputsches schilderst.
   b) Analysiere den Aufruf der Putschisten.
   → Text, M4
3. **Die Inflation**
   a) Erkläre den Begriff „Inflation".
   b) Erläutere die Auswirkungen der Inflation auf verschiedene Bevölkerungsgruppen.
   → Text, M5, M6
4. **Politische Morde**
   a) Fasse die Kernaussagen der Rede Wirths zusammen.
   b) Verfasse eine Darstellung zum Thema: „Die Bestrafung politischer Morde in der Weimarer Republik". → M7, M8
5. **Das Krisenjahr 1923**
   a) Erläutere wichtige Ereignisse des Jahres 1923.
   b) Das Jahr 1923 wird oft als „Krisenjahr der Weimarer Republik" bezeichnet. Beurteile diese Bewertung. → Text, Internet

# Die Weimarer Republik

## Außenpolitik der Weimarer Republik 1919–1929

### Besiegte und Sieger

Grundlage der Außenpolitik nach dem Ersten Weltkrieg war der Versailler Vertrag. Den deutschen Politikern ging es darum, die harten Friedensbedingungen durch Verhandlungen abzumildern, ja rückgängig zu machen und die Reparationszahlungen zu reduzieren. Dies wurde Revisionspolitik genannt. Außenminister Walther Rathenau vertrat die Auffassung, dass Deutschland den Siegermächten entgegenkommen müsse, indem die Forderungen so weit wie möglich erfüllt würden. Dies – so die Überlegung – würde deutlich machen, dass der Versailler Vertrag insgesamt unerfüllbar wäre.

Die Gegner der Republik benutzten den Begriff „Erfüllungspolitik" allerdings, um die verantwortlichen Politiker und das demokratische System insgesamt zu verunglimpfen.

Die Siegermächte verfolgten keine einheitliche Politik, denn sie hatten unterschiedliche Interessen. Während sich die USA nach 1918 aus Europa zurückzogen, vertrat Großbritannien – wie schon zu früheren Zeiten – die Idee einer „balance of power" auf dem europäischen Festland. Frankreich dagegen baute ein System von Bündnissen auf, das Deutschland isolieren und die eigene Sicherheit garantieren sollte.

### Der Ausgleich mit der Sowjetunion

Angesichts der internationalen Lage nach dem Ersten Weltkrieg galt es als eine Sensation, als bekannt wurde, dass die beiden isolierten Staaten, das Deutsche Reich und Sowjetrussland, 1922 in Rapallo unweit von Genua einen Vertrag geschlossen hatten. Dieser sah die Aufnahme diplomatischer Beziehungen, den Verzicht auf Kriegsentschädigungen, militärische Kontakte und verbesserte wirtschaftliche Beziehungen vor. Deutschland war das erste Land, das den aus der Oktoberrevolution hervorgegangenen kommunistischen Staat international anerkannte. Die Zusammenarbeit zwischen Deutschland und der Sowjetunion wurde 1926 erneuert.

### Der Ausgleich mit dem Westen

Das Verhältnis zwischen Deutschland und Frankreich war vor allem wegen des Ruhrkampfes stark belastet. In dieser Situation versuchte Gustav Stresemann einen Kurswechsel. Als Außenminister prägte der Politiker die Außenpolitik der Republik von 1924 bis zu seinem Tod im Jahr 1929 entscheidend. Sein Ziel war es, durch einen Ausgleich mit dem Westen für Deutschland wieder den Rang einer europäischen Großmacht zu erreichen.

Gleich nach seinem Amtsantritt versuchte Gustav Stresemann, die ehemaligen Kriegsgegner durch eine „Friedensoffensive" zu besänftigen. Sowohl der englische Außenminister Chamberlain als auch sein französischer Kollege Briand reagierten positiv auf die deutschen Vorschläge und luden im Herbst 1925 zu einer Konferenz in den Schweizer Ort Locarno ein. Anwesend waren auch Vertreter aus Belgien, Italien, Polen und der Tschechoslowakei.

In den sogenannten Locarno-Verträgen von 1925 verzichteten Deutschland und seine westlichen Nachbarn auf eine kriegerische Ver-

**M 1** Verträge von Locarno
Der deutsche Außenminister Gustav Stresemann (1878–1929) und der französische Außenminister Aristide Briand (links) nach der Unterzeichnung der Verträge, Fotografie von 1925

**M 2** Deutschland im Völkerbund
Gustav Stresemann spricht auf einer Vollversammlung des Völkerbundes in Genf, Fotografie vom 10. September 1926.

änderung der bestehenden Grenzen und erkannten somit die Regelungen des Versailler Vertrages grundsätzlich an. Eine förmliche Anerkennung der Grenzen zur Tschechoslowakei und zu Polen fand sich jedoch nicht. Die Revision der Ostgrenze blieb damit weiterhin ein Ziel deutscher Politik. Zudem wurde vereinbart, dass Deutschland Mitglied im Völkerbund werden sollte. Für ihre Verständigungspolitik erhielten Stresemann und Briand den Friedensnobelpreis.

### Das Dauerproblem der Reparationen

Eng verbunden mit der Revisionspolitik war das Problem der im Versailler Vertrag festgelegten Reparationsforderungen. 1921 setzten die Siegermächte den Betrag auf 132 Milliarden Goldmark fest und verbanden ihre Forderung mit der Drohung, das Ruhrgebiet zu besetzen, falls sich Deutschland weigern würde zu zahlen („Londoner Ultimatum"). Der Ruhrkampf und die Inflation machten allerdings deutlich, dass eine Neuregelung der Zahlungen notwendig war.

Der Amerikaner Charles G. Dawes entwickelte 1924 einen nach ihm benannten Plan, in dem die jährlichen Raten und die Art, wie das Geld aufgebracht werden sollte, festgelegt wurden. Er sah aber auch vor, dass Deutschland eine Auslandsanleihe von 800 Millionen Goldmark erhalten solle. Der heftig kritisierte Dawes-Plan stellte eine Verbesserung der deutschen Situation dar, da auf diese Weise die Besetzung des Rheinlandes rückgängig gemacht wurde, war jedoch von den Forderungen Deutschlands nach einer Revision des Versailler Vertrages noch weit entfernt.

Eine weitere Entschärfung der Reparationsfrage entwickelte der amerikanische Finanzexperte Owen D. Young. Die Republik sollte 59 Jahre lang jährlich zwei Milliarden Mark zahlen, dafür verpflichteten sich die Siegermächte, alle besetzten Gebiete im Rheinland vor Ablauf der vereinbarten Frist zu räumen. Auch der Young-Plan war in Deutschland höchst umstritten. Erst 1932 kam es zu einer dauerhaften Einigung.

Die Auseinandersetzungen um den Versailler Vertrag und das Bemühen um internationalen Ausgleich stellten somit ständige Herausforderungen für die europäischen Staaten dar.

**M 3** „Nieder mit den Dawes-Pakt!", Wahlplakat, 1924

# Die Locarno Verträge im Widerstreit – Perspektiven erfassen

### M 4  Streit um Locarno

*a) Um den Locarno-Vertrag vom 16.10.1925 gab es eine heftige innenpolitische Auseinandersetzung. Der „Völkische Kurier" schrieb am 19.10.1925:*

Die Verantwortung, die Luther und Stresemann auf sich geladen haben, wird nicht im Reichstag festgestellt werden. Darüber wird die Geschichte befinden. Deren Urteile werden die selbstgefälligen Logenbrüder von Locarno hoffentlich noch hören. Auf jeden Fall wünschen wir ihnen aus diesem Grunde ein recht langes Leben. Denn die große Gnade, die Bethmann Hollweg und Ebert widerfuhr, vor dem Tage der irdischen Abrechnung abberufen zu werden, wird nicht jedem zuteil.

*b) Der KPD-Abgeordneter Bartels am 30.10.1925:*

Locarno bedeutet in Wirklichkeit – das wird auch in diesem Hause niemand zu bestreiten versuchen – die Auslieferung der Rheinlande, es bedeutet direkt ein Verschenken preußisch-deutschen Gebietes, es bedeutet die Garantie des Einmarsch- und Durchmarschrechtes durch Deutschland, es bedeutet die Kriegsdienstverpflichtung der deutschen Bevölkerung für die Entente gegen Russland, es bedeutet vor allem die Anerkennung der Aufrechterhaltung des Besatzungsregimes, und es bedeutet erneut das Bekenntnis zu dem Versailler Vertrag. Es bedeutet darüber hinaus verschärfte Ausbeutung, verschärfte Entrechtung, Unterdrückung, Elend, Übel, Not und alles, was im Gefolge des neuen Krieges eben zu erwarten ist.

*c) Der DNVP-Politiker Hugenberg am 5.11.1925:*

Ich bin kein Pazifist, aber ich muss der Tatsache Rechnung tragen, dass Deutschland waffenlos ist, und muss deshalb verlangen, dass die deutsche auswärtige Politik mit einer dieser Tatsache Rechnung tragenden Vorsicht geführt wird! Seit unserem Zusammenbruch hat mir immer als größte Sorge vorgeschwebt, dass Deutschland der Kriegsschauplatz zwischen Russland und dem Westen werden, dass Deutschland den Fehler einer Verfeindung mit Russland wiederholen könnte. […] Es ist Herrn Stresemann vorbehalten geblieben, mit diesem Feuer zu spielen. Denn Locarno, wie es geworden ist, bedeutet tatsächlich und trotz aller Vorbehalte, dass Deutschland in dem Gegensatz Westmächte-Russland optiert und damit – waffenlos wie es ist – sich leichtsinnig mitten in Gegensätze hineinspielt, bei deren Austragung es nur die Rolle des furchtbar Leidenden spielen kann. […]

*d) Otto Wels (SPD) am 24.11.1925:*

Wir stehen jetzt am Scheidepunkte der europäischen Politik. Es fragt sich jetzt, ob eine neue Welt, in der der Gedanke des Friedens lebendige Kraft haben soll, das Leben der Völker Europas in Zukunft beherrschen wird, oder ob die Mächte, die, auf Gewalt und kriegerischen Auseinandersetzungen fußend, dem Fortschritt, dem moralischen und materiellen Wiederaufbau den Weg dauernd versperren sollen. […] Was seit Jahrzehnten in Europa fehlte, das Bedürfnis nach europäischer Solidarität, das ist heute ein sichtbares Bedürfnis aller europäischen Völker geworden. […] Es zeigt sich jetzt allerdings mehr denn je die Notwendigkeit, die Allgemeininteressen Europas, die mit den Interessen jedes einzelnen Landes identisch sind, den selbstsüchtigen Interessen von Gruppen, Cliquen und Parteien voranzustellen.

*e) K. Fehrenbach (Zentrum) am 24.11.1923:*

Oberstes Gesetz unseres politischen Handelns nach dem unglücklichen Ausgang des Weltkrieges ist die Wiederaufrichtung unseres Deutschen Reiches aus Knechtschaft zur Freiheit, aus Not und Elend zur wirtschaftlichen Gesundung. Dabei sind wir uns bewusst, dass dieses hohe Ziel nur auf dem Wege friedlicher Verständigung mit den anderen Nationen in stufenweise sich aufbauenden Teilerfolgen zu erreichen ist. […]
Wir fragen uns: Sind diese Verträge in Wirklichkeit ein Instrument des Friedens, eines Friedens, dem Deutschland in Ehren zustimmen kann?
Dazu ist unseres Erachtens zunächst erforderlich, dass sowohl in der Form wie in der Sache die volle Gleichberechtigung Deutschlands gewahrt ist und dass dem deutschen Volke nichts zugemutet wird, was seiner nationalen Würde und unveräußerlichen, durch die natürliche Ordnung der Dinge garantierten Rechten eines jeden Staatsvolkes zuwiderliefe.
Diese Bedingung ist erfüllt. Nach der formalen Seite ist das unbestritten. Aber auch der Inhalt der Verträge entspricht der gestellten Anforderung.

Wolfgang Michalka/Gottfried Niedhart (Hg.), Die ungeliebte Republik, München 1984, S. 167 ff.

## Das Dauerproblem der Reparationen – Das Beispiel Young-Plan

### M 5  Der Young-Plan

*Reichswirtschaftsminister Julius Curtius (DVP) schreibt in seinen Erinnerungen (1948):*

Die deutsche Delegation und die Reichsregierung, die den Young-Plan im August grundsätzlich angenommen haben, sind nicht blind gegen die Lasten, die verbleiben werden, noch gegen das,
5 was nicht erreicht wurde. Aber im Vergleich zum Dawes-Plan soll der Young-Plan auf neuer politischer Grundlage erhebliche Erleichterungen der Lasten bringen, die der deutschen Wirtschaft und dem deutschen Volk zugute kommen sollen. Kei-
10 ne Rechenkunststücke werden diese erheblichen Erleichterungen wegdiskutieren können. Wir haben dafür zu sorgen, dass einmalige Nebenleistungen in erheblichem Rahmen bleiben. Ferner werden zwar gewisse Pfandrechte der Gläubiger-
15 mächte bestehen bleiben, aber der Einfluss des Auslandes auf die deutsche Wirtschaft und Verwaltung, der unter dem Dawes-Plan durch die starke Beteiligung von Ausländern im Verwaltungsdienst der Reichsbahn, im Generalrat der
20 Reichsbank und im Aufsichtsrat der Bank für Industrieobligationen ausgeübt werden konnte, wird durch den Young-Plan restlos beseitigt.

Jan Trützschler, Die Weimarer Republik. Fundus Quellen für den Geschichtsunterricht, Schwalbach/Ts. 2011, S. 132.

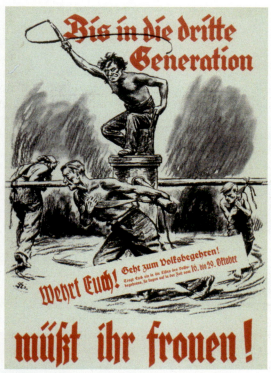

### M 6  „Bis in die dritte Generation müsst ihr fronen!"
Plakat zum gescheiterten Volksbegehren gegen den Young-Plan, 1929

## Aufgaben

1. **Deutsche Außenpolitik bis 1925**
   a) Erläutere, ausgehend von den Bestimmungen des Versailler Vertrages, die außenpolitischen Handlungsmöglichkeiten Deutschlands.
   b) Beurteile auf der Grundlage der Bestimmungen des Rapallo-Vertrages die Veränderung der außenpolitischen Situation im Vergleich zu 1920.
   → Text, Lexikon, Internet

2. **Die Locarno-Verträge**
   a) Fasse die wichtigsten Bestimmungen der Locarno-Verträge in einem Schaubild zusammen.
   b) Erkläre den Handlungsspielraum Stresemanns bei den Verhandlungen zu den Locarno-Verträgen.
   c) Bewerte die Locarno-Verträge unter dem Aspekt der Friedenssicherung.
   → Text

3. **Die Locarno-Verträge im Widerstreit**
   a) Fasse die in der Reichstagsdebatte vertretenen Positionen zusammen.
   b) Erkläre die verschiedenen Sichtweisen.
   c) Beurteile den außenpolitischen Handlungsspielraum Deutschlands nach dem Abschluss der Locarno-Verträge.
   → Text, M4

4. **Der Young-Plan**
   a) Erkläre den Satz: „Die Bestimmungen des Young-Planes verbesserten die Situation Deutschlands deutlich."
   b) Informiere dich über das Volksbegehren gegen den Young-Plan.
   → M5, M6, Internet

# Die Weimarer Republik

## Die ruhige Zwischenphase der Weimarer Republik

### „Goldene Zwanziger"

Der Begriff „Goldene Zwanziger" rührt von den kulturellen Entwicklungen, den künstlerischen Leistungen sowie den wissenschaftlichen Entdeckungen und technischen Erfindungen her, die für die Mitte der Zwanzigerjahre kennzeichnend sind. Dies überstrahlte zeitweise die wirtschaftliche und politische Entwicklung. Zwar kam es in den Jahren nach 1923 bis zum Ausbruch der Weltwirtschaftkrise 1929 zu einer Stabilisierung der ersten deutschen Demokratie, es blieben jedoch die Probleme wirksam, die die Frühphase gekennzeichnet hatten.

### Politische Entwicklungen

Auch in den 1920er-Jahren blieb die politische Situation unsicher. Zwar ging die politische Gewalt zurück und es gab keine offenen Aufstände mehr, jedoch gab es keine stabilen Mehrheiten im Reichstag und die Regierungen wechselten deshalb oft. Ein wichtiges Ereignis war die Wahl des Reichspräsidenten. Nach dem Tod von Friedrich Ebert 1925, der als SPD-Politiker in der Revolution eine entscheidende Rolle gespielt und die Republik stabilisiert hatte, wurde eine Neuwahl notwendig. Im zweiten Wahlgang setzte sich schließlich der General des Ersten Weltkriegs Paul von Hindenburg durch. Dies galt Zeitgenossen und späteren Historikern als Zeichen der Wende nach rückwärts. Auch wenn der Monarchist Hindenburg sich in den ersten Jahren streng an die Reichsverfassung hielt, bekamen republikfeindliche Kräfte dennoch Zulauf.

**M 2** Reichspräsident Hindenburg nach der Wahl 1925
Berlin, Fotografie

Zur politischen Stabilisierung trug der wirtschaftliche Aufschwung bei. Dieser war durch die Währungsreform begründet, die die Inflation beendete, und durch die Entlastung von den Reparationszahlungen, die der Dawes-Plan mit sich brachte. Für viele verbesserte sich die materielle Situation, allerdings blieb die Wirkung begrenzt.

**M 3** „Großstadt", Gemälde von Otto Dix
Der Maler Otto Dix (1891–1969) schuf sein Triptychon (dreiteiliges Gemälde) in den Jahren 1927/28. Es gilt als besonders treffende Darstellung der 20er-Jahre und ihrer Gesellschaft.

### Die neue Rolle der Frau

Die Lebenssituation der Frauen änderte sich nach dem Ersten Weltkrieg tiefgreifend. Das Frauenwahlrecht sicherte ihnen mehr politische Mitsprache. Die wachsende Berufstätigkeit verbesserte ihre soziale Stellung. Insbesondere weibliche Angestellte im Büro übten qualifizierte Tätigkeiten aus. Dieses veränderte Selbstbewusstsein äußerte sich in Frisur und Kleidung: Kurze, als „Bubikopf" geschnittene Haare sowie Seidenstrümpfe und kürzere Röcke spiegelten das neue Rollenverhalten in der Gesellschaft wider. Im Haushalt erleichterten neue Geräte wie der Staubsauger die Arbeit.

### Moderne Massenkultur

Eine der auffallendsten Entwicklungen war die Entstehung einer modernen Massenkultur, bei der die neuen Medien Rundfunk und Film eine wichtige Rolle spielten. So sendete 1923 die „Funkstunde AG" zum ersten Mal, drei Jahre später gab es bereits mehr als eine Million Radiohörer. In den neu entstandenen Kinos wurden zunächst Stummfilme, dann Tonfilme gezeigt. Die 1917 gegründete Universum Film AG (UFA) war der wichtigste deutsche Filmproduzent. „M", das Porträt eines Kindermörders (Regie: Fritz Lang) mit Peter Lorre und Gustaf Gründgens, und „Der blaue Engel" (Regie: Josef von Sternberg) mit Marlene Dietrich und Emil Jannings waren die großen Kinoerfolge. Das Kino erwies sich als ein großer Publikumsmagnet, bereits 1925 kauften täglich zwei Millionen Menschen eine Kinokarte.

Eng verbunden mit dem Film waren auch populäre Schlager, modische Tänze, Swing- und Jazzmusik, die das Bild einer ausgelassenen Epoche bis in unsere Gegenwart prägen. Charleston und Foxtrott sowie die Lieder der „Comedian Harmonists" sind Beispiele für die „Goldenen Zwanziger".

Einen großen Einfluss übte auch die Presse aus. 1928 erschienen 3356 unterschiedliche Tageszeitungen. Die Entwicklungen in der Weimarer Republik waren ein entscheidender Schritt auf dem Weg zu einer durch Medien geprägten Gesellschaft, wie sie heute in Deutschland existiert.

**M 4** Werbeplakat
Kabarett-Veranstaltung in Berlin, 1920

> **M 5** **Bauhaus in Dessau**
> Das Gebäude entstand 1925/26 nach Plänen von Walter Gropius.

### Kunst, Wissenschaft und Technik

Für die Kunst in dieser Phase der Republik mit ihren nüchternen, wirklichkeitsgetreuen Ausdrucksmitteln setzte sich der Begriff „Neue Sachlichkeit" durch. In der Architektur wurden klare, einfache Formen bevorzugt, in der Literatur experimentierten die Autoren mit neuen Ausdrucksmitteln, für das Theater schrieb Bertolt Brecht Stücke, die sich mit aktuellen Problemen auseinandersetzten.

In der Wissenschaft bewiesen deutsche Nobelpreisträger wie Carl Bosch, Albert Einstein und Werner Heisenberg die herausragende Stellung der Naturwissenschaft in der Weimarer Republik. Mit dem Namen Hugo Junkers verbindet sich die Entwicklung der zivilen Luftfahrt. Die 1926 gegründete „Luft-Hansa AG" brachte den Durchbruch des Flugzeugs als Transportmittel.

In den Bereichen Kultur, Wissenschaft und Technik war die Weimarer Republik ein moderner, zukunftsoffener Staat, während sich ihre politischen Führungskräfte noch stark an den Traditionen des vergangenen Kaiserreichs orientierten.

> **M 6** **Bühnenbild zu Ernst Tollers Schauspiel „Hoppla, wir leben", Berlin 1928**
> Das Drama kritisiert in einer Szenenfolge die Gesellschaft zwischen 1923 und 1928. Die Inszenierung stammte von Erwin Piscator, das Bühnenbild von Traugott Müller. 1933 emigrierte Toller in die USA.

## Die veränderte Rolle der Frau – Mit Statistiken und Bildern arbeiten

**M 7**

### Erwerbspersonen nach Stellung im Beruf (1907 - 1933)

| Jahr | Erwerbspersonen insgesamt 1000 | Stellung im Beruf als | | | | | | | |
|---|---|---|---|---|---|---|---|---|---|
| | | Selbstständige | | Mithelfende Familienangehörige | | Beamte und Angestellte | | Arbeiter | |
| | | 1000 | %[1] | 1000 | %[1] | 1000 | %[1] | 1000 | %[1] |
| 1907 | 28 092 | 5496 | 19,6 | 4288 | 15,3 | 2882 | 10,3 | 15 427 | 54,9 |
| 1925 | 32 009 | 5288 | 16,5 | 5437 | 17,0 | 5525 | 17,3 | 15 759 | 49,2 |
| 1933 | 32 296 | 5303 | 16,4 | 5312 | 16,4 | 5513 | 17,1 | 16 168 | 50,1 |

[1] in % der Erwerbspersonen

**M 8**

### Weibliche Erwerbspersonen nach Stellung im Beruf (1907 - 1933)

| Jahr | Weibliche Erwerbspersonen insgesamt 1000 | Stellung im Beruf als | | | | | | | |
|---|---|---|---|---|---|---|---|---|---|
| | | Selbstständige | | Mithelfende Familienangehörige | | Beamtinnen und Angestellte | | Arbeiterinnen | |
| | | 1000 | %[1] | 1000 | %[1] | 1000 | %[1] | 1000 | %[1] |
| 1907 | 9 493 | 1091 | 11,5 | 3178 | 33,5 | 371 | 3,9 | 4853 | 51,1 |
| 1925 | 11 478 | 1081 | 9,4 | 4133 | 36,0 | 1450 | 12,6 | 4814 | 41,9 |
| 1933 | 11 479 | 936 | 8,2 | 4149 | 36,1 | 1695 | 14,8 | 4699 | 40,9 |

[1] in % der Erwerbspersonen

**M 9** „Vampyr-Staubsauger"
Werbeplakat der Firma AEG, um 1929

**M 10** „Plätteisen"
Werbeplakat der Firma AEG, um 1929

# Die Weimarer Republik

## Kunst in der Weimarer Republik – Ein Gemälde analysieren

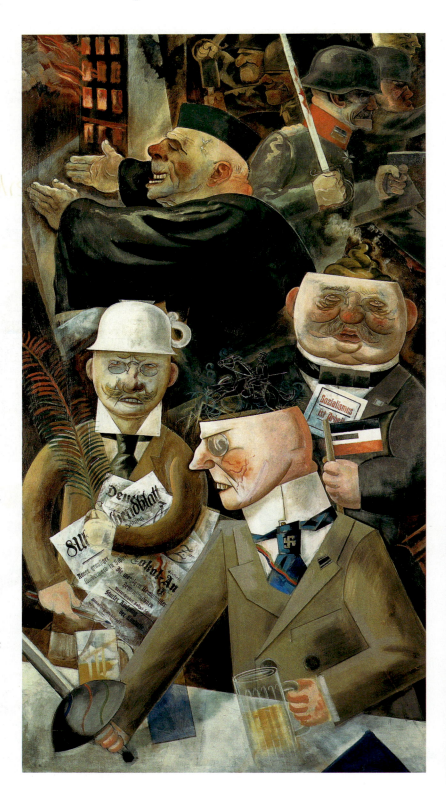

**M 11** „Stützen der Gesellschaft"
George Grosz (1893–1959) malte das Bild im Jahr 1926. Es zeigt typische Vertreter damals einflussreicher Gesellschaftsschichten, erkennbar an entsprechenden Gegenständen, die der Maler seinen Personen zuordnet.
Unten links der Vertreter der Presse mit einem Nachttopf auf dem Kopf; rechts daneben der Akademiker aus einer schlagenden Verbindung, darüber ein dicker Reichstagsabgeordneter mit schwarz-weiß-rotem Fähnchen; darüber im Talar Richter und Pfarrer in einer Person; rechts oben schließlich ein Offizier der Reichswehr.

## Kunst in der Weimarer Republik – Zeitgenössische Filme als Quellen

**M 12 Filmplakate**
„Metropolis" von 1926 (links) und „Der blaue Engel" von 1930 (rechts)

### Aufgaben

1. **Die wirtschaftliche und politische Entwicklung**
   a) Erkläre die Gründe für die wirtschaftliche und politische Stabilisierung nach 1923.
   b) Recherchiere die Zusammensetzung und die Amtszeiten der Regierungskoalitionen zwischen 1923 und 1930.
   c) Beurteile die Auswirkungen der Stabilisierung auf das politische Denken verschiedener gesellschaftlicher Gruppen.
   d) Nimm Stellung zu folgender Aussage: „Die zweite Hälfte der 20er-Jahre trägt den Namen ‚Goldene Zwanziger' zu Recht."
   → Text, Lexikon, Internet

2. **Die veränderte Rolle der Frau**
   a) Berechne die Veränderung des Anteils der Frauen an den Berufstätigen 1907–1933.
   b) Erkläre die damaligen Veränderungen im Leben der Frauen.
   → Text, M7-M10

3. **Kunst und Kultur**
   a) Erkläre die Erwartungshaltung der Zuschauer, die mit diesen Filmplakaten erzeugt wird.
   b) Informiere dich über den Inhalt der beiden Filme und vergleiche den Inhalt mit den Filmplakaten.
   c) Beschreibe die wichtigsten Lebensstationen von Emil Jannings, Josef von Sternberg, Marlene Dietrich und Fritz Lang.
   d) Beurteile die Veränderungen in Kunst und Kultur im Hinblick auf das politische Denken der deutschen Bevölkerung.
   → Text, M11, M12, Lexikon, Internet

# Die Weimarer Republik

**M 1** „Black Thursday"
Die US-Börse in der Wall Street in New York, Foto, 24. Oktober 1929

## Die Weltwirtschaftskrise

### Der „Schwarze Freitag"

Nachdem die Aktienkurse am 24. Oktober 1929 an der New Yorker Börse stark eingebrochen waren, erreichte der Kurssturz am folgenden Tag – einem Freitag – auch Europa. Viele Anleger, vor allem jene, die ihre Aktien auf Kredit gekauft hatten, standen plötzlich vor dem finanziellen Nichts. Doch dies war nur der Auftakt zu einer globalen Wirtschaftskrise. Wegen der weltweiten finanziellen Verflechtung erfasste die Katastrophe alle Industriestaaten. Man spricht deshalb von einer „Weltwirtschaftskrise". In den USA stieg die Zahl der Arbeitslosen von 1929 bis 1932 von 1,5 auf 12 Millionen.

Da viele Menschen wegen ihrer verzweifelten Finanzlage kaum Waren kaufen konnten, führte die mangelnde Nachfrage zu einem Preisverfall. Die Unternehmen leiteten deshalb Massenentlassungen ein und kürzten drastisch die Löhne. Massenarbeitslosigkeit und wirtschaftliche Not prägten die Situation zu Beginn der Dreißigerjahre.

### Ursachen der Weltwirtschaftskrise

Die Regelungen des Dawes-Plans begrenzten die deutschen Reparationszahlungen auf ein erträgliches Maß. Das begünstigte den internationalen Kapitalverkehr, von dem Deutschland besonders profitierte. Amerikanische Banken und Finanziers investierten nach 1924 viel Kapital in die deutsche Wirtschaft und beteiligten sich an Unternehmen. So kaufte der Automobilkonzern „General Motors" 1929 die Adam Opel AG. Manche sahen Deutschland geradezu als „Kolonie der New Yorker Börse", so eng waren die finanziellen Verflechtungen beider Länder.

Insgesamt flossen von 1925 bis 1929 ausländische Kredite in Höhe von 21 Milliarden Reichsmark nach Deutschland, denen nur 7,7 Milliarden Reichsmark deutscher Anlagen im Ausland gegenüberstanden.

## Die Folgen der Weltwirtschaftskrise

All das änderte sich schlagartig, als die amerikanische Wirtschaft nach dem Börsenkrach eine verheerende Rezession erlebte und kurzfristig gewährte Kredite aus Deutschland abzog. Da die deutschen Banken zu wenig Eigenkapital hatten, um einzuspringen, fehlte Geld für Kredite und Investitionen.

Als Folge mussten viele Betriebe schließen oder Entlassungen vornehmen: Die Arbeitslosenzahlen stiegen unaufhörlich und erreichten schließlich die schwindelerregende Höhe von über 6 Millionen Erwerbslosen. Merkmale der Weltwirtschaftskrise waren Produktionseinbrüche, Firmenpleiten, sinkende Einkommen und rapide steigende Arbeitslosenzahlen. Im Gegensatz zum Krisenjahr 1923, in dem die Geldentwertung vor allem Sparer und Kapitalbesitzer getroffen hatte, traf die Weltwirtschaftskrise die gesamte Bevölkerung.

Neben der Industrie erfasste die Krise auch das Bank- und Kreditwesen, sodass es zum Zusammenbruch des deutschen Bankensystems kam. Nach Konkursen verschiedener Großbanken verloren die Kunden ihre gesamten Spareinlagen und verarmten.

Heute weiß man, dass der „Schwarze Freitag" nicht alleiniger Auslöser der deutschen Wirtschaftskrise war, sondern den seit 1928 bestehenden Abschwung enorm beschleunigte. Zwischen 1928 und 1930 verdoppelte sich die Arbeitslosigkeit, weil die deutsche Exportwirtschaft unter hohen Einfuhrzöllen wichtiger Exportländer litt und auf deren Binnenmärkten nicht mehr konkurrenzfähig war.

Die Weltwirtschaftskrise trug entscheidend zum Verfall des parlamentarischen Systems von Weimar bei und begünstigte den Aufstieg der radikalen Parteien NSDAP und KPD.

**M 2 Wartende Arbeitslose**
Hinterhof des Arbeitsamtes Hannover, Königsworther Platz, Frühjahr 1932

# Die Weimarer Republik

## Folgen der Weltwirtschaftskrise – Zeitgenössische Text- und Bildquellen auswerten

**M 3** „Ich suche Arbeit jeder Art!", Foto, um 1931

**M 4** Schlafen „an der Leine"
Obdachlose ruhen sich für wenige Pfennige „an der Leine" aus, Berlin 1929.

### M 5 „Wir suchen Arbeit"

*Aus einem Bericht über die Not arbeitsloser Familien (1932):*

Wer offenen Auges auf den Hauptwanderstraßen Deutschlands, z. B. zwischen Berlin – der Uckermark – Mecklenburg und Pommern oder dem westdeutschen Industriegebiet – Mecklenburg –
5 Berlin wandernde Familien beobachtet hat, wer sie gesprochen und von ihrem Schicksal gehört hat, der sah in einen Abgrund tiefsten menschlichen Elendes. Vater, Mutter und eine ganze Schar trippelnder Kinder. Der Vater trägt einen schwe-
10 ren Rucksack oder zieht einen kleinen Handwagen. Die Mutter schiebt den Kinderwagen mit dem jüngsten oder den zwei jüngsten Kindern inmitten von allem möglichen Hausrat und Kleidungsstücken. [...] Fragt man die einzelnen Fami-
15 lien nach dem Woher und Wohin, erhält man immer die gleiche Antwort: „Wir suchen Arbeit." [...] So treffen die ehemals städtischen Arbeitslosen mit denen vom Lande zusammen und ziehen in gleicher Not mit der gesamten Familie und allen
20 Habseligkeiten von Ort zu Ort, in der Hoffnung, doch noch einmal Arbeit zu finden.

H. A. Winkler, Der Weg in die Katastrophe, Bonn 1990, S. 40.

### M 6 Zunahme von Selbstmorden

*a) Bericht der Zeitung „Tremonia", die in Westfalen und im Rheinland erschien (Juni 1930):*

Als der Beamte mit einigen hinzugezogenen Personen das schlafzimmer betrat, fand er die Eheleute Haberland mit Schussverletzungen im Kopfe im Bett liegend vor. Der Ingenieur hatte noch die
5 Pistole in der Hand. Die Feststellungen der sofort herbeigeholten Mordkommision ergaben dann zweifelsfrei, dass der Ingenieur zuerst seine Ehefrau und dann sich selbst erschossen hatte. [...] Der Grund dürfte in schwierigen wirtschaftlichen
10 Verhältnissen bzw. Stellungslosigkeit zu suchen sein, in denen sich die Familie schon seit etwa einhalb Jahren befunden hat. Auch hat gegen die Eheleute ein Verfahren auf Zwangsräumung geschwebt.

*b) Das Göttinger Tageblatt berichtet (12.12.1930):*

Wegen Ausbleiben der Weihnachtseinkäufe haben in Berlin innerhalb weniger Tage fünf Berliner Geschäftsleute Selbstmord verübt. Der Käuferstreik wirkt sich in Erwartung allgemeiner
5 Preissenkungen in Berlin nahezu katastrophal aus.

J. Trützschler, Die Weimarer Republik, Schwalbach 2011, S. 200 f.

## Massenarbeitslosigkeit – Eine Darstellung auswerten

**M 7** „Ganz unten"

*Der Historiker Detlev Peukert schreibt über die Arbeitslosigkeit in der Weltwirtschaftskrise:*

Hauptbetroffene waren jedoch die Arbeiter und Angestellten. Dabei ging es den Arbeitern im Baugewerbe und denen in der Schwerindustrie am schlechtesten. […]
5 Die Zeit der Erwerbslosigkeit dauerte nach dem Verlust eines Arbeitsplatzes immer länger, 1933 konnten viele auf ein halbes Jahrzehnt ohne Arbeit zurückblicken. In dieser Zeit sanken ihr sozialer Status und Einkommen immer weiter ab; Letzteres
10 erreichte bald das Existenzminimum. Sowohl die 1927 gesetzlich verankerte Arbeitslosenversicherung als auch die an sie anschließende Krisenhilfe reichten mit ihren Unterstützungszahlungen nur über eine relativ kurze Zeitspanne. Dann fiel man
15 der kommunalen Wohlfahrtspflege zur Last, die nicht nur Unterstützungssätze auszahlte, die sich am Existenzminimum (und an den leeren Kassen der Gemeinde) orientierten, sondern selbst diese kargen Hilfen von entwürdigenden Prüfungspro-
20 zeduren abhängig machten. Die Erwerbslosen durchliefen eine regelrechte Negativkarriere, bis sie ganz unten angelangt waren. […] Zu Armut und Statusverlust trat bei vielen Dauererwerbslosen das Gefühl völliger Entwürdigung und des Ausgelie-
25 fertseins an anonyme Behördenmächte hinzu. […] Der Alltag der Arbeitslosen war nicht nur von materieller Entbehrung und Sorgen um den Unterhalt der Familien gekennzeichnet. Daneben trat die kaum zu überschätzende psychische Belas-
30 tung, aus dem Produktionsprozess ausgestoßen, nutzlos und ohne Aufgaben den Tag verbringen zu müssen. Der Rhythmus des Arbeitslebens, die Zeitdisziplin des Arbeitstages hatten den Alltag gegliedert und auch die verbliebene freie Zeit erst
35 kostbar gemacht. Alle zeitgenössischen Untersuchungen des Arbeitslosenalltags stimmen darin überein, dass schrittweise auch die sonst betriebene Freizeitaktivität nachließ, dass sich ein allgemeiner Verlust des Zeitbewusstseins einstellte und
40 den Dauererwerbslosen alle Initiative und die Hoffnungen auf eine zukünftige Besserung immer mehr verlorenging.

Detlev J. K. Peukert, Die Weimarer Republik. Krisenjahre der klassischen Moderne, Frankfurt/M. 1987, S. 247.

**M 8** Freimahlzeit bei der Heilsarmee, Dresdener Straße, Berlin, November 1930

### Aufgaben

1. **Die Weltwirtschaftskrise**
   a) Erläutere die Ursachen der Weltwirtschaftskrise.
   b) „In der Weltwirtschaftskrise wurde in Deutschland sehr schnell klar, dass es sich zuvor tatsächlich nur um eine relative Stabilisierung gehandelt hatte." Erkläre diese Aussage.
   c) Erläutere anhand der Quellen die wirtschaftlichen Folgen der Krise für die Bevölkerung in Deutschland.
   → Text, M2-M6, M8

2. **Massenarbeitslosigkeit – Eine Darstellung auswerten**
   a) Beschreibe die einzelnen Stufen der „Negativkarriere" eines Arbeitslosen, indem du ein Stufenmodell zeichnest und die einzelnen Stufen beschriftest.
   b) Stelle die Folgen der Arbeitslosigkeit für die Betroffenen dar.
   → Text, M7

# Methode: Umgang mit Statistiken

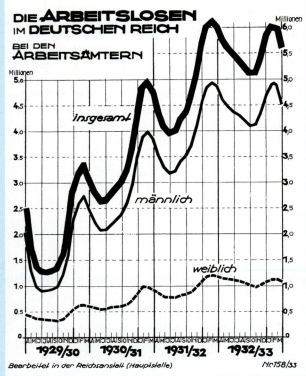

**M 1** „Die Arbeitslosen im Deutschen Reich"
Aus einer Veröffentlichung der „Reichsanstalt für Arbeitsvermittlung und Arbeitslosenversicherung" von 1934

### Arbeitslosigkeit 1919 – 1933

| Jahr | abhängige Erwerbspersonen (in 1000) | Arbeitslose (in 1000) |
|---|---|---|
| 1919 | 16 950 | – |
| 1920 | 18 367 | – |
| 1921 | 19 126 | 346 |
| 1922 | 20 184 | 215 |
| 1923 | 20 000 | 818 |
| 1924 | 19 122 | 927 |
| 1925 | 20 176 | 682 |
| 1926 | 20 287 | 2 025 |
| 1927 | 21 207 | 1 312 |
| 1928 | 21 995 | 1 391 |
| 1929 | 22 418 | 1 899 |
| 1930 | 21 916 | 3 076 |
| 1931 | 20 616 | 4 520 |
| 1932 | 18 711 | 5 603 |
| 1933 | 18 540 | 4 804 |

Aus: Dietmar Petzina, Werner Abelshauser, Anselm Faust, Sozialgeschichtliches Arbeitsbuch, München 1978, S. 119.

**M 2** Arbeitslosigkeit 1919–1933

### Verlauf der Weltwirtschaftskrise (1928 = 100)

|  | 1929 | 1930 | 1931 | 1932 | 1933 | 1934 |
|---|---|---|---|---|---|---|
| **Produktion und Beschäftigung** | | | | | | |
| Produktionsgüter [1] | 103 | 86 | 61 | 46 | 54 | 77 |
| Investitionsgüter [2] | 103 | 84 | 54 | 35 | 45 | 75 |
| Verbrauchsgüter | 97 | 91 | 87 | 74 | 80 | 90 |
| Beschäftigte | 99 | 92 | 80 | 71 | 74 | 85 |
| **Preise und Löhne** | | | | | | |
| Produktionsgüter | 102 | 101 | 96 | 86 | 83 | 83 |
| Konsumgüter | 98 | 91 | 80 | 67 | 64 | 67 |
| Lebenshaltung | 102 | 98 | 90 | 80 | 78 | 80 |
| Reallohn | 102 | 97 | 93 | 87 | 91 | 95 |

[1] Produktionsgüter: Güter, die nicht für den Endverbraucher bestimmt sind, sondern zur Weiterverarbeitung vorgesehen sind.
[2] Investitionsgüter: Wirtschaftsgüter von langer Lebensdauer, die zur Leistungserstellung in Unternehmen eingesetzt werden, z. B. Maschinen und Werzeuge

Aus: Dietmar Petzina, Werner Abelshauser, Anselm Faust, Sozialgeschichtliches Arbeitsbuch, München 1978, S. 84.

**M 3** Verlauf der Weltwirtschaftskrise

## Umgang mit Statistiken

Eine Wirtschaftskrise, und eine Weltwirtschaftskrise erst recht, ist ein schwer zu durchschauender Sachverhalt, denn es wirken viele Faktoren aufeinander ein. Umso notwendiger ist es, sich einen möglichst genauen Überblick zu verschaffen. Dazu ist es nötig, auf Statistiken zurückzugreifen. Um die richtigen Informationen zu entnehmen, müssen sie genau gelesen und ausgewertet werden.

### Fragen an Statistiken

**1. Thema der Statistiken**

a) Erläutere die Überschriften von M1 und M2. Achte dabei auf den Zusatz „bei den Arbeitsämtern".
b) Vergleiche den zeitlichen Umfang beider Darstellungen.
c) Ziehe Rückschlüsse auf den Informationsgehalt.

**2. Darstellung der Statistiken**

M1 und M2:
a) Erkläre die Beschriftung der x und y Achse bei M1.
b) Erkläre die Wellenbewegungen der beiden oberen Kurven und begründe die Ursachen für das starke Abweichen der Kurve „weiblich".
c) Erkläre den Begriff „abhängige Erwerbsperson".
d) Beurteile die Höhe der Arbeitslosigkeit.
e) Ermittle den Anteil der Arbeitslosen an den abhängigen Erwerbspersonen in den einzelnen Jahren und stelle deine Ergebnisse in einem Diagramm dar.

Tabelle M3:
f) Erkläre den Begriff „Index".
g) Nenne den Grund dafür, dass der Index für 1928 auf 100 gesetzt wurde.
h) Erläutere die einzelnen Begriffe in der linken Spalte.
i) Entnimm folgende Informationen:
  – Jahr der niedrigsten Löhne,
  – Jahr der geringsten Produktion von Produktionsgütern,
  – Jahr der wenigsten Beschäftigten,
  – Jahr der geringsten Produktion von Konsumgütern.

**3. Informationsgehalt der Statistiken**

a) Arbeite das Jahr des Höhepunkts der Weltwirtschaftskrise heraus.
b) Vergleiche die Darstellungen in Hinblick auf ihren Informationsgehalt und wähle die Statistik aus, die die meisten Informationen enthält. Begründe deine Auswahl.

# Die Weimarer Republik

**M 1** Adolf Hitler (1889–1945)
Sorgsam pflegte man Hitlers Erscheinungsbild in der Öffentlichkeit. Ungünstige Fotos wurden nicht veröffentlicht, Foto von 1933.

## Der Aufstieg der NSDAP

### München – „Stadt der Bewegung"

In der Zeit des Nationalsozialismus erhielt München den Beinamen „Stadt der Bewegung", denn hier war die „Nationalsozialistische Deutsche Arbeiterpartei" (NSDAP) entstanden. Sie ging hervor aus der im Jahr 1919 gegründeten „Deutschen Arbeiterpartei" und verstand sich im Gegensatz zu anderen politischen Vereinigungen nicht als Partei, sondern als eine alle Schichten des Volkes umfassende „Bewegung", an deren Spitze der „Führer" Adolf Hitler stand.

Basis für den Aufstieg der Partei war die nationalistische und rassistische Stimmung, die sich nach Niederschlagung der kommunistischen Räterepublik im Frühjahr 1919 in Bayern ausbreitete. Da führende Vertreter der Räterepublik Juden und Bolschewisten waren, hatte die NSDAP ein Feindbild, das der junge Adolf Hitler auf seinen Versammlungen beschwor. Er sah seine Aufgabe als „Trommler" der Bewegung, der die Massen mit aggressiven Reden aufpeitschte.

Dem aus Österreich stammenden Hitler, den der Weltkrieg aus der Bahn geworfen hatte, gelang es, den Parteigründer Drexler beiseite zu drängen und 1921 „Führer" der Partei zu werden. Sein unermüdlicher Einsatz als Redner bei Versammlungen verschaffte ihm in nationalistischen Kreisen einen Ruf als bedenkenloser Agitator, der die Massen begeistern konnte.

### Der „Hitler-Putsch"

Im Oktober 1922 hatte Benito Mussolini, Führer der italienischen Faschisten, durch einen „Marsch auf Rom" die Macht in Italien errungen. Nach diesem Vorbild riskierte Hitler im Krisenjahr 1923 in München einen Putsch. Er wollte die Macht in Deutschland gewaltsam an sich reißen und das verhasste System der Weimarer Republik beseitigen. Da ihm jedoch die Unterstützung der führenden konservativen und militärischen Kreise fehlte, schlug das Unternehmen fehl.

Hitler wurde zu fünf Jahren Haft auf der Festung Landsberg verurteilt und die NSDAP verboten. In der Gefängniszelle, wo er bis zur vorzeitigen Entlassung seine Strafe verbüßte, entstand das Bekenntnisbuch „Mein Kampf", in dem Hitler seine politischen Vorstellungen darlegte. Diese waren durch einen extremen Antisemitismus – also Judenhass – und die Forderung nach Eroberung von „Lebensraum" im Osten gekennzeichnet.

### Wechsel der politischen Strategie

Nach Neugründung der NSDAP 1925 gelang es Hitler, die zerstrittenen völkischen Gruppen in Deutschland auf seine Person zu vereinen und eine neue Strategie durchzusetzen: Wahlerfolge sollten nun statt eines gewaltsamen Putsches die Machtübernahme ermöglichen. Dass sie die Ordnung der Weimarer Republik zerstören wollten, verschwiegen die Nationalsozialisten nicht. Ihr Kurs beschränkte sich darauf, nur die formalen Spielregeln der Demokratie einzuhalten.

Die Einführung des Hitlergrußes – „Heil Hitler" – und die willige Unterordnung anderer NS-Größen zeigten, dass die NSDAP Adolf Hitler als unumstrittenen Führer anerkannte.

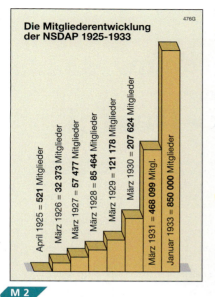

**Die Mitgliederentwicklung der NSDAP 1925-1933**

April 1925 = 521 Mitglieder
März 1926 = 32 373 Mitglieder
März 1927 = 57 477 Mitglieder
März 1928 = 85 464 Mitglieder
März 1929 = 121 178 Mitglieder
März 1930 = 207 624 Mitglieder
März 1931 = 468 099 Mitgl.
Januar 1933 = 850 000 Mitglieder

**M 2**

Eine straffe Organisation und die Gründung einer Jugendabteilung im Jahr 1926, aus der später die „Hitlerjugend" (HJ) hervorging, festigten die Macht des „Führers" und machten ihn auch bei der jüngeren Generation populär.

### Der Aufstieg zur stärksten Partei

In der stabilen Phase der Weimarer Republik zwischen 1924 und 1929 blieben große Wahlerfolge aus. Erst 1930 gelang es der NSDAP, die Stimmenzahl deutlich zu steigern: Die Zahl ihrer Abgeordneten im Reichstag stieg sensationell von 12 auf 107. Aufgrund der sich verschärfenden Weltwirtschaftskrise erhielt die Partei großen Zulauf. Zwischen 1926 und 1930 wuchs die Mitgliederzahl von 32 000 auf 207 000. Im Januar 1933 hatte sie 850 000 Mitglieder.

Mit neuen Formen der Propaganda gelang es der Partei, Anhänger zu gewinnen. So benutzte Hitler als Wahlkämpfer ein Flugzeug und konnte jeden Tag in verschiedenen Orten Kundgebungen abhalten. Geschickt inszenierte Massenveranstaltungen, Aufmärsche mit Fahnen und Marschmusik und eine zentral gelenkte Parteipresse ließen die NSDAP als dynamische politische Bewegung erscheinen. Auf der anderen Seite dienten die „Sturm-Abteilung" (SA) und die „Schutz-Staffel" (SS) dazu, politische Gegner mit Straßen- und Saalschlachten einzuschüchtern. Diese militärisch organisierten Gruppierungen vermittelten ein Gemeinschaftsgefühl und bildeten die Basis des künftigen nationalsozialistischen Terrorregimes.

Zwischen 1930 und 1933 wurde die NSDAP so stark, dass führende Vertreter der Republik sie an der Regierung beteiligen wollten. Das scheiterte zunächst daran, dass Hitler die ganze Macht für sich beanspruchte. Wenn er später die Macht dennoch an sich reißen konnte, so verdankte er das der Entwicklung der NSDAP zu einer Massenbewegung und ihrem Aufstieg zur stärksten Partei im Reichstag.

**M 3  Hitler als Redner**
Adolf Hitler spricht im Berliner Lustgarten zur Reichspräsidentenwahl, Foto vom 4.4.1932.

## Das Programm der NSDAP von 1920 – Eine Textquelle analysieren

# Grundsätzliches Programm
### der nationalsozialistischen
# Deutschen Arbeiter-Partei.

Das Programm der Deutschen Arbeiter-Partei ist ein Zeit-Programm. Die Führer lehnen es ab, nach Erreichung der im Programm aufgestellten Ziele neue aufzustellen, nur zu dem Zweck, um durch künstlich gesteigerte Unzufriedenheit der Massen das Fortbestehen der Partei zu ermöglichen.

1. Wir fordern den Zusammenschluß aller Deutschen auf Grund des Selbstbestimmungsrechtes der Völker zu einem Groß-Deutschland.
2. Wir fordern die Gleichberechtigung des deutschen Volkes gegenüber den anderen Nationen, Aufhebung der Friedensverträge in Versailles und St. Germain.
3. Wir fordern Land u. Boden (Kolonien) zur Ernährung unseres Volkes u. Ansiedelung unseres Bevölkerungs-Ueberschusses.
4. Staatsbürger kann nur sein, wer Volksgenosse ist. Volksgenosse kann nur sein, wer deutschen Blutes ist, ohne Rücksichtnahme auf Konfession. **Kein Jude kann daher Volksgenosse sein.**
5. Wer nicht Staatsbürger ist, soll nur als Gast in Deutschland leben können u. muß unter Fremdengesetzgebung stehen.
6. Das Recht, über Führung u. Gesetze des Staates zu bestimmen, darf nur dem Staatsbürger zustehen. Daher fordern wir, daß jedes öffentlich Amt, gleichgiltig welcher Art, gleich ob im Reich, Land oder Gemeinde nur durch Staatsbürger bekleidet werden darf. — Wir bekämpfen die korrumpierende Parlamentswirtschaft einer Stellenbesetzung nur nach Parteigesichtspunkten ohne Rücksichten auf Charakter und Fähigkeiten.
7. Wir fordern, daß sich der Staat verpflichtet, in erster Linie für die Erwerbs- u. Lebensmöglichkeit der Staatsbürger zu sorgen. Wenn es nicht möglich ist, die Gesamtbevölkerung des Staates zu ernähren, so sind die Angehörigen fremder Nationen (Nicht-Staatsbürger) aus dem Reiche auszuweisen.
8. Jede weitere Einwanderung Nicht-Deutscher ist zu verhindern. Wir fordern, daß alle Nicht-Deutschen, die seit 2. August 1914 in Deutschland eingewandert sind, sofort zum Verlassen des Reiches gezwungen werden.
9. Alle Staatsbürger müssen gleiche Rechte u. Pflichten besitzen.
10. Erste Pflicht jedes Staatsbürgers muß sein, geistig oder körperlich zu schaffen. Die Tätigkeit des Einzelnen darf nicht gegen die Interessen der Allgemeinheit verstoßen, sondern muß im Rahmen des Gesamten u. zum Nutzen Aller erfolgen.

### Daher fordern wir:

11. Abschaffung des arbeits- und mühelosen Einkommens, **Brechung der Zinsknechtschaft.**
12. Im Hinblick auf die ungeheuren Opfer an Gut und Blut, die jeder Krieg vom Volke fordert, muß die persönliche Bereicherung durch den Krieg als Verbrechen am Volke bezeichnet werden. Wir fordern daher **restlose Einziehung aller Kriegsgewinne.**
13. Wir fordern die Verstaatlichung aller bisher bereits vergesellschafteten (Trust's) Betriebe.
14. Wir fordern Gewinnbeteiligung an Großbetrieben.
15. Wir fordern einen großzügigen Ausbau der Alters-Versorgung.
16. Wir fordern die Schaffung eines gesunden Mittelstandes und seine Erhaltung. Sofortige **Kommunalisierung der Groß-Warenhäuser** und ihre Vermietung zu billigen Preisen an kleine Gewerbetreibende, schärfste Berücksichtigung aller kleinen Gewerbetreibenden bei Lieferung an den Staat, die Länder oder Gemeinden.
17. Wir fordern eine unseren nationalen Bedürfnissen angepaßte Bodenreform, Schaffung eines Gesetzes zur unentgeltlichen Enteignung von Boden für gemeinnützige Zwecke. Abschaffung des Bodenzinses und Verhinderung jeder Bodenspekulation.
18. Wir fordern den rücksichtslosen Kampf gegen diejenigen, die durch ihre Tätigkeit das Gemein-Interesse schädigen. Gemeine Volksverbrecher, **Wucherer, Schieber** usw. sind **mit dem Tode zu bestrafen,** ohne Rücksichtnahme auf Konfession und Rasse.
19. Wir fordern Ersatz für das der materialistischen Weltordnung dienende römische Recht durch ein Deutsches Gemein-Recht.
20. Um jedem fähigen und fleissigen Deutschen das Erreichen höherer Bildung und damit das Einrücken in führende Stellungen zu ermöglichen, hat der Staat für einen gründlichen Ausbau unseres gesamten Volksbildungswesens Sorge zu tragen. Die Lehrpläne aller Bildungsanstalten sind den Erfordernissen des praktischen Lebens anzupassen. Das Erfassen des Staatsgedankens muß bereits mit Beginn des Verständnisses durch die Schule (Staatsbürgerkunde) erzielt werden. Wir fordern die Ausbildung geistig besonders veranlagter Kinder armer Eltern ohne Rücksicht auf deren Stand oder Beruf auf Staatskosten.
21. Der Staat hat für die Hebung der Volksgesundheit zu sorgen durch den Schutz der Mutter und des Kindes, durch Verbot der Jugendarbeit, durch Herbeiführung der körperlichen Ertüchtigung mittels gesetzlicher Festlegung einer Turn- und Sportpflicht, durch größte Unterstützung aller sich mit körperlicher Jugend-Ausbildung beschäftigenden Vereine.
22. Wir fordern die Abschaffung der Söldnertruppen und die Bildung eines Volksheeres.
23. Wir fordern den gesetzlichen **Kampf** gegen die **bewußte politische Lüge** und ihre Verbreitung durch die Presse. Um die Schaffung einer deutschen Presse zu ermöglichen, fordern wir, daß:
    a) Sämtliche Schriftleiter u. Mitarbeiter von Zeitungen, die in Deutscher Sprache erscheinen, Volksgenossen sein müssen.
    b) Nichtdeutsche Zeitungen zu ihrem Erscheinen der ausdrücklichen Genehmigung des Staates bedürfen. Sie dürfen nicht in deutscher Sprache gedruckt werden.
    c) Jede finanzielle Beteiligung an Deutschen Zeitungen oder deren Beeinflussung durch Nichtdeutsche gesetzlich verboten wird, u. fordern als Strafe für Uebertretungen die Schließung einer solchen Zeitung, sowie die sofortige Ausweisung der daran beteiligten Nichtdeutschen aus dem Reich. Zeitungen, die gegen das Gemeinwohl verstoßen, sind zu verbieten. Wir fordern den gesetzlichen Kampf gegen eine Kunst- u. Literatur-Richtung, die einen zersetzenden Einfluß auf unser Volksleben ausübt u. die Schließung von Veranstaltungen, die gegen vorstehende Forderung verstoßen.
24. Wir fordern die Freiheit aller religiösen Bekenntnisse im Staat, soweit sie nicht dessen Bestand gefährden oder gegen das Sittlichkeits- u. Moralgefühl der germanischen Rasse verstoßen. Die Partei als solche vertritt den Standpunkt eines positiven Christentums, ohne sich konfessionell an ein bestimmtes Bekenntnis zu binden. Sie bekämpft den jüdisch-materialistischen Geist **in** und **außer** uns und ist überzeugt, daß eine dauernde Genesung unseres Volkes nur erfolgen kann von **innen** heraus auf der Grundlage:

### Gemeinnutz vor Eigennutz.

25. Zur Durchführung alles dessen fordern wir die Schaffung einer starken Zentralgewalt des Reiches. Unbedingte Autorität des politischen Zentralparlaments über das gesamte Reich u. seine Organisationen im allgemeinen. Die Bildung von Stände- und Berufskammern zur Durchführung der vom Reich erlassenen Rahmengesetze in den einzelnen Bundesstaaten.

Die Führer der Partei versprechen, wenn nötig unter Einsatz des eigenen Lebens, für die Durchführung der vorstehenden Punkte rücksichtslos einzutreten.

**München,** den 24. Februar 1920. Für den **Partei-Ausschuß:** Anton Drexler

**M 4** „Grundsätzliches Programm der NSDAP", 1920

## Die soziale Struktur der NSDAP – Statistisches Material und eine Darstellung auswerten

### Soziale Struktur der NSDAP vor 1933

| | Arbeiter | Selbstständige | | | | Beamte | | Angestellte | Mithelfende Familienangehörige (meist weibl.) | Insgesamt |
|---|---|---|---|---|---|---|---|---|---|---|
| | | Landwirte | Handwerker und Gewerbetreibende | Kaufleute | Freie Berufe | Lehrer | Andere | | | |
| Im Reichsgebiet (Volkszählung von 1925) | 45,1 | 6,7 | 5,5 | 3,7 | 1,5 | 1,0 | 3,3 | 15,9 | 17,3 | 100 |
| In der NSDAP vor dem 14.09.1930 | 28,1 | 14,1 | 9,1 | 8,2 | 3,0 | 1,7 | 6,6 | 25,6 | 3,6 | 100 |
| Unter den neuen NSDAP-Mitgliedern (zwischen 14.09.1930 und 30.01.1933) | 33,5 | 13,4 | 8,4 | 7,5 | 3,0 | 1,7 | 5,5 | 22,1 | 4,9 | 100 |

Erwerbstätige (in %)

Aus: Martin Broszat, Der Staat Hitlers, München 1969, S. 51

**M 5**

---

**M 6** **Eine moderne Integrationspartei**

*Der Politikwissenschaftler Jürgen Falter schreibt:*

Es handelte sich bei der NS-Bewegung immer um eine sozial gemischte, sowohl für Arbeiter als auch für Mittel- und Oberschichtsangehörige – wenn auch in unterschiedlichem Maße – attraktive Par-
5 tei: Von der Sozialstruktur ihrer Mitglieder und Wähler her gesehen – wenn auch nicht von ihrem Programm oder ihrer Politik –, ist sie wohl am ehesten als moderne Integrationspartei zu cha- rakterisieren, die sich unter dem Vorzeichen der Volksgemeinschaft bemühte, in ihrer Propaganda 10 und mit Hilfe jeweils gruppenspezifisch formulier- ter Angebote und Versprechungen Angehörige aller Sozialschichten anzusprechen, was ihr auch stärker als den anderen politischen Parteien 15 gelungen zu sein scheint.

Jürgen W. Falter, Wahlen und Wählerverhalten unter besonderer Berücksichtigung des Aufstiegs der NSDAP nach 1928, in: Karl Dietrich Bracher, Manfred Funke, Hans-Adolf Jacobsen (Hg.), Die Weimarer Republik 1918–1933. Politik Wirtschaft Gesellschaft, 3. Aufl., Bonn 1998, S. 484–504, hier S. 496.

## Aufgaben

1. **Das Selbstverständnis der NSDAP**
   a) Setze dich mit dem Parteinamen „NSDAP" auseinander. Beachte dabei die Bedeutung der einzelnen Buchstaben.
   b) Joseph Goebbels schrieb am 30. April 1928 in der Zeitung „Der Angriff": „Wir gehen in den Reichstag hinein, um uns im Waffenarsenal der Demokratie mit deren eigenen Waffen zu versorgen … Wir kommen als Feinde! Wie der Wolf in die Schafherde einbricht, so kommen wir." Beurteile, ob die NSDAP diese Strategie umgesetzt hat.
   → Text
2. **Das Programm der NSDAP**
   a) Stelle die Hauptinhalte des Programms der NSDAP tabellarisch dar.
   b) Erläutere die Forderung der NSDAP nach einem „Großdeutschland".
   c) Weise mithilfe einzelner Bestimmungen nach, dass die NSDAP Gegner des demokratischen Systems war.
   d) Skizziere das Staatswesen, das die NSDAP anstrebte.
   → M4
3. **Die soziale Struktur der NSDAP**
   a) Vergleiche die Sozialstruktur der NSDAP mit der Sozialstruktur Deutschlands.
   b) Beurteile die besondere Attraktivität der NSDAP für bestimmte Bevölkerungsgruppen.
   c) Gib die Ausführungen des Politikwissenschaftlers Jürgen Falter wieder.
   d) Vergleiche die Aussagen Falters mit der Statistik über die soziale Struktur der NSDAP.
   → M5, M6

# Die Weimarer Republik

## Die Endphase der Weimarer Republik

### Die letzte parlamentarische Regierung

Seit 1923 war die SPD, die die Republik gegründet und mit Zentrum und DDP die Weimarer Koalition gebildet hatte, in keiner Regierung mehr vertreten. Das änderte sich nach der Reichstagswahl vom Mai 1928. Gemeinsam mit dem Zentrum, der DVP und der DDP bildete sie unter Hermann Müller (SPD) eine Große Koalition. Diese hatte sich angesichts der Weltwirtschaftskrise vor allem mit der steigenden Arbeitslosigkeit auseinanderzusetzen.

Seit 1927 gab es eine staatliche Arbeitslosenversicherung, die Arbeiter und Unternehmer durch Beiträge je zur Hälfte finanzierten. Die Gelder reichten aber nur für 800 000 Empfänger, sodass angesichts steigender Arbeitslosenzahlen entweder die Beiträge erhöht oder Leistungskürzungen vorgenommen werden mussten.

Die SPD beharrte auf einer Erhöhung der Beiträge von 3,5 auf 4 Prozent, während die Koalitionspartner diese Forderung wegen der Belastung der Wirtschaft ablehnten. Hinter den Sozialdemokraten standen die Gewerkschaften, während die anderen Parteien von den Unternehmern unterstützt wurden. Da es zu keinem Kompromiss bei der Arbeitslosenversicherung kam, traten Reichskanzler Müller und sein Kabinett im März 1930 zurück. Die Politik der Großen Koalition war gescheitert. Sie war die letzte Regierung, die sich auf eine parlamentarische Mehrheit im Reichstag stützen konnte.

### Die Regierung der Präsidialkabinette

Von nun an verlagerte sich die Macht vom Parlament auf den Reichspräsidenten. Es bildeten sich statt parlamentarischer Regierungen sogenannte „Präsidialkabinette", die politisch allein vom Reichspräsidenten abhängig waren. Die Weimarer Verfassung bot dafür die Grundlage. Der Reichspräsident konnte den Reichstag auflösen und Neuwahlen ausschreiben (Artikel 25), den Reichskanzler ernennen (Artikel 53) und anstelle von Gesetzen, über die der Reichstag zu beschließen hatte, Notverordnungen erlassen (Artikel 48).

Diese Regelungen waren für Krisensituationen gedacht und nur vereinzelt angewandt worden. Nach 1930 entwickelte sich daraus aber ein Dauerzustand. Die Verlagerung der Macht vom Parlament zum Präsidenten leitete das Ende des demokratischen Systems von Weimar ein.

### Reichskanzler Brüning

Nach dem Rücktritt von Hermann Müller (SPD) ernannte Reichspräsident Hindenburg den Zentrumspolitiker Heinrich Brüning zum Regierungschef. Der versuchte mit einer Deflationspolitik die Wirtschaftskrise zu überwinden und den Staatshaushalt zu sanieren. „Deflationspolitik" bedeutete „Sparpolitik" und das hieß konkret: Erhöhung von Steuern, Senkung von Löhnen und Staatsausgaben, vor allem Gehaltskürzungen bei Beamten und Leistungsabbau bei den Sozialversicherungen. Brünings Maßnahmen dienten einerseits dem Ziel, einen ausgeglichenen Haushalt aufzustellen. Andererseits sollten sie den Alliierten zeigen, dass Deutschland nicht länger in der Lage sei, die gewaltigen Reparationslasten zu tragen.

**M 1** Paul von Hindenburg (1847–1934), Reichspräsident von 1925 bis 1934, Foto von 1932

**M 2** Heinrich Brüning (1885–1970) Reichskanzler vom 30. März 1930 bis zum 30. Mai 1932, Foto von 1932

### M 3 Im Reichstag 1930
Das Foto zeigt eine der üblichen Aktionen der Fraktion der NSDAP im Reichstag: Die NSDAP-Abgeordneten kehren dem Redner einer bürgerlichen Partei demonstrativ den Rücken zu, Dezember 1930.

Da Brünings Politik angesichts der Mehrheitsverhältnisse im Reichstag keine Unterstützung fand, setzte Hindenburg sie mit Notverordnungen nach Artikel 48 durch. Als die Abgeordnetenmehrheit dagegen stimmte, löste der Reichspräsident das Parlament auf.

### Die Reichstagswahlen 1930 und ihre Folgen
Die Neuwahlen vom 14. September 1930 kamen einer politischen Katastrophe gleich, die im In- und Ausland Bestürzung hervorrief. Hitlers NSDAP erhielt gewaltigen Zulauf und wurde zweitstärkste Partei im Reichstag. Auch die Kommunisten gewannen hinzu. Damit wurde eine konstruktive Arbeit im Reichstag zusehends unmöglich. Die Situation bot Brüning kaum Chancen, künftig mit einer parlamentarischen Mehrheit zu regieren. Die Sozialdemokraten tolerierten jedoch die Regierung Brüning, da sie eine Regierungsbeteiligung der NSDAP unbedingt verhindern wollten.

### Das Entscheidungsjahr 1932
Brutale Straßenkämpfe und Saalschlachten veranlassten Brüning, die SA zu verbieten. Als er daran ging, unrentable Güter in Ostdeutschland aufzuteilen, um Arbeitslose als Bauern anzusiedeln, schuf er sich Gegner aus den Reihen der Großgrundbesitzer. Sowohl Militärs, die der SA Sympathie entgegenbrachten, als auch die Großagrarier erreichten beim greisen Staatsoberhaupt Brünings Entlassung am 30. Mai 1932. Inzwischen war Hindenburg am 10. April 1932 wiedergewählt worden. Sogar die Sozialdemokraten hatten ihn unterstützt, um Adolf Hitler als Reichspräsidenten zu verhindern.

Hindenburg ernannte Franz von Papen zum Kanzler. Erste Maßnahmen der Regierung waren die Aufhebung des SA-Verbotes und die Auflösung des Reichstages. Neuwahlen wurden für den 31.7.1932 angesetzt. Während des Wahlkampfes eskalierte die Gewalt auf den Straßen. Nationalsozialisten und Kommunisten lieferten sich blutige Straßenschlachten, zum Beispiel auch in Altona bei Hamburg. Dort veranstaltete die SA am 17. Juli 1932 einen Marsch durch die Wohngebiete, die als kommunistische Hochburgen galten. Insgesamt wurden am „Altonaer Blutsonntag" 18 Menschen getötet.

### M 4 Franz von Papen
(1879–1969)
Reichskanzler vom 1. Juni 1932 bis zum 17. November 1932 (170 Tage)

# Die Weimarer Republik

**M 5** **Kurt von Schleicher (1882–1934)**
Reichskanzler vom 3. Dezember 1932 bis zum 28. Januar 1933 (55 Tage), wurde im Juni 1934 von den Nationalsozialisten erschossen

### Die Demontage der Republik

Unter dem Vorwand, die blutigen Auseinandersetzungen zwischen Nationalsozialisten und Kommunisten würden die öffentliche Ordnung gefährden, setzte Papen am 20. Juli 1932 die SPD-geführte Regierung in Preußen ab. Dieser Staatsstreich – gedeckt durch eine Notverordnung Hindenburgs – bewirkte, dass Papen als Reichskommissar selbst die Regierungsgeschäfte in Preußen übernahm. Er ließ den öffentlichen Dienst von republiktreuen Beamten säubern und durch autoritäre, republikfeindliche Anhänger ersetzen. Angesichts von Millionen Arbeitslosen verzichteten die Gewerkschaften darauf, einen Generalstreik auszurufen.

Die Reichstagswahl vom 31. Juli 1932 zeigte, dass über die Hälfte aller Wähler demokratiefeindlichen Parteien von links und rechts ihre Stimme gegeben hatten. Allein die NSDAP verdoppelte die Zahl ihrer Mandate und wurde mit 37,4 Prozent der Stimmen stärkste Partei im Reichstag. Papens Versuch, Hitler und seine Bewegung durch Beteiligung an der Regierung zu „zähmen", scheiterte: Hitler beanspruchte die ungeteilte Macht und stieß zu diesem Zeitpunkt noch auf den entschiedenen Widerstand Hindenburgs.

### Die Machtübergabe an Hitler

Als Papen im Reichstag eine Abstimmung verlor, wurde das Parlament erneut aufgelöst. Die Nationalsozialisten erlitten jedoch bei der Reichstagswahl vom 6. November 1932 eine empfindliche Niederlage und gerieten in eine innerparteiliche Krise.

Inzwischen bewog der einflussreiche General Kurt von Schleicher (1882–1934) den Reichspräsidenten zum Sturz Papens und übernahm selbst das Amt des Kanzlers. Sein Versuch, sich mit den Gewerkschaften zu verständigen und die NSDAP zu spalten, indem er einen Keil zwischen Hitler und dessen Gegner Gregor Strasser trieb, scheiterte. Auch Schleicher musste im Januar 1933 zurücktreten. Nach langem Zögern und auf Betreiben Papens ernannte Hindenburg am 30. Januar 1933 Adolf Hitler zum Reichskanzler.

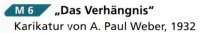

**M 6** **„Das Verhängnis"**
Karikatur von A. Paul Weber, 1932

52

# Der „Altonaer Blutsonntag" im Spiegel zeitgenössischer Textquellen – Perspektiven erfassen

## M 7  „Altonaer Blutsonntag"

*a) Auch nach dem neuesten Stand der Forschung können die Geschehnisse vom 17. Juli 1932 in Altona, das damals noch nicht zu Hamburg gehörte, nicht genau rekonstruiert werden. Fest steht aber, dass insgesamt 18 Menschen getötet wurden: zwei SA-Männer, drei Kommunisten und 13 Unbeteiligte. Wichtige Quellen stellen die folgenden Ausschnitte dar. Aus der Pressenotiz des Polizeipräsidiums vom 17.7.1932:*

Gelegentlich eines Werbemarsches der SA aus dem südlichen Teil der Provinz Schleswig-Holstein durch Altona kam es in der Gegend an der Hamburger Grenze zu schweren Ausschreitungen sei-
5 tens Anhängern der Antifaschistischen Aktion. Letztere beschossen von Dächern und Balkonen sowie aus Wohnungen heraus die Teilnehmer des Werbeumzuges sowie den Umzug der begleitenden Polizeibeamten. Die Polizei erwiderte das
10 Feuer und nahm nach Absperrungen in mehreren Fällen Haussuchungen vor, bei denen allerdings keine Täter festgestellt werden konnten. Es sind etwa 150 Schüsse gefallen. Bei der Schießerei sind 10 Tote zu verzeichnen gewesen. 1 Altonaer SA-
15 Mann namens Koch wurde durch einen Brustschuss tödlich getroffen […]. Bei diesen Vorkommnissen handelt es sich offensichtlich um eine Aktion der „Antifaschistischen Aktion".

Zit. nach: Léon Schirmann, Altonaer Blutsonntag: 17. Juli 1932. Dichtungen und Wahrheit, Hamburg 1994, S. 158.

*b) Die nationalsozialistische Tageszeitung „Völkische Beobachter" berichtet am 19. Juli 1932:*

Die SA und SS marschierte[n] durch die Straßen Altonas unter stärkster Anteilnahme der Bevölkerung. Die ersten Störungen begannen, als sie in das kommunistische Viertel einmarschierten. Die
5 an der Spitze marschierende SS wurde in der Johannisstraße von kommunistischen Dachschützen unter Feuer genommen. Zwei SS-Männer wurden verletzt. Als die anschließende SA an der Hauptkirche vorbeikam, wurde sie aus einer
10 Nebenstraße beschossen. Die Polizei war nur in ungenügender Stärke vorhanden, sodass die SA die Straßen selber räumen musste. Als der Sturm 2/31 in die Große Johannisstraße einbog, wurde er aus allen Winkeln beschossen; von den Dächern,
15 aus Fenstern und Kellerlöchern. Der SA-Mann Heinz Koch, Sturm 2/31, wurde durch Herzschuss tödlich getroffen, der SA-Mann Büttich [richtig: Büddig, am 18. Juli 1932 gestorben] durch Bauchschuss schwer verletzt. Die Polizei stand anfäng-
20 lich den kommunistischen Mordbuben unentschlossen gegenüber. Endlich erwiderte sie das Feuer aus Maschinenpistolen und Karabinern. […] 16 Tote und an die hundert Verletzte sind das Ergebnis eines einzigen Tages des nunmehr offen ausgebrochenen roten Bürgerkrieges! […]
25 Diese ganze Aktion ist doch nutzlos. Sie kann niemals mehr die Machtübernahme durch den Nationalsozialismus verhindern. Aber soll dann noch Blut fließen, das nicht [zu] fließen brauchte?

„Völkischer Beobachter", Reichsausgabe, 19. Juli 1932.

*c) Die kommunistische Tageszeitung „Die Rote Fahne" berichtet am 19. Juli 1932:*

In den Arbeitervierteln Altonas an der Hamburgischen Grenze ist es gestern durch Provokationen der SA-Banden ganz Schleswig-Holsteins, Hamburgs und Altonas zu Straßenschlachten gekommen. […] Als der Nazizug unter riesiger Polizeibe-
5 deckung in die Arbeiterviertel kam, wehten den braunen Garden rote Fahnen mit Hammer und Sichel entgegen und über den Straßen spannten sich Transparente mit den Losungen der Antifaschistischen Aktion und der KPD. An dieser Stelle
10 begannen die Nazis ihre gemeinen Provokationen. Sie sangen: „Die rote Front, die schlagen wir zu Brei!" In der Kirchenallee [Kirchenstraße] kam es zu den ersten Zusammenstößen, als die Arbeiter das singende SA-Korps niederschrien. […] Als
15 die Niederrufe der Arbeiter sich immer mehr verstärkten, fiel plötzlich aus den Reihen der Nazistürme das Kommando: „Schießt die roten Hunde nieder!" Ein Mordtrupp der SA sprang aus dem Zug und fiel über die Arbeiter her. Als diese sich
20 zur Wehr setzten, eröffneten die Nazis ein wahres Schnellfeuer, das von den Arbeitern erwidert wurde. […] Die Wahrheit muss heraus: Alles dies geschah unter den Augen der Polizei, die in dem Moment eingriff, als die Arbeiter den Angriff der
25 Mordbanden zurückschlugen. […] Damit die Nazis durchmarschieren konnten, schoss die SPD-Polizei die Straßen leer. Zahlreiche Personen, darunter unbeteiligte, wurden durch Polizeikugeln getroffen.
30

„Die Rote Fahne", 19. Juli 1932.

53

# Die Weimarer Republik

## Die Reichstagswahlen vom 6. November 1932 im Spiegel von Wahlplakaten

**M 8** „Bravo Herr von Papen!"
Wahlplakat der NSDAP zum 6.11.32

**M 9** „Wählt Sozialdemokraten"
Wahlplakat der SPD zum 6.11.32

**M 10** „Kämpfe mit der Kommunistischen Partei!" Wahlplakat der KPD zum 6.11.32

**M 11** „Zurück zu Brüning"
Wahlplakat der Zentrumspartei zum 6.11.32

## Präsidialkabinette – Vertfassungsgrundlagen und Kritik

### M 12  „Weimarer Reichsverfassung"

*Aus der Verfassung des Deutschen Reiches („Weimarer Reichsverfassung") vom 11. August 1919:*

Artikel 25: Der Reichspräsident kann den Reichstag auflösen, jedoch nur einmal aus dem gleichen Anlass.
Die Neuwahl findet spätestens am sechzigsten Tage nach der Auflösung statt.
[…]
Artikel 48: Wenn ein Land die ihm nach der Reichsverfassung oder den Reichsgesetzen obliegenden Pflichten nicht erfüllt, kann der Reichspräsident es dazu mithilfe der bewaffneten Macht anhalten.
Der Reichspräsident kann, wenn im Deutschen Reiche die öffentliche Sicherheit und Darstellung erheblich gestört oder gefährdet wird, die zur Wiederherstellung der öffentlichen Sicherheit und Ordnung nötigen Maßnahmen treffen, erforderlichenfalls mithilfe der bewaffneten Macht einzuschreiten. Zu diesem Zwecke darf er vorübergehend die in den Artikeln 114, 115, 117, 118, 123, 124 und 153[1] festgesetzten Grundrechte ganz oder zum Teil außer Kraft setzen.
Von allen gemäß Abs. 1 oder Abs. 2 dieses Artikels getroffenen Maßnahmen hat der Reichspräsident unverzüglich dem Reichstag Kenntnis zu geben. Die Maßnahmen sind auf Verlangen des Reichstags außer Kraft zu setzen.
Bei Gefahr im Verzuge kann die Bundesregierung für ihr Gebiet einstweilige Maßnahmen der in Abs. 2 bezeichneten Art treffen. Die Maßnahmen sind auf Verlangen des Reichspräsidenten oder des Reichstags außer Kraft zu setzen. […]

Artikel 53: Der Reichskanzler und auf seinen Vorschlag die Reichsminister werden vom Reichspräsidenten ernannt und entlassen.

[1] Die genannten Artikel betreffen folgende Grundrechte: Freiheit der Person, Unverletzlichkeit der Wohnung, Briefgeheimnis, Meinungsfreiheit, Versammlungs- und Vereinigungsfreiheit, Eigentumsrecht

Reichsgesetzblatt 1919, Nr. 152, S. 1383 ff.

### M 13  „Deutsche Zauber-Werke AG"
„Kein Grund zum Verzagen, solange noch Kanzler am laufenden Band produziert werden!", Karikatur von Karl Arnold aus dem „Simplicissimus", Februar 1933

### Aufgaben

1. **Die Endphase der Weimarer Republik**
   a) Erstelle einen Zeitstrahl mit den wichtigsten politischen Ereignissen von 1928 bis 1933.
   b) Weise nach, dass die Präsidialkabinette entscheidend zur Aushöhlung der Weimarer Demokratie beitrugen. → Text

2. **Der „Altonaer Blutsonntag"**
   a) Stelle die wichtigsten Informationen der drei Quellen in einer Tabelle gegenüber.
   b) Weise mithilfe von Zitaten nach, dass die Quellen nicht umfassend berichten. → M7

3. **Die Reichstagswahlen vom 6. November 1932**
   a) Analysiere die Wahlplakate der verschiedenen Parteien.
   b) Beurteile die Zielsetzungen, die die Parteien angeben. → M8–M11

4. **Die Präsidialkabinette**
   a) Arbeite anhand der Auszüge aus der Weimarer Verfassung die juristische Grundlage der Präsidialkabinette heraus.
   b) Beschreibe die Karikatur und erkläre die Aussage des Karikaturisten. → Text, M12, M13

# Die Weimarer Republik

**M 1** „Bonn ist nicht Weimar"
Umschlag des Buches von Fritz René Allemann (Ausgabe von 2000). Der Band ist erstmals 1956 erschienen.

## Ursachen für das Scheitern der Republik

### Vielfältige Schuldzuweisungen

Das Ende der Weimarer Republik markiert zugleich den Beginn der nationalsozialistischen Herrschaft. Daher ist die Suche nach Gründen für den Untergang der ersten parlamentarischen Demokratie in Deutschland noch heute aktuell. Für Zeitgenossen wie Otto Braun, bis 1932 sozialdemokratischer Ministerpräsident in Preußen, war klar, wer Schuld am Scheitern der Weimarer Republik trug: „Versailles und Moskau", lautete seine Botschaft. Die Kommunisten dagegen sahen die Verantwortung bei der Industrie, den Großgrundbesitzern und Militärs, während Konservative und Liberale die verblendeten Massen anklagten, die Hitler gewählt hatten.

Amerikanische Historiker haben den obrigkeitshörigen Charakter des deutschen Volkes seit Martin Luther betont und ihn für den Niedergang der ersten deutschen Demokratie verantwortlich gemacht. Andere gaben dem preußischen Militär und dem autoritären Staat die Schuld. Nach dem Zweiten Weltkrieg entstand die Formel: „Bonn ist nicht Weimar". Damit sollte zum Ausdruck gebracht werden, dass es vor allem die Schwächen der Weimarer Verfassung waren, die zum Scheitern der Republik beitrugen.

### Zusammenspiel vieler Faktoren

Historiker haben bis heute eine Fülle von Ursachen erarbeitet, die erklären, wie es zum Untergang der ersten deutschen Demokratie kam. Im Einzelnen werden genannt:

- die unvollendete Revolution von 1918, insbesondere das Fortbestehen der alten Eliten des Kaiserreiches;
- die Schwäche der demokratischen Parteien und ihre mangelnde Fähigkeit, Kompromisse zu schließen;
- die Schwächung des bürgerlichen Mittelstandes durch Inflation und Weltwirtschaftskrise;
- die Stärke der radikalen Parteien NSDAP und KPD und die Radikalisierung des öffentlichen Lebens in der Endphase der Republik;
- antidemokratische Tendenzen in Militär, Justiz und Beamtenschaft;
- das Intrigenspiel der letzten Reichskanzler Papen und Schleicher und die Unfähigkeit führender Politiker, die gewalttätige NSDAP in ihre Schranken zu weisen;
- Fehler der Verfassung, vor allem Artikel 48 (Notverordnungen);
- außenpolitische Belastungen durch den Versailler Vertrag;
- Massenarbeitslosigkeit infolge der Weltwirtschaftskrise;
- Schwäche des Verhältniswahlrechts und Parteienzersplitterung;
- massenwirksame NS-Propaganda mit der Führungsfigur Hitler;
- unheilvoller Einfluss der Berater auf den greisen Reichspräsidenten Hindenburg;
- fehlende demokratische Gesinnung der Staatsbürger.

Einigkeit herrscht darin, dass das Ende von Weimar nur durch ein Zusammenwirken vieler Faktoren zu erklären ist. Welche davon entscheidend waren, bleibt allerdings umstritten.

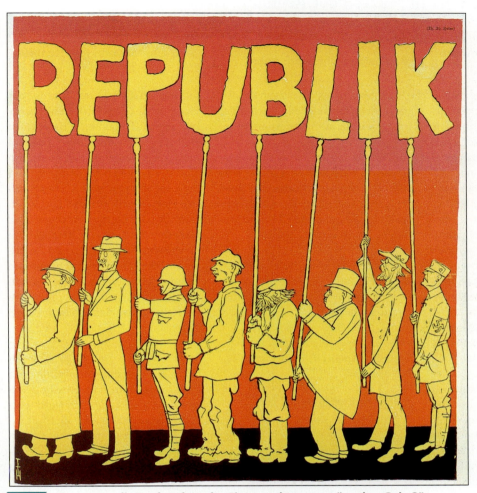

**M 2** „Sie tragen die Buchstaben der Firma – aber wer trägt den Geist?"
Karikatur von Thomas Theodor Heine, erschienen am 21. März 1927 in der Zeitschrift „Simplicissimus"

## Aufgaben

1. **Untergang der Weimarer Republik**
   a) Wähle aus den Gründen, die zum Untergang der Weimarer Republik geführt haben, drei aus und verfasse dazu jeweils einen kurzen Sachtext.
   b) Setze dich mit einer der folgenden Auffassungen auseinander:
      1. Die Hauptursache für den Untergang der Weimarer Republik war der Versailler Vertrag.
      2. Die Weltwirtschaftskrise war der Hauptgrund für den Untergang der Weimarer Republik.
      3. Weimar war eine Demokratie ohne Demokraten, deshalb ging diese Republik unter.
   → Text, Lexikon, Internet

2. **Eine Karikatur analysieren**
   a) Beschreibe die Karikatur.
   b) Ordne die dargestellten Personen bestimmten sozialen und politischen Gruppen zu.
   c) Formuliere die Aussage der Karikatur.
   → M2

# Die Weimarer Republik

## Die Weimarer Republik in Museen der Region

### Historisches Museum Frankfurt

Ein wichtiger Ausstellungsschwerpunkt liegt auf der Wirtschaftsgeschichte der Stadt. Dabei wird die im späten 19. Jahrhundert einsetzende Entwicklung Frankfurts zu einer modernen Industriestadt nachgezeichnet. In diesem Zusammenhang sind im Museum auch vielerlei Produkte Frankfurter Firmen ausgestellt. Beispiele sind das Fahrzeug- und Maschinenbauunternehmen Adler, der Fahrrad- und Büromaschinenhersteller Torpedo, die Landmaschinenfabrik Mayfarth sowie die Deutsche Nähmaschinenfabrik. Auch Messgeräte und geodätische Instrumente von Hartmann & Braun, Elektrotechnik von Voigt & Haeffner, Prometheus und Lahmeyer, Maschinen von Moenus sowie Pokorny & Wittekind, sowie Elektrogeräte von Braun sind im Museum ausgestellt. Die Unternehmensgeschichte dieser Firmen, die insbesondere in der Zeit der Weimarer Republik bekannt wurden, illustriert die Bedeutung Frankfurts als Industriestadt.

Auch zu den Themen Haushalt, Handel, Verkehr, Wissenschaft und zur Entwicklung der Medien seit dem ausgehenden 19. Jahrhundert sind viele anschauliche Exponate vorhanden. Dabei finden Aspekte wie Fotografie, Ratgeberliteratur, Kinderbücher, Schulbücher, Zeitungen, Illustrierte, biografische Dokumente, Werbung, Kataloge oder Kochrezepte sowie Radio, TV, Grammophon und Schallplatte Berücksichtigung.

Museumspädagogische Angebote und Führungen.

www.historisches-museum.frank-...de

### Regionalmuseum „Alte Schule", Kaufungen-Oberkaufungen

Ein historisches Klassenzimmer lässt die Schulerfahrung der Dorfkinder im frühen 20. Jahrhundert erahnen.

Außerdem bieten ein Kolonialwarenladen, eine ländliche sowie eine städtisch geprägte Küche und zwei Schlafstuben Einblicke in das Alltagsleben im ausgehenden 19. und frühen 20. Jahrhundert.

Verbunden mit dem Museum ist das Mitmach-Haus, welches einen außerschulischen Lern- und Fortbildungsort darstellt.

www.kaufungen.eu/index.phtml?La=1&sNavID=481.75&object=tx|529.736.1&sub=0

### Haus der Stadtgeschichte, Offenbach

Eine Abteilung behandelt die bewegte Geschichte Offenbachs zur Zeit der Weimarer Republik. Ein Höhepunkt der revolutionären Unruhen war der „Karfreitagsputsch" 1919, als nach einer Ansprache des KPD-Vorsitzenden Eisenreich eine Menschenmenge zur Kaserne in der Bieberer Straße stürmte, um diese zu besetzen. Dies scheiterte und mindestens 17 Tote waren die Folge. Als bedeutende Industriestadt war Offenbach besonders stark von der nach dem Ersten Weltkrieg einsetzenden Arbeitslosigkeit betroffen. Vor allem die erste Hälfte der 1920er-Jahre war außerdem durch einige heftige Streiks geprägt.

www.offenbach.de/offenbach/themen/unterwegs-in-offenbach/kultur/haus-der-stadtgeschichte-museum-und-archiv

### Zeppelin-Museum Neu-Isenburg

In den 1930er-Jahren wurde der Flug- und Luftschiffhafen Rhein-Main gebaut. In unmittelbarer Nähe errichtete man die Luftschiffersiedlung Zeppelinheim, die heute ein Stadtteil von Neu-Isenburg ist. Hier befindet sich heute ein Museum, das sich der Geschichte der Luftschifffahrt in der Region widmet. Das Museumsgebäude ist dem Design eines Zeppelins vom Typ LZ 10 nachempfunden. Das Runddach, welches einem Viertel dieses Zeppelins entspricht, vermittelt eine räumliche Vorstellung von der Größe der Luftriesen.

In den 1920er- und 1930er-Jahren reiste die elegante Gesellschaft mit dem Zeppelin im Ambiente und Service der Luxusklasse nach Nord- und Südamerika. Neben der komfortablen Bordausstattung ist auch ein nachgebildeter Ausschnitt des Passagierdecks der „Hindenburg" mit Blick auf Rio de Janeiro im Museum zu sehen.

www.zeppelin-museum-zeppelinheim.de

### Stadtmuseum Kassel

Auch die Geschichte der Stadt in der ersten Hälfte des 20. Jahrhunderts ist Bestandteil der Dauerausstellung. Schwerpunkte liegen dabei unter anderem auf dem Ersten Weltkrieg und den Entbehrungen der Inflationszeit.

Museumspädagogische Angebote und Führungen.

www.stadtmuseum-kassel.info

# Lesetipps

### Fährmann, Willi: Zeit zu hassen, Zeit zu lieben

Fährmann, Willi: Zeit zu hassen, Zeit zu lieben, Würzburg 2012, 360 Seiten.

Januar 1919: In Berlin wird nach sieben Tagen blutiger Kämpfe die Revolution von den Freikorps niedergeschlagen. Unter den Opfern ist auch der 21-jährige Wilhelm Kurpek, der, als er schon schwerverletzt auf dem Boden liegt, von einem Offizier kaltblütig erschossen wird. Ist das Mord? Oder Notwehr, denn Wilhelm hatte eine Granate in der Hand, die er gezündet hätte, wenn ihn nicht seine Kräfte verlassen hätten?

Diese Frage treibt Wilhelms 13-jährigen Bruder Bruno um, der das Geschehen aus nächster Nähe miterlebt hat. Während er den sterbenden Bruder in seinen Schoß bettet, kommt ein junger Mann auf ihn zu: Paul Bienmann. Er stammt aus dem gleichen ostpreußischen Dorf wie Bruno und Wilhelm und nimmt sich des heimat- und elternlosen Jungen an. Paul selbst hat nach der Rückkehr von der Front in der Lokomotivfabrik von Borsig Arbeit gefunden. Aber das Leben wird in der von bürgerkriegsähnlichen Kämpfen erschütterten Stadt zunehmend gefährlich. Immer wieder aufflammende erbarmungslose Straßenkämpfe und Gewaltakte der Freikorps, dazu Generalstreiks, bewegen ihn dazu, mit einem Kriegskameraden und Bruno gemeinsam ins Ruhrgebiet zu ziehen.

Dort gibt es einige Bekannte aus seiner alten Heimat, die sich um Bruno kümmern und Paul bei der Arbeitssuche zu helfen versuchen. Rasch merkt er, dass weniger seine Fachkenntnisse als sein Parteibuch gefragt sind. Bis in die einzelnen Familien zieht sich das Misstrauen zwischen Vertretern der Kommunisten, des Spartakusbundes, der SPD und USPD oder auch des Zentrums. Hinzu kommt die Frage nach der Religion: evangelisch wie die Mehrheit oder katholisch wie viele der Zuwanderer?

Die Versorgungslage wird immer schlechter. Sabotageakte sollen verhindern, dass die Reparationen in Form von Kohle über den Rhein geliefert werden. Die Besetzung des Ruhrgebietes durch die Franzosen ist die Antwort darauf.

Laut Versailler Vertrag dürfen keine Truppen näher als 50 Kilometer an den Rhein vorrücken. Die aus linken Arbeitern gebildete Rote Ruhrarmee, die das Ruhrgebiet besetzt hat, soll deshalb ihre Waffen abliefern: Dann, so verspricht man, würden wie in Berlin auch die Freikorps aufgelöst. Aber die Aufforderung bleibt ungehört: Wieder fließt Blut, als sich Reichswehr und Ruhrarmee erbitterte Schlachten liefern. Soldaten durchsuchen auch das Arbeiterviertel, in dem Paul und Bruno leben. Schließlich siegt die Reichswehr, doch der Preis ist hoch: Neben den vielen Toten, die zu beklagen sind, rücken die Franzosen zur Strafe weiter auf rechtsrheinisches Gebiet vor. Während Paul nach einer gemeinen Intrige seine Stelle verliert und die lange Zeit der Arbeitslosigkeit mühsam übersteht, beginnt Bruno eine Schreinerlehre. Bei einem Auftrag trifft er den Offizier wieder, der seinen Bruder erschossen hat. „Rache!" ist sein erster Gedanke…

### Weitere empfehlenswerte Bücher und DVDs zum Thema „Die Weimarer Republik"

Haffner, Ernst:
Blutsbrüder. Ein Berliner Cliquenroman, Berlin 2013 [zuerst erschienen 1932], 240 Seiten.

Kordon, Klaus:
Mit dem Rücken zur Wand, 15. Aufl., Weinheim 2013, 464 Seiten.

Gietinger, Klaus:
Vom Reich zur Republik, Teil 4 bis 8, insgesamt 10 DVDs, München 2013.

# Die Weimarer Republik

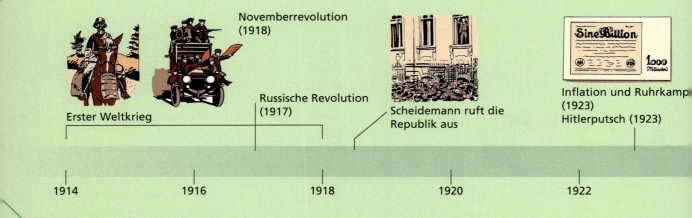

## Zusammenfassung

In Deutschland fegte die Novemberrevolution die Monarchie hinweg und mit der Weimarer Republik entstand 1919 die erste deutsche Demokratie. Neben der Ausarbeitung einer Verfassung, die dem Reichspräsidenten eine starke Stellung verlieh, musste die junge Republik den Friedensvertrag von Versailles unterzeichnen. Dieser stieß in Deutschland auf heftige Kritik.

In der großen Krise von 1923, die durch Ruhrkampf, Inflation, „Hitlerputsch" und kommunistische Aufstände gekennzeichnet war, konnte sich die Republik – unter dem Reichspräsidenten Friedrich Ebert – behaupten. Es folgte eine Phase der Stabilisierung, in der sich Kultur und Wissenschaft entfalteten.

1929 begann in den USA eine Weltwirtschaftskrise, die auch Deutschland erfasste. Die Wirtschaft brach zusammen, Millionen Arbeitslose standen mittellos auf der Straße. Damit begann ein Auflösungsprozess der ersten deutschen Demokratie, von dem die Nationalsozialisten profitierten: Die rechtsextreme NSDAP unter Adolf Hitler wuchs von einer kleinen Randgruppe zur stärksten Partei.

Da die radikalen Parteien KPD und NSDAP eine parlamentarische Arbeit blockierten, fiel Reichspräsident Hindenburg zunehmend eine Schlüsselrolle zu. Als auch die Kabinette von Papen und Schleicher stürzten, ernannte er als vermeintlichen Ausweg aus der Krise am 30. Januar 1933 Adolf Hitler zum Reichskanzler.

„Goldene Zwanziger" >>>

Weltwirtschaftskrise

„Machtergreifung" der Nationalsozialisten (1933)

1926　1928　1930　1932　1934

### Daten

9.11.1918 Ausrufung der Republik
1919 Versailler Vertrag
1922 Rapallovertrag
1923 Krisenjahr
1925 Vertrag von Locarno
1929 Beginn der Weltwirtschaftskrise

### Begriffe

Rätesystem
Dolchstoßlegende
Völkerbund
Parlamentarische Demokratie
Inflation
Reparationen
Präsidialkabinett
NSDAP

### Personen

Friedrich Ebert
Rosa Luxemburg
Philipp Scheidemann
Gustav Stresemann
Aristide Briand
Paul von Hindenburg
Heinrich Brüning
Adolf Hiltler

### Methoden

Umgang mit Statistiken

### Der historische Raum: Die Weimarer Republik

## Seiten zur Selbsteinschätzung

### Thema: Die Weimarer Republik

Hinweis: Die folgende Tabelle dient der Selbsteinschätzung deiner erworbenen Kenntnisse und Fähigkeiten. Die Auflistung erhebt nicht den Anspruch, vollständig zu sein. Es handelt sich um eine Auswahl, die ggf. erweitert werden kann. In der rechten Spalte findest du Hin-

| Ich kann … | Ich bin sicher. | Ich bin ziemlich sicher. | Ich bin noch unsicher. | Ich habe große Lücken. |
|---|---|---|---|---|
| … den Verlauf der Novemberrevolution wiedergeben. | | | | |
| … die wichtigsten Prinzipien der Weimarer Verfassung erläutern. | | | | |
| … die Namen der wichtigsten Parteien der Weimarer Republik nennen und ihre Stellung gegenüber der Weimarer Republik erläutern. | | | | |
| … die Auswirkungen des Versailler Vertrages auf Deutschland erklären. | | | | |
| … die Leistungen des Völkerbundes beurteilen. | | | | |
| … die Begriffe „Revisionspolitik" und „Dolchstoßlegende" erklären. | | | | |
| … die Bedeutung des Jahres 1923 für die Weimarer Republik erläutern. | | | | |
| … die wichtigsten Bestimmungen der Locarno-Verträge wiedergeben. | | | | |
| … den Begriff „Goldene Zwanziger" erläutern. | | | | |
| … die Ursachen und den Verlauf der Weltwirtschaftskrise beschreiben. | | | | |
| … die politische Bedeutung der Präsidialkabinette einschätzen. | | | | |
| … die wichtigsten Gründe für den Aufstieg der NSDAP benennen. | | | | |
| … die vielfältigen Ursachen für den Untergang der Weimarer Republik erläutern. | | | | |
| … | | | | |

**Bitte beachte: Kopiere die Seiten, bevor du mit ihnen arbeitest.**

weise, wie du eventuell vorhandene Lücken oder auch Unsicherheiten beseitigen kannst.

**Bitte beachte: Solltest du über ein Leihexemplar dieses Lehrbuches verfügen, dann kopiere die Seiten, bevor du mit ihnen arbeitest.**

| Auf diesen Seiten kannst du in HORIZONTE nachlesen | Empfehlungen zur Übung, Wiederholung und Festigung |
|---|---|
| 8/9 | Erstelle einen Zeitstrahl zum Thema: „Der Verlauf der Novemberrevolution". |
| 12/13 | Erkläre drei wichtige Unterschiede und Gemeinsamkeiten zwischen den Verfassungen des Deutschen Kaiserreichs und der Weimarer Republik. |
| 13/14 | Stelle in einer Tabelle die wichtigsten Parteien der Weimarer Republik und ihre politischen Ziele gegenüber. |
| 16/17 | Nimm Stellung zu folgender These: „Der Versailler Vertrag barg große Gefahren für die innenpolitische Stabilität in Deutschland." |
| 17, 20 | Erstelle ein Schaubild zum Völkerbund. Behandle dabei die Aspekte Entstehung, Struktur, Leistungen und Probleme. |
| 17, 21 30/31 | Verfasse jeweils einen Artikel für ein Schülerlexikon zu den Begriffen „Revisionspolitik" und „Dolchstoßlegende". |
| 26/27 | Finde Argumente dafür, dass das Jahr 1923 eines der schlimmsten Krisenjahre der Weimarer Republik war. |
| 30/31 | Verfasse einen Zeitungsartikel mit der Überschrift: „Briand und Stresemann erhalten den Friedensnobelpreis." |
| 34–36 | Beurteile folgenden Satz: „Die Bezeichnung die ‚Goldenen Zwanziger' für die Jahre 1924 bis 1928/29 ist nicht angemessen." |
| 40–43 | Erstelle ein Schaubild zum Thema: „Die Auswirkungen der Weltwirtschaftskrise". |
| 50–52, 55 | Verfasse einen Sachtext zum Thema: „Die Bedeutung des Artikels 48 der Reichsverfassung für die politischen Entscheidungen in Deutschland." |
| 46–48 | Bewerte die Bedeutung der Weltwirtschaftskrise für den Aufstieg der NSDAP zur stärksten Partei im Reichstag. |
| 56 | Gestalte ein Rollenspiel zum Thema: „Der Untergang der Weimarer Republik". |

# 2. Nationalsozialismus und Zweiter Weltkrieg

Erntedankfest auf dem Bückeberg, 1933

Massaker an Juden in Lemberg, Juli 1941

Frankfurt, 1945

Eingang des Konzentrationslagers Auschwitz I, Foto von 2014

# Nationalsozialismus und Zweiter Weltkrieg

**M 1** Fackelzug der SA durch das Brandenburger Tor, 30. Januar 1933
So feierten die Nationalsozialisten Hitlers „Machtergreifung". Da es keine brauchbaren Fotos hiervon gab, stellte die NSDAP die Szene für einen Propagandafilm im Sommer 1933 nach.

## Die Nationalsozialisten erhalten die Macht

**30. Januar 1933: Adolf Hitler ist Reichskanzler**
Dieser Tag gilt als Beginn der nationalsozialistischen Diktatur und als entscheidendes Datum der deutschen Geschichte. In zeitgenössischen Zeitungsmeldungen, Briefen und Augenzeugenberichten erschien er als Tag wie jeder andere. Nach den kurzen Amtszeiten der Reichskanzler v. Papen und v. Schleicher kam – so die Wahrnehmung vieler Menschen – nur eine weitere Regierung an die Macht.

Nach langen Verhandlungen hatte Reichspräsident Hindenburg Adolf Hitler am Abend des 30. Januar 1933 zum Reichskanzler ernannt. Als ein Fackelzug der SA durchs Brandenburger Tor marschierte, erwarteten die wenigsten, dass Hitler und seine Anhänger in nur wenigen Monaten die gesamte Macht an sich reißen könnten. Viele glaubten, Hitler würde nach kurzer Zeit scheitern.

**„Machtergreifung" oder Machtübergabe?**
Hitlers Bündnispartner waren der parteilose Franz von Papen und Alfred Hugenberg (DNVP). In Verkennung der wirklichen Machtverhältnisse wollten sie die NSDAP dazu benutzen, eine autoritäre Regierung zu errichten. So stellten die Nationalsozialisten im Kabinett nur drei Minister, denen acht Konservative gegenüberstanden. Papen behauptete einige Tage bevor Hitler Reichskanzler wurde: „In zwei Monaten haben wir Hitler in die Ecke gedrückt, dass er quietscht." Dass dies eine gefährliche Fehleinschätzung war, zeigte sich bald.

Der Nationalsozialist Wilhelm Frick, als Innenminister zuständig für die innere Sicherheit, befehligte die Polizei. Hermann Göring erhielt bald die kommissarische Leitung des preußischen Innenministeriums und hatte so entscheidenden Einfluss auf das größte deutsche Land. Die Nationalsozialisten nutzten also ihre politischen Möglichkeiten konsequent aus. Hinzu kam, dass sie im Unterschied zu den anderen Ministern von einer dynamischen Massenpartei unterstützt wurden, die zu jedem Gewaltakt bereit war.

**M 2** Kabinett der „nationalen Erhebung", Foto vom 30.1.1933
Vorn (von li. nach re.):
Göring (NSDAP, ohne Geschäftsbereich), Hitler (NSDAP, Reichskanzler), Papen (parteilos, Vizekanzler).
Hinten (von li. nach re.):
Seldte (Stahlhelm, Arbeitsminister), Gereke (Deutsche Bauernpartei, Reichskommissar für Arbeitsbeschaffung), Graf Schwerin von Krosigk (parteilos, Finanzminister), Frick (NSDAP, Innenminister), Blomberg (parteilos, Reichswehrminister), Hugenberg (DNVP, Wirtschafts- u. Landwirtschaftsminister)

Zunächst fürchteten die Nationalsozialisten, dass sich die Arbeiterschaft durch einen Generalstreik gegen die Regierung wenden könnte oder Bürger gegen den Raub ihrer Freiheitsrechte protestieren würden. Anfangs gab es zwar Proteste und auch Beschwerden bei den Gerichten. Aber die bürgerlichen Gruppierungen waren zu schwach und zerstritten. Auch erreichten SPD und KPD keinen Zusammenschluss, da die KPD das kapitalistische System stürzen, die SPD aber auf dem Boden der Verfassung bleiben wollte. Außerdem lehnte die SPD ein Generalstreikangebot der KPD ab.

Aus Uneinigkeit und Zwietracht übergab man Hitler also die Macht, die er mithilfe der NSDAP schnell und rücksichtslos für seine Ziele ausnutzte. Auf scheinbar legalem Weg wurde die Macht ausgebaut.

### Erste Schritte zur Sicherung der Macht

Bedingung für Hitlers Regierungsübernahme war die Auflösung des Reichstags, die schon am 1. Februar 1933 erfolgte. Den Wahlkampf nutzte die NSDAP für eine Propagandaschlacht, der die anderen Parteien wenig entgegenzusetzen hatten, da eine Notverordnung ihre Arbeit massiv einschränkte.

Am 27. Februar brannte das Berliner Reichstagsgebäude. Der holländische Kommunist Marinus van der Lubbe wurde dafür zum Tode verurteilt. Seine Schuld konnte allerdings nie zweifelsfrei festgestellt werden. Viele Zeitgenossen glaubten, dass die Nationalsozialisten selbst den Brand gelegt hatten. Der Reichstagsbrand war für sie ein willkommener Anlass, die Tat den Kommunisten und Sozialdemokraten zur Last zu legen. Bereits am nächsten Tag wurde die Notverordnung „zum Schutz von Volk und Staat" erlassen. Sie setzte wichtige Grundrechte wie freie Meinungsäußerung und Versammlungsfreiheit außer Kraft und erlaubte Hausdurchsuchungen und Festnahmen. Politische Gegner wurden ohne Gerichtsverfahren in „Schutzhaft" genommen und Ende März 1933 wurden die ersten Konzentrationslager eingerichtet. Nur wenige protestierten gegen die Welle von Verhaftungen, Folterungen und Tötungen.

**M 3** Wahlplakat der NSDAP zur Reichstagswahl am 5. März 1933

# Nationalsozialismus und Zweiter Weltkrieg

M 4

## Das „Ermächtigungsgesetz"

Die Reichstagswahl vom 5. März 1933 lässt sich wegen der massiven Behinderung politischer Gegner nicht als „frei" bezeichnen – dennoch verfehlte die NSDAP mit 43,9 % die absolute Mehrheit. Um die bürgerlichen Parteien für sich zu gewinnen, inszenierten die Nationalsozialisten die feierliche Eröffnung des neuen Reichstags als „Tag von Potsdam". Geladen waren in die Potsdamer Garnisonkirche – Begräbnisort Friedrichs des Großen – Vertreter der Parteien (außer SPD und KPD), der SA, des Militärs und der Wirtschaft sowie Fürsten und Generäle des untergegangenen Kaiserreiches.

Hitler gab sich betont konservativ und beruhigte so Monarchisten und Bürgerliche. Seine Verneigung vor Hindenburg galt als Symbol für die Versöhnung des „alten" mit dem „jungen" Deutschland, das Hitler als „Drittes Reich" bezeichnete.

Damit war der Weg frei für das „Gesetz zur Behebung der Not von Volk und Reich" – dem sogenannten „Ermächtigungsgesetz" –, das der Reichstag am 23. März 1933 verabschiedete. Es ermächtigte die Regierung, ohne Zustimmung des Reichstags und Gegenzeichnung durch den Reichspräsidenten Gesetze zu erlassen. Das bedeutete die Übertragung der gesetzgebenden Gewalt auf die Regierung und ein Ende der Demokratie.

In dieser entscheidenden Reichstagssitzung marschierten Männer der SA auf, die die SPD-Abgeordneten bedrohten und beschimpften. Die 81 Abgeordneten der KPD waren bereits verhaftet oder untergetaucht. Am Ende erhielt das Gesetz die verfassungsändernde Zweidrittelmehrheit; nur die Abgeordneten der SPD stimmten dagegen.

## Die NSDAP wird Staatspartei

Danach gingen die Nationalsozialisten rigoros gegen die Arbeiterschaft und ihre Organisationen vor. Der 1. Mai, seit Jahrzehnten der Tag, an dem die Arbeiter ihre Forderungen öffentlichkeitswirksam erhoben, wurde „Tag der nationalen Arbeit" und als Feiertag mit Massenveranstaltungen begangen. Wenig später wurden die freien Gewerkschaften zerschlagen, ihr Vermögen eingezogen und viele Funktionäre verhaftet. Als Ersatz wurde die „Deutsche Arbeitsfront" (DAF) gegründet, eine Organisation der NSDAP, die Arbeiter und Unternehmer unter Schirmherrschaft des „Führers" zusammenschloss. Danach folgten Verbote der KPD und SPD.

Bis Juli 1933 lösten sich die restlichen Parteien unter massivem Druck selbst auf – mit einer Widerstandslosigkeit, die sogar Hitler überraschte. Dies geschah mit einer Mischung aus Resignation und Furcht. Das „Gesetz gegen die Neubildung von Parteien" vom 14. Juli 1933 machte die NSDAP zur Staatspartei. Parteienpluralismus, Meinungsvielfalt und das Parlament waren ausgeschaltet, Deutschland eine Diktatur geworden.

Die Nationalsozialisten hatten nur ein halbes Jahr gebraucht, um ihre Machtposition zu festigen, politische Gegner auszuschalten und die demokratische Ordnung der Weimarer Republik zu beseitigen. Erst die Ernennung Adolf Hitlers zum Reichskanzler am 30. Januar 1933 hatte allerdings diesen Prozess ermöglicht, auch wenn das damals für viele Zeitgenossen nicht erkennbar war.

M 5 „Wir bleiben Kameraden"
Plakat der Deutschen Arbeitsfront vom 2. Mai

## Die „Machtergreifung" Hitlers im Spiegel unterschiedlicher Quellen – Perspektiven erfassen

Hugenberg zu Papen: „Der Neuling da vorn mag sich ruhig einbilden zu lenken, die wirkliche Steuerung des Wirtschaftskurses haben wir!"

**M 6** „Fahrschule Hugenberg"
Zeitgenössische Karikatur von 1933 aus der sozialdemokratischen Zeitung „Vorwärts"

### M 7 Tagebucheintragungen

*a) Luise Solmitz, Lehrerin aus Hamburg, schrieb am 30. Januar 1933 in ihr Tagebuch:*

Hitler ist Reichskanzler! Und was für ein Kabinett!!! Wie wir es im Juli nicht zu erträumen wagten. Hitler, Hugenberg, Seldte, Papen!!! An jedem hängt ein großes Stück meiner deutschen
5 Hoffnung. Nationalsozialistischer Schwung, deutschnationale Vernunft, der unpolitische Stahlhelm und der von uns unvergessene Papen. Es ist so unausdenkbar schön, dass ich es schnell niederschreibe, ehe der erste Missklang folgt,
10 denn wann erlebt Deutschland nach herrlichstem Frühling einen gesegneten Sommer? Wohl nur unter Bismarck. Was Hindenburg da geleistet hat!

Zit. n. J. u. R. Becker (Hg.), Hitlers Machtergreifung 1933, München, 3. Aufl., 1993, S. 31.

*b) Der SPD-Politiker Julius Leber wurde 1945 von den Nationalsozialisten hingerichtet. Am 30. Januar 1933 schrieb er in sein Tagebuch:*

Jetzt steht es klar vor aller Augen: Hitler Kanzler – Papen Vizekanzler – Hugenberg Wirtschaftsminister. Was wird diese Regierung tun? Ihre Ziele kennen wir. Von ihren nächsten Maßnahmen weiß niemand.
5 Ungeheuer sind die Gefahren. Aber unerschütterlich ist die Festigkeit der deutschen Arbeiterschaft. Wir fürchten die Herren nicht. Wir sind entschlossen, den Kampf aufzunehmen.

Zit. nach: J. u. R. Becker (Hg.), Hitlers Machtergreifung 1933, München, 3. Aufl., 1993, S. 32.

### M 8 Bericht der New York Times

*Die amerikanische Zeitung schrieb am 31. 01.1933:*

An die Spitze der deutschen Republik ist ein Mann gestellt worden, der sie öffentlich verhöhnt und geschworen hat, sie zu vernichten, sobald er die persönliche Diktatur errichtet hätte, die sich zum
5 Ziel gesetzt zu haben er sich gerühmt hat. Sollte er die wilden Worte seiner Wahlreden in politisches Handeln umzusetzen suchen, so hätte er eine Mehrheit des Kabinetts, die er hat akzeptieren müssen, entschieden gegen sich […] Von allen
10 Sicherungen ist die beste, dass Präsident Hindenburg Oberster Befehlshaber bleibt und bereit ist, Hitler gegebenenfalls so schnell abzusetzen, wie er ihn berufen hat […]

Zit. nach: Geschichte in Quellen, Band V, 2. Aufl., München 1975, S. 275 f.

## Das „Ermächtigungsgesetz" – Arbeiten mit Textquellen

### M 9 „Ermächtigungsgesetz"

*Aus dem „Gesetz zur Behebung der Not von Volk und Reich", verabschiedet am 23. März 1933:*

Artikel 1. Reichsgesetze können außer in dem in der Reichsverfassung vorgesehenen Verfahren auch durch die Reichsregierung beschlossen werden. Dies gilt auch für die in den Artikeln 85 Abs. 2 und 87 der Reichsverfassung bezeichneten Gesetze.
Artikel 2. Die von der Reichsregierung beschlossenen Reichsgesetze können von der Reichsverfassung abweichen, soweit sie nicht die Einrichtung des Reichstags und des Reichsrats als solche zum Gegenstand haben. Die Rechte des Reichspräsidenten bleiben unberührt.

Zitiert nach: Der Nationalsozialismus. Dokumente 1933–1945, hrsg. von Walther Hofer, Frankfurt/M. 1979, S. 57.

### M 10 Hitler zum „Ermächtigungsgesetz"

*Auszug aus der Rede Adolf Hitlers im Reichstag vom 23. März 1933:*

Es ist kaum eine Revolution von so großem Ausmaß so diszipliniert und unblutig verlaufen wie diese Erhebung des deutschen Volkes in diesen Wochen. Es ist mein Wille und meine feste Absicht, für diese ruhige Entwicklung in Zukunft zu sorgen. Allein umso nötiger ist es, dass der nationalen Regierung jene souveräne Stellung gegeben wird, die in einer solchen Zeit allein geeignet ist, eine andere Entwicklung zu verhindern. Die Regierung beabsichtigt dabei, von diesem Gesetz nur insoweit Gebrauch zu machen, als es zur Durchführung der lebensnotwendigen Maßnahmen erforderlich ist. Weder die Existenz des Reichstags noch des Reichsrats soll dadurch bedroht sein. Die Stellung und die Rechte des Herrn Reichspräsidenten bleiben unberührt […]. Der Bestand der Länder wird nicht beseitigt, die Rechte der Kirchen werden nicht geschmälert, ihre Stellung zum Staate nicht geändert.

Zitiert nach: Werner Conze, Der Nationalsozialismus. Teil I: 1919–1934, Stuttgart 1976, S. 64.

### M 12 Otto Wels zum „Ermächtigungsgesetz"

*Auszug aus der Rede des SPD-Parteivorsitzenden Otto Wels im Reichstag vom 23. März 1933:*

Freiheit und Leben kann man uns nehmen, die Ehre nicht. Nach den Verfolgungen, die die Sozialdemokratische Partei in der letzten Zeit erfahren hat, wird niemand billigerweise von ihr verlangen und erwarten können, dass sie für das hier eingebrachte Ermächtigungsgesetz stimmt. Die Wahlen vom 5. März haben den Regierungsparteien die Mehrheit gebracht. Damit ist die Möglichkeit gegeben, streng nach Wortlaut und Sinn der Verfassung zu regieren. Wo diese Möglichkeit besteht, besteht auch die Pflicht. Kritik ist heilsam und notwendig. Niemals, seit es einen deutschen Reichstag gibt, ist die Kontrolle der öffentlichen Angelegenheiten durch die gewählten Vertreter des Volkes in solchem Maße ausgeschaltet worden, wie das jetzt geschieht und wie das durch das neue Ermächtigungsgesetz noch mehr geschehen soll. Eine solche Allmacht der Regierung muss sich umso schwerer auswirken, als auch die Presse jeder Bewegungsfreiheit entbehrt. […]
Die Verfassung von Weimar ist keine sozialistische Verfassung. Aber wir stehen zu den Grundsätzen des Rechtsstaates, der Gleichberechtigung, des sozialen Rechtes, die in ihr festgelegt sind. Wir deutschen Sozialdemokraten bekennen uns in dieser geschichtlichen Stunde feierlich zu den Grundsätzen der Menschlichkeit und der Gerechtigkeit, der Freiheit und des Sozialismus. […]
Wir grüßen die Verfolgten und Bedrängten. Wir grüßen unsere Freunde im Reich. Ihre Standhaftigkeit und Treue verdienen Bewunderung. Ihr Bekennermut, ihre ungebrochene Zuversicht verbürgen eine hellere Zukunft.

Zitiert nach: Wolfgang Michalka (Hg.), Das Dritte Reich. Dokumente zur Innen- und Außenpolitik. Band 1: „Volksgemeinschaft" und Großmachtpolitik 1933–1939, München 1985, S. 33–35.

### M 11 Einmarsch der SA in den Reichstag
zur Einschüchterung der Abgeordneten am 23. März 1933

## „Tag von Potsdam" – Bildquellen interpretieren

**M 13** Hitler begrüßt Reichspräsident Hindenburg vor der Garnisonkirche in Potsdam am 21. März 1933 (im Hintergrund: Reichswehrminister General von Blomberg). In der Garnisonkirche befand sich damals das Grab Friedrichs des Großen, außerdem wurde zu Ehren des im Exil lebenden Kaisers Wilhelm II. in der Kirche ein leerer Stuhl freigehalten, Foto vom 21. März 1933.

**M 14** Bildpostkarte vom „Händedruck von Potsdam" auf der Grundlage eines Gemäldes von Carl Langhorst (1867–1950)

### Aufgaben

1. **Die Machtübernahme der NSDAP**
   a) Die NSDAP hatte im neuen Kabinett keine Mehrheit. Erkläre, dass die von den Nationalsozialisten eingenommenen Positionen dennoch entscheidend für die Sicherung der Macht waren.
   b) Erkläre die Bedeutung des Fackelzugs durch das Brandenburger Tor in der Nacht des 30. Januar 1933.
   c) Überprüfe die Karikatur aus dem „Vorwärts" auf ihren historischen Wahrheitsgehalt.
   d) Vergleiche die Meinungen von Julius Leber und Luise Solmitz zum 30. Januar 1933.
   e) Analysiere die Position der New York Times.
   f) Nimm kritisch zu den Begriffen „Machtergreifung", „Machtübernahme" und „Machtübergabe" für die Ereignisse des 30. Januar 1933 Stellung.
   → Text, M1, M2, M6, M7, M8

2. **Der Beginn der Gleichschaltung**
   a) Erläutere die Folgen des Reichstagsbrandes vom 27. Februar 1933.
   b) Gib die Begründung Hitlers für das „Ermächtigungsgesetz" wieder.
   c) Erläutere die Haltung des SPD-Abgeordneten Otto Wels zum „Ermächtigungsgesetz".
   d) Erkläre die Auswirkungen des „Ermächtigungsgesetzes" auf das demokratische Leben in Deutschland.
   → Text, M9–M12

3. **Tag von Potsdam – Bildquellen interpretieren**
   a) Zeige anhand des Verfassertextes und des Fotos die Inszenierung von Hindenburg und Hitler als Versöhnung zwischen „altem" und „jungem" Deutschland.
   b) Vergleiche das Foto mit der Bildpostkarte und erkläre die Veränderungen auf der Bildpostkarte.
   → Text, M13, M14

## Die Nationalsozialisten festigen ihre Macht

### „Gleichschaltung" – Die NS-Diktatur entsteht
Mitte 1933 hatten Hitler und die Nationalsozialisten ihre Macht bereits so weit gefestigt, dass sie ihnen kaum noch genommen werden konnte. Bis Sommer 1934 bildeten sich dann die Grundzüge der nationalsozialistischen Diktatur heraus, die bis 1945 wirksam blieben. Diesen Prozess der Ausrichtung des politischen, wirtschaftlichen und gesellschaftlichen Lebens auf Hitler und die NSDAP bezeichnete man als „Gleichschaltung".

Wie lief dieser Prozess ab und welche Ziele verfolgten die Nationalsozialisten mit ihrem Vorgehen? Sie entfernten alle ihre Gegner aus ihren Machtpositionen und zerschlugen die Strukturen, die dem „Führerwillen" im Wege standen. So brachten sie Verbände und Vereine, Berufsorganisationen und Kultureinrichtungen unter ihre Kontrolle.

### Die Entmachtung der Länder
Obwohl Hitler die Unabhängigkeit der Länder noch im „Ermächtigungsgesetz" garantiert hatte, schaffte er die föderative Ordnung Schritt für Schritt ab. Im März 1933 wurde das „Gesetz zur Gleichschaltung der Länder mit dem Reich" erlassen, das die Landtage entsprechend der Sitzverteilung im Reichstag umbildete. Ein zweites Gleichschaltungsgesetz vom April 1933 setzte in den Ländern „Reichsstatthalter" ein, die die Länderregierungen künftig ernannten. 1934 wurden die Landtage ganz aufgelöst und die Länderregierungen bestanden nur noch formal fort.

Die neu ernannten „Reichsstatthalter" begannen mit „Säuberungen" und entsandten ihrerseits Gesinnungsgenossen in die Schlüsselpositionen der Verwaltung. Mit der Ausschaltung ihrer Gegner hatten die Nationalsozialisten leichtes Spiel, da ihnen in allen Ländern Polizei und Justiz unterstanden.

Unterstützt wurde die Gleichschaltung durch das „Gesetz zur Wiederherstellung des Berufsbeamtentums" vom 7. April 1933. Es ermöglichte die Entlassung von Beamten aus politischen oder „rassischen" Gründen und forderte von ihnen eine „nationale Gesinnung".

### Machtkampf in der NSDAP
Eine größere Gefahr drohte Hitler 1934 von der SA. Die „Sturmabteilung" betrieb Konzentrationslager und Gefängnisse und trat zunehmend in Konkurrenz zur Reichswehr. Hinzu kamen Eigenmächtigkeiten vieler SA-Führer und Forderungen von SA-Chef Ernst Röhm, gegen die Großindustrie vorzugehen. Hitler wollte jedoch Reichswehr und Großindustrie an sich binden, um Deutschland auf einen Krieg vorzubereiten. Bestärkt wurde Hitler durch hohe Parteiführer wie Hermann Göring, Joseph Goebbels und besonders Heinrich Himmler. Der Führer der „Schutzstaffel" (SS) konnte hoffen, auf Kosten der SA an Macht und Einfluss zu gewinnen.

### Der „Röhm-Putsch"
Als sich der Konflikt zuspitzte, schlugen Hitler und die SS zu: Unter dem Vorwand, Röhm habe einen Putsch geplant, wurden er und die

**M 1** Adolf Hitler und Ernst Röhm auf dem Reichsparteitag in Nürnberg, 1933

**M 2** Vereidigung von Soldaten auf Hitler am 2. August 1934

SA-Führung Ende Juni und Anfang Juli 1934 entmachtet. Hitler ließ in dieser Nacht ohne jede rechtliche Grundlage über 80 Gegner töten und erklärte die Mordaktion in einem eigenen Reichsgesetz für rechtens. Gewinner des „Röhm-Putsches" waren neben Hitler die Reichswehr und die SS unter Heinrich Himmler.

### Hitler: „Führer und Reichskanzler"

Die Demontage der Weimarer Republik hatte nur die Institution des Reichspräsidenten überlebt. Als Hindenburg im August 1934 starb, entfiel auch dieses Amt. Hitler wurde „Führer und Reichskanzler" und damit Oberbefehlshaber der Reichswehr. Mit der persönlichen Vereidigung auf Hitler waren alle Beamten, Richter und Soldaten eng an ihn gebunden, denn sie schworen „dem Führer des Deutschen Reiches und Volkes, Adolf Hitler, dem Oberbefehlshaber der Wehrmacht", unbedingten Gehorsam.

### Hitler – ein absoluter Diktator?

Hitlers Diktatur stützte sich insbesondere auf einen straff organisierten Parteiapparat. Dennoch gab es ein Nebeneinander von staatlichen Stellen und Parteigliederungen, die miteinander konkurrierten, weil sie ähnliche Aufgabenbereiche hatten. So wirkten zum Beispiel an der Schulpolitik drei Stellen mit: das Reichsministerium für Wissenschaft, Erziehung und Volksbildung, der NS-Lehrerbund und die Führung der Hitlerjugend (HJ). Bei den häufigen Kompetenzkonflikten musste nicht selten der „Führer" schlichten, was seine Position stärkte. Dennoch war Hitler nur vordergründig der allmächtige Diktator, da manche seiner Befehle im Dickicht der Bürokratie und des Kompetenzgerangels versandeten. Andererseits führte der Kampf um die Gunst des „Führers" bei vielen zu einer bedingungslosen Pflichterfüllung und zur Bereitschaft, Hitler „zuzuarbeiten".

**M 3**

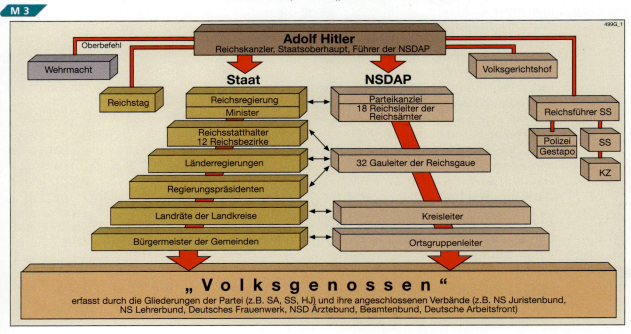

# Nationalsozialismus und Zweiter Weltkrieg

## Der „Röhm-Putsch" – Text- und Bildquellen interpretieren

### M 4 Legitimierter Mord

*Erst nachträglich wurden die Ermordungen im sogenannten „Röhm-Putsch" (30.6.–2.7.1934) in einem Reichsgesetz vom 3. Juli 1934 gerechtfertigt:*

Die zur Niederschlagung hoch- und landesverräterischer Angriffe am 30. Juni, 1. und 2. Juli 1934 vollzogenen Maßnahmen sind als Staatsnotwehr rechtens.

Reichsgesetzblatt, Jahrgang 1934, Teil I, S. 529; zitiert nach: Werner Conze, Der Nationalsozialismus. Teil I: 1919–1934, Stuttgart 1976, S. 79.

### M 5 Hitlers Erklärungen zum „Röhm-Putsch"

*Hitler am 13. Juli 1934 vor dem Reichstag:*

In dieser Stunde war ich verantwortlich für das Schicksal der deutschen Nation und damit des deutschen Volkes oberster Gerichtsherr. Meuternde Divisionen hat man zu allen Zeiten durch
5 Dezimierung wieder zur Ordnung gerufen. […] Ich habe den Befehl gegeben, die Hauptschuldigen an diesem Verrat zu erschießen, und ich gab weiter den Befehl, die Geschwüre unserer inneren Brunnen-
10 vergiftung und der Vergiftung des Auslandes auszubrennen bis auf das rohe Fleisch. […]
Wenn mir die Meinung entgegengehalten wird, dass nur ein gerichtliches
15 Verfahren ein genaues Abwägen von Schuld und Sühne hätte ergeben können, so lege ich gegen diese Auffassung feierlich Protest ein.
Wer sich untersteht, im Innern unter
20 Bruch von Treue und Glauben und heiligen Versprechen eine Meuterei anzuzetteln, kann nichts anderes erwarten, als dass er selbst das erste Opfer sein wird.

Das Dritte Reich. Dokumentarische Darstellung des Aufbaues der Nation, hrsg. von Gerd Rühle, Berlin o. J., Bd. II, S. 245 f., zitiert nach: Werner Conze, Der Nationalsozialismus. Teil I: 1919–1934, Stuttgart 1976, S. 80.

### M 6 „Heil Hitler"
Fotomontage von John Heartfield zu den Ereignissen vom 30.6.1934

### M 7 Bericht über den „Röhm-Putsch"

*Der Staatssekretär Dr. Meissner schrieb 1950 in seinen Memoiren über den 30. Juni 1934:*

Alle diese Hinrichtungen erfolgten ohne jedes Verhör, ohne irgendeine Nachprüfung der Beschuldigung und ohne jede Möglichkeit einer Verteidigung, ja selbst ohne nähere Feststellung der Personalien,
5 sodass in einigen Fällen Personenverwechslungen vorkamen; Listen und unkontrollierte Denunziationen genügten sowohl in München wie in Berlin als Unterlage für diese Exekutionen.
[Als] die blutigen Grausamkeiten und der Umfang
10 der Hinrichtungen bekannt wurden, ging eine Welle der Empörung und des Schreckens durch Deutschland. Die Erregung stieg weiter an, als in den nächsten Tagen bekannt wurde, dass […] die Situation benutzt wurde], um politische Gegner zu
15 beseitigen, die nichts mit Röhm und seinen Plänen zu tun hatten und nur der nationalsozialistischen Partei und ihrer Führung im Wege standen.

Zitiert nach: Das Dritte Reich. Dokumente zur Innen- und Außenpolitik. Band 1: „Volksgemeinschaft" und Großmachtpolitik 1933–1939, herausgegeben von Wolfgang Michalka, München 1985, S. 52 f.

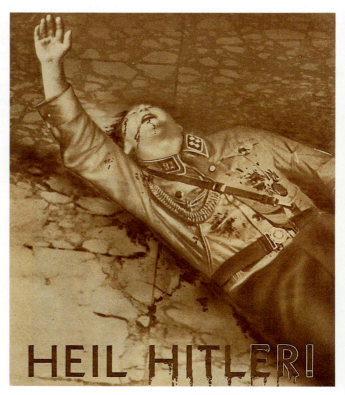

## Gleichschaltung in einer hessischen Kleinstadt

### M 8  Gleichschaltung in Ober-Ramstadt

a) *Die östlich von Darmstadt gelegene Landgemeinde Ober-Ramstadt war protestantisch geprägt und durch eine kleingewerbliche und bäuerliche Bevölkerung einerseits sowie eine bis 1933 sehr aktive Arbeiterbewegung andererseits geprägt. Die Odenwälder Nachrichten berichten am 23. März 1933 über die politische Gleichschaltung:*

In den letzten Wochen wurde so viel von Gleichschaltung geschrieben und noch mehr davon gesprochen. Das ganze Volk atmete auf, als am 30. März das Gleichschaltungs-Gesetz verkündet und es zur Gewissheit wurde, dass für die nächsten Jahre jede Wahl ausgeschaltet ist. Die Wahlen vom 5. März werden als Basis genommen, nicht nur für die Regierung des Reiches, sondern auch der Länder und Kommunen. Das Sehnen Millionen Deutscher ging in Erfüllung. Nun ist auch in Ober-Ramstadt der Gemeinderat gleichgeschaltet, 8 nationalsozialistische Gemeinderäte stehen 4 sozialdemokratischen gegenüber. Somit nimmt in Ober-Ramstadt der Nationalsozialismus die dominierende Stellung ein, die ihm schon jahrelang zusteht, aber von einem unfähigen System vorenthalten wurde.

b) *Über die Hauptversammlung des Turnvereins 1877 D. T. berichtet die Zeitung (23.5.1933):*

Letzten Samstag fand in dem mit Hakenkreuzfahnen, Fahnen in den Reichs- und Landesfarben und frischem Grün festlich geschmückten Saal „Zum Löwen" eine Hauptversammlung des Turnvereins 1877 D. T. [Deutsche Turnerschaft] statt, um die Gleichschaltung nach den Richtlinien der Deutschen Turnerschaft durchzuführen. [...]
Die gesamte D. T. stellt sich geschlossen dem Führer des deutschen Reiches zum Aufbau eines neuen Deutschland kampfbereit zur Verfügung. Ein ganz gewaltiger Umschwung vollzieht sich in der Deutschen Turnerschaft. Anstelle des Parlamentarismus tritt das Führerprinzip. Aber nicht nur in der Führung der D. T., sondern in allen deutschen Turnvereinen ist diese Gleichschaltung, die auch die Vollarisierung, d. h. den Ausschluss aller Juden bedingt, durchzuführen.

c) *Im evangelischen Gemeindeblatt „Glaube und Heimat" heißt es (Juli 1933):*

Wach sein! Ein Ganzer sein! Das ist die Forderung der Stunde. Die Forderung gilt in vaterländischer und völkischer Beziehung. Und Gott sei Dank, dass wir eine Regierung haben, die die Gültigkeit dieser Forderung voll und ganz anerkennt. Der ist also kein Ganzer, der behauptet, ein Freund des neuen Geistes oder gar ein Träger des neuen Geistes, ein Nationalsozialist zu sein und in kirchlichen Dingen ein Halber bleiben will. Nein, ein Kämpfer in unserer Zeit ist immer ein Ganzer in allen Dingen, in jeder Beziehung, in völkischen und kirchlichen Dingen. Ein Kämpfer in unserer Zeit ist einer, der immer, allezeit eine heiße Seele hat und alles einsetzt für das eine Ziel, dass Volk und Glaube zusammenkommen.

Zit. n.: Jan Trützschler, Die Weimarer Republik. Fundus Quellen für den Geschichtsunterricht, Schwalbach/Ts. 2011, S. 76–78.

## Aufgaben

**1. Die Gleichschaltung**
a) Erläutere die Bedeutung der „Gleichschaltung" für die Errichtung des „Führerstaates".
b) Erkläre mithilfe des Schaubildes die Machtbereiche, die Hitler kontrollierte.
c) Stelle die Rechtfertigung der Morde vom 30. Juni 1934 durch Hitler der Darstellung von Staatssekretär Meissner gegenüber.
d) Erläutere die Grundaussage der Fotomontage von John Heartfield.
e) Erstelle ein Schaubild zum Ablauf der Gleichschaltung. → Text, M3–M7

**2. Gleichschaltung in einer hessischen Kleinstadt**
a) Beschreibe den Ablauf der Gleichschaltung in Ober-Ramstedt.
b) Die Gleichschaltung bedeutete auch die Verdrängung aller „Nicht-Arier" aus dem öffentlichen Leben. Analysiere die Auswirkungen auf das Leben dieser Menschen speziell in einer Kleinstadt.
c) Erkläre den folgenden Satz aus der Quelle: „Das ganze Volk atmete auf, als am 30. März [...] jede Wahl ausgeschaltet ist."
→ M8

# Die Weltanschauung der Nationalsozialisten

### Die Bedeutung der Ideologie

Die Ideologie des Nationalsozialismus war kein einheitliches, logisch schlüssiges Gedankengebäude, vielmehr wurden unterschiedliche, zum Teil in der deutschen Bevölkerung bereits verbreitete Vorstellungen zu einer „Weltanschauung" zusammengefügt. Nur mit der Kenntnis der Wirkung dieser „Weltanschauung" lässt sich etwa die Ermordung von Millionen Juden erklären.

Wichtig für die Analyse der nationalsozialistischen Ideologie ist zum einen das NS-Parteiprogramm von 1920, das bis 1945 unverändert blieb. Ebenso bedeutsam ist aber auch Hitlers Buch „Mein Kampf", dessen zweiter Teil Hitlers politische Grundsätze präsentierte. „Mein Kampf", rasch als „Bibel der Bewegung" bezeichnet, wurde zu einem zentralen Werk, an das viele Nationalsozialisten auf fast religiöse Weise glaubten.

### Eckpfeiler der NS-Ideologie

Die nationalsozialistische Ideologie ruhte im Wesentlichen auf folgenden Eckpfeilern:

*Sozialdarwinismus:* Der bereits Ende des 19. Jahrhunderts entstandene Sozialdarwinismus überträgt die Lehren Darwins, dass die der Umwelt am besten angepasste Art die größten Überlebenschancen hat, auf das Zusammenleben der Menschen, auf die Gesellschaft. Die Nationalsozialisten behaupteten, dass sich die Menschheit in höher- und minderwertigere Rassen gliedere. Demzufolge herrsche zwischen den Rassen ein Kampf, in dem sich die überlegenen Rassen durchsetzten, wobei die schwächeren Rassen zu Dienern/Sklaven würden oder untergingen.

*Rassenantisemitismus:* Anders als noch im Mittelalter, als sich der Antisemitismus zumeist auf religiöse Hintergründe berief, begründeten die Nationalsozialisten ihren Antisemitismus rassisch: Nicht das religiöse Bekenntnis, sondern biologische Merkmale entschieden über die Zugehörigkeit zum Judentum. Der Rassenantisemitismus war ein zentrales Element der nationalsozialistischen Weltanschauung. Hitler erklärte das Judentum zum „Weltfeind", der am „Unglück des deutschen Volkes" die Schuld trage. So war es den Nationalsozialisten möglich, der Bevölkerung einen Sündenbock und eine vermeintliche Erklärung für alle Missstände zu präsentieren. Der Weltkrieg war aus dieser Sicht das Werk „imperialistisch-jüdischer Mächte", der „Schandvertrag von Versailles" das Produkt „jüdisch-kapitalistischer Regierungen". Hauptschuldige an der allgemeinen Not Deutschlands waren die „jüdisch-marxistischen Novemberverbrecher", also die Gründer der Weimarer Republik.

*Antikommunismus und Antidemokratismus:* Der Kommunismus war für die Nationalsozialisten die Weltanschauung des „internationalen Judentums", die es ebenso wie ihre Träger auszurotten galt. Internationalismus wurde als ein „Verrat" an nationalen Interessen betrachtet, Verfechter des Internationalismus galten als „Vaterlandsverräter". Bürgerlich-demokratische Herrschaftsformen verunglimpften die Nationalsozialisten als „Herrschaftsweise der Schwachen". Nach ihren Vor-

**M 1** Urform von „Mein Kampf"
Der noch wenig einprägsame Arbeitstitel von Hitlers „Mein Kampf" aus dem Jahr 1924

**M 2** „Bilder deutscher Rassen"
In einem Schulungslager für Schulhelferinnen in Nürtingen, 1943

stellungen brachte eine politische Rechtegleichheit aller Bürger eines Staates ein schwaches Gemeinwesen hervor, das dazu diente, die „Starken" einer rassisch definierten Nation zu unterdrücken.

*„Volksgemeinschaft" und Führerkult:* Die Deutschen bildeten für die Nationalsozialisten eine „Volksgemeinschaft", aus der Juden und andere „rassisch Unterlegene", Gegner des Regimes und „Asoziale" ausgeschlossen waren. An der Spitze der „Volksgemeinschaft" stand der „Führer" – „Führerprinzip" und Führerkult bildeten weitere Elemente der NS-Ideologie. Hitler wurde als „Erlöser" präsentiert, der von der „Vorsehung" dazu berufen war, das deutsche Volk zu einigen, es von den „Fesseln des Versailler Schandvertrages" zu befreien und zur Weltherrschaft zu führen.

*Lebensraumtheorie:* Hitler behauptete, dass das deutsche Volk über zu wenig „Lebensraum" verfüge, um unabhängig von anderen Staaten existieren zu können. Zugleich verkündeten die Nationalsozialisten, dass „rassisch unterlegene" Völker über zu viel Lebensraum verfügten, der eigentlich der „arischen" Rasse zustehe. Neben dem Antikommunismus diente vor allem auch die Lebensraumtheorie als ideologische Begründung für den Krieg gegen die Sowjetunion.

### Attraktivität für große Teile der Bevölkerung

Viele der hier aufgeführten Vorstellungen waren in der damaligen Zeit weit verbreitet und machten die NSDAP für unterschiedliche Wählergruppen und Bevölkerungskreise attraktiv. Obwohl es viele Widersprüche in der nationalsozialistischen Ideologie gab und sich im konkreten Handeln oftmals Abweichungen von der Weltanschauung ergaben, lassen sich doch viele Maßnahmen der Nationalsozialisten nur durch die Kenntnis dieser Ideologie erklären.

# Grundlagen der NS-Ideologie – Hitlers Bekenntnisschrift „Mein Kampf"

### M 3 „Mein Kampf"

*In seinem Buch „Mein Kampf" entwickelte Hitler zentrale Aspekte seiner Weltanschauung:*

Nein, der Jude besitzt keine irgendwie kulturbildende Kraft, da der Idealismus, ohne den es eine wahrhafte Höherentwicklung des Menschen nicht gibt, bei ihm nicht vorhanden ist und nie vorhan-
5 den war. Daher wird sein Intellekt niemals aufbauend wirken, sondern zerstörend und in ganz seltenen Fällen vielleicht höchstens aufpeitschend, dann aber als das Urbild der „Kraft, die stets das Böse will und stets das Gute schafft". [...]
10 Da der Jude niemals einen Staat mit bestimmter territorialer Begrenzung besaß und damit auch nie eine Kultur sein eigen nannte, entstand die Vorstellung, als handle es sich hier um ein Volk, das in die Reihe der Nomaden zu rechnen wäre.
15 Dies ist ein ebenso großer wie gefährlicher Irrtum. Der Nomade besitzt sehr wohl einen bestimmt umgrenzten Lebensraum, nur bebaut er ihn nicht als sesshafter Bauer, sondern lebt vom Ertrage seiner Herden, mit denen er in seinem Gebiete wan-
20 dert. Der äußere Grund hierfür ist in der geringen Fruchtbarkeit eines Bodens zu sehen, der eine Ansiedlung einfach nicht gestattet. Die tiefere Ursache aber liegt im Missverhältnis zwischen der technischen Kultur einer Zeit oder eines Volkes
25 und der natürlichen Armut eines Lebensraumes. Es gibt Gebiete, in denen auch der Arier nur durch seine im Laufe von mehr denn tausend Jahren entwickelte Technik in der Lage ist, in geschlossenen Siedlungen des weiten Bodens Herr zu wer-
30 den und die Erfordernisse des Lebens aus ihm zu bestreiten. Besäße er diese Technik nicht, so müsste er entweder diese Gebiete meiden oder sich ebenfalls als Nomade in dauernder Wanderschaft das Leben fristen, vorausgesetzt, dass nicht
35 seine tausendjährige Erziehung und Gewöhnung an Sesshaftigkeit dies für ihn einfach unerträglich erscheinen ließe. Man muss bedenken, dass in der Zeit der Erschließung des amerikanischen Kontinents zahlreiche Arier sich ihr Leben als Fallen-
40 steller, Jäger usw. erkämpften, und zwar häufig in größeren Trupps mit Weib und Kind, immer herumziehend, sodass ihr Dasein vollkommen dem der Nomaden glich. Sobald aber ihre steigende Zahl und bessere Hilfsmittel gestatteten,
45 den wilden Boden auszuroden und den Ureinwohnern standzuhalten, schossen immer mehr Siedlungen in dem Lande empor.
[...] Nein, der Jude ist kein Nomade; denn auch der Nomade hatte schon eine bestimmte Stellung zum Begriffe „Arbeit", die als Grundlage für eine 50 spätere Entwicklung dienen konnte, sofern die notwendigen geistigen Voraussetzungen hierzu vorhanden waren. Die idealistische Grundanschauung aber ist bei ihm, wenn auch in unendlicher Verdünnung, gegeben, daher erscheint er 55 auch in seinem ganzen Wesen den arischen Völkern vielleicht fremd, allein nicht unsympathisch. Bei dem Juden hingegen ist diese Einstellung überhaupt nicht vorhanden; er war deshalb auch nie Nomade, sondern immer nur Parasit im Körper 60 anderer Völker. Dass er dabei manchmal seinen bisherigen Lebensraum verließ, hängt nicht mit seiner Absicht zusammen, sondern ist das Ergebnis des Hinauswurfes, den er von Zeit zu Zeit durch die missbrauchten Gastvölker erfährt. Sein Sich- 65 Weiterverbreiten aber ist eine typische Erscheinung für alle Parasiten; er sucht immer neuen Nährboden für seine Rasse.[1] [...]
Die völkische Weltanschauung glaubt keineswegs an eine Gleichheit der Rassen, sondern erkennt 70 mit ihrer Verschiedenheit auch ihren höheren oder minderen Wert und fühlt sich durch diese Erkenntnis verpflichtet, gemäß dem ewigen Wollen, das dieses Universum beherrscht, den Sieg des Besseren, Stärkeren zu fördern, die Unterordnung 75 des Schlechteren und Schwächeren zu verlangen.[2]
[...] Wo immer wir in der Welt Angriffe gegen Deutschland lesen, sind Juden ihre Fabrikanten. Die Gedankengänge des Judentums sind dabei klar. Die Bolschewisierung Deutschlands, d.h. die 80 Ausrottung der nationalen völkischen deutschen Intelligenz und die dadurch ermöglichte Auspressung der deutschen Arbeitskraft im Joche der jüdischen Weltfinanz ist nur als Vorspiel gedacht für die Weiterverbreitung dieser jüdischen Welt- 85 eroberungstendenz. Werden unser Volk und unser Staat das Opfer dieser blut- und geldgierigen jüdischen Völkertyrannen, so sinkt die ganze Erde in die Umstrickung dieses Polypen; befreit sich Deutschland aus dieser Umklammerung, so 90 darf diese größte Völkergefahr als für die gesamte Welt gebrochen gelten.[3]

Adolf Hitler, Mein Kampf, München, 11. Aufl. 1932, (1) S. 332 ff., (2) S. 420 f., (3) S. 702 f.

## Das Führerprinzip – Bild- und Textquellen analysieren

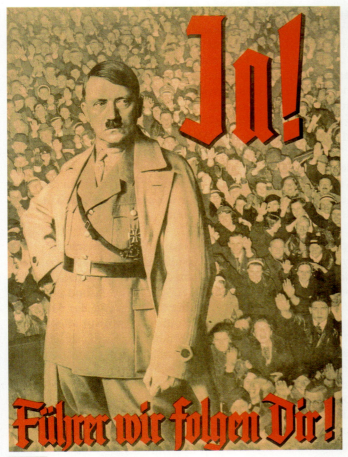

**M 4** Propagandaplakat, 1934

**M 5** Hitler über das Führerprinzip

*a) In einem Tischgespräch im Führerhauptquartier führt Hitler aus (1941/42):*

Unsere Demokratie baut sich dann auf dem Gedanken auf, dass
1. an jeder Stelle ein nicht von unten Gewählter, sondern ein von oben Auserlesener eine Verantwortung zu übernehmen hat, bis zur letzten Stelle hin;
2. dass er unbedingte Autorität nach unten und absolute Verantwortung nach oben hat, zum Unterschied von sonstigen Demokratien, die jeden von unten aussuchen, nach unten verantwortlich sein und nach oben mit Autorität ausgestattet sein lassen – eine vollkommen wahnsinnige Verkehrung jeder menschlichen Organisation […]

*b) In „Mein Kampf" schreibt Hitler:*

Denn eines soll und darf man nie vergessen: Die Majorität [Mehrheit] kann […] den Mann niemals ersetzen. Sie ist nicht nur eine Vertreterin der Dummheit, sondern auch der Feigheit […]
Es gibt keine Majoritätsentscheidungen, sondern nur verantwortliche Personen, und das Wort „Rat" wird wieder zurückgeführt auf seine ursprüngliche Bedeutung. Jedem Mann stehen wohl Berater zur Seite, allein die Entscheidung trifft ein Mann […]

Geschichte in Quellen, Bd. 5, 2. Auf., München 1975, S. 293.

## Aufgaben

**1. Die nationalsozialistische Ideologie**
a) Nenne die Grundpfeiler der nationalsozialistischen Ideologie.
b) Erkläre den Begriff „Rassenantisemitismus".
c) In dem Buch „Mein Kampf" wird Hitlers Bild von den Juden deutlich. Stelle die Angriffe und Vorwürfe, die Hitler äußert, zusammen.
d) Weise nach, dass „Rassenlehre" und „Lebensraum" zentrale Begriffe der nationalsozialistischen Weltanschauung waren.
e) Nimm Stellung zu folgender Auffassung: „Das Gedankengut der Nationalsozialisten war in breiten Kreisen der Bevölkerung schon lange vorhanden."
→ Text, M3

**2. Das Führerprinzip**
a) Nenne die wichtigsten Aspekte des Führerprinzips.
b) Erkläre die Gründe dafür, dass das Führerprinzip Teilen der Bevölkerung attraktiv erschien.
c) Zeige auf, dass das Führerprinzip demokratischen Prinzipien zutiefst widerspricht.
→ Text, M4, M5

# Verführung und Gewalt

### Alltagsleben in der Diktatur
Es war unmöglich, sich dem Nationalsozialismus völlig zu entziehen, da er im Alltag überall präsent war: besonders durch den „Deutschen Gruß" und die massenhafte Verbreitung von NS-Symbolen und Hitlerbildern. Das Hakenkreuz fand sich nicht nur auf Fahnen und Uniformen, sondern auch auf Geschirr, Werkzeugen, Christbaumschmuck, Briefköpfen, Spielzeug und vielem mehr. Das ganze Jahr über gab es nationalsozialistische Feier- und Gedenktage.

Während der Staat die einen als Mitglieder der „deutschen Volksgemeinschaft" umwarb, drängte er die „Gemeinschaftsfremden" immer weiter an den Rand. Wer nicht dazugehörte oder dazugehören wollte, bekam dies deutlich zu spüren. Der nationalsozialistische Staat trat mit einem totalen Machtanspruch auf, setzte ihn gewaltsam durch und ließ dem Einzelnen keine persönliche Freiheit.

### Verführung – Förderung der „deutschen Volksgemeinschaft"
Entsprechend ihrer Rassenideologie wollten die Nationalsozialisten ein „neues deutsches Volk", eine „deutsche Volksgemeinschaft" formen. Zu ihrem Familienideal zählten Kinderreichtum und eine feste Rollenverteilung zwischen Mann und Frau: Während der Mann als Kämpfer und Soldat idealisiert wurde, sollte die Frau vor allem Hausfrau und Mutter sein. Der Anteil der Studentinnen wurde auf zehn Prozent beschränkt, berufstätige Frauen oft behindert und von Führungspositionen ausgeschlossen. In politische Ämter konnten Frauen nicht mehr gewählt werden.

Zur Verbreitung der „arischen Rasse" sollten möglichst viele „erbgesunde" Kinder geboren werden. Ehestandsdarlehen, finanzielle Hilfen und Großprojekte im Wohnungsbau unterstützten dieses Konzept. Ab 1939 wurden kinderreiche Mütter mit dem Mutterkreuz („Ehrenkreuz der deutschen Mutter") ausgezeichnet.

Häufig fanden Sammlungen und Spenden für die Allgemeinheit statt, so z. B. für das „Winterhilfswerk", das die materielle Not Bedürftiger lindern sollte. Während die „Hitlerjugend" auf der Straße mit Geldbüchsen umherzog, gerieten Sammlungen der SA und SS oft zur Kontrolle von Privathaushalten. Sie nutzten Spendenaufrufe zu systematischen Hausbesuchen und spähten Verdächtige aus. Wer nicht spendete, fiel auf, was niemand leichtfertig herauszufordern wagte.

### Nationalsozialistische Wirtschaftspolitik
Die Nationalsozialisten erkannten, dass der Schlüssel zur Sicherung ihrer Herrschaft in der Beseitigung der Massenarbeitslosigkeit lag. Dabei kam ihnen die vor Hitlers Regierungsantritt einsetzende wirtschaftliche Erholung zu Gute, die sie durch eine Reihe staatlicher Arbeitsbeschaffungsmaßnahmen verstärkten. Zudem trugen die Einschränkung der Frauenarbeit, die 1935 wieder eingeführte Wehrpflicht und der für junge Menschen vorgeschriebene halbjährige Reichsarbeitsdienst zur Entlastung der Arbeitslosenstatistik bei.

Auch die Aufrüstungspolitik sorgte für eine scheinbare Besserung der Wirtschaftslage. Hitler hatte 1936 gefordert, dass die Wirtschaft

**M 1** „SS-Jungschütze"
Porzellanfigur der „Staatlichen Porzellanmanufaktur Nymphenburg", 1941

**M 2** Autobahnbau
Arbeiter, die zum Bau der Reichsautobahn eingeteilt sind, beim Reichsarbeitsdienst, 1934

innerhalb von vier Jahren „kriegsfähig" sein müsse. Davon profitierten große Rüstungskonzerne wie Krupp, Thyssen und Siemens. Zudem benötigte die Rüstungsindustrie immer mehr Arbeitskräfte.

Ferner strebte Hitler im Zuge seiner Kriegsvorbereitungen die wirtschaftliche Unabhängigkeit (Autarkie) Deutschlands an. Bei der Verwirklichung dieses Plans war die Landwirtschaft zentral. Neue Gesetze garantierten daher den im „Reichsnährstand" zusammengefassten Bauern Abnahmequoten und Festpreise für ihre Produkte.

### Freizeit und Unterhaltung für die „arischen Deutschen"

„Man soll nicht von früh bis spät Gesinnung machen." – Mit diesem Satz begründete Joseph Goebbels 1933 die – scheinbar unpolitischen – Freizeitangebote und Unterhaltungsmöglichkeiten, welche die Nationalsozialisten organisierten. „Kraft durch Freude" (KdF) war die Freizeitorganisation der „Deutschen Arbeitsfront" (DAF): Die Menschen sollten gemeinsam mit anderen „deutschen Volksgenossen" Kraft schöpfen für die Arbeit im Alltag. Die KdF-Angebote umfassten günstige Urlaubsfahrten, Sportgruppen, Musikgruppen und gemeinschaftliche Aktivitäten. Auf diese Weise konnten sich viele Menschen erstmals einen Urlaub leisten, was die Beliebtheit des Regimes steigerte.

Auch die Unterhaltungsindustrie sollte ihren Beitrag zur Erholung und Entspannung leisten. Die „Reichskulturkammer" unter Goebbels' Leitung steuerte die Bereiche Literatur, Musik, Theater, Film, Rundfunk und Unterhaltung. Viele Unterhaltungsfilme, die keine direkten politischen Aussagen enthalten, werden bis heute im Fernsehen gezeigt, z. B. „Die Feuerzangenbowle" mit Heinz Rühmann.

### Unsicherheit, Rechtlosigkeit und Gewalt

Die propagierte „Volksgemeinschaft" war denen verschlossen, die nicht in das Bild der Nationalsozialisten passten: politische Gegner, Juden, Sinti und Roma, geistig und körperlich Behinderte oder Homosexuelle. Die Folgen waren Ausgrenzung, Verfolgung und Vernichtung des „undeutschen" und „kranken" Lebens.

Die Nationalsozialisten kontrollierten die Menschen in immer stärkerem Maße. Damit erzeugten sie Unsicherheit, Angst und das Gefühl, ausgeliefert zu sein. Wenn es nachts an der Tür läutete, konnte dies die „Gestapo" (Geheime Staatspolizei) sein. Noch gesteigert wurde das Unsicherheitsgefühl durch ein System anhaltender Beobachtung und Denunziation. So kontrollierten Blockwarte die Häuser und meldeten Auffälliges.

Der Schutz des Einzelnen durch den Rechtsstaat wurde immer mehr durchlöchert und entfiel schließlich völlig. Bereits 1933 kam es zu Verhaftungen ohne richterlichen Beschluss. Dies betraf damals über 25 000 Menschen, vor allem Gewerkschaftsfunktionäre, Kommunisten und Juden. Die Richter wurden bald auf den NS-Staat verpflichtet und mussten NS-Hoheitszeichen auf ihrer Amtsrobe tragen.

Im Krieg kam es zu weiteren Verschärfungen. So konnte „Wehrkraftzersetzung" wie Verweigerung des Kriegsdienstes, Fahnenflucht oder Sabotage mit dem Tod bestraft werden. Aktenkundig sind etwa 32 000 Todesurteile während des „Dritten Reiches" – vermutet werden jedoch weit über 40 000.

**M 3** **Ausgrenzung, Verfolgung und Ermordung**
Der 1907 in Wilsche bei Gifhorn geborene sinto-deutsche Boxer Johann Wilhelm Trollmann – 1933 deutscher Meister im Halbschwergewicht – wurde 1943/44 im KZ Neuengamme ermordet.

# Nationalsozialismus und Zweiter Weltkrieg

## Systematischer Terror im Konzentrationslager

Inbegriff des nationalsozialistischen Terrors sind die Konzentrationslager (KZ). Organisatoren und Vollstrecker waren neben der „Gestapo" der SD (Sicherheitsdienst) und die SS. Eine zentrale Rolle spielte dabei Heinrich Himmler (1900–1945), der ab 1936 als „Reichsführer SS und Chef der Deutschen Polizei" den gesamten Sicherheitsapparat kontrollierte.

Anfangs gab es „wilde" Gefängnisse und KZ, in denen vor allem die SA folterte und tötete. Ab Mitte 1933 bauten die Nationalsozialisten dann eine planvolle Organisation mit klarer Verantwortlichkeit unter Leitung der SS auf und begannen mit der systematischen Umstrukturierung der Lager. Viele der frühen Haftanstalten wurden geschlossen, die übrigen nach dem Vorbild des KZ Dachau umgestaltet. Inhaftiert wurden die Menschen ohne Gerichtsurteil. Die ersten Häftlinge waren politische Gegner des Regimes und jüdische Bürger. Später folgten Sinti und Roma, Homosexuelle, Geistliche, Kriegsdienstverweigerer (z. B. Zeugen Jehovas) und Kriminelle, nach 1939 auch Kriegsgefangene. Insgesamt gab es bis 1945 in Deutschland und den eroberten Gebieten 23 KZ-Stammlager und über 1 000 Außenlager. Die Häftlinge mussten harte Zwangsarbeit leisten. Viele starben an Unterernährung, Erschöpfung, Krankheit oder sadistischer Quälerei, andere wurden erschossen. Manche wurden sogar für medizinische Experimente missbraucht. Die Inschrift am Lagertor des KZ Buchenwald lautete: „Jedem das Seine". Das war zynisch, weil damit behauptet wurde, dass die Häftlinge selbst schuld an ihrer Situation wären. Wer entlassen wurde, musste eine Schweigeverpflichtung unterschreiben; dennoch sickerten viele Informationen über das Leben in den KZ in die Öffentlichkeit durch. Wenn man allein Buchenwald herausgreift, lassen sich die Dimensionen des nationalsozialistischen Terrors erahnen: Von 1937 bis 1945 waren etwa 250 000 Menschen inhaftiert. Die Zahl der Todesfälle wird auf 56 000 geschätzt.

**M 4  Heinrich Himmler**
Der „Reichsführer SS und Chef der Deutschen Polizei" war maßgeblich an der Errichtung der Konzentrationslager beteiligt, Foto von 1935.

**M 5  Flucht aus dem KZ**
Im Ausland erschienener Bericht eines geflohenen KZ-Häftlings, 1933

**M 6  Das Konzentrationslager Oranienburg**
Zu den Inhaftierten zählte Fritz Ebert, Sohn des früheren sozialdemokratischen Reichspräsidenten Friedrich Ebert (2. Häftling von links), Foto vom Juli 1933.

## Methoden und Ziele der nationalsozialistischen Wirtschaftspolitik

**M 7**

**M 8**

| Jahr | Industrie insgesamt | Verbrauchs- güter | Rüstung |
|---|---|---|---|
| 1938 | 100 | 100 | 100 |
| 1939 | 106 | 100 | 125 |
| 1940 | 102 | 95 | 220 |
| 1941 | 105 | 96 | 220 |
| 1942 | 106 | 87 | 320 |
| 1943 | 119 | 91 | 500 |
| 1944 | 117 | 87 | 425 |

G. Stolper u. a., Deutsche Wirtschaft seit 1870, Tübingen 1964, S. 187.

**M 9** Index der Industriellen Produktion (1938 = 100)

### M 10 Der Vierjahresplan

*Aus Hitlers geheimer Denkschrift von 1936 über die Aufgaben des Vierjahresplans:*

Die wirtschaftliche Lage Deutschlands ist aber, in kürzesten Umrissen gekennzeichnet, folgende:
1. Wir sind übervölkert und können uns auf der eigenen Grundlage nicht ernähren [...].
5. Es ist aber gänzlich belanglos, diese Tatsachen immer wieder festzustellen, d.h. festzustellen, dass uns Lebensmittel oder Rohstoffe fehlen, sondern es ist entscheidend, jene Maßnahmen zu treffen, die für die Zukunft eine endgültige Lösung, für den Übergang eine vorübergehende Entlastung bringen können.
6. Die endgültige Lösung liegt in einer Erweiterung des Lebensraumes bzw. der Rohstoff- und Ernährungsbasis unseres Volkes. Es ist die Aufgabe der politischen Führung, diese Frage dereinst zu lösen. [...]
Und ich stelle daher zu einer endgültigen Lösung unserer Lebensnot folgendes Programm auf:
I. Ähnlich der militärischen und politischen Aufrüstung bzw. Mobilmachung unseres Volkes hat auch eine wirtschaftliche zu erfolgen, und zwar im selben Tempo, mit der gleichen Entschlossenheit und wenn nötig auch mit der gleichen Rücksichtslosigkeit [...].
II. Zu diesem Zwecke sind auf all den Gebieten, auf denen eine eigene Befriedigung durch deutsche Produktionen zu erreichen ist, Devisen einzusparen, um sie jenen Erfordernissen zuzulenken, die unter allen Umständen ihre Deckung nur durch Import erfahren können.
III. In diesem Sinne ist die deutsche Brennstofferzeugung im schnellsten Tempo vorwärtszutreiben und binnen 18 Monaten zum restlosen Abschluss zu bringen. Diese Aufgabe ist mit derselben Entschlossenheit wie die Führung eines Krieges anzufassen und durchzuführen; denn von ihrer Lösung hängt die kommende Kriegsführung ab und nicht von einer Bevorratung des Benzins. [...]
Ich stelle damit folgende Aufgabe:
I. Die deutsche Armee muss in 4 Jahren einsatzfähig sein.
II. Die deutsche Wirtschaft muss in 4 Jahren kriegsfähig sein.

W. Lautemann, M. Schlenke (Hg.), Geschichte in Quellen, Band V, München 1975, S. 320 ff.

# Nationalsozialismus und Zweiter Weltkrieg

## Terror im Nationalsozialismus – Das Beispiel "KZ Dachau"

**Konzentrationslager für Schutzhäftlinge in Bayern**

München, 20. März.

Bezüglich der Dauer der Schutzhaft laufen fortgesetzt zahllose Anfragen bei der Polizeidirektion ein. Polizeipräsident Himmler erklärte hierzu, es sei notwendig, das Material, das wir in ungeahnten Mengen beschlagnahmen konnten, zu sichten. Anfragen halten in der Sichtung dieses Materials nur auf und laufen praktisch darauf hinaus, daß jede Anfrage dem Schutzhäftling einen Tag mehr kostet.

Bei dieser Gelegenheit trat Polizeipräsident Himmler den Gerüchten über eine schlechte Behandlung der Schutzhäftlinge entschieden entgegen.

Aus zwingenden Gründen sind einige Änderungen in der Unterbringung der Schutzhäftlinge notwendig geworden.

Am Mittwoch wird in der Nähe von Dachau das erste Konzentrationslager mit einem Fassungsvermögen für 5000 Menschen errichtet werden. Hier werden die gesamten kommunistischen und soweit dies notwendig ist, Reichsbanner- und sozialdemokratischen Funktionäre, die die Sicherheit des Staates gefährden, zusammengezogen, da es auf die Dauer nicht möglich ist und den Staatsapparat zu sehr belastet, diese Funktionäre in den Gerichtsgefängnissen unterzubringen. Es hat sich gezeigt, daß es nicht angängig ist, diese Leute in die Freiheit zu lassen, da sie weiter hetzen und Unruhe stiften. Im Interesse der Sicherheit des Staates müssen wir diese Maßnahme treffen ohne Rücksicht auf kleinliche Bedenken. Polizei und Innenministerium sind überzeugt, daß sie damit zur Beruhigung der gesamten nationalen Bevölkerung und in ihrem Sinne handeln.

**M 11** „Völkischer Beobachter"
Seite vom 20.3.1933

**M 12** „Konzentrationslager Dachau"
Titelseite des „Illustrierten Beobachters" vom 3.12.1936 mit einer Reportage über das KZ

**M 13** Lagerordnung

*Aus der „Disziplinar- und Strafordnung" für das KZ Dachau vom 1.10.1933:*

Im Rahmen der bestehenden Lagervorschriften werden zur Aufrechterhaltung der Zucht und Ordnung für den Bereich des Konzentrationslagers Dachau nachstehende Strafbestimmungen erlassen. [...]
Toleranz bedeutet Schwäche. Aus dieser Erkenntnis heraus wird dort rücksichtslos zugegriffen werden, wo es im Interesse des Vaterlandes notwendig erscheint. Der anständige, verhetzte Volksgenosse wird mit diesen Strafbestimmungen nicht in Berührung kommen. Den politisierenden Hetzern und intellektuellen Wühlern – gleich welcher Richtung – aber sei gesagt, hütet euch, dass man euch nicht erwischt, man wird euch sonst nach den Hälsen greifen und nach eurem eignen Rezept zum Schweigen bringen. [...]
§ 6
Mit 8 Tagen strengem Arrest und mit je 25 Stockhieben zu Beginn und am Ende der Strafe wird bestraft:
1. wer einem SS-Angehörigen gegenüber abfällige oder spöttische Bemerkungen macht, die vorgeschriebene Ehrenbezeugung absichtlich unterlässt oder durch sein sonstiges Verhalten zu erkennen gibt, dass er sich dem Zwange der Zucht und Ordnung nicht fügen will. [...]

Konzentrationslager Dachau, hrsg. vom Comité International de Dachau, Dachau o. J., S. 69 und 135.

## Verführung im Nationalsozialismus – Das Beispiel „KdF"

**M 14  Urlaubsfahrten mit „KdF" 1938**

*Einmal im Jahr sollten Deutsche aus dem umfangreichen Angebot der „KdF"-Reisen eine Erholungsfahrt auswählen: Die günstigsten Reisen kosteten 10,– RM, die teuersten – z. B. eine Norwegenfahrt auf der „Wilhelm Gustloff" – 62,– RM:*

Denke stets daran, dass du als KdF-Urlauber einer nationalsozialistischen Gemeinschaft angehörst. Du bist nicht „Kunde", sondern Angehöriger der NS-Gemeinschaft „Kraft durch Freude", die nichts
5 anderes darstellt als das Werk einer großen Gemeinschaft. Du hast aber nur dann ein Recht, von dieser Gemeinschaft etwas zu fordern, wenn du für diese etwas leistest. Dein Beitrag dazu soll darin bestehen, dass du uns zu verstehen suchst
10 und mithilfst, dem deutschen Volke durch „KdF" immer noch Größeres und Schöneres zu geben. […] Wir weisen ausdrücklich darauf hin, dass an KdF-Fahrten ausschließlich gesunde und lebensfrohe Volksgenossen teilnehmen sollen. […]
15 Volksgenossen, welche belästigend, Ekel erregend oder sonst allgemein anstößig wirken (Schwachsinnige usw.) können grundsätzlich nicht teilnehmen.

Urlaubsfahrten mit Kraft durch Freude, Gau Franken 1938, Nürnberg 1938, S. 3 und S. 57.

**M 15** „Hinein … in die Sportkurse der N.S. Gemeinschaft Kraft durch Freude"
Propagandaplakat, nach 1934

### Aufgaben

**1. Der Terror des Nationalsozialismus**
a) Erkläre die Gründe für den systematischen Einsatz von Terror durch die Nationalsozialisten.
b) Informiere dich über das KZ-System in Deutschland.
c) Der Eingangsspruch zum KZ Dachau lautete „Arbeit macht frei". Erläutere die Hintergründe.
d) Die Nationalsozialisten führten in den KZ eine Nummernkennzeichnung der Häftlinge durch. Erläutere die Funktion und die Folgen einer solchen Verfahrensweise.
e) Fertige ein Kurzreferat über den Boxer Johann Wilhelm Trollmann an.
→ Text, M3, M6, M11, M12, M13, Internet

**2. Nationalsozialistische Wirtschaftspolitik**
a) Nenne die Schwerpunkte der nationalsozialistischen Wirtschaftspolitik.
b) Erläutere die Entwicklung der Arbeitslosenzahlen ab 1933.
c) Vergleiche die Hauptaussagen des Vierjahresplans mit den Statistiken.
→ Text, M7–M10

**3. Die Funktion der DAF**
a) Informiere dich über die Funktion und Bedeutung der „Deutschen Arbeitsfront".
b) Beurteile die Wirkung der „KdF-Fahrten" auf die Menschen.
c) Setze dich mit der von den Nationalsozialisten propagierten Vorstellung einer „Volksgemeinschaft" auseinander.
→ Text, M14, M15, Internet

## Die „Hitlerjugend"

### Jugend im NS-Staat

„Du bist nichts – dein Volk ist alles!" – „Führer befiehl – wir folgen dir!" Das waren Propagandasprüche, die die Jugend im NS-Staat überfluteten: in Klassenzimmern, auf Plakatwänden oder bei Veranstaltungen. Von Kindesbeinen an war der Nationalsozialismus Teil des Alltags: auf Sammelbildern, in Kinderbüchern, bei Aufmärschen oder in Radiosendungen. Die Nationalsozialisten hatten erkannt, wie wichtig es war, die Jugend in ihrem Sinne zu erziehen und an sich zu binden. Hitler wollte eine sportliche, kriegsbereite Jugend, die „zäh wie Leder, hart wie Kruppstahl und schnell wie Windhunde" war. Jungen und Mädchen sollten zu „rassebewussten" Mitgliedern der „Volksgemeinschaft" erzogen werden und dem „Führer" bedingungslos folgen.

### Die „Erfassung" der Jugend

Vor 1933 war fast jeder zweite Jugendliche Mitglied in einer Jugendorganisation, sei es ein Sportverein, eine christliche oder politische Vereinigung. Hitler beauftragte nach der Machtübernahme „Reichsjugendführer" Baldur von Schirach damit, alle Jugendlichen bis zu 18 Jahren in der „Hitlerjugend" (HJ) zu erfassen: die Jungen im Alter von 10–14 Jahren im „Jungvolk", im Alter von 14–18 Jahren in der „Hitlerjugend". Die Mädchen wurden bei den „Jungmädeln" und dem „Bund Deutscher Mädel" (BDM) organisiert. Der Name „Hitlerjugend" blieb Oberbegriff für alle NS-Jugendorganisationen. Alle anderen Jugendgruppen wurden eingegliedert oder verboten.

### Die „Hitlerjugend" als „Staatsjugend"

Bis 1936 blieb der Dienst in der HJ freiwillig. Trotz Propaganda und Vergünstigungen war bis zu diesem Zeitpunkt nur die Hälfte aller Jugendlichen zum Eintritt bereit. Das „Gesetz über die Hitlerjugend" von 1936 fasste daher alle Jugendlichen zwischen 10 und 18 Jahren automatisch in der Hitlerjugend zusammen. So wurde die nationalsozialistische Parteijugend zur „Staatsjugend". Anfang 1938 zählte die HJ nach eigenen Angaben sieben Millionen Mitglieder.

### Attraktivität für Kinder und Jugendliche

1933 gab es in Deutschland wesentlich mehr jüngere Menschen als heute. Mit Sprüchen wie „Macht Platz, ihr Alten!" wirkte die NS-Bewegung auf junge Menschen besonders attraktiv. Es war ein bestechendes Gefühl, als junger Mensch ernst genommen und gebraucht zu werden – man galt als „Garant der Zukunft" und Hitler wandte sich in vielen Reden ganz besonders an die Jugend.

Die HJ bot Kindern und Jugendlichen bei Fackelzügen und Lagerfeuern, beim Singen und Marschieren, bei Sport und Geländespielen Gemeinschaftserlebnisse. Attraktiv war auch, dass nicht Erwachsene befahlen, sondern Jugendliche als HJ-Führer Verantwortung trugen. Da viele von ihnen in bescheidenen Verhältnissen lebten, erhielten sie durch die HJ erstmals die Möglichkeit, Fahrten zu unternehmen. Auch das Tragen der HJ-Uniform förderte das Gefühl, an etwas Großem teilzuhaben. Dies vermittelte vielen ein Gefühl der Überlegenheit.

**M 1** Der Jugendliche im NS-Staat

**M 2** Hitlerjungen bei der Schießausbildung, Foto von 1938

M 3 „BDM-Mädel" in einem Zeltlager, Foto von 1938

### Kriegsvorbereitung

Allerdings dienten sportliche Angebote wie Schießen oder Segelfliegen auch der vormilitärischen Ausbildung. Geländespiele hatten das gleiche Ziel: Jugendliche lernten Karten zu lesen, Hügel zu verteidigen, Maschinengewehr-Attrappen zu bedienen und sammelten schließlich Wollfäden von „getöteten" Gegnern. Dementsprechend spielte das Militärische im Rahmen der HJ eine große Rolle. Uniformen und Dienstgrade waren der Armee nachempfunden, Marschieren und Exerzieren bestimmten die wöchentlichen Zusammenkünfte und Ferienlager. Eine eigene Meinung war unerwünscht. Es herrschte das Prinzip von Befehl und Gehorsam.

### Ausgrenzung Andersdenkender

Der gezielt eingesetzte Gruppendruck veranlasste viele zum Mitmachen, da sie nicht abseits stehen wollten. Daher schickten Eltern ihre Kinder oft bewusst zur HJ, auch wenn sie selbst nicht davon überzeugt waren. Wer fernblieb, lief Gefahr, von Funktionären der Partei unter Druck gesetzt und benachteiligt zu werden. Dennoch gab es Jugendliche, die eine Mitgliedschaft verweigerten oder allenfalls halbherzig mitmachten.

Zudem mehrten sich Berichte über aufkommenden Unmut, weil die HJ mit den Jahren nichts Neues mehr bot. Die immer gleichen HJ-Abende mit ihren politischen Schulungen, die Dienste und Pflichten und auch das einförmige Marschieren und Exerzieren wurden vielen jungen Leuten langweilig. Es ist daher schwer einzuschätzen, wie erfolgreich die ideologische Beeinflussung der Jugendlichen durch die Nationalsozialisten tatsächlich war.

## Jugend im Nationalsozialismus – Textquellen analysieren

### M 4 „Mein Weg in die Hitler-Jugend"

*Die Zeitzeugin Melita Maschmann berichtet:*

Am Abend des 30. Januar nahmen meine Eltern uns Kinder – meinen Zwillingsbruder und mich – mit in das Stadtzentrum. Dort erlebten wir den Fackelzug, mit dem die Nationalsozialisten ihren
5 Sieg feierten. Etwas Unheimliches ist mir von dieser Nacht her gegenwärtig geblieben.
Das Hämmern der Schritte, die düstere Feierlichkeit roter und schwarzer Fahnen, zuckender Widerschein der Fackeln auf den Gesichtern und
10 Lieder, deren Melodien aufpeitschend und sentimental zugleich klangen. Stundenlang marschierten die Kolonnen vorüber, unter ihnen immer wieder Gruppen von Jungen und Mädchen, die kaum älter waren als wir. In ihren Gesichtern und in ihrer
15 Haltung lag ein Ernst, der mich beschämte. Was war ich, die ich nur am Straßenrand stehen und zusehen durfte, mit diesem Kältegefühl im Rücken, das von der Reserviertheit der Eltern ausgestrahlt wurde? Kaum mehr als ein zufälliger Zeuge, ein
20 Kind, das noch Jungmädchenbücher zu Weihnachten geschenkt bekam. Und ich brannte doch darauf, mich in diesen Strom zu werfen, in ihm unterzugehen und mitgetragen zu werden. […]
In diesem Alter findet man sein Leben, das aus
25 Schularbeiten, Familienspaziergängen und Geburtstagseinladungen besteht, kümmerlich und beschämend arm an Bedeutung. Niemand traut einem zu, dass man sich für mehr interessiert als für diese Lächerlichkeiten. Niemand sagt: Du wirst
30 für das Wesentliche gebraucht, komm! Man zählt noch nicht mit, wo es um ernste Dinge geht. Aber die Jungen und Mädchen in den Marschkolonnen zählten mit. Sie trugen Fahnen, wie die Erwachsenen, auf denen die Namen ihrer Toten standen.
35 Irgendwann sprang jemand plötzlich aus der Marschkolonne und schlug auf einen Mann ein, der nur wenige Schritte von uns entfernt gestanden hatte. Vielleicht hatte er eine feindselige Bemerkung gemacht. Ich sah ihn mit blutüber-
40 strömtem Gesicht zu Boden fallen, und ich hörte ihn schreien. Eilig zogen uns die Eltern fort aus dem Getümmel, aber sie hatten nicht verhindern können, dass wir den Blutenden sahen.
Sein Bild verfolgte mich tagelang. In dem Grauen,
45 das es mir einflößte, war eine winzige Zutat von berauschender Lust: „Für die Fahne wollen wir sterben", hatten die Fackelträger gesungen. Es ging um Leben und Tod. Nicht um Kleider oder Essen oder Schulaufsätze, sondern um Tod und Leben.
50 Für wen? Auch für mich? Ich weiß nicht, ob ich mir die Frage damals gestellt habe, aber ich weiß, dass mich ein brennendes Verlangen erfüllte, zu denen zu gehören, für die es um Leben und Tod ging. Wenn ich den Gründen nachforsche, die es mir verlockend machten, in die Hitler-Jugend einzutreten,
55 so stoße ich auch auf diesen: Ich wollte aus meinem kindlichen, engen Leben heraus und wollte mich an etwas binden, das groß und wesentlich war. Dieses Verlangen teilte ich mit unzähligen Altersgenossen.

Melita Maschmann, Fazit. Mein Weg in die Hitler-Jugend, München 1981, S. 8 f.

### M 5 Hitler über die Jugend

*Hitler hielt diese Rede am 2. Dezember 1938. Der Text war im „Völkischen Beobachter" vom 4. Dezember 1938 nachzulesen:*

Diese Jugend, die lernt ja nichts anderes als deutsch denken, deutsch handeln. Und wenn nun dieser Knabe und dieses Mädchen mit ihren zehn Jahren in unsere Organisationen hineinkommen und dort
5 nun so oft zum ersten Mal überhaupt eine frische Luft bekommen und fühlen, dann kommen sie vier Jahre später vom Jungvolk in die Hitlerjugend, und dort behalten wir sie wieder vier Jahre, und dann geben wir sie erst recht nicht zurück in die
10 Hände unserer alten Klassen- und Standeserzeuger, sondern dann nehmen wir sie sofort in die Partei oder in die Arbeitsfront, in die SA oder in die SS, in das NSKK [NS-Kraftfahrerkorps] und so weiter. Und wenn sie dort zwei Jahre oder anderthalb
15 Jahre sind und noch nicht ganze Nationalsozialisten geworden sein sollten, dann kommen sie in den Arbeitsdienst und werden dort wieder sechs und sieben Monate geschliffen, alle mit einem Symbol, dem deutschen Spaten. Und was dann
20 nach sechs oder sieben Monaten noch an Klassenbewusstsein oder Standesdünkel da oder da noch vorhanden sein sollte, das übernimmt dann die Wehrmacht zur weiteren Behandlung auf zwei Jahre. Und wenn sie dann nach zwei oder drei
25 oder vier Jahren zurückkehren, dann nehmen wir sie, damit sie auf keinen Fall rückfällig werden, sofort wieder in SA, SS und so weiter. Und sie werden nicht mehr frei, ihr ganzes Leben.

Zit. nach: K.-J. Flessau, Schule der Diktatur, München 1977, S. 26

**Propagandaplakate analysieren**

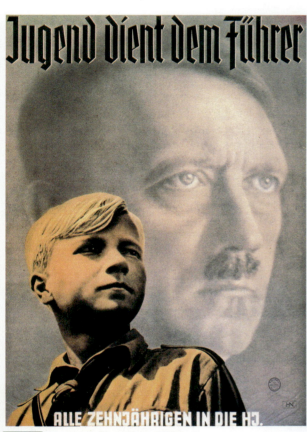

M 6 „Jugend dient dem Führer"
Propagandaplakat der HJ, 1935

M 7 „Auch Du gehörst dem Führer"
Propagandaplakat des BDM, 1937

## Aufgaben

1. **Die Jugend und der Nationalsozialismus**
   a) Erkläre die besondere Rolle, die der Jugend im nationalsozialistischen Staat zugedacht war.
   b) Erläutere die Rolle der NS-Jugendorganisationen.
   c) Beschreibe – ausgehend von dem Zeltlager-Foto und dem Foto der Hitlerjungen bei der Schießausbildung – die Gleichzeitigkeit von Attraktivität und Zwang der NS-Jugendpolitik.
   d) Erläutere Hitlers Satz: „Und sie werden nicht mehr frei, ihr ganzes Leben."
   e) Verfasse eine persönliche Stellungnahme, in der du deine Gedanken und deine Meinung über den Bericht von Melita Maschmann formulierst.
   → Text, M1–M5

2. **Propagandaplakate analysieren**
   a) Beschreibe und vergleiche die beiden Propagandaplakate.
   b) Erkläre die Zielsetzung, die mit diesen Plakaten verfolgt wurde.
   c) Erläutere den Zusammenhang von gestalterischen Mitteln und Zielsetzung.
   d) Die Propagandaplakate wirken aus heutiger Sicht abschreckend oder sogar lächerlich. Für viele damalige Jugendliche waren sie das jedoch nicht. Beurteile die Attraktivität der auf den Plakaten getroffenen Aussagen für die damalige Jugend.
   → M6, M7

# Ausgrenzung und Entrechtung der Juden

### Judenfeindliche Aktionen
Der Rassenantisemitismus war nach Hitlers Machtübernahme zentraler Bestandteil der Regierungspolitik. Dabei lassen sich verschiedene Phasen der Entrechtung und Verfolgung unterscheiden.

Am 1. April 1933 organisierte die NSDAP einen „Judenboykott", der sich gegen jüdische Geschäfte, Ärzte und Rechtsanwälte richtete. Es kam zu gewalttätigen Übergriffen, Vandalismus und Diebstahl. Begründet wurde der Boykott als Antwort auf angeblich jüdische Hetze gegen das „neue Deutschland".

Das „Gesetz zur Wiederherstellung des Berufsbeamtentums" vom 7. April 1933 ermöglichte den neuen Machthabern die Entlassung jüdischer Beamter und politischer Gegner aus dem öffentlichen Dienst. Andere Bestimmungen schränkten die Tätigkeit jüdischer Ärzte und Rechtsanwälte ein. Dieser Druck verstärkte sich 1935. Neben Schändungen von Synagogen und Zuzugsverboten erfolgten Boykottkampagnen gegen jüdische Geschäfte und andere Unternehmen, häufig auf Betreiben der „arischen" Konkurrenz.

### Die „Nürnberger Gesetze"
Eine neue Stufe der Entrechtung jüdischer Mitbürger bedeuteten die „Nürnberger Gesetze" von 1935. Sie schieden die Bevölkerung in „Reichsbürger deutschen oder artverwandten Blutes", die „alleinige Träger der vollen politischen Rechte" sein sollten, und übrige „Staatsangehörige" und deklassierten Juden zu Bürgern minderen Rechts. Das „Gesetz zum Schutze des deutschen Blutes und der deutschen Ehre" verbot sexuelle Beziehungen zwischen „Juden und Staatsangehörigen deutschen oder artverwandten Blutes", ferner auch Eheschließungen. Die rechtliche Diskriminierung zog die gesellschaftliche Isolierung der Juden nach sich.

**M 1** Der „Judenboykott" 1933
Ein SA-Mann vor einem jüdischen Kaufhaus in Berlin, 1. April 1933

**M 2** Judenhetze in Deutschland
Greifenberg (Pommern), 1935

**M 3** „An den Pranger" wegen „Rassenschande"
Cuxhaven, 1935

## Verschärfung des Rassenantisemitismus

Nachdem sich das NS-Regime während der Olympischen Spiele 1936 zurückgehalten hatte, verschärfte es den judenfeindlichen Kurs erneut. Es folgten Berufsverbote für jüdische Ärzte und Anwälte, Verbote zum Betrieb von Einzelhandels- und Versandgeschäften sowie das Einfrieren jüdischer Vermögenswerte. Ziel war die Vertreibung der Juden aus Deutschland. Diese Maßnahmen verunsicherten die jüdische Bevölkerung noch mehr, doch hofften die meisten – allen Demütigungen zum Trotz –, in ihrem Vaterland weiterhin leben zu können.

Von den etwa 500 000 deutschen Juden, die Anfang 1933 in Deutschland lebten, hatten bis Ende 1938 nur 150 000 ihre Heimat verlassen. Die Emigration war wegen der Erhebung einer „Reichsfluchtsteuer" mit nahezu totalem Vermögensverlust verbunden. Doch auch das Ausland war nur zögernd bereit, Juden aufzunehmen.

**M 4**

| Jüdische Auswanderung aus Deutschland | | | | | | |
|---|---|---|---|---|---|---|
| 1933 | 1934 | 1935 | 1936 | 1937 | 1938 | 1939 |
| 38 000 | 22 000 | 21 000 | 24 500 | 23 500 | 40 000 | 78 000 |

| Verdrängung der deutschen Juden von Arbeitsplätzen | | | | | | |
|---|---|---|---|---|---|---|
| | Selbst-ständige | Ange-stellte | Arbeiter | ohne Erwerb | Industrie Handwerk | Handel Verkehr | Dienst-leistung |
| 1933 | 111 439 | 80 935 | 23 958 | 61 229 | 55 947 | 148 375 | 33 455 |
| 1939 | 5 367 | 8 152 | 19 446 | 107 855 | 11 500 | 6 500 | 13 100 |

## Die Verschleppung polnischer Juden

1938 verwehrte Polen allen Juden polnischer Nationalität, die mehr als fünf Jahre im Ausland gelebt hatten, die Rückkehr. Da das NS-Regime an ihrem Verbleib nicht interessiert war, schob es Ende Oktober 1938 12 000 von ihnen an die polnische Grenze ab, wo sie unter menschenunwürdigen Bedingungen interniert wurden.

Unter den vertriebenen Juden befanden sich auch Angehörige von Herschel Grynszpan, der in Paris lebte. Als er vom Schicksal seiner Familie erfuhr, erschoss er einen deutschen Diplomaten.

## Die Pogrome vom 9./10. November 1938

Die Nationalsozialisten benutzten das Attentat als Vorwand für reichsweite Pogrome gegen die jüdische Bevölkerung, die unter dem beschönigenden Schlagwort „Reichskristallnacht" in die Geschichte eingegangen sind.

In der Nacht vom 9. auf den 10. November 1938 zerstörten national-sozialistische Kolonnen etwa 7 000 jüdische Geschäfte, setzten Synagogen in Brand und demolierten Wohnungen, Schulen und Betriebe. Im Verlauf des Pogroms wurden zahlreiche Juden misshandelt, 91 fanden den Tod, über 30 000 wurden ohne jede Rechtsgrundlage in „Schutzhaft" genommen, um ihre Auswanderung zu erpressen.

Wer immer noch nicht bereit war, die deutsche Heimat zu verlassen, musste so tiefe Demütigungen und Beschränkungen hinnehmen, dass ein geregeltes Leben nicht länger möglich war. So durften Juden keine Bahnhöfe, Kinos, Badeanstalten oder andere öffentliche Einrichtungen mehr betreten, sogar das Halten von Haustieren wurde ihnen untersagt.

**M 5** Schaulustige vor der brennenden Synagoge in Bielefeld während der Novemberpogrome 1938
Die systematische Zerstörung fast aller Synagogen in Deutschland vollzog sich vor den Augen der deutschen Öffentlichkeit.

## Die „Nürnberger Gesetze" – Arbeit mit unterschiedlichen Quellen

**M 6 Der Gesetzestext**

*"Gesetz zum Schutze des deutschen Blutes und der deutschen Ehre" (15.9.1935):*

Durchdrungen von der Erkenntnis, dass die Reinheit des deutschen Blutes Voraussetzung für den Fortbestand des deutschen Volkes ist, und beseelt von dem unbeugsamen Willen, die deutsche Nati-
5 on für alle Zukunft zu sichern, hat der Reichstag einstimmig das folgende Gesetz beschlossen, das hiermit verkündet wird.

§ 1,1. Eheschließung zwischen Juden und Staatsangehörigen deutschen oder artverwandten
10 Blutes sind verboten. Trotzdem geschlossene Ehen sind nichtig, auch wenn sie zur Umgehung dieses Gesetzes im Auslande geschlossen sind […].

§ 2 Außerehelicher Verkehr zwischen Juden und Staatsangehörigen deutschen oder artverwandten Blutes ist verboten. 15

§ 3 Juden dürfen weibliche Staatsangehörige deutschen oder artverwandten Blutes unter 45 Jahren nicht in ihrem Haushalt beschäftigen.

§ 4, 1. Juden ist das Hissen der Reichs- und Nationalflagge und das Zeigen der Reichsfarben verbo- 20 ten. 2. Dagegen ist ihnen das Zeigen der jüdischen Farben gestattet […].

Aus: Wolfgang Lautemann, Manfred Schlenke (Hg.), Geschichte in Quellen. Band V, München 1975, S. 332 f.

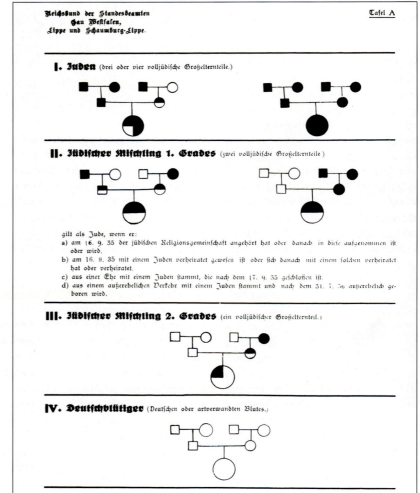

**M 7 Schautafel für Standesbeamte**
„Gau Westfalen", 1935

## Die Novemberpogrome

### M 8 Ein Bericht

*Ein Augenzeuge berichtet über die Ereignisse, die sich während des Judenpogroms in Hamburg am 10. November 1938 zutrugen:*

Ein böser, böser Tag. Fr. erfuhr es zuerst bei Grünmann, dass Geschäfte zerstört und geschlossen seien. Wir gingen zur Stadt, besorgten etwas […].
Die Leute unheimlich geschäftig, beschäftigt,
5 Gruppen, Zusammenballungen, Sperrungen, all die großen jüdischen Geschäfte geschlossen, [bei] Robinsohn, Hirschfeld sämtliche Scheiben zertrümmert, ein fortwährendes Scheppern und Klirren von prasselnden Scheiben, an denen die Gla-
10 ser arbeiteten; nie hörte ich so etwas an Klirren. Schweigende, erstaunte und zustimmende Leute. Eine hässliche Atmosphäre. „Wenn sie drüben unsere Leute totschießen, dann muss man so handeln", entschied eine ältere Frau. Um 18 Uhr im
15 Rundfunk: Demonstrationen und Aktionen gegen die Juden seien sofort einzustellen. – Die Antwort auf den Mord an Herrn vom Rath werde der Führer auf dem Verordnungswege geben. – Goebbels lässt das sagen. D.h. unser Schicksal läuft langsam
20 dem Untergang zu. An der Synagoge waren fast alle Scheiben zertrümmert, auch das Innere war wohl zerstört. Die Leute sahen durch die Türöffnungen hinein. Polizei stand im Vorgarten. Unablässig zogen die Menschen vorüber.
25 Abends brachten Gi. und ich einen kleinen Hund auf unsere Polizeiwache; ein Jude wurde untersucht, in einer Ecke lag auf einem Stuhl ein totenbleicher Mensch. Der kleine Hund beschnupperte den Mann: „Pfui, lass", sagte der Polizeibeamte zu ihm, „das ist ein Jude".
30

Zit. nach: Hans-Jürgen Döscher, „Reichskristallnacht". Die Novemberpogrome 1938, Berlin 2000, 3. Auflage, S. 112.

### M 9 Goebbels-Aufruf vom 10.11.1938

### Aufgaben

1. **Die Ausgrenzung und Entrechtung der Juden**
   a) Die Ausgrenzung und Entrechtung der jüdischen Bürger vollzog sich von 1933 bis 1938 in mehreren Etappen. Liste diese auf.
   b) Erläutere die Auswirkungen, die die „Nürnberger Gesetze" für einen Juden hatten.
   c) Beschreibe die Schautafel für Standesbeamte von 1935 und erläutere die Konsequenzen, die sich daraus ergaben.
   → Text, M6, M7

2. **Die Reichspogromnacht 1938**
   a) Erläutere die Haltung des Augenzeugen zur Reichspogromnacht. Stelle die Reaktionen der Bevölkerung zusammen.
   b) Erläutere die Zielstellung, die Goebbels mit dem Aufruf vom 10.11.1938 verfolgte.
   c) Nimm Stellung zum Begriff „Reichskristallnacht".
   d) Führe eine Internet-Recherche durch: Informiere dich anhand des Synagogen-Archivs (www.synagogen.info) über die Geschichte einer Synagoge in deinem Heimatort oder in der Nähe. Suche weitere Informationen und stelle diese der Projektseite zur Verfügung.
   → Text, M6–M9, Internet

# Methode: Umgang mit Bildquellen

### M 1 „Der ewige Jude"
Die Darstellung enthält alle Symbole, die die Nationalsozialisten mit dem Judentum verbanden, Plakat zu der antisemitischen Ausstellung „Der ewige Jude", München 1937.

### M 2 Eine Interpretation

*Der Historiker Hanno Loewy schreibt über das Plakat (2009):*

Ein Bettler mit verschlagenem Ausdruck hält in seiner zum Betrachter ausgestreckten Hand vier Münzen. Unter dem anderen Arm ist ein Teil Europas geklemmt, genauer: der russische Teil Europas
5 bis zum Ural, mit Hammer und Sichel gekennzeichnet. Seine Augenlider sind gesenkt, devot und hinterhältig wie die ganze kriecherisch, gekrümmte Gestalt, die gleichwohl eine Peitsche in der Hand hält, bereit den Ahnungslosen zu
10 schinden, der auf ihn hereinfällt.
Der Bettler, der geheimen Reichtum besitzt, der scheinbar Schwache, der über geheime Macht verfügt, der Blinde, der geheimes Wissen hat, der Undurchsichtige, der seine Absichten nicht preis-
15 gibt. Das traditionelle Bild des ewigen Juden, der in den Augen der Christenheit zur Strafe für seine Sünden auf immerwährende, rastlose Wanderschaft geschickt wurde, es vereinigt in dieser nationalsozialistischen Ikone zugleich die Sinnbilder
20 kapitalistischer und kommunistischer Macht. Die Karikatur eines Feindbildes, in der alles zusammenfließt, was gehasst werden soll.
Das Plakat vertraute noch ganz auf die populären, emotionalisierenden und häufig pornografischen
25 Bildwelten eines „Radauantisemitismus", wie sie der „Stürmer" – von den nationalsozialistischen Eliten als nützlicher Krawallmacher belächelt – verbreitete. […]
Die Ausstellung dagegen setzte demonstrativ auf
30 einen „Antisemitismus der Vernunft", wie Hitler ihn schon um 1920 gefordert hatte. Uralte kollektive Fantasien von Weltverschwörung und geheimer Macht verwandelten sich im Gestus einer unbestechlichen „Sachlichkeit" in scheinbar
35 moderne Wissenschaft: In 20 Sälen, auf 3500 m² wurden in verschiedenen Abteilungen der „Einfluss der Juden in allen Gesellschaftsbereichen" und die „moralische Verkommenheit der Juden" als empirische „Tatsachen" präsentiert, für die ein
40 ganzes Arsenal von Exponaten aufgeboten wurde, die sich allesamt dadurch auszeichneten, mit „Objektivität" und Nachprüfbarkeit assoziiert zu werden: physiognomische Modelle und Karten, Statistiken und Zeitungsausschnitte aus der Welt-
45 presse – und eben Fotografien. „Juden selbst über Juden reden zu lassen", so hieß es, sei das Prinzip dieser Schau, die – vor allem im Medium der Fotografie – im Bild des „anderen" das eigene, das deutsche Wesen identifizieren sollte: jenes deut-
50 sche Wesen, das im „Weiheraum" am Ende der Ausstellung durch die Nürnberger Gesetze erlöst würde. Während die Exponate „Sachlichkeit" behaupteten, setzte die Architektur explizit auf Agitation.
55 Das Bild, das „deutsche" Fotografen, Grafiker und Filmkünstler in dieser Zeit von Juden bzw. „vom Juden" entwarfen, hatte vielerlei Funktionen. Es war Teil jener „Gleichschaltung" der Öffentlichkeit, als deren Medium nicht zuletzt die fotogra-
60 fischen Bildwelten zu dienen hatten.

Hanno Loewy, Der ewige Jude. Zur Ikonografie antisemitischer Bildpropaganda im Nationalsozialismus, in: Paul, Gerhard (Hg.), Das Jahrhundert der Bilder, Bd. 1: 1900–1949, Bonn 2009, S. 542–549.

## Umgang mit Bildquellen

Die Macht der Bilder war für die nationalsozialistische Diktatur von großer Bedeutung – sei es bei der Stilisierung Hitlers zum „Führer", sei es bei der politischen Propaganda für die „Volksgemeinschaft", sei es bei der Ausgrenzung und Diffamierung von Menschengruppen und politischen Gegnern. Eine zentrale Rolle spielte die antisemitische Propaganda, die auf vielfältige Weise und in den verschiedensten Medien verbreitet wurde. Anhand des nebenstehenden Ausstellungsplakates können die Mechanismen der NS-Propaganda beispielhaft analysiert werden.

### Fragen an Bildquellen

1. **Die Bildquelle auf sich wirken lassen und den ersten Eindruck formulieren**
   a) Erläutere die Stimmung, die die Bildquelle vermittelt.
   b) Nenne Elemente der Bildquelle, die dein Interesse wecken und die dich irritieren.
   c) Formuliere Fragen an die Bildquelle.

2. **Die Entstehung und Überlieferung der Bildquelle klären**
   a) Nenne den Zeitpunkt der Entstehung der Bildquelle.
   b) Erläutere die Hintergründe für die Entstehung der Bildquelle.

3. **Die einzelnen Elemente der Bildquelle beschreiben**
   a) Beschreibe die einzelnen Elemente der Bildquelle.
   b) Erkläre die Gründe für die Darstellungsweise der einzelnen Elemente.
   c) Arbeite die Passagen der Interpretation (M2) heraus, in denen das Bild beschrieben wird.

4. **Die einzelnen Elemente der Bildquelle entschlüsseln**
   a) Erläutere die Darstellung der abgebildeten Figur.
   b) Erkläre die Funktion der Farben schwarz, gelb, rot.
   c) Interpretiere die Bedeutung der Gegenstände, die die Figur hält.
   d) Arbeite die Passagen der Interpretation (M2) heraus, in denen die Bildelemente entschlüsselt werden.

5. **Den Kontext und die historischen Bezüge der Bildquelle erläutern**
   a) Erläutere die Hintergründe der „großen politischen Schau".
   b) Erkläre die Wirkung, die vom Titel der Ausstellung und der Bildquelle ausgehen sollten.
   c) Arbeite die Passagen der Interpretation (M2) heraus, in denen auf die historischen Bezüge eingegangen wird.

6. **Die Bildquelle zusammenfassend interpretieren**
   a) Erläutere die Bedeutung des Plakats für die damalige Situation.
   b) Beurteile die Bedeutung des Plakats für unser Wissen über die damalige Situation.
   c) Prüfe, ob sich die Aussage des Plakats mithilfe anderer Quellen erhärten lässt. Beziehe in deine Einschätzung die Interpretation der Bildquelle ein.
   d) Verfasse eine kurze Darstellung zum Thema: „Die Ausstellung ‚Der ewige Jude' 1937 in München".

# Nationalsozialistische Außenpolitik 1933–1938

### Kriegsvorbereitung und Friedensbekundungen

Hitlers Außenpolitik diente der Kriegsvorbereitung. Diese Zielsetzung zeigte bereits das Programm der NSDAP von 1920, das ein „Großdeutschland" sowie die Aufhebung des Vertrages von Versailles verlangte. Punkt 3 des Programms lautete zudem: „Wir fordern Land und Boden zur Ernährung unseres Volkes und Ansiedlung unseres Bevölkerungsüberschusses." Hitler konkretisierte diese Forderungen in seinem Buch „Mein Kampf": Nicht die Rückgabe der verlorenen Kolonien war sein Ziel, sondern „Lebensraum im Osten" zu gewinnen.

Diese Ziele konnte Hitler nach seiner Machtübernahme am 30. Januar 1933 nicht mehr öffentlich vertreten, weil Deutschland außenpolitisch isoliert und durch den Versailler Vertrag militärisch geschwächt war. Da das Deutsche Reich 1933 keine starken Bündnispartner an seiner Seite hatte, wären Hitlers Expansionspläne auch auf den Widerstand der übrigen Großmächte gestoßen. Um seine langfristigen Absichten zu verschleiern, verfolgte Hitler daher eine Doppelstrategie: In öffentlichen Erklärungen vor dem Reichstag und im Rundfunk warb er für eine „Friedenspolitik". Insgeheim aber rüstete er auf und strebte Deutschlands Kriegsbereitschaft an.

### Revision des Versailler Vertrages

Die ersten außenpolitischen Maßnahmen Hitlers sollten Deutschland aus dem sogenannten „Schanddiktat von Versailles" lösen. Zunächst trat das Deutsche Reich im Oktober 1933 aus dem Völkerbund aus, da er hinderlich für künftige Expansionspläne war. Durch einen Nichtangriffspakt mit Polen (1934) und ein Flottenabkommen mit Großbritannien (1935) suchte Hitler auf internationalem Parkett die „Friedfertigkeit" seiner Politik zu demonstrieren.

Die europäischen Regierungen tolerierten diese Politik, nahmen auch die Wiedereinführung der allgemeinen Wehrpflicht am 16. März 1935 und die Besetzung des entmilitarisierten Rheinlandes am 7. März 1936 nach schwachem Protest hin. Sie hatten mit anderen Problemen zu kämpfen und hofften, Hitler beschwichtigen und von weitergehenden Schritten abhalten zu können.

### Propaganda und Kriegsvorbereitung

Vor der Weltöffentlichkeit nutzte Hitler die Olympischen Spiele in Berlin 1936 zur Steigerung seines internationalen Prestiges und erhob sie zum „Fest des Friedens". Insgeheim arbeitete er darauf hin, die deutsche Wehrmacht und die Schlüsselindustrien der Wirtschaft in vier Jahren kriegsbereit zu machen. Viele Zeitgenossen im In- und Ausland ließen sich von der perfekt inszenierten Propaganda blenden, doch durchschauten kritische Beobachter schon damals die Verschleierungstaktik des nationalsozialistischen Regimes.

### Der „Anschluss" Österreichs

Am 13. März 1938 vollzog Hitler nach massivem Druck auf die Wiener Regierung den „Anschluss" Österreichs, d.h. die Vereinigung mit dem Deutschen Reich, und präsentierte die Annexion der Weltöffentlich-

**M 1** Hitlers „Friedensrede"
US-Karikatur von 1933

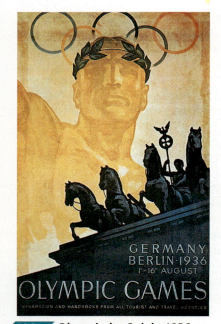

**M 2** Olympische Spiele 1936
Den internationalen Gästen präsentierte sich das nationalsozialistische Deutschland als weltoffene, wirtschaftlich aufstrebende Nation.

**M 3** Premierminister Chamberlain
Nach seiner Rückkehr von der Münchener Konferenz verkündete er am 30. September 1938 in London „Peace for our time".

keit als „Befreiung" seiner Heimat. Die überschwängliche Begeisterung, mit der die Österreicher die deutschen Truppen begrüßten, ließ alle Warnungen vor weiterer Expansion verstummen.

Ermutigt von diesem Erfolg forderte Hitler im September 1938 in einer öffentlichen Rede von der Tschechoslowakei die Abtretung ihrer westlichen Grenzgebiete. Diese Gebiete, in denen etwa 3,2 Millionen Sudetendeutsche lebten, hatten die Alliierten nach dem Ersten Weltkrieg der Tschechoslowakei zugeschlagen. Hitler behauptete, dass dies seine letzte territoriale Forderung sei.

### Appeasement-Politik

Von Hitlers längst gefasstem Entschluss, die Tschechoslowakei „militärisch zu zerschlagen", ahnte der britische Premierminister Chamberlain nichts, als er sich um eine friedliche Lösung der Sudetenkrise bemühte. Um einen Krieg zu vermeiden, erzwangen Großbritannien, Frankreich, Italien und Deutschland am 29. September 1938 im „Münchener Abkommen" die Abtretung der sudetendeutschen Gebiete. Die Prager Regierung wurde nicht einmal angehört.

Diese Appeasement-Politik, die auf Beschwichtigung und Zeitgewinn setzte, ist bis heute umstritten. War es vertretbar, dass sich die anderen Staaten auf Kosten der Tschechoslowakei auf Verhandlungen mit Hitler einließen, oder hätte eine harte Haltung Schlimmeres verhindern können? Diese Frage wird noch immer diskutiert.

**M 4** Einmarsch deutscher Truppen ins Sudetenland am 1. Oktober 1938
Nach dem Ersten Weltkrieg durfte die neu gegründete Tschechoslowakei das Sudetenland in ihr Staatsgebiet eingliedern. Die hier lebende deutsche Volksgruppe – die Sudetendeutschen – fühlte sich jedoch gegenüber den Tschechen wirtschaftlich und politisch benachteiligt. Die Agitation Hitlers fiel daher auf fruchtbaren Boden.

## Die NS-Außenpolitik aus verschiedenen Perspektiven betrachten

### M 5 Erste außenpolitische Erklärung

*Hitler vor dem Reichstag am 17. Mai 1933:*

Indem wir in grenzenloser Liebe und Treue an unserem eigenen Volkstum hängen, respektieren wir die nationalen Rechte auch der anderen Völker aus dieser selben Gesinnung heraus und möchten aus tiefinnerstem Herzen mit ihnen in Frieden und Freundschaft leben [...].
Wir haben aber keinen sehnlicheren Wunsch als den, beizutragen, dass die Wunden des Krieges und des Versailler Vertrages endgültig geheilt werden, und Deutschland will dabei keinen anderen Weg gehen als den, der durch die Verträge selbst als berechtigt anerkannt wird. Die deutsche Regierung wünscht, sich über alle schwierigen Fragen politischer und wirtschaftlicher Natur mit den anderen Nationen friedlich und vertraglich auseinanderzusetzen.

Aus: Wolfgang Lautemann, Manfred Schlenke (Hg.), Geschichte in Quellen. Band V: Weltkriege und Revolutionen 1914–1945, München 1975, S. 348 f.

### M 6 „Mittel der Gewalt"

*Hitler in einer Rede vor Chefredakteuren der Inlandspresse am 10. November 1938:*

Die Umstände haben mich gezwungen, jahrzehntelang fast nur vom Frieden zu reden. Nur unter der fortgesetzten Betonung des deutschen Friedenswillens und der Friedensabsichten war es mir möglich, dem deutschen Volk Stück für Stück die Freiheit zu erringen und ihm die Rüstung zu geben, die immer wieder für den nächsten Schritt als Voraussetzung nötig war.
[...]
Es war nunmehr notwendig, das deutsche Volk psychologisch allmählich umzustellen und ihm langsam klar zu machen, dass es Dinge gibt, die nicht mit friedlichen Mitteln durchgesetzt werden können, mit den Mitteln der Gewalt durchgesetzt werden müssen.

Zit. nach: Vierteljahrshefte für Zeitgeschichte, 2/1985, S. 182.

### M 7 „Ist dies Sicherheit?"
NS-Propagandaplakat von 1935

## Appeasement – Standpunkte vergleichen

### M 8 Das Münchener Abkommen im Urteil

*Der spätere Premierminister Winston Churchill kritisierte in einer Parlamentsrede die Appeasement-Politik der britischen Regierung (5.10.1938):*

Der Premierminister hegt den Wunsch nach freundschaftlichen Beziehungen zwischen unserem Lande und Deutschland. Es bestehen überhaupt keine Schwierigkeiten für freund-
5 schaftliche Beziehungen zwischen den Völkern. Unsere Herzen schlagen dem deutschen Volk entgegen. Aber das Volk ist machtlos. Niemals jedoch kann es Freundschaft mit der gegenwärtigen deutschen Regierung geben. Wir müssen diplo-
10 matische und korrekte Beziehungen mit ihr unterhalten; niemals aber kann es Freundschaft geben zwischen der britischen Demokratie und der Nazimacht, jener Macht, die die christliche Ethik mit Füßen tritt […]
15 Glauben Sie nicht, dass dies das Ende ist. Das ist erst der Beginn der Abrechnung, bloß der erste Schluck, der erste Vorgeschmack des bitteren Trankes, der uns Jahr für Jahr vorgesetzt werden wird, es sei denn, dass wir in einer großartigen
20 Wiedergewinnung unserer moralischen Gesundheit und kriegerischen Stärke von neuem erstehen und mutig für die Freiheit eintreten, wie in alter Zeit.

Aus: W. Lautemann, M. Schlenke (Hg.), Geschichte in Quellen. Band V, 2. Aufl., München 1975, S. 407.

### M 9 Appeasement-Politik

*a) Der Historiker Andreas Wirsching erklärt die Logik der Appeasement-Politik:*

Und was die britische Haltung betrifft, so wird sie verständlich, wenn man sie an der nüchternen Analyse britischer Interessen misst: Im Herbst 1938 war England für eine kriegerische Auseinandersetzung unzureichend gerüstet. Unabhängig 5 davon, ob das Münchener Abkommen den Frieden sichern würde oder nicht, es war wertvolle Zeit erkauft worden: Zeit, die zur Verkürzung des Rüstungsrückstandes insbesondere bei der Luftwaffe genutzt werden konnte. 10

Andreas Wirsching, Deutsche Geschichte im 20. Jahrhundert, München 2001, S. 77.

*b) Der Historiker Eric Hobsbawm argumentiert:*

Doch Kompromisse und Verhandlungen mit Hitlers Deutschland waren unmöglich, denn die politischen Ziele des Nationalsozialismus waren grenzenlos und irrational. Expansion und Aggression gehörten untrennbar zum System, und wenn man 5 die deutsche Vorherrschaft nicht schon von vornherein zu akzeptieren bereit war – sich also dafür entschied, sich dem Vormarsch der Nazis nicht entgegenzustellen –, musste es einfach früher oder später unausweichlich zum Krieg kommen. 10

E. Hobsbawm, Das Zeitalter der Extreme, 11. Aufl., München 2012, S. 199.

### Aufgaben

1. **Die nationalsozialistische Außenpolitik**
   a) Fasse den Inhalt der ersten außenpolitischen Erklärung Hitlers von 1933 mit eigenen Worten zusammen.
   b) Belege anhand von Textpassagen, dass Hitler sich als friedliebender Politiker darstellt.
   c) Vergleiche die Rede Hitlers vor den Chefredakteuren der Inlandspresse von 1938 mit seiner Erklärung von 1933.
   d) Analysiere die Karikatur „Hitlers Friedensrede" von 1933.
   e) Weise nach, dass die Karikatur Hitlers Außenpolitik in den Jahren 1933 bis 1938 richtig widerspiegelt.
   → Text, M1, M5, M6

2. **Ein Propagandaplakat analysieren**
   a) Beschreibe und interpretiere das NS-Propagandaplakat von 1935.
   b) Vergleiche das Plakat mit der außenpolitischen Zielsetzung Hitlers.
   → Text, M7

3. **Appeasement-Politik**
   a) Erkläre den Begriff „Appeasement-Politik".
   b) Erläutere die Haltung Winston Churchills und vergleiche sie mit den beiden Historikermeinungen.
   c) Beurteile folgende Aussage: „Die Appeasement-Politik war verfehlt, da sie nicht geeignet war, die Politik Hitlers zu stoppen."
   → Text, M8, M9

## Vertiefung: Die Sowjetunion unter Stalin

**M 1** Josef Stalin (1879–1953)
Das Bild zeigt Stalin auf dem XVIII. Parteitag 1939, Gemälde von Alexander Gerassimow.

## Die Sowjetunion unter Stalin

### Stalins Aufstieg
Ende des Jahres 1922 wurde die Sowjetunion gegründet. Nach Lenins Tod 1924 brachen Machtkämpfe in der Führung der Kommunistischen Partei aus. Aus ihnen ging Josef Wissarionowitsch Dschugaschwili als Sieger hervor, der 1922 zum Generalsekretär der Partei aufgestiegen war und sich „Stalin" – „der Stählerne" – nannte. Es gelang Stalin, nacheinander alle Rivalen auszuschalten und den gesamten Parteiapparat unter seine Kontrolle zu bringen. Dazu besetzte er Tausende Funktionärsstellen mit ihm ergebenen Leuten. Stalin gilt heute als einer der schrecklichsten Diktatoren des 20. Jahrhunderts.

### Die Industrialisierung der Sowjetunion
Im Jahre 1918 hatte die Regierung den sogenannten „Kriegskommunismus" eingeführt. Dessen Ziel war es, neben der Versorgung der Soldaten der Roten Armee schnellstmöglich mit kommunistischen Verteilungsprinzipien zu beginnen. Diese Politik, die ein unendliches Leid und mehrere Millionen Opfer zur Folge hatte, führte die Sowjetmacht in eine tiefe wirtschaftliche und politische Krise: Die Produktion erreichte 1921 nur noch etwa ein Drittel im Vergleich zu 1913. Nach dem Bürgerkrieg wurde die Politik des Kriegskommunismus daher durch die „Neue Ökonomische Politik" abgelöst, die im bescheidenen Maße wieder wirtschaftliche Privatinitiative zuließ.

Nach dem Ende der revolutionären Unruhen in Mittel- und Westeuropa wurde aber auch deutlich, dass die Oktoberrevolution keine Weltrevolution auslösen würde. Stalin gab daher die Devise vom „Aufbau des Sozialismus in einem Land" aus. Voraussetzung dafür war die Industrialisierung des rückständigen Landes. Aus diesem Grund beendete Stalin 1927/28 die eingeführte „Neue Ökonomische Politik". Es begann ein gewaltiges industrielles Aufbauprogramm, für das die staatlichen Behörden Fünfjahrespläne aufstellten. Die Wirtschaftspolitik konzentrierte sich zunächst auf den Ausbau der Schwerindustrie. Es entstanden riesige Stahlkombinate, Erz- und Kohlebergwerke, Staudämme, Eisenbahnen und Kraftwerke, die als Symbole des sozialistischen Aufbaus galten. In Sibirien und in der Ukraine wuchsen ganze Industriereviere aus dem Boden, während ein Heer von Zwangsarbeitern die Erzlagerstätten erschloss. Erkauft wurde dieser Erfolg durch brutale Ausbeutung und Disziplinierung der Arbeitskräfte.

### Die Kollektivierung der Landwirtschaft
Zur Absicherung der Industrialisierung entschied sich Stalin, die Kollektivierung der Landwirtschaft durchzusetzen. Die Regierung enteignete die Bauern und schloss ihren Grundbesitz zu Kolchosen zusammen, die gemeinschaftlich (kollektiv) bewirtschaftet wurden. Auf diese Weise wurden etwa fünf bis sechs Millionen Groß- und Mittelbauern – die „Kulaken" – enteignet. Stalin bezeichnete sie abfällig als „konterrevolutionäre Klasse" und ließ sie gnadenlos verfolgen. Viele von ihnen mussten ihre Dörfer verlassen, um in entlegenen Gebieten des Landes neu angesiedelt zu werden. Man schätzt, dass dabei etwa 600 000 Menschen ums Leben kamen.

Die Folge der brutalen Zwangskollektivierung war eine Hungerkatastrophe, der in den Wintern 1931 bis 1933 Millionen Menschen zum Opfer fielen. Stalin aber hatte sein Ziel erreicht: 1937 befanden sich über 90 Prozent der landwirtschaftlichen Nutzfläche in Kollektivbesitz. In den Kollektiven lebten die Bauern als Landarbeiter mit geringer Entlohnung. Die Regierung leitete alle verfügbaren landwirtschaftlichen Produkte in die neuen, ständig wachsenden Industriereviere. So bildeten die Bauern mit ihrer Arbeit das Fundament für den Aufbau der Industrie.

### Die stalinistische Gewaltherrschaft

Ein wichtiges Merkmal des Stalinismus war die Verfolgung vermeintlicher Gegner, die sich zunächst gegen führende Parteifunktionäre richtete, die Lenin treu ergeben gewesen waren. In den Dreißigerjahren steigerte der misstrauische Stalin diese „Säuberungen" zu einem Massenterror ungeahnten Ausmaßes. Durch den Terror wurde vor allem das sowjetische Offizierskorps seiner kriegserfahrenen Offiziere beraubt. Die Angeklagten wurden zu falschen Geständnissen gezwungen und meist zu langjähriger Zwangsarbeit verurteilt oder hingerichtet. Die Lubjanka, das Hauptquartier des sowjetischen Geheimdienstes in Moskau, wurde zum Ort unvorstellbarer Leiden. Bald war das Land von einem Netz von Straflagern überzogen, deren Insassen in Bergwerken oder beim Bau von Kanälen, Straßen und Eisenbahnen unter unmenschlichen Bedingungen arbeiten mussten. Man schätzt, dass dem Massenterror Stalins zwischen 1925 und 1953 etwa 20 Millionen Menschen zum Opfer fielen. Stalin lieferte selbst deutsche Kommunisten, die vor dem nationalsozialistischen Terror Schutz in der Sowjetunion gesucht hatten, an das faschistische Deutschland aus.

**M 2** Straf- und Arbeitslager in der Sowjetunion um 1932
Das Foto zeigt Strafgefangene, die beim Bau eines Kanals eingesetzt werden.

## Vertiefung: Die Sowjetunion unter Stalin

### "Aufbau des Sozialismus" – Propaganda und Kritik

**M 3** „Wir bauen den Sozialismus"
Propagandaplakat von Jurij Pimenow, 1927

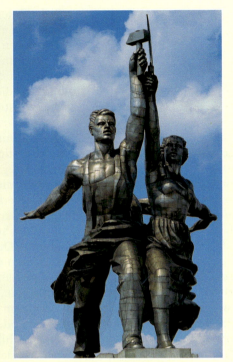

**M 4** „Arbeiter und Kolchosbäuerin"
Das Standbild wurde von Vera Muchina für den Pavillon der UdSSR auf der Weltausstellung 1937 in Paris geschaffen und steht heute in Moskau.

**M 5** Erfolge der sozialistischen Wirtschaft

*Aus Stalins Rechenschaftsbericht vor dem XVII. Parteitag der Kommunistischen Partei, 1934:*

Die Sowjetunion hat sich in dieser Periode von Grund aus umgestaltet und das Gepräge der Rückständigkeit und des Mittelalters abgestreift. Aus einem Agrarland ist sie zu einem Industrieland
5 geworden. Aus einem Lande der kleinbäuerlichen Einzelwirtschaft ist sie zu einem Lande des kollektiven mechanisierten landwirtschaftlichen Großbetriebs geworden. Aus einem unwissenden, analphabetischen und kulturlosen Land wurde sie
10 – genauer gesagt, wird sie – zu einem gebildeten, kulturell hochstehenden Land, das von einem gewaltigen Netz von Hoch-, Mittel- und Elementarschulen bedeckt ist. […]
Es wurden neue Industriezweige geschaffen: der
15 Werkzeugmaschinenbau, die Automobilindustrie, die Traktorenindustrie, die chemische Industrie, der Motorenbau, der Flugzeugbau, die Produktion von Mähdreschmaschinen, von Hochleistungsturbinen und Generatoren, von Qualitätsstahlsorten, Eisenlegierungen, synthetischem Kau- 20
tschuk, Stickstoff, Kunstfasern usw. In dieser Periode wurden Tausende neuer, modernster Industriewerke errichtet und in Betrieb gesetzt. […]
In fast menschenleeren Gebieten sind neue große 25
Städte mit einer großen Bevölkerungszahl emporgewachsen. Die alten Städte und Industrieorte haben sich kolossal erweitert. […]
Dem Wesen der Sache nach war die Berichtsperiode für die Landwirtschaft nicht so sehr eine Perio- 30
de des raschen Aufschwungs und mächtigen Anlaufs, als vielmehr eine Periode, in der die Voraussetzungen für einen solchen Aufschwung und einen solchen Anlauf in der Zukunft geschaffen wurden. 35

Nach: Geschichte in Quellen, Bd. 5, Weltkriege und Revolutionen 1914–1945, München 1975, S. 143.

## M 6 Zwangskollektivierung

*Der russische Schriftsteller Lew Kopelew (1912–1997) saß unter Stalin von 1945 bis 1955 in Haft. In seinen Erinnerungen berichtet er über die Kollektivierungen, an denen er in den Dreißigerjahren als junger Offizier teilnahm:*

Ich sah, was durchgängige Kollektivierung bedeutete – wie sie „entkulakisierten", wie sie im Winter 1932/33 den Bauern erbarmungslos alles nahmen. Ich nahm selbst daran teil, durchstreifte die Dörfer
5 auf der Suche nach verstecktem Getreide, stocherte mit einem Stock in der Erde herum, um es zu finden. Gemeinsam mit anderen leerte ich die Vorratskisten alter Leute und verstopfte mir die Ohren, um das Geschrei der Kinder nicht anhören
10 zu müssen. […]
Im schrecklichen Frühjahr 1933 sah ich, wie Menschen Hungers starben. […]
Ich sah all das und verlor doch nicht den Verstand. Ich verfluchte auch diejenigen nicht, die mich aus-
15 gesandt hatten, um den Bauern im Winter oder im Frühjahr das Getreide wegzunehmen und die zum Skelett abgemagerten Menschen, die sich kaum auf den Beinen halten konnten, zu überzeugen, auf die Felder zu gehen und den Anbauplan der
20 Bolschewiki nach Art von Stoßbrigaden zu erfüllen. Ich verlor auch meinen Glauben nicht. Wie bisher glaubte ich, weil ich glauben wollte.

Lew Kopelew, Und schuf mir einen Götzen. Lehrjahre eines Kommunisten, Göttingen 1996, S. 232.

## M 7 „Archipel Gulag"

*Der russische Schriftsteller Alexander Solschenizyn (1918–2008) thematisierte das Schicksal russischer Zwangsarbeiter in einem Roman, den er nach der Lagerhauptverwaltung GULAG „Archipel Gulag" nannte. Solschenizyn war von 1945–1953 selbst in ein stalinistisches Arbeitslager verbannt:*

Die traditionelle Verhaftung – das heißt […]: mit zitternden Händen zusammensuchen, was der Verhaftete dort brauchen könnte, Wäsche zum Wechseln, ein Stück Seife und was an Essen da ist […]. Für die aber, die nach der Verhaftung zurück-
5 bleiben, beginnen nun Monate eines zerrütteten, verwüsteten Lebens. Die Versuche, mit Paketen durchzukommen. Und überall nur bellende Antworten: „Den gibt es hier nicht" […].
Und erst nach Monaten oder einem Jahr lässt der
10 Verhaftete selbst von sich hören oder es wird einem das „Ohne Recht auf Briefwechsel" an den Kopf geworfen […]. Das steht fast sicher für: erschossen […].
Geprügelt wird mit Gummiknüppeln, geprügelt
15 wird mit Teppichklopfern, geprügelt wird mit Sandsäcken. Arg ist der Schmerz, wenn sie auf Knochen schlagen, zum Beispiel mit Stiefeln gegen das Schienbein, wo über dem Knochen nur Haut ist. Der Brigadekommandeur Karpunitsch-
20 Brawen wurde 21 Tage hintereinander geprügelt.

Alexander Solschenizyn, Der Archipel Gulag, Bern/München 1974, S. 17, S. 212

## Aufgaben

1. „Aufbau des Sozialismus" – Propaganda
   a) Skizziere Stalins Methoden der Machterhaltung.
   b) Erläutere das Programm der Kollektivierung und schildere Durchführung und Ergebnisse.
   c) Fasse Stalins Ausführungen über seine Wirtschaftspolitik zusammen und arbeite seine Bewertung heraus.
   d) Vergleiche die Darstellung Stalins mit dem Bericht des Schriftstellers Lew Kopelew.
   e) Beurteile die Wirtschaftspolitik Stalins.
   → Text, M3–M6

2. „Archipel Gulag"
   a) Informiere dich über den russischen Schriftsteller Alexander Solschenizyn (1918–2008).
   b) Erläutere das Thema, über das Solschenizyn in dem abgedruckten Auszug schreibt.
   c) Das Buch „Der Archipel Gulag" konnte in der Sowjetunion nur im Geheimen gelesen werden. Stelle Vermutungen über mögliche Gründe an.
   → M7, Internet

# Nationalsozialismus und Zweiter Weltkrieg

## Der Beginn des Zweiten Weltkrieges

### Einmarsch in die Tschechoslowakei

Nach Österreichs „Anschluss" ans Reich und der Annexion des Sudetenlandes im Jahr 1938 richtete sich Hitlers begehrlicher Blick auf die Tschechoslowakei. Schon am 15. März 1939 marschierte die deutsche Wehrmacht in die sogenannte „Resttschechei" ein. Um diesen Schritt vor der Öffentlichkeit zu rechtfertigen, zwang Hitler den tschechoslowakischen Präsidenten Hacha unter Androhung einer Bombardierung Prags zur Abgabe einer Erklärung. Darin legte Hacha „das Schicksal des tschechischen Volkes vertrauensvoll in die Hände des Führers".

Der tschechische Landesteil wurde als „Protektorat Böhmen und Mähren" Deutschland einverleibt, die Slowakei ein „Schutzstaat" des „Großdeutschen Reiches". Da die Appeasement-Politik der Westmächte offensichtlich gescheitert war, gaben England und Frankreich Garantieerklärungen für Polen und Belgien ab.

### Wende in der Außenpolitik

Die Einverleibung tschechischer Gebiete bildete einen Wendepunkt in der deutschen Außenpolitik, da nun erstmals ein Gebiet annektiert wurde, das eine nicht-deutsche Bevölkerungsmehrheit bewohnte. Damit wurde sichtbar, dass das Selbstbestimmungsrecht der Deutschen, mit dem Hitler territoriale Veränderungen begründet hatte, nur der Verschleierung seiner Absichten diente. Die Bezeichnung „Protektorat", d.h. „Schutzgebiet", werteten westliche Politiker als bewusste Irreführung.

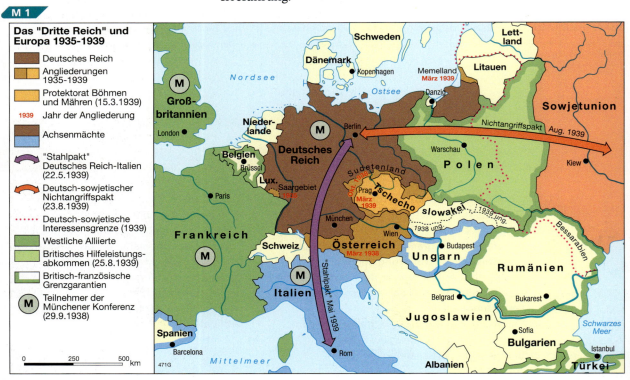

M 1 Das „Dritte Reich" und Europa 1935–1939

**M 2  Ribbentrop in Moskau**
Der deutsche Außenminister unterzeichnet am 23. August 1939 den deutsch-sowjetischen Nichtangriffspakt. Hinten rechts Stalin, links davon (mit Bart) der sowjetische Außenminister Molotow.

### Die „Achse Berlin–Rom"
Nachdem Deutschland und das faschistische Italien 1936 eine „Achse Berlin–Rom" vereinbart hatten, schlossen sie am 22. Mai 1939 den „Stahlpakt". Er sah die gegenseitige Unterstützung im Angriffs- und Verteidigungsfall vor. Das sollte England und Frankreich davon abhalten, einer künftigen deutschen Aggression militärisch zu begegnen.

### Der deutsch-sowjetische Nichtangriffspakt
Um ein Bündnis zwischen der Sowjetunion und den Westmächten zu verhindern, schloss Deutschland mit der UdSSR am 23. August 1939 den deutsch-sowjetischen Nichtangriffspakt. Darin sicherten sich beide Staaten gegenseitige Neutralität im Falle eines kriegerischen Konflikts zu. Wichtiger war das geheime Zusatzprotokoll. In ihm verständigten sich die Bündnispartner darauf, ihre Interessengebiete in Osteuropa voneinander abzugrenzen. Deutschland erhielt freie Hand in Westpolen und Litauen, die Sowjetunion in Ostpolen und dem restlichen Baltikum. Damit hatte das Nazi-Regime die Gefahr eines Zweifrontenkrieges gebannt. Das Auswärtige Amt rechtfertigte den Pakt mit dem ideologischen Todfeind damit, dass Stalin vom Ziel der Weltrevolution abgelassen habe. Stalin hingegen wollte Zeit für die Aufrüstung gewinnen, da er mit einem vernichtenden Krieg zwischen Deutschland und den Westmächten rechnete.

### Angriff auf Polen – Der Zweite Weltkrieg beginnt
„Polen hat nun heute Nacht zum ersten Mal auf unserem eigenen Territorium auch durch reguläre Soldaten geschossen. Seit 5.45 Uhr wird jetzt zurückgeschossen." Mit diesen Worten begründete Hitler am 1. September 1939 den Angriff auf Polen. Anlass war der angebliche Überfall polnischer Soldaten auf den Rundfunksender Gleiwitz. Dabei handelte es sich um ein Täuschungsmanöver, da SS-Angehörige – als polnische Kämpfer getarnt – den „Überfall" durchgeführt hatten. Die Aktion sollte der deutschen Führung dazu dienen, den Angriff auf Polen vor der Weltöffentlichkeit als „Verteidigungskrieg" darzustellen.

**M 3  „Rendezvous"**
Hitler und Stalin zollen sich gegenseitig Respekt, während zwischen ihnen das gemeuchelte Polen liegt, britische Karikatur von David Low, erschienen am 20.09.1939.

## Das Vorgehen gegen die Tschechoslowakei im Urteil von Botschaftern

**M 4 „Absolut unmoralisch"**

*Der britische Botschafter in Berlin, Nevile Henderson, schrieb am 16. März 1939 an seinen Außenminister:*

Ein Kommentar gegen das Vorgehen Deutschlands in der Tschechoslowakei erscheint überflüssig. Der äußerste Zynismus und die Immoralität des ganzen Vorgehens spottet jeglicher Beschrei-
5 bung. [...]
Es ist schwer zu glauben, dass das Schicksal der Tschechen die übrigen slawischen Stämme nicht bewegen wird, sich untereinander zu verständigen. Wenn auch verwerflich in der Form und
10 unwillkommen als Tatsache, so war die Eingliederung Österreichs und der Sudetendeutschen in das Reich im Prinzip keine unnatürliche Entwicklung, kein unedles Streben für die Deutschen und nicht einmal in einem ethischen Sinne unmoralisch. Bei-
15 de, die Ostmark und das Sudetengebiet, sind von einer Bevölkerung bewohnt, die völlig deutsch ist und die an die Grenzen Deutschlands anstößt. Ihre Eingliederung in das Reich geschah daher in Übereinstimmung mit dem Recht der Selbstbestim-
20 mung. Die Annexion von Böhmen und Mähren liegt auf einer ganz anderen Ebene und kann nicht durch irgendeinen der Gründe gerechtfertigt werden, die einst die Opposition gegen die Eingliederung Österreichs und des Sudetenlandes schwächer machten. Sie widerspricht völlig dem 25 Recht der Selbstbestimmung und ist absolut unmoralisch.

Zit. nach: K. Zentner, Illustrierte Geschichte des Dritten Reiches, München 1965, S. 441 f.

**M 6 „Gangstermoral"**

*Der französischen Botschafter in Berlin, Robert Coulondre, schreibt in einem Bericht am 16. März 1939 über das deutsche Vorgehen gegen die Tschechoslowakei:*

Die Tschechoslowakei, die in München zur Aufrechterhaltung des Friedens so schwere Opfer gebracht hat, besteht nicht mehr [...] Die Ereignisse, die mit blitzartiger Geschwindigkeit zu dieser Lösung geführt haben, sind charakteristisch 5
für die Geistesverfassung und die Methoden der nationalsozialistischen Führung. Alle Staaten, die Wert auf ihre Unabhängigkeit und Sicherheit legen, müssen unverzüglich die sich aus denselben ergebenden Schlussfolgerungen gegenüber dem 10
durch seine Erfolge berauschten Deutschland ziehen, das seine auf rassischen Grundsätzen aufgebauten Forderungen mit einem Imperialismus reinsten Wassers vertauscht hat. [...] In München haben die Naziführer und der Führer selbst gel- 15
tend gemacht, es sei unmöglich, dass Tschechen und Sudetendeutsche in ein und demselben Staat nebeneinander lebten [...] Heute ist nicht mehr von der angeblich für die Befriedung des Donaubeckens und Europas unerlässlichen Trennung 20
zwischen Deutschen und Tschechen die Rede. [...] Deutschland hat also wieder einmal bewiesen, dass es jegliche schriftliche Vereinbarung missachtet und denselben die Methode der brutalen Gewalt und der vollendeten Tatsachen vorzieht. 25
Es hat mit einer Handbewegung die Münchener Abkommen und den Wiener Schiedsspruch zerrissen und so aufs Neue bestätigt, dass seine Politik nur einen Leitsatz kennt, nämlich die günstige Gelegenheit abzupassen und sich jeglicher, in sei- 30
ner Reichweite befindlichen Beute zu bemächtigen. Dies entspricht mit geringen Unterschieden der den Gangstern und Dschungelbewohnern gemeinsamen Moral [...]

Geschichte in Quellen, Band V, Weltkriege und Revolutionen 1914–1945, hrsg. von W. Lautemann/M. Schlenke, München 1970, S. 418.

**M 5 Einmarsch in Prag**
Deutsche Truppen ziehen in Prag ein, Foto vom 15. März 1939.

## Der „Hitler-Stalin-Pakt" – Eine Quelle analysieren

**M 7** **Deutsch-sowjetischer Nichtangriffspakt**

*a) Vertrag zwischen Deutschland und der UdSSR (auch Hitler-Stalin-Pakt genannt) über die wechselseitigen Beziehungen vom 23.8.1939:*

**Artikel 1**
Die beiden vertragschließenden Teile verpflichten sich, sich jeden Gewaltaktes, jeder aggressiven Handlung und jeden Angriffs gegeneinander, und zwar sowohl einzeln als auch gemeinsam mit anderen Mächten, zu enthalten.

**Artikel 2**
Falls einer der vertragschließenden Teile Gegenstand kriegerischer Handlungen seitens einer Macht werden sollte, wird der andere vertragschließende Teil in keiner Form diese dritte Macht unterstützen. […]

**Artikel 4**
Keiner der beiden vertragschließenden Teile wird sich an irgendeiner Mächtegruppierung beteiligen, die sich mittelbar oder unmittelbar gegen den anderen Teil richtet.

**Artikel 5**
Falls Streitigkeiten oder Konflikte zwischen den vertragschließenden Teilen über Fragen dieser oder jener Art entstehen sollten, würden beide Teile diese Streitigkeiten oder Konflikte ausschließlich auf dem Wege freundschaftlichen Meinungsaustausches oder nötigenfalls durch Schlichtungskommissionen bereinigen.

*b) Geheimprotokoll zur Abgrenzung der Interessensphären in Osteuropa vom 23.8.1939:*

1. Für den Fall einer territorial-politischen Umgestaltung in den zu den baltischen Staaten (Finnland, Estland, Lettland, Litauen) gehörenden Gebieten bildet die nördliche Grenze Litauens zugleich die Grenze der Interessensphären Deutschlands und der UdSSR. Hierbei wird das Interesse Litauens am Wilnaer Gebiet beiderseits anerkannt.
2. Für den Fall einer territorial-politischen Umgestaltung der zum polnischen Staate gehörenden Gebiete werden die Interessensphären Deutschlands und der UdSSR ungefähr durch die Linie der Flüsse Narew, Weichsel und San abgegrenzt.
Die Frage, ob die beiderseitigen Interessen die Erhaltung eines unabhängigen polnischen Staates erwünscht erscheinen lassen und wie dieser Staat abzugrenzen wäre, kann endgültig erst im Laufe der weiteren politischen Entwicklung geklärt werden. In jedem Falle werden beide Regierungen diese Frage im Wege einer freundschaftlichen Verständigung lösen.
3. Hinsichtlich des Südostens Europas wird von sowjetischer Seite das Interesse an Bessarabien betont. Von deutscher Seite wird das völlige politische Desinteressement an diesen Gebieten erklärt.
4. Dieses Protokoll wird von beiden Seiten streng geheim behandelt werden.

Geschichte in Quellen. Band 4, München 1975, S. 437 ff.

### Aufgaben

1. **Das Vorgehen gegen die Tschechoslowakei und der Beginn des Zweiten Weltkrieges**
   a) Gib die Positionen der beiden Botschafter wieder.
   b) Trotz des Scheiterns der Appeasement-Politik griffen die Westmächte beim Einmarsch Deutschlands in die Tschechoslowakei nicht ein. Lege die Gründe dafür dar.
   c) Nimm Stellung zu folgender Auffassung: „Der Einmarsch in die Tschechoslowakei bedeutete eine neue Etappe der deutschen Außenpolitik." Beziehe dabei die Überlegungen des britischen Botschafters mit ein.
   d) Informiere dich über den Ablauf der Aggression gegenüber Polen.
   → Text, M4–M6

2. **Der deutsch-sowjetische Nichtangriffspakt**
   a) Fasse den Inhalt der beiden Teile des deutsch-sowjetischen Nichtangriffspaktes von 1939 zusammen.
   b) Arbeite die Grundaussage der Karikatur von David Low heraus. Achte dabei auf den Kontrast zwischen Körperhaltungen und Text.
   c) Die Existenz des „Geheimprotokolls" des Hitler-Stalin-Paktes wurde bis in die 1980er-Jahre von der Sowjetunion geleugnet. Ermittle die Gründe dafür.
   → Text, M3, M7

# Die „Blitzkriege" 1939–1941

### Deutsche Anfangserfolge
Die erste Phase des Zweiten Weltkrieges verlief für das nationalsozialistische Deutschland außerordentlich erfolgreich. Zwischen 1939 und 1941 stießen deutsche Truppen rasch nach Osten und Westen vor, ohne größere Verluste zu erleiden. Ermöglicht wurden diese „Blitzkriege" durch das neuartige Zusammenspiel einer modernen Luftwaffe mit schnellen Panzereinheiten. Hitlers Ansehen in Deutschland erreichte in dieser Phase seinen Höhepunkt.

### Die Eroberung Polens
In einer Reihe von Feldzügen gelang es den Nationalsozialisten, große Teile Europas zu erobern. Am Anfang stand im September 1939 der deutsche Überfall auf Polen, dessen schlecht ausgerüstete Armee rasch kapitulierte. Nach der Niederlage besetzte Stalin Ostpolen und ließ die polnische Führungsschicht – Offiziere, Geistliche, Politiker und Adlige – teilweise ermorden, damit sie keinen Widerstand organisieren konnte. Da Großbritannien und Frankreich Polens Souveränität garantiert hatten, erklärten sie Deutschland den Krieg. Es erfolgte jedoch kein Angriff, da beide Staaten noch nicht kriegsbereit waren.

**M 1** Einmarsch in Polen
Deutsche Soldaten, September 1939

### Feldzüge im Norden und Westen
Im April 1940 besetzte die deutsche Wehrmacht Dänemark und Norwegen. Mit der Besetzung Norwegens wollte Hitler die schwedischen Erzlieferungen über Norwegen vor englischem Zugriff schützen. Die Besetzung ermöglichte zudem die Einrichtung von Militärstützpunkten für den Kampf gegen England.

Wenig später, im Mai 1940, begann der Feldzug gegen Frankreich. Der Sieg über die Franzosen sollte England zum Frieden zwingen, um Bewegungsfreiheit für den längst geplanten Krieg gegen die Sowjetunion zu erhalten. Bei ihrem Vorstoß besetzte die Wehrmacht auch die neutralen Benelux-Staaten.

Die Auslöschung des „Schanddiktats von Versailles" erfolgte durch eine symbolische Handlung: Der Waffenstillstand wurde wie im Ersten Weltkrieg in Compiègne unterzeichnet, und zwar im selben Eisenbahnwaggon. 1940 begannen auch monatelange Luftangriffe auf England. Sie trafen die Rüstungsindustrie, später auch Wohnquartiere. Im bombardierten London und in Coventry starben 65 000 Menschen.

**M 2** Hitler in Compiègne
vor dem Eisenbahnwaggon, in dem am Ende des Ersten Weltkrieges der Waffenstillstand unterzeichnet worden war, 23. Juni 1940

### Expansion in Südosteuropa
Der italienische Diktator Benito Mussolini, der am 10. Juni 1940 Frankreich und Großbritannien den Krieg erklärt hatte, wollte das Imperium Romanum erneuern und den Mittelmeerraum unter seine Kontrolle bringen. Da Italiens Überfall auf Griechenland am hartnäckigen Widerstand der griechischen Armee scheiterte, bat er Hitler um Hilfe. Der entschloss sich im April 1941 zum Balkanfeldzug, was zur Kapitulation Jugoslawiens und Griechenlands führte.

Da die Engländer in Nordafrika die italienische Armee angriffen, entsandte Hitler das Afrika-Korps unter Erwin Rommel nach Libyen, wo sich deutsche und britische Truppen heftige Kämpfe lieferten.

**M 3** Britische Karikatur 1941

## Der Überfall auf die Sowjetunion

Nach diesen Erfolgen begann Hitler am 22. Juni 1941 den Krieg gegen die Sowjetunion. Damit wollte er nicht nur Deutschlands Versorgung mit kriegswichtigen Rohstoffen sichern, sondern auch die Eroberung von „Lebensraum im Osten" in die Tat umsetzen. Der Russlandfeldzug – in der Militärplanung „Fall Barbarossa" genannt – bedeutete einen grundlegenden Einschnitt und führte schließlich zur Kriegswende.

## Kollaboration und Résistance in Frankreich

Wie verhielt sich die deutsche Wehrmacht in den besetzten Ländern? Das hing unter anderem vom Verhalten des unterworfenen Landes und der „rassischen" Zuordnung der Bevölkerung ab.

Der französische Marschall Pétain erklärte sich bereit, mit den Deutschen zusammenzuarbeiten und bot einen Waffenstillstand an. So besetzten deutsche Truppen 1940 nur Nordfrankreich und die Atlantikküste, während der Süden mit der Hauptstadt Vichy formell selbstständig blieb – freilich nur bis 1942. Elsass-Lothringen musste sich einer „Germanisierung" unterziehen; so durfte etwa die Baskenmütze nicht mehr getragen werden. Der Wille zur politischen Zusammenarbeit – zur „collaboration" – seitens des Vichy-Regimes führte zur Entlassung jüdischer Beamter, zur Verhaftung von Juden und zur französischen Mitwirkung bei ihrer Deportation.

Die Deportation der Juden, vor allem aber die Einführung des Pflichtarbeitsdienstes für alle jungen Männer (1942) minderten die Bereitschaft zur Zusammenarbeit, die Teile der französischen Bevölkerung anfangs gezeigt hatten. Immer stärker wuchs daher der Widerstand im Untergrund: die Résistance. Die Widerstandsbewegung trug bei Kriegsende zum Sturz des deutschen Besatzungsregimes bei und bot den Franzosen die moralische Basis für einen Neuanfang nach dem Krieg.

**M 4** Der Zweite Weltkrieg in Europa 1939–1942

## Besatzungsherrschaft in Frankreich – Zeitgenössische Quellen erschließen

### M 5 „Der widrige Wind"

*Aus einer Rede Marschall Pétains (12.8.1941):*

Franzosen, ich habe Euch schlimme Dinge zu erzählen. In mehreren Regionen Frankreichs fühle ich, wie seit einigen Wochen ein widriger Wind aufkommt. Beunruhigung schleicht sich in die
5 Gemüter: Der Zweifel ergreift Besitz von den Seelen. Die Autorität meiner Regierung wird in Frage gestellt: Die Anordnungen werden oft schlecht ausgeführt. In einer Atmosphäre falscher Gerüchte und Intrigen verlieren die Kräfte der Erneue-
10 rung den Mut. […]
Die Gründe für dieses Unbehagen sind leicht zu verstehen. Auf bittere Stunden folgen immer schwierige Zeiten. Während außerhalb der Grenzen einer Nation, die durch die Niederlage aus
15 dem Kampf ausgeschieden ist – deren Kolonialreich es aber verwundbar macht –, der Krieg weitergeht und jeden Tag neue Kontinente verwüstet, stellt sich jedermann ängstliche Fragen über die Zukunft des Landes. Die einen fühlen sich ver-
20 raten; andere glauben sich verlassen. Einige fragen sich, was jetzt ihre Pflicht ist; andere verfolgen zunächst ihre eigenen Interessen. […]
Die Kollaboration, die im Oktober 1940 vom Kanzler des Deutschen Reiches angeboten wurde,
25 unter Bedingungen, deren Ritterlichkeit ich zu schätzen weiß, ist ein Werk für die Zukunft, das noch nicht alle seine Früchte tragen konnte. Wir sollten lernen, das schwere Erbe des Misstrauens zu überwinden, das uns von Jahrhunderten der Zwistigkeiten und der Streitereien hinterlassen
30 wurde, um uns auf die weiten Perspektiven einzulassen, die ein wiederversöhnter Kontinent unseren Aktivitäten eröffnen kann. Das ist das Ziel, das wir anstreben. […]
Die Verwirrung der Gemüter hat ihren alleinigen
35 Grund nicht im Auf und Ab unserer Außenpolitik. Sie resultiert vor allem aus der Langsamkeit, mit der wir eine neue Ordnung aufbauen – oder besser gesagt: durchzusetzen suchen. Die Nationale Revolution […] ist noch nicht erreicht […], weil sich
40 zwischen uns, dem Volk und mir, die wir uns so gut verstehen, die doppelte Trennwand der Anhänger des alten Regimes und der Trusts aufgerichtet hat. Die Agenten des alten Regimes sind zahlreich. Zu ihnen rechne ich ohne Ausnahme auch diejenigen,
45 die ihre persönlichen Interessen über die langfristigen Interessen des Staates gestellt haben – Freimaurer, politische Parteien ohne Anhängerschaft, aber auf Rache sinnend, Beamte, die noch immer einer Ordnung anhängen, in der sie gleichzeitig
50 die Nutznießer und die Herren waren –, aber auch diejenigen, die die Interessen des Vaterlandes denen des Auslandes untergeordnet haben. Viel Zeit wird nötig sein, bis der Widerstand aller Gegner der neuen Ordnung gebrochen ist, aber von
55 nun an müssen wir ihre Machenschaften vereiteln, indem wir ihre Führer vernichten.

Zit. nach: Marc Olivier Baruch, Das Vichy-Regime, Stuttgart 1999, S. 93 ff.

### M 6 Bekanntmachung
der deutschen Militärverwaltung aus dem von den deutschen Truppen besetzten Frankreich, 19. August 1941

### M 7 Bekanntmachung
der deutschen Militärverwaltung aus dem von den deutschen Truppen besetzten Frankreich, 29. August 1941

# Besatzungsherrschaft in Polen – Mit einem Diensttagebuch arbeiten

### M 8  Grundsätze der Besatzungspolitik

*Aus dem Diensttagebuch des Generalgouverneurs in Polen, Hans Frank (31. Oktober 1939 und 19. Januar 1940):*

[31. Oktober 1939]
Ganz klar müsse der Unterschied zwischen dem deutschen Herrenvolk und den Polen herausgestellt werden. […]
Den Polen dürfen nur solche Bildungsmöglichkeiten zur Verfügung gestellt werden, die ihnen die Aussichtslosigkeit ihres völkischen Schicksals zeigen. Es könnten daher höchstens schlechte Filme oder solche, die die Größe und Stärke des Deutschen Reiches vor Augen führen, in Frage kommen. Es werde notwendig sein, dass große Lautsprecheranlagen einen gewissen Nachrichtendienst für die Polen vermitteln.
Reichsminister Dr. Goebbels führt aus, dass das gesamte Nachrichtenvermittlungswesen der Polen zerschlagen werden müsse. Die Polen dürften keine Rundfunkapparate und nur reine Nachrichtenzeitungen, keinesfalls eine Meinungspresse behalten. Grundsätzlich dürfen sie auch keine Theater, Kinos und Kabaretts bekommen, damit ihnen nicht immer wieder vor Augen geführt werden würde, was ihnen verloren gegangen sei. […]
[19. Januar 1940]
Am 15. September 1939 erhielt ich den Antrag, die Verwaltung der eroberten Ostgebiete aufzunehmen, mit dem Sonderbefehl, diesen Bereich als Kriegsgebiet und Beuteland rücksichtslos auszupowern, es in seiner wirtschaftlichen, sozialen, kulturellen, politischen Struktur sozusagen zu einem Trümmerhaufen zu machen.
[…] Entscheidend wichtig ist nunmehr auch der Neuaufbau der Produktion im Generalgouvernement. […] Den Polen, die in die Betriebe eingestellt werden, muss Hören und Sehen vergehen, sodass sie vor lauter Arbeit – disziplinierter Arbeit! – zu Sabotageakten gar nicht mehr kommen. […] Mein Verhältnis zu den Polen ist dabei das Verhältnis zwischen Ameise und Blattlaus. Wenn ich den Polen förderlich behandele, ihn sozusagen freundlich kitzele, so tue ich das in der Erwartung, dass mir seine Arbeitsleistung zugute kommt. Hier handelt es sich nicht um ein politisches, sondern um ein rein taktisch-technisches Problem.

Zit. nach: I. Geiss, Die deutsche Politik im Generalgouvernement Polen 1939–1945, in: Aus Politik und Zeitgeschichte, Nr. 34/1978, S. 16 ff.

### M 9  Krieg in Polen
Erschießung von polnischen Zivilisten durch deutsche Soldaten, September 1939,

## Aufgaben

1. **„Blitzkriege" in Europa**
   a) Erkläre den Begriff „Blitzkrieg".
   b) Erläutere die Gründe für die schnelle Eroberung Polens, Frankreichs und weiter Teile Europas durch die Wehrmacht zwischen 1939 und 1941.
   → Text, M4

2. **Besatzungsherrschaft in Frankreich**
   a) Fasse die Argumente zusammen, mit denen Marschall Pétain 1941 zur Zusammenarbeit mit den Deutschen aufrief.
   b) Nimm Stellung zu der Frage, ob angesichts der Situation in Frankreich nach 1940 Widerstand oder Kollaboration angeraten war.
   → Text, M5

3. **Besatzungsherrschaft in Polen**
   a) Fasse die Ausführungen Hans Franks in eigenen Worten zusammen.
   b) Lege den Zusammenhang zwischen nationalsozialistischer Weltanschauung und Besatzungspolitik in Polen dar.
   → M8, M9

# Nationalsozialismus und Zweiter Weltkrieg

## Kriegswende und Kriegsende

### Die Ausweitung zum Weltkrieg

Der Zweite Weltkrieg war zunächst kein globaler Konflikt, sondern ein europäischer Krieg. Erst durch Japans Überfall auf die amerikanische Pazifikflotte in Pearl Harbor und den Kriegseintritt der USA erreichten die militärischen Aktionen globales Ausmaß.

Japans Ziel war die Gründung eines Kolonialreiches, das seine Rohstoffarmut beseitigen und einen Absatzmarkt für seine Waren sichern sollte. Begründet wurde die Expansion jedoch mit der Erklärung, Japan wolle Ostasien vor weißen Kolonialherren schützen und seinen Wohlstand sichern. Die USA und Großbritannien verhängten wegen dieser aggressiven Politik eine Wirtschaftsblockade gegen Japan.

Deutschland und Japan waren bereits seit 1936 durch den Antikominternpakt verbunden. Der Konflikt zwischen Japan und den USA ließ sie nun noch enger zusammenrücken, weil Japan vor allem Militärpotenzial der USA im Pazifik band. So eröffnete Japan mit dem Luftangriff auf den US-Marinestützpunkt Pearl Harbor auf Hawaii am 7. Dezember 1941 den Krieg gegen Amerika. Auch Hitler und Mussolini erklärten den USA den Krieg, der sich nun zum Weltkrieg ausweitete.

**M 1** Angriff auf Pearl Harbor
Zerstörte Schiffe der amerikanischen Pazifikflotte nach dem japanischen Bombenangriff am 7.12.1941

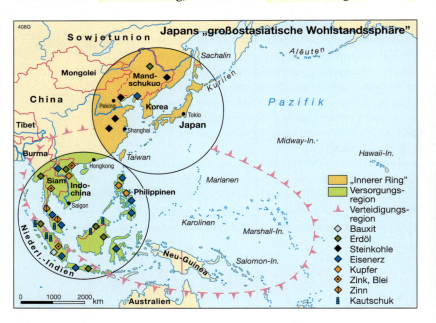

**M 2**

### Die Kriegswende

Die neue Militärkonstellation führte zu einer Wende im Zweiten Weltkrieg. Da die deutsche Luftwaffe 1941 die Luftschlacht über England verlor, befand sich Deutschland nach seinem Angriff auf die Sowjetunion in einem Zweifrontenkrieg. Der Vormarsch in der UdSSR blieb schon Ende 1941 auch infolge des einbrechenden Winters stecken. Die Hoffnung auf einen schnellen Sieg erfüllte sich nicht. So mussten die Soldaten den harten russischen Winter mit mangelhafter Ausrüstung überstehen. Zudem hatte sich die Rote Armee mit frischen Truppen verstärkt und Partisanen bekämpften die deutschen Eroberer.

## Die Schlacht um Stalingrad

Ab 1943 war Deutschlands Niederlage absehbar, da die Alliierten die Initiative übernahmen. Sichtbares Zeichen der Wende war die Kapitulation der 6. Armee Ende Januar 1943 in Stalingrad. Etwa 150 000 eingekesselte deutsche Soldaten fielen den Kämpfen und der Kälte zum Opfer. 91 000 gerieten in sowjetische Kriegsgefangenschaft, aus der nur 6 000 Überlebende zurückkehrten. Auf sowjetischer Seite kamen in Stalingrad eine Million Soldaten und Zivilisten ums Leben. Nun eröffnete sich für die Rote Armee die Möglichkeit, nach Westen vorzudringen.

## Der „totale Krieg"

Der gescheiterte Krieg gegen die Sowjetunion und der Kriegseintritt der USA veranlassten die deutsche Führung, den „totalen Krieg" zu propagieren. Massenfertigung, „Fremdarbeiter" und eine stärkere Einbindung von Großkonzernen in die Kriegswirtschaft steigerten die Rüstungsproduktion um ein Vielfaches.

Angesichts der Überlegenheit der Alliierten bewirkte dieser Erfolg jedoch nur eine Verlängerung des Krieges und eine steigende Zahl von Opfern. Die Bevölkerung verhielt sich gegenüber den neuen Forderungen des nationalsozialistischen Regimes reserviert – hatte man ihr doch stets vorgegaukelt, der Krieg sei rasch zu gewinnen.

## Der Rassenvernichtungskrieg

Ziel der Nationalsozialisten war ein „Großgermanisches Reich" mit neuem „Lebensraum im Osten". Die angestammte Bevölkerung wollte man nach Sibirien vertreiben und dafür Deutsche ansiedeln. Zurückbleiben sollten lediglich slawische Arbeitssklaven, die der deutschen „Herrenrasse" zu dienen hatten.

**M 3** Häuserkampf
Sowjetischer Infanterist beim Kampf in den Ruinen von Stalingrad, Herbst 1942

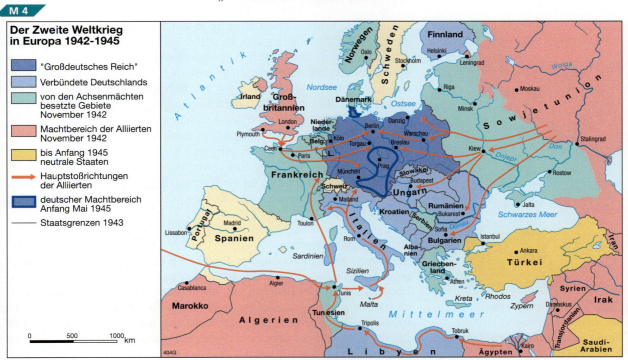

**M 4** Der Zweite Weltkrieg in Europa 1942–1945

# Nationalsozialismus und Zweiter Weltkrieg

**M 5** **Massenexekution 1942**
Ein SS-Mann erschießt einen Zivilisten am Rand eines Massengrabs bei Winnitza (Ukraine), Foto von 1942.

Den Auftakt dieser Pläne bildete bereits der Polenfeldzug: Tausende Polen wurden erschossen oder vertrieben, um Platz für Deutsche aus dem Baltikum zu machen. Viele Polen wurden enteignet und ihr Besitz unter den Deutschen verteilt.

Vor allem der Krieg gegen die Sowjetunion war ein ideologischer Vernichtungskrieg, dem etwa 20 Millionen Sowjetbürger zum Opfer fielen. Zwangsarbeiter wurden ins Reich verschleppt, Kriegsgefangenen die völkerrechtlich gebotene Behandlung verweigert. Von etwa 5,7 Millionen gefangenen Rotarmisten starben 3,3 Millionen.

Während diese Maßnahmen vor allem Einsatzgruppen der SS und spezielle Polizeieinheiten durchführten, wirkte im Russlandfeldzug auch die Wehrmacht mit. Reguläre Armeeeinheiten waren an der organisatorischen Durchführung der Judenvernichtung sowie teilweise an der Erschießung und Deportation von Juden beteiligt.

### Kriegsziele der Alliierten und eine neue Weltordnung

Angesichts der Kriegswende verständigten sich die Alliierten in mehreren Konferenzen über ihre Kriegsziele und die Zeit danach. Hauptziel war Deutschlands bedingungslose Kapitulation. US-Präsident Roosevelt und der britische Premierminister Churchill forderten, dass Demokratie, nationale Selbstbestimmung und freier Handel die Grundlagen einer friedlichen Nachkriegsordnung sein sollten. Trotz unterschiedlicher Auffassung stimmte Stalin diesen Zielen zu.

Auf der Konferenz von Jalta im Februar 1945 einigten sich die USA, Großbritannien und die Sowjetunion über ihre Interessensphären in Europa, eine Teilung Deutschlands in Besatzungszonen und die Gründung der Vereinten Nationen (UNO). Ergebnis dieser Konferenz war die Teilung der Welt zwischen den Supermächten USA und UdSSR.

### Eine zweite Front – Die Landung in der Normandie

Am 6. Juni 1944 landeten die Alliierten nach gründlicher Vorbereitung mit einer gewaltigen Streitmacht in der Normandie und eröffneten so eine zweite Front. Die britischen und amerikanischen Verbände stießen rasch nach Süden und Osten vor, befreiten Frankreich und überschritten im Oktober 1944 die deutsche Grenze. Bei ihrem Vormarsch trafen die Soldaten auf erbitterten Widerstand, doch wurden sie vielfach von der kriegsmüden deutschen Bevölkerung begrüßt.

Die Rote Armee, die gleichzeitig im Osten vorrückte, löste hingegen eine gewaltige Fluchtwelle aus. Dabei kam es auch zu Plünderung, Vergewaltigung und Mord durch sowjetische Soldaten. Der Terror, den die Nationalsozialisten in der Sowjetunion entfesselt hatten, schlug nun zurück.

### Kriegsende in Europa

Führende Nationalsozialisten flüchteten oder suchten ihre Position gewaltsam zu behaupten. Gerade in den letzten Kriegstagen kam es zu Hinrichtungen von Bürgern, die im Verdacht standen, mit dem Feind zu sympathisieren. Am 30. April 1945 beging Hitler in seinem Bunker unter der Berliner Reichskanzlei Selbstmord. Am 7. und 9. Mai 1945 unterzeichneten die Oberbefehlshaber der deutschen Wehrmacht die bedingungslose Kapitulation. Damit war der Krieg in Europa beendet.

**M 6** **Eroberung Berlins**
Ein sowjetischer Soldat hisst die Rote Fahne über dem Reichstag am 2. Mai 1945, nachgestellte Szene.

## „Totaler Krieg" – Eine Rede analysieren

**M 7** „Totaler Krieg" – Zuhörer beim Hitlergruß während der Rede von Joseph Goebbels im Berliner Sportpalast am 18. Februar 1943

**M 8** Der vollbesetzte Berliner Sportpalast während der Rede von Joseph Goebbels, 18. Februar 1943

**M 9** „Wollt ihr den totalen Krieg?"

*Rede von Propagandaminister Goebbels im Berliner Sportpalast am 18. Februar 1943. Sie wurde am nächsten Tag im NS-Parteiblatt „Völkischer Beobachter" veröffentlicht:*

Ihr also, meine Zuhörer, repräsentiert in diesem Augenblick die Nation. Und an euch möchte ich zehn Fragen richten, die ihr mir mit dem deutschen Volke vor der ganzen Welt, insbesondere
5 vor unseren Feinden, die uns auch an ihrem Rundfunk hören, beantworten sollt: (nur mit Mühe kann sich der Minister für die nun folgenden Fragen Gehör verschaffen ... Mit letzter Anteilnahme und Begeisterung gibt die Masse auf jede einzelne
10 Frage die Antwort. Der Sportpalast hallt wider von einem einzigen Schrei der Zustimmung.)
Die Engländer behaupten, das deutsche Volk habe den Glauben an den Sieg verloren.
Ich frage euch: Glaubt ihr mit dem Führer und mit
15 uns an den endgültigen totalen Sieg des deutschen Volkes?
Ich frage euch: Seid ihr entschlossen, dem Führer in der Erkämpfung des Sieges durch dick und dünn und unter Aufnahme auch der schwersten persön-
20 lichen Belastungen zu folgen?
Zweitens: Die Engländer behaupten, das deutsche Volk ist des Kampfes müde.
Ich frage euch: Seid ihr bereit, mit dem Führer als Phalanx der Heimat hinter der kämpfenden Wehr-
25 macht stehend, diesen Kampf mit wilder Entschlossenheit und unbeirrt durch alle Schicksalsfügungen fortzusetzen, bis der Sieg in unseren Händen ist?
[...]
Viertens. Die Engländer behaupten, das deutsche Volk wehrt sich gegen die totalen Kriegsmaß- 30
nahmen der Regierung. Es will nicht den totalen Krieg, sondern die Kapitulation (Zurufe: Niemals, niemals, niemals!).
Ich frage euch: Wollt ihr den totalen Krieg? Wollt ihr ihn, wenn nötig, totaler und radikaler, als wir 35
ihn uns heute überhaupt noch vorstellen können?
Fünftens: Die Engländer behaupten, das deutsche Volk hat sein Vertrauen zum Führer verloren.
Ich frage euch: Ist euer Vertrauen zum Führer heute größer, gläubiger und unerschütterlicher denn 40
je? Ist eure Bereitschaft, ihm auf allen seinen Wegen zu folgen und alles zu tun, was nötig ist, um den Krieg zum siegreichen Ende zu führen, eine absolute und uneingeschränkte? (Die Menge erhebt sich wie ein Mann. Die Begeisterung der 45
Masse entlädt sich in eine Kundgebung nicht dagewesenen Ausmaßes. Vieltausendstimmige Sprechchöre brausen durch die Halle: „Führer befiehl, wir folgen", eine nicht abebbende Woge von Heilrufen auf den Führer braust auf ...) 50
Ich habe euch gefragt; ihr habt mir eure Antwort gegeben. Ihr seid ein Stück Volk, durch euren Mund hat sich damit die Stellungnahme des deutschen Volkes manifestiert [...].

Zit. nach: Lothar Gruchmann, Totaler Krieg, München 1991, S. 247 ff.

# Nationalsozialismus und Zweiter Weltkrieg

## Verbrechen der Wehrmacht – Dokumente analysieren

### M 10 Verbrechen der Wehrmacht

*Im Katalog zur „Wehrmachtsausstellung" wird das Bild oben wie folgt kommentiert:*

Tarnopol – südöstlich von Lemberg gelegen – wurde im September 1939 zunächst von der Roten Armee besetzt. Die Stadt hatte zu diesem Zeitpunkt etwa 40 000 Einwohner, 18 000 Personen
5 galten als Juden. Am 2. Juli 1941 marschierte die Panzergruppe I mit der ihr unterstellten SS-Division „Wiking" in Tarnopol ein. Zudem erreichte das Sonderkommando 4b die Stadt.
Unmittelbar nach der deutschen Besetzung fand
10 man die Leichen einiger hundert Ukrainer, die der NKWD [Staatssicherheitsdienst der Sowjetunion] kurz vor dem Abzug der Roten Armee ermordet hatte. Unter den Opfern befanden sich auch zehn deutsche Soldaten. Am 4. Juli 1941 setzte ein meh-
15 rere Tage andauerndes Pogrom ein. Die für die Morde verantwortlich gemachten Juden der Stadt wurden gezwungen, die NKWD-Opfer zu bergen, wobei die Juden misshandelt, erschlagen und erschossen wurden. Neben einheimischen Zivi-
20 listen beteiligten sich auch Angehörige der SS-Division „Wiking" an den Gewalttaten. Zudem bescheinigte die SS der Wehrmacht eine „erfreulich gute Einstellung gegen die Juden". Das Sonderkommando 4b fahndete gezielt nach jüdischen
25 Intellektuellen und erschoss 127 Personen außerhalb der Stadt. Das Pogrom in Tarnopol kostete mindestens 600 Menschen das Leben.

Aus: Verbrechen der Wehrmacht, herausgegeben vom Hamburger Institut für Sozialforschung, Hamburg 2002, S. 100.

### M 11 „Vernichtungsaktionen"

*Bericht des Oberwachtmeisters Soennecken, Dolmetscher bei der Heeresgruppe Mitte, vom 24. Oktober 1941 über ein Massaker in Borissow (Weißrussland):*

Ich hörte bei meiner Ankunft am Freitag, den 7. Oktober 1941, vom dortigen Leiter der russischen Sicherheitspolizei, Ehof […], dass in der Nacht von Sonntag auf Montag alle Borissower Juden erschossen werden sollten. […] Am kommenden Morgen 5
ergab sich folgendes Bild: Man hatte schon um 3 Uhr morgens mit den Erschießungen begonnen. Man hatte zuerst die Männer fortgeholt. Sie wurden in russischen Autos zur Richtstätte gefahren, begleitet von den hierzu abgestellten Männern der 10
Borissower russischen Sicherheitspolizei. […]
Außerdem wurden, da die Autos nicht ausreichten und die Zeit drängte, fortwährend Züge von Frauen und Kindern die Straße heruntergetrieben, zum Teil mit Eisenstangen. Es standen auch an der Peripherie 15
des Gettos, also an derselben Straße, Gruppen von Judenweibern und Kindern, auch Säuglinge in den Armen der Mütter, zum Abholen bereit! In der Ebene knatterten den ganzen Tag über die Gewehre, die Frauen und Kinder weinten und schrien, die 20
Autos rasten durch die Straßen um das Getto und holten immer neue Opfer heran, und das alles vor den Augen der Zivilbevölkerung und der deutschen Militärpersonen, die des Weges kamen. […]
Es waren einige Tage vorher von russischen Kriegs- 25
gefangenen im Walde einige Riesen-Massengräber in einer Länge von ca. 100 Metern, einer Breite von 5 Metern und einer Tiefe von 3 Metern ausgehoben worden. Die Erschießungen sollen sich nach den Berichten dieser Augenzeugen fol- 30
gendermaßen zugetragen haben:
Man habe die ersten Delinquenten, so ungefähr 20 Mann, in die Grube springen lassen, nachdem sie ihre Kleidung bis auf die Unterwäsche abgelegt hatten. Dann habe man sie von oben zusam- 35
mengeschossen! Die Toten bzw. die Halbtoten, die natürlich vollkommen durcheinander gelegen hätten, habe man dann durch die nächsten Opfer in Reihe und Glied legen lassen, um möglichst viel Raum zu gewinnen, und habe sodann wie oben 40
fortgefahren.

Aus: Helmut Krausnick/Hans-Heinrich Wilhelm, Die Truppe des Weltanschauungskrieges, Stuttgart 1981, S. 576–577.

### M 12 Behandlung von Kriegsgefangenen

*Aus dem Genfer Abkommen über die Behandlung der Kriegsgefangenen vom 27.6.1929:*

Artikel 2
Die Kriegsgefangenen unterstehen der Gewalt der feindlichen Macht, aber nicht der Gewalt der Personen oder Truppenteile, die sie gefangen genommen haben. Sie müssen jederzeit mit Menschlichkeit behandelt und insbesondere gegen Gewalttätigkeiten, Beleidigungen und öffentliche Neugier geschützt werden. Vergeltungsmaßnahmen an ihnen auszuüben ist verboten. […]

Artikel 4
Der Staat, in dessen Gewalt sich die Kriegsgefangenen befinden (Gewahrsamsstaat), ist verpflichtet, für ihren Unterhalt zu sorgen.

Reichsgesetzblatt von 1934, II, S. 227–262, Zitat S. 232–236.

### M 13 „Kommissarbefehl"

*Befehl des Oberkommandos der Wehrmacht vom 6. Juni 1941. Der Befehl durfte nur bis zu den Oberbefehlshabern der Armeen bzw. Luftflottenchefs verteilt werden und musste den Befehlshabern mündlich bekannt gegeben werden:*

Im Kampf gegen den Bolschewismus ist mit einem Verhalten des Feindes nach den Grundsätzen der Menschlichkeit oder des Völkerrechts nicht zu rechnen. Insbesondere ist von den politischen Kommissaren aller Art als den eigentlichen Trägern des Widerstandes eine hasserfüllte, grausame und unmenschliche Behandlung unserer Gefangenen zu erwarten.
Die Truppe hat sich bewusst zu sein:
1. In diesem Kampfe ist Schonung und völkerrechtliche Rücksichtnahme diesen Elementen gegenüber falsch. Sie sind eine Gefahr für die eigene Sicherheit und die schnelle Befriedung der eroberten Gebiete.
2. Die Urheber barbarisch asiatischer Kampfmethoden sind die politischen Kommissare. Gegen diese muss daher sofort und ohne weiteres mit aller Schärfe vorgegangen werden.
Sie sind daher, wenn im Kampf oder bei Widerstand ergriffen, grundsätzlich sofort mit der Waffe zu erledigen […]. Politische Kommissare als Organe der feindlichen Truppe […] sind aus den Kriegsgefangenen sofort, d.h. noch auf dem Gefechtsfelde, abzusondern. Dies ist notwendig, um ihnen jede Einflussnahme auf die gefangenen Soldaten zu nehmen. Diese Kommissare werden nicht als Soldaten anerkannt; der für Kriegsgefangene völkerrechtlich geltende Schutz findet auf sie keine Anwendung. Sie sind nach durchgeführter Absonderung zu erledigen.

Zit. nach: Hans-Adolf Jacobsen, Der Zweite Weltkrieg in Chronik und Dokumenten, Darmstadt 1961, S. 571 ff.

## Aufgaben

1. **Der Kriegsverlauf 1941–1945**
   a) Notiere die wichtigsten Stationen des Kriegsverlaufes zwischen 1941 und 1945 in einer Tabelle.
   b) Nenne die Ursachen für den Kriegseintritt der USA.
   c) Erläutere die Ereignisse, die zur Kriegswende führten. → Text, M1, M2, M4

2. **„Totaler Krieg" – Eine Rede analysieren**
   a) Gliedere die Rede von Goebbels in Abschnitte. Formuliere für diese Abschnitte jeweils eine Überschrift.
   b) Erläutere die Zielstellung, die Goebbels mit dieser Rede verfolgte, und arbeite wichtige rhetorische Mittel heraus, die er einsetzt.
   c) Beurteile Goebbels' Aussage: „Ihr also, meine Zuhörer, repräsentiert […] die Nation."
   → M7–M9

3. **Verbrechen der Wehrmacht – Dokumente analysieren**
   a) Der Vernichtungskrieg gegen die Sowjetunion ist in zahlreichen Dokumenten belegt. Vergleiche die beiden Massaker in Tarnopol und Borissow. Arbeite Gemeinsamkeiten und Unterschiede heraus.
   b) Vergleiche das Genfer Abkommen und den Kommissarbefehl. Beurteile den Kommissarbefehl.
   c) Nimm Stellung zu folgender Auffassung: „Nicht jeder Wehrmachtssoldat beteiligte sich an Kriegsverbrechen. Aber die Wehrmacht als Ganzes war Teil des verbrecherischen Systems, und insofern ist die Wehrmacht mitschuldig an den Kriegsverbrechen."
   → M10–M13

# Kriegsalltag in Deutschland

### Schein der Normalität

Als 1914 der Erste Weltkrieg ausbrach, gab es in der Bevölkerung begeisterte Zustimmung. Das war zu Beginn des Zweiten Weltkrieges anders, denn viele sahen dem Krieg mit gemischten Gefühlen entgegen. Während der ersten Kriegsjahre änderte sich das Alltagsleben kaum, da militärische Erfolge manches überdeckten. Auch verzichteten die Nationalsozialisten auf große Belastungen, da sie eine Revolution wie im November 1918 fürchteten. Daher waren die Lebensmittelrationen auf Bezugsschein anfangs recht hoch und auch ein Lohnstopp wurde wieder rückgängig gemacht. Das Regime erhöhte sogar die Renten.

Ermöglicht wurde diese Politik durch die brutale Ausbeutung der besetzten Länder sowie den Arbeitseinsatz von Kriegsgefangenen und Zwangsarbeitern aus den eroberten Gebieten im Osten. Kriegswichtige Maßnahmen wie die Einschränkung des Arbeitsplatzwechsels hatte man bereits vor Kriegsbeginn getroffen. Mit der Kriegswende änderte sich das grundlegend.

### Flächenbombardements

1942 begannen Flächenbombardements amerikanischer und britischer Bomberflotten, die Industrieanlagen und Verkehrswege zerstörten. Ferner wurden Wohngebiete gezielt vernichtet, um die Kampfmoral der Zivilbevölkerung zu untergraben. Nach dem Verlust der Lufthoheit konnte die Flugabwehr die deutschen Städte nicht mehr vor anglo-amerikanischen Angriffen schützen. So verloren etwa 600 000 Menschen im Bombenhagel ihr Leben, fast 4 Millionen Häuser wurden zerstört. Die Hoffnung der Alliierten, das deutsche Volk würde Hitler stürzen, erfüllte sich jedoch nicht.

Die Lebensverhältnisse in den Städten verschlechterten sich drastisch. Bei Fliegeralarm flohen die Menschen mit gepackten Koffern in die Luftschutzbunker und mussten dort die Nächte verbringen. Oft wurden diese Schutzbauten zur tödlichen Falle. Die Ausgebombten verloren ihren Besitz und wurden obdachlos.

**M 1  Bombardierung der Städte**
Familie nach einem Bombenangriff auf Mannheim 1943

**M 2  Zerstörungen durch Luftangriffe**
Blick vom Dom auf den Frankfurter Römer und die Paulskirche, 1945

**M 3** Kinderlandverschickung
Kinder werden 1943 aus dem durch Bombenangriffe gefährdeten Berlin aufs Land gebracht. Um den Hals tragen sie ihre „Versandkarten".

## „Kinderlandverschickung"

Kinder wurden im Rahmen der „Kinderlandverschickung" (KLV) aus den gefährdeten Städten evakuiert. Weil das auf Widerstand bei manchen Eltern stieß, die ihre Kinder nicht fortgeben wollten, war die KLV stets freiwillig. Wegen der zunehmenden Bombardierung übte die Regierung bald indirekten Druck aus. So wurden Schulen bei gleichzeitiger Aufrechterhaltung der Schulpflicht geschlossen und in KLV-Lager verlegt, sodass die Eltern zustimmen mussten. Insgesamt waren 2,5 Millionen Kinder betroffen.

Untergebracht wurden sie überwiegend in Lagern der HJ und des BDM, kleine Kinder auch in Pflegefamilien. Sie erhielten vormittags Schulunterricht, nachmittags gab es Sport und Schulung bei der HJ. So konnte man alle im Sinn der NS-Ideologie erziehen.

## Reaktionen des NS-Regimes

Die immer aussichtslosere militärische Lage führte zu einschneidenden Maßnahmen. So verpflichtete das Regime etwa 900 000 Jugendliche im Alter von 15–16 Jahren als Flakhelfer. Ferner bestand Arbeitspflicht für Männer und Frauen in der Rüstungsindustrie. Da sich Kritik an diesen unpopulären Maßnahmen entzündete, verzichtete das Regime auf eine konsequente Umsetzung der Dienstpflicht und setzte stattdessen verstärkt Zwangsarbeiter ein.

Die hoffnungslose Situation verschärfte den Druck. Unter dem Vorwurf der „Wehrkraftzersetzung" wurden Taten rücksichtslos verfolgt, die den propagierten „Endsieg" zu gefährden schienen. Oft verhängten Sondergerichte für harmlose Delikte die Todesstrafe.

**M 4** Zwangsarbeiterin
im VW-Werk Wolfsburg bei der Herstellung von Tellerminen, 1943

## Auflösung des sozialen Zusammenhalts

Der Krieg führte dazu, dass die Familien auseinandergerissen und soziale Beziehungen zerstört wurden. So war der Vater als Soldat abwesend, während die Mutter arbeiten musste und sich die Kinder in KLV-Lagern aufhielten. Ausgebombte Familien suchten nach einer Unterkunft bei Verwandten oder auf dem Land, Alte und Kranke drängte der Überlebenskampf an den Rand. Auf diese Weise wurde der bisherige gesellschaftliche Zusammenhalt grundlegend erschüttert.

# „Feuersturm" – Arbeiten mit Quellen und Darstellungen

**M 5** „Operation Gomorrha" – die Katastrophe 1943

*Aus einer Publikation des Museums für Hamburgische Geschichte (1993):*

Die folgenschweren Angriffe auf Hamburg vom 25. Juli bis zum 3. August 1943 zählen zu den massivsten Bombardements aus der Luft
5 während des Zweiten Weltkrieges. 2500 Flugzeuge warfen während der vier nächtlichen Großangriffe der RAF [Royal Air Force, die britische Luftwaffe] und der zwei schwä-
10 cheren Tagesangriffe der 8. USAAF [United States Army Air Forces, die amerikanischen Luftstreitkräfte] sowie einem Störangriff 8500 Tonnen Spreng- und Brandbomben ab.
15 Die durch den erstmaligen Abwurf von Stanniolstreifen erfolgreich gestörte deutsche Flugabwehr vermochte den angreifenden Bombern lediglich ein unkoordiniertes Sperr-
20 feuer entgegenzusetzen. Der schwerste Schlag in der Nacht vom 27. auf den 28. Juli führte zu einem Feuersturm mit Windgeschwindigkeiten bis zu 270 km/h. Der alles mit
25 sich reißende Sog der aufwärts strömenden heißen Brandgase erzeugte so in den engen Straßenschluchten eine intensive, zum Zentrum des Brandes hin gerichtete Windströmung, ähnlich wie bei einem Kamin. In den Stadtteilen
30 Hamm, Hammerbrook und Rothenburgsort verursachte der wirbelsturmartige Feuersturm die größten Schäden. Die baulichen Verhältnisse der Arbeitersiedlungen mit vielen Terrassen und engen Gassen sowie die klimatischen Bedin-
35 gungen im Juli 1943 mit Tagestemperaturen von 30 Grad Celsius begünstigten den Feuersturm. Am 28. Juli war über Hamburg eine 7000 m hohe Qualmwolke zu sehen, die die Tageshelligkeit verbarg.
40 Die schreckliche Bilanz waren mindestens 31 647 ums Leben gekommene und ca. 125 000 verletzte Menschen und annähernd 1 Million Obdachlose. 80 % der Bombenopfer Hamburgs starben in der Zeit vom 25. Juli bis zum 3. August 1943; nur die Hälfte der im Feuersturm Getöteten konnte iden- 45 tifiziert werden. Die Menschen verbrannten auf der Straße, erstickten im Luftschutzraum oder wurden Opfer der hohen Temperaturen, die zu einer Überhitzung (Hyperthermie) des Körpers führten.
50 Am schwersten betroffen waren die Stadtteile Hamm, Hammerbrook und Rothenburgsort, aber auch in anderen Bezirken wie Barmbek, Wandsbek, Dulsberg, Eilbek, Hohenfelde, St. Georg, der Neustadt, Horn, Altona und Eimsbüttel hatte es 55 starke Zerstörungen gegeben.

Zit. nach: Memo. Herausgegeben vom Museum für Hamburgische Geschichte. Heft Nr. 1, „Hamburgs Weg in den Feuersturm", Hamburg, Oktober 1993, S. 124, 128.

**M 6**

# Der Bombenkrieg – Standpunkte vergleichen

### M 7  Terror aus der Luft

*Der Historiker Wolfgang Benz schreibt (2000):*

Seit Mai 1940 warfen die Maschinen der britischen Air Force Bomben aus großer Höhe auf deutsche Industriegebiete und Städte. Im Februar 1942 wurde Luftmarschall Arthur Harris Chef des Bomber
5 Command. Er intensivierte den Schrecken durch Flächenbombardements auf Großstädte [...]
Die deutsche Luftabwehr hatte den Angriffen nur wenig entgegenzusetzen, spätestens ab Anfang 1944 war Görings Luftwaffe am Himmel über
10 Deutschland kaum mehr zu sehen. Das deutsche Reich war dem Unheil schutzlos ausgeliefert. Das Wüten der Goebbels-Propaganda blieb die einzig noch mögliche Reaktion. Dabei wurde freilich nicht erwähnt, dass Terror aus der Luft erstmals
15 von den Deutschen angewandt worden war, im September 1939 gegen Warschau, im Mai 1940 gegen Rotterdam, im März 1941 gegen Belgrad, monatelang 1940/41 gegen London.

Wolfgang Benz, Geschichte des Dritten Reiches, München 2000, S. 204 f.

### M 8  „Vergleichen darf man"

*Aus einem Gespräch der Zeitschrift Geo mit dem Soziologen Wolfgang Sofsky (2003):*

**GEO:** Sie sagen, vor allem in den letzten Monaten des Krieges seien die Bombenangriffe auf deutsche Städte umso mehr purer Terror gewesen, als sie spätestens dann, wenn nicht schon zuvor, mili-
5 tärisch sinnlos waren. Aber ging es nicht letztlich darum, ein verbrecherisches Regime mit allen Mitteln zu bekämpfen, egal um welchen Preis und mit welchen Mitteln?

**Sofsky:** Natürlich ging es darum, den Krieg zu gewinnen. Mit möglichst geringen eigenen Ver- 10 lusten, aus der Perspektive der Alliierten. Und die deutsche Zivilbevölkerung, so war ja der Kalkül, sollte gegen das Nazi-Regime aufbegehren. Dass aber Dauerterror nicht zur Rebellion, sondern nur zur Apathie führen konnte – diese sozial-psycho- 15 logische Binsenweisheit wollte oder konnte man offenbar nicht wahrnehmen. Außerdem gab es eine Art Autodynamik des Krieges auf Seiten der West-Alliierten: Das Bomber Command war eine Einrichtung, die ihre Unersetzbarkeit durch per- 20 manente Erfolge beweisen musste. Ich zögere zu sagen, dass ein Krieg gegen ein verbrecherisches Regime notwendigerweise mit Verbrechen geführt werden muss. [...]

**GEO:** Und trotzdem noch einmal: Inwieweit ist der 25 Bombenkrieg mit anderen Untaten des Krieges zu vergleichen? Sollte man überhaupt vergleichen?

**Sofsky:** Ja, das darf man, und das sollte man. Stellen Sie sich eine Kriegshandlung am Boden vor: Eine Stadt wird umzingelt, die Stadt ist offen, sie 30 wird nicht verteidigt, es gibt keinen Widerstand. Die Angreifer erschießen die Zivilisten und verbrennen die Stadt. Das ist der klassische Fall von Einzelterror in einem Terrorkrieg. Massaker des Typs Oradur oder Lidische, von den Deutschen in 35 Russland in unzähligen Fällen angewandt. Aber fragen muss man schon, was Bombenangriffe auf Zivilisten aus der Luft nun so viel anders macht – außer der größeren Distanz, die die Angreifer, die Bomberbesatzungen, zu ihren 40 Opfern haben.

http://www.geo.de/GEO/heftreihen/geo_epoche/bombenkrieg-die-dinge-beim-namen-nennen-14.html?p=1 [Zugriff: 3.4.2014].

## Aufgaben

1. **Kriegsalltag in Deutschland**
   a) Beschreibe mit eigenen Worten den Kriegsalltag der Menschen in Deutschland.
   b) Stelle die Maßnahmen zusammen, die als Schutz gegen den Bombenkrieg empfohlen wurden, und beurteile deren Wirksamkeit.
   → Text, M6

2. **„Feuersturm"**
   a) Fasse die Darstellung der Bombardierung Hamburgs in eigenen Worten zusammen.
   b) Vergleiche die Aussagen des Flugblattes mit dieser Darstellung. → M5, M6

3. **Standpunkte vergleichen**
   a) Vergleiche die Auffassungen der beiden Wissenschaftler.
   b) Beurteile: Handlungen kriegführender Mächte können miteinander verglichen werden.
   c) Bewerte die Aussage: „Die Bombardierung deutscher Städte war ein Kriegsverbrechen."
   → M7, M8

# Methode: Umgang mit Berichten von Zeitzeugen

### M 1 Zeitzeugenbericht aus Burg

*Die Zeitzeugin Gerda Fessel, 1926 in Burg bei Magdeburg im heutigen Sachsen-Anhalt geboren, erinnert sich an ihre Kindheit und Jugend. Das Gespräch wurde im Jahr 2012 für dieses Schulbuch geführt und aufgezeichnet:*

Nach dem Abschluss [der Schule] musste ich ein Pflichtjahr absolvieren. Wo ich arbeiten musste, wusste ich nicht. Das wurde alles vom Arbeitsamt geregelt. Meistens kam man zu Bauern. Ich kam
5 zu Bäcker Weber nach Niegripp. Der hatte auch noch ein bisschen Landwirtschaft. Geld bekam ich nur wenig. Ich stand ja in voller Verpflegung. Ich musste immer sehr früh aufstehen und die Brötchen morgens um 5 Uhr pressen. [...]
10 Dann, das muss dann 1941 gewesen sein, hab' ich eine Lehre angefangen. Bei „Karl Weber Nachfolger" in Burg. Das war ein Konfektionshaus. Da gab es Kleider, Hemden, Stoffe, Gardinen, all sowas. Daneben hab' ich noch die kaufmännische
15 Berufsschule besucht.
Ich hatte meine Lehre 1944 gerade beendet, da haben sie mich gleich zum Arbeitsdienst eingezogen. Der dauerte ein halbes Jahr. Anfang Juni 1944 kam ich in ein Arbeitslager nach Grunsruh.
20 60 Mädchen waren wir da. Wir trugen alle eine blaue Uniform mit einem roten Kopftuch. Jeden Morgen mussten wir 6 km zu Fuß zu den Bauern laufen, bei denen wir auf dem Hof aushalfen. Die Männer da waren fast alle eingezogen. Da muss-
25 ten wir bei der Ernte helfen. „Rüben verziehen".

Mit der Hand. Ich hatte das noch nie gemacht und später war der Boden schon angefrostet. Da bekam man keine mehr raus. Ich kann mich noch dran erinnern, dass es anfing zu regnen. Und ich dachte noch: Naja, da werden sie ja nicht mehr 30 lange auf dem Feld stehen. Von wegen! Die nahmen sich einen Sack und setzten sich den auf den Kopf. Und dann wurde weitergearbeitet. [...]
Ende Oktober 1944 musste ich Kriegshilfsdienst leisten. Man kam entweder in die Munitionsfabrik 35 oder zur Straßenbahn. Wir mussten unsere alte Uniform abgeben und sollten uns zivile Kleidung schicken lassen. Mein Vater kam mit einem Persilkarton! Er hatte nicht mal einen Koffer. Ich glaube, mein Vater ist davor noch nie so weit gereist. 40 Er durfte zwei Nächte im Lager schlafen, musste aber dafür alle kaputten Fahrräder reparieren. Der Abschied fiel mir so schwer. Als ich meinen Vater sah, bekam ich ganz schön Heimweh.
Aber es half nichts. Ich sollte bei der Straßenbahn 45 arbeiten. Ich musste mit dem Milchwagen 18 km nach Rosenberg fahren, das war in der Nähe von Katovice. Mit so einem Pferdewagen dauerte das unheimlich lange. Von da aus kam ich ins Maidenlager in Bismarckhütte. 200 Mädchen waren wir 50 da. Wir haben uns alle kaum gekannt. Die meisten wurden bei den Überlandbahnen eingesetzt. Wir waren Hilfsschaffner und mussten alle Stationen auswendig lernen. Da haben wir sogar ein bisschen Geld bekommen. 55
Im Januar 1945 wurden wir Mädchen dann alle zusammengetrommelt. Sie sagten zu uns, der Russe sei im Anmarsch, sie müssten uns entlassen. Der Weg nach Hause war dann uns überlassen. Wir sind mit dem Truppen- 60 transport gefahren. Die transportierten unsere leicht verwundeten Soldaten. Wir bekamen ein bisschen Verpflegung auf dem Transport. Wir sind immer an der Grenze entlang gefahren. Die Russen sol- 65 len da schon in Gleiwitz gewesen sein. Auf dem Weg sahen wir überall tote Pferde liegen. Irgendwann war ich endlich in Dresden. Von dort bin ich nach Magdeburg gefahren. Als ich in Magde- 70 burg auf dem Bahnhof stand, habe ich mich unheimlich erschrocken. Da war schon so viel kaputt! Das war so um den 10. Januar, glaube ich.

### M 2 Kinder auf der Suche nach Flaksplittern
Magdeburg 1940

Unveröffentlichter Bericht, Mageburg 2012.

122

# Umgang mit Zeitzeugenbefragungen

Quellen sind die Grundlage für das, was wir über Vergangenheit wissen. Neben der schriftlichen, bildlichen und gegenständlichen Überlieferung spielt die mündliche eine besondere Rolle. Im Alltag ist sie selbstverständlich, auch wenn uns das nicht immer bewusst ist, z.B. wenn Großeltern ihren Enkeln von früher erzählen, als sie selbst noch jung waren. Allerdings reißt die mündliche Überlieferung mit dem Tod eines Zeitzeugen ab: Das Wissen um Ereignisse schwindet mit der aussterbenden Generation.

Um das zu verhindern, bemühen sich Historiker, Menschen nach ihren Erlebnissen und Erfahrungen zu befragen. Solche Zeitzeugen sind in der Lage, viele Dinge mitzuteilen, die in anderen Quellen nicht enthalten sind. Politiker können zum Beispiel darüber Auskunft geben, wie eine bestimmte Entscheidung zustande gekommen ist. Vielleicht war ein Telefongespräch, über das es keine Aufzeichnungen gibt, entscheidend. Wie Menschen bestimmte historische Ereignisse, zum Beispiel den Kriegsalltag, erlebt haben, ist oft nur durch eine gezielte Befragung zu erfahren.

Dabei ist zu bedenken, dass es sich um die Meinungen Einzelner handelt, die nicht unbedingt allgemeingültig sind. Auch die Tücken der Erinnerung sind nicht zu unterschätzen. Vor allem wenn das Ereignis schon länger zurückliegt, kann es sein, dass manches vergessen wurde, manches sich mit Erzählungen anderer Menschen vermischt hat und manches im Nachhinein vielleicht besonders dramatisch oder verklärt dargestellt wird.

Um das mündlich Erfragte zu bewahren, muss man es schriftlich festhalten. Dabei geht allerdings etwas Wichtiges verloren, nämlich die Art und Weise, wie ein Zeitzeuge etwas erzählt: Ob er seine Mitteilung stockend macht und immer wieder Pausen einlegt, welche Gesten er verwendet und wie sein Gesichtsausdruck ist, ob er gerührt, traurig, ärgerlich oder fröhlich erscheint. Das alles lässt sich am niedergeschriebenen Text nicht mehr erkennen, sodass solche Aussagen immer genau untersucht werden müssen.

**M 3  Zerstörtes Magdeburg**
Am 16. Januar 1945, zwischen 21.28 Uhr und 22.08 Uhr, wurde die nördliche und mittlere Altstadt Magdeburgs während eines unerwarteten Nachtangriffs von 371 englischen Bombern in Schutt und Asche gelegt. Magdeburg – ein Zentrum der Rüstungsindustrie – gehörte zu den mit am stärksten zerstörten deutschen Städten, Blick auf die Johanniskirche, Foto von 1952.

## Umgang mit historischen Zeitzeugenprotokolle

| | |
|---|---|
| 1. Herkunft des Protokolls | a) Nenne die Interviewpartner. |
| | b) Nenne den Zeitpunkt des Interviews. |
| 2. Ablauf des Gesprächs | a) Ermittle die Phasen des Interviews. |
| | b) Unterscheide in den Antworten zwischen Sachinformationen und Informationen, die von Gefühlen bestimmt sind. |
| 3. Inhalt des Gesprächs | a) Gib das Thema des Interviews an. |
| | b) Stelle die wichtigsten Informationen des Interviews zusammen. |
| 4. Ergiebigkeit der Aussagen | a) Erörtere, ob Frau Fessel deiner Meinung nach Dinge verschweigt oder beschönigt. Beachte dabei den Zeitabstand zwischen dem Erlebten und dem Interview. |
| | b) Bewerte die Ergiebigkeit der Aussagen und ihren Wahrheitsgehalt. |

# Die Ermordung der Juden

### Ein Denkmal mitten in Berlin

Im Zentrum Berlins findet der Besucher ein großes Feld mit Betonpfeilern, die in Anspielung an antike Grabsteine als „Stelen" bezeichnet werden. Da sie von ganz unterschiedlicher Höhe sind, erwecken sie den Eindruck eines wogenden Feldes. Dieses Denkmal wird auch als Holocaust-Mahnmal bezeichnet und erinnert an die Ermordung der Juden während der Zeit des Nationalsozialismus.

Für den Völkermord an den Juden hat sich der Name „Holocaust" eingebürgert. Dieses griechische Wort für „Brandopfer" erinnert an die Verbrennung der Toten in den Vernichtungslagern der Nationalsozialisten. In Israel und den USA wird oft der hebräische Begriff „Shoah" verwendet, was Unheil oder Katastrophe bedeutet.

Die Schwierigkeit, das Ereignis korrekt zu benennen, zeigt zugleich seine Ungeheuerlichkeit. Das Ausmaß des Verbrechens führte immer wieder zu der Frage: Wie war das möglich? – Doch die Unmenschlichkeit der Taten lässt es nahezu unmöglich erscheinen, eine nachvollziehbare rationale Erklärung zu finden.

**M 1** Berliner Denkmal für die während der NS-Zeit ermordeten Juden Europas, Foto von 2010

### Gab es einen Plan für den Massenmord?

Bei der Suche nach Gründen spielt die nationalsozialistische Ideologie eine entscheidende Rolle, denn von Beginn an war die NSDAP eine antisemitische Partei. Diese Judenfeindschaft propagierten Hitler und seine Anhänger schon in der Weimarer Republik und erst recht nach der Machtübernahme. Nach 1933 kam es dann zu Diskriminierung, Entrechtung und Verfolgung.

Mit der Frage, wie die Judenverfolgung in einen Völkermord münden konnte, beschäftigen sich die Historiker noch immer. Umstritten ist besonders die Frage, ob dem Massenmord schon früh ein bewusster Plan zugrunde lag. Für diese Annahme sprechen verschiedene öffentliche Bekundungen Hitlers sowie manche Einträge in den Tagebüchern von Propagandaminister Goebbels.

Dagegen vertreten die meisten Forscher die Auffassung, dass erst die Ausnahmesituation des Zweiten Weltkrieges zu einer schrittweisen Radikalisierung der nationalsozialistischen Politik führte. Dabei entstanden einzelne Stufen des Schreckens: Umsiedlung von Juden und anderen Volksgruppen – Gettoisierung der Juden in abgegrenzten und streng bewachten Stadtvierteln – Ernährungs- und Versorgungskrisen durch militärische Zwänge. So sank die Hemmschwelle zum Töten immer tiefer, bis schließlich sogar Massenmord annehmbar war – zumal er „rassenbiologisch" begründet schien!

Bereits vor Ausbruch des Zweiten Weltkrieges war es zu Morden an Behinderten und Kranken gekommen, wogegen mutige Christen schon damals protestierten. Die Nationalsozialisten bezeichneten dies als Tötung „unwerten Lebens" oder als „Euthanasie", d.h. Sterbehilfe.

**M 2** Plakat zum Film „Jud Süß" Einziges Ziel des NS-Propagandafilms, der 1940 nach einer Novelle von Wilhelm Hauff gedreht wurde, war die Denunziation der Juden.

### Der Beginn des Massenmords

Zu ersten Massentötungen kam es bereits während der Feldzüge gegen Polen, Frankreich und die UdSSR zwischen 1939 und 1941. Den militärischen Verbänden folgten sogenannte „Einsatzgruppen" der Sicher-

**M 3** Misshandelte Jüdinnen in einem Dorf in Südrussland zu Beginn der deutschen Besatzung, 1941

**M 4** Massaker unter russischen Juden
Massenerschießung jüdischer Bürger unmittelbar nach Einnahme der Stadt Lemberg durch die Wehrmacht am 7. Juli 1941

heitspolizei und des Sicherheitsdienstes, die über eine Million Juden durch Exekutionen ermordeten, darunter auch Frauen und Kinder. Parallel dazu wurden die antijüdischen Maßnahmen in den besetzten Gebieten verschärft. Diese Radikalisierung entsprang nicht nur Hitlers Rassenwahn, sondern auch einer Hochstimmung nach den militärischen Erfolgen der „Blitzkriege". Der Völkermord an den Juden begann somit schon 1939 nach dem Einmarsch in Polen und weitete sich nach dem Überfall auf die Sowjetunion 1941 schlagartig aus.

### Der Übergang zur planmäßigen Ermordung

Im Herbst 1941 geriet der Vormarsch der Wehrmacht vor Moskau ins Stocken, im Dezember 1941 traten die USA in den Krieg ein. Vor dem Hintergrund dieser angespannten Situation erfolgte der Übergang zur systematischen Ermordung der Juden.

Auch wenn kein ausdrücklicher Befehl Hitlers belegt ist, zeigen die Quellen, dass im Spätherbst 1941 im Zusammenspiel verschiedener Personen und Dienststellen die entscheidenden Weichen gestellt wurden. Einerseits drängten Hitler und führende Nationalsozialisten auf eine Beschleunigung der Mordkampagne. Andererseits verstärkten sich Forderungen der Basis, radikale Maßnahmen zu ergreifen. Aber auch ohne ausdrücklichen Befehl kam es immer wieder zu Mordtaten.

### Die Wannseekonferenz

Am 20. Januar 1942 trafen sich Spitzenvertreter der Reichsministerien, der NSDAP und der SS zu einer Konferenz im Gästehaus der SS am Berliner Wannsee. Zweck der Wannseekonferenz war die Koordinierung aller Maßnahmen zur Vernichtung des europäischen Judentums unter Federführung der SS. Das Protokoll zeigt, dass die grundsätzliche Entscheidung zur planmäßigen Vernichtung der Juden zu diesem

## M 5  Juden in Würzburg auf dem Weg zur Deportation

Die Deportation der deutschen Juden in die Vernichtungsstätten im besetzten Osteuropa fand oft am Tage statt, sodass die Bevölkerung dabei zusehen konnte,
Foto vom 25. April 1942.

Zeitpunkt bereits gefallen war. Es enthält noch keinen Hinweis auf die geplante Tötung durch Giftgas, zeigt aber unmissverständlich, dass die beschlossenen Maßnahmen millionenfachen Tod zur Folge haben würden. Keines der beteiligten Ministerien und keine Behörde erhob Einspruch gegen diese Mordpläne.

### Der Völkermord

Ab 1942 wurden Juden aus ganz Europa in die Vernichtungslager verschleppt. Man hatte sie fernab in Polen errichtet, um die Untaten geheim zu halten. Bereits auf den Fahrten in den Güterzügen starben Menschen an Unterkühlung oder Erschöpfung.

Nach ihrer Ankunft wurden die Menschen „selektiert": Wer nicht arbeitsfähig schien, kam in Gaskammern, die man als Duschräume tarnte. Dort wurden die Opfer mit Giftgas getötet und ihre Leichen in eigens erbauten Krematorien verbrannt. Zuvor mussten die Menschen jeden persönlichen Besitz abgeben. Den Toten wurde sogar Zahngold herausgebrochen, Frauenhaar abgeschnitten und gesammelt. Die arbeitsfähigen Häftlinge mussten unter unmenschlichen Bedingungen arbeiten. Sie starben an Erschöpfung, Unterernährung, Krankheiten und Seuchen, viele auch an sadistischer Quälerei oder medizinischen Experimenten. Historiker schätzen, dass 5,7 bis 6,1 Millionen Juden umkamen. Hinzu kamen weitere Gruppen, die verfolgt und ermordet wurden: Sinti und Roma, Homosexuelle und Zeugen Jehovas.

### Grenzen des Verstehens

Zwar wissen wir heute, wie es zum millionenfachen Mord an den Juden kam. Die Ungeheuerlichkeit des Geschehens macht ein Verstehen jedoch unmöglich. Es waren ja nicht nur fanatische Nationalsozialisten an diesem Verbrechen beteiligt, sondern eine Vielzahl von Personen: vom Dienststellenleiter und seinem Verwaltungsangestellten über den Lokomotivführer bis hin zum KZ-Wächter. Gedenkstätten und Denkmäler wie das Denkmal für die ermordeten Juden Europas sollen die Erinnerung wach halten und die Opfer ehren.

## M 6  „Der letzte Schrei – Am Ende"

Gemälde des Auschwitz-Häftlings Adolf Frankl

# Die „Endlösung" aus Sicht der Täter – Einen Tagebucheintrag und eine Rede analysieren

### M 7 Joseph Goebbels und Heinrich Himmler

*a) Eintragung im Tagebuch von Joseph Goebbels, des Reichsministers für Volksaufklärung und Propaganda, vom 27. März 1942:*

Aus dem Generalgouvernement werden jetzt, bei Lublin beginnend, die Juden nach dem Osten abgeschoben. Es wird hier ein ziemlich barbarisches und nicht näher zu beschreibendes Verfahren angewandt, und von den Juden selbst bleibt nicht mehr viel übrig. Im Großen kann man wohl feststellen, dass 60 Prozent davon liquidiert werden müssen, während nur noch 40 Prozent in der Arbeit eingesetzt werden können. Der ehemalige Gauleiter in Wien [Odilo Globocnik], der diese Aktion durchführt, tut das mit ziemlicher Umsicht und auch mit einem Verfahren, das nicht allzu auffällig wirkt. An den Juden wird ein Strafgericht vollzogen, das zwar barbarisch ist, das sie aber vollauf verdient haben. Die Prophezeiung, die der Führer ihnen für die Herbeiführung eines neuen Weltkriegs mit auf den Weg gegeben hat, beginnt sich in der furchtbarsten Weise zu verwirklichen. Man darf in diesen Dingen keine Sentimentalität obwalten lassen. Die Juden würden, wenn wir uns ihrer nicht erwehren würden, uns vernichten. Es ist ein Kampf um Leben und Tod zwischen der arischen Rasse und dem jüdischen Bazillus.
Keine andere Regierung und kein anderes Regime konnte die Kraft aufbringen, diese Frage generell zu lösen. Auch hier ist der Führer der unentwegte Vorkämpfer und Wortführer einer radikalen Lösung, die nach Lage der Dinge geboten ist und deshalb unausweichlich erscheint. Gottseidank haben wir jetzt während des Krieges eine ganze Reihe von Möglichkeiten, die uns im Frieden verwehrt wären. Die müssen wir ausnützen.
Die in den Städten des Generalgouvernements freiwerdenden Gettos werden jetzt mit den aus dem Reich abgeschobenen Juden gefüllt, und hier soll sich dann nach einer gewissen Zeit der Prozess erneuern. Das Judentum hat nichts zu lachen, und dass seine Vertreter heute in England und in Amerika den Krieg gegen Deutschland organisieren und propagieren, das müssen seine Vertreter in Europa sehr teuer bezahlen, was wohl auch als berechtigt angesehen werden muss.

Aus: Herbert Michaelis/Ernst Schraepler (Hg.), Ursachen und Folgen, Bd. 19, Berlin o. J., S. 470 f.

*b) Der „Reichsführer SS" Heinrich Himmler zur „Endlösung" in einer Rede auf der SS-Gruppenführertagung in Posen am 4. Oktober 1943:*

Ich will hier vor Ihnen in aller Offenheit auch ein ganz schweres Kapitel erwähnen. Unter uns soll es einmal ganz offen ausgesprochen sein, und trotzdem werden wir in der Öffentlichkeit nie darüber reden. Genauso wenig, wie wir am 30. Juni 1934 gezögert haben, die befohlene Pflicht zu tun und Kameraden, die sich verfehlt hatten, an die Wand zu stellen und zu erschießen, genauso wenig haben wir darüber jemals gesprochen und werden je darüber sprechen. Es war eine, Gottseidank in uns wohnende Selbstverständlichkeit des Taktes, dass wir uns untereinander nie darüber unterhalten haben, nie darüber sprachen. Es hat jeden geschaudert und doch war sich jeder klar darüber, dass er es das nächste Mal wieder tun würde, wenn es befohlen wird und wenn es notwendig ist.
Ich meine jetzt die Judenevakuierung, die Ausrottung des jüdischen Volkes. Es gehört zu den Dingen, die man leicht ausspricht. – „Das jüdische Volk wird ausgerottet", sagt ein jeder Parteigenosse, „ganz klar, steht in unserem Programm, Ausschaltung der Juden, Ausrottung, machen wir." Und dann kommen sie alle an, die braven 80 Millionen Deutschen, und jeder hat seinen anständigen Juden. Es ist ja klar, die anderen sind Schweine, aber dieser eine ist ein prima Jude. Von allen, die so reden, hat keiner zugesehen, keiner hat es durchgestanden. Von Euch werden die meisten wissen, was es heißt, wenn 100 Leichen beisammen liegen, wenn 500 daliegen oder wenn 1 000 daliegen. Dies durchgehalten zu haben, und dabei – abgesehen von Ausnahmen menschlicher Schwächen – anständig geblieben zu sein, das hat uns hart gemacht. Dies ist ein niemals geschriebenes und niemals zu schreibendes Ruhmesblatt unserer Geschichte, denn wir wissen, wie schwer wir uns täten, wenn wir heute noch in jeder Stadt – bei den Bombenangriffen, bei den Lasten und bei den Entbehrungen des Krieges – noch die Juden als Geheimsaboteure, Agitatoren und Hetzer hätten. Wir würden wahrscheinlich jetzt in das Stadium des Jahres 1916/17 gekommen sein, wenn die Juden noch im deutschen Volkskörper säßen.

Zit. nach: Hermann Graml, Reichskristallnacht, München 1988, S. 262 f.

# Nationalsozialismus und Zweiter Weltkrieg

## Der Holocaust im Spiegel unterschiedlicher Quellen

**M 8** Ankunft von ungarischen Juden an der Rampe von Auschwitz im Juni 1944

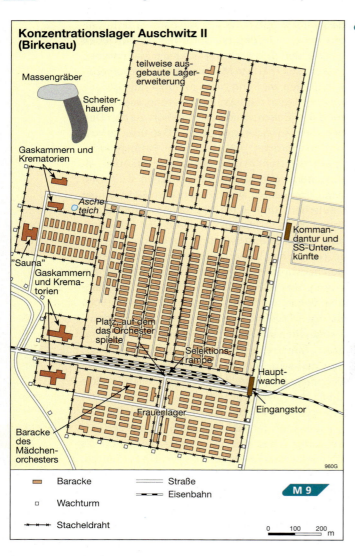

**M 10  Bericht aus Auschwitz**

*Der Auschwitz-Häftling Max Mannheimer berichtet über seine Ankunft im Konzentrationslager Auschwitz 1943:*

Osten – Arbeitseinsatz, sagt man. Wir sind alle zusammen: Meine Eltern, meine Frau, zwei Brüder, meine Schwester, Schwägerin. In acht Tagen werde ich dreiundzwanzig. Seit vier Jahren an Straßenbau und Steinbruch gewöhnt. Die letzten Wochen ans Sägewerk. Der Gedanke beruhigt mich. Es wird schon nicht so schlimm sein. Vater meint es auch. Er zahlte pünktlich Steuern. Für König und Kaiser im Ersten Weltkrieg drei Jahre an der Front. Hat sich nie etwas zuschulden kommen lassen. Transportnummern werden verteilt. Um den Hals gehängt. CU 210, 211, 212, 213, 214, 215, 216, 217. Tausend Frauen, Männer, Kinder. Schleppen sich. Nach Bauschowitz. Personenzug wartet. Werden einzeln aufgerufen. Steigen ein. Zehn im Abteil. Etwas gedrängt. Kann doch nicht so schlimm sein: Personenzug.

Osten – Arbeitseinsatz. Einsatz? Warum nicht einfach Arbeit? Abfahrt. Es ist neun Uhr morgens. Sehen Trümmer. Hören sächsisch. Entdecken Notizen an der Wand des Wagens. Abfahrt Theresienstadt 9.00 Uhr, dann Dresden, Bautzen, Görlitz, Breslau, Brieg. Oppeln Hindenburg. Dann nichts. Tag und Nacht. Auf der Strecke entdecken wir Juden. In Zivilkleidung. Mit Stern. Mit Schaufeln. Werfen Brot aus dem Fenster. Sie stürzen sich darauf. Stoßen sich. Arbeitseinsatz? Werden wir auch so aussehen? Handeln? Stoßen? Nochmals Tag. Und halbe Nacht. Der Zug hält kreischend an. Ein-

tausend Männer, Frauen, Kinder. Die Begleitmannschaft umstellt den Zug. Wir haben im Zug zu bleiben. Nicht mehr lange. Eine Kolonne LKW's kommt. Starke Scheinwerfer erhellen plötzlich die Rampe. SS-Offiziere und Wachtposten stehen da. Wir sind an der Todesrampe von Auschwitz-Birkenau.
Auschwitz-Birkenau, Todesrampe, Mitternacht vom 1. zum 2. Februar 1943.
Alles aussteigen! Alles liegenlassen! Eine Panik. Jeder versucht, so viel wie möglich in die Taschen zu stopfen. Die SS-Leute brüllen: Bewegung! Ein bisschen dalli! Noch ein Hemd wird angezogen. Noch ein Pullover. Zigaretten. Vielleicht als Tauschobjekt. Männer auf diese Seite, Frauen auf die andere Seite, Frauen mit Kindern auf die LKW's. Männer und Frauen, die schlecht zu Fuß sind, können mit den LKW's mitfahren. Viele melden sich.
Der Rest wird in Fünferreihen aufgestellt. Eine Frau versucht, zu uns herüberzukommen. Sie will vermutlich ihren Mann oder Sohn sprechen. Ein SS-Mann reißt sie mit einem Spazierstock zu Boden. Am Hals. Sie bleibt liegen. Wird weggezerrt. Arbeitseinsatz?
Ein SS-Offizier steht vor uns. Obersturmführer. Wird von einem Posten so angesprochen. Vermutlich Arzt. Ohne weißen Kittel. Ohne Stethoskop. In grüner Uniform. Mit Totenkopf. Einzeln treten wir vor. Seine Stimme ist ruhig. Fast zu ruhig. Fragt nach Alter, Beruf, ob gesund. Lässt sich Hände vorzeigen. Einige Antworten höre ich.
Schlosser – links.
Verwalter – rechts.
Arzt – links. […]
Arbeiter – links.
Schreiner – links.
Dann ist mein Vater an der Reihe. Hilfsarbeiter. Er geht den Weg des Verwalters und Magazineurs. Er ist fünfundfünfzig. Dürfte der Grund sein.
Dann komme ich. Dreiundzwanzig Jahre, gesund, Straßenbauarbeiter. Die Schwielen an den Händen. Wie gut sind die Schwielen. Links.
Mein Bruder Ernst: zwanzig, Installateur – links.

Mein Bruder Edgar: siebzehn. Schuhmacher – links. Versuche meine Mutter, Frau, Schwester, Schwägerin zu entdecken. Es ist unmöglich. Viele Autos sind abgefahren.
Aufstellung in Dreierreihen. Ein SS-Posten fragt nach tschechischen Zigaretten. Ich gebe ihm welche. Er beantwortet meine Fragen. Die Kinder kommen in den Kindergarten. Männer können ihre Frauen sonntags besuchen. Nur sonntags? Das reicht doch! Es muss wohl reichen.
Wir marschieren. Auf einer schmäleren Straße. Wir sehen ein hell erleuchtetes Quadrat. Mitten im Krieg. Keine Verdunkelung. Wachtürme mit MGs. Doppelter Stacheldraht, Scheinwerfer, Baracken. SS-Wachen öffnen ein Tor. Wir marschieren durch. Wir sind in Birkenau.
Vor einer Baracke bleiben wir zehn Minuten stehen. Dann werden wir eingelassen. Aus dem Transport von eintausend Männern, Frauen, Kindern sind es jetzt 155 Männer. Mehrere Häftlinge sitzen an Tischen. Geld und Wertgegenstände sollen abgegeben werden. Auch Verstecktes. Sonst gibt es harte Strafen. Aus meinem Hemdkragen trenne ich ein Stück auf. Zehn-Dollar-Note. Von meinem Schwiegervater. Als Reserve für Notzeiten. Die Namen werden registriert. Ich frage, ob ich die Kennkarte behalten soll. Nein, heißt es. Wir bekämen neue. Wir kommen ins Freie. Dann eine andere Baracke. In einem Raum legen wir unsere Kleider ab. Nur Schuhe und Gürtel behalten wir. Sämtliche Haare werden abgeschnitten. Und abrasiert. Wegen der Läuse. Wir werden mit Cuprex eingesprüht. Kommen in einen sehr warmen Raum. Stufenartig angelegt. Wie eine Sauna. Wir sind nackt und freuen uns über die Wärme. Eigenartig sehen wir aus. Komisch. Glatzen, um den nackten Bauch einen Gürtel und wir haben Schuhe an. Ein Häftling in gestreifter Kleidung kommt herein. Stellt sich vor uns. Wir fragen nach den Frauen, Kindern. „Gehen durch den Kamin!" Wir verstehen ihn nicht. Wir halten ihn für einen Sadisten. Wir fragen nicht mehr.

Max Mannheimer, in: Dachauer Hefte 1, München 1985.

## Aufgaben

1. **Die planmäßige Ermordung der Juden**
   a) Erkläre den Begriff „Holocaust".
   b) Erstelle ein Schaubild zum Thema „Die judenfeindliche Politik des NS-Regimes von 1933–1945". → Text, Internet

2. **Der Holocaust**
   a) Erörtere Goebbels' Rechtfertigung.
   b) Beurteile das Menschenbild Himmlers.
   c) Informiere dich über das Vernichtungslager Auschwitz. → M7–M10

# Nationalsozialismus und Zweiter Weltkrieg

## Widerstand gegen den Nationalsozialismus

### Was ist Widerstand?
Widerstand gegen die nationalsozialistische Herrschaft gab es vom Beginn des Terrorregimes 1933 bis zu seinem Untergang 1945. Aber was ist Widerstand? Zählen dazu nur die Attentate auf Hitler oder auch die Weigerung, zur HJ zu gehen? Handelte es sich um Widerstand, wenn man jüdische Nachbarn auf der Straße grüßte?

Die meisten Historiker unterscheiden verschiedene Formen des Widerstands: den bewussten politischen Kampf gegen das nationalsozialistische Regime, die Verweigerung im täglichen Leben gegenüber den Erwartungen der Nationalsozialisten und die innere geistige Abgrenzung von der NS-Ideologie. Die Vielfalt der Erscheinungsformen, Methoden, Motive und Zielsetzungen macht es schwer, Widerstand angemessen zu erfassen.

**M 1** Julius Leber (1891–1945)
Der SPD-Politiker und Widerstandskämpfer wurde am 5. Januar 1945 nach einem Schauprozess vor dem „Volksgerichtshof" in Berlin Plötzensee hingerichtet.

### Bedingungen des Widerstands
Erschwert – wenn nicht sogar lebensbedrohlich – wurde Widerstand im totalitären System dadurch, dass das NS-Regime von Anfang an mit Zwang und Terror gegen seine Gegner vorging. Zudem ließ sich die Mehrheit der Deutschen durch Hitlers vermeintliche Erfolge in den ersten Jahren blenden. Widerstand war also stets mit einem erheblichen persönlichen Risiko verbunden.

Auf der anderen Seite ist festzustellen, dass Einzelne und Gruppen immer wieder diese Gefahr auf sich nahmen. Sie wollten ihrer Überzeugung treu bleiben und einen Beitrag zum Sturz des nationalsozialistischen Regimes und zur Beendigung des Krieges leisten.

### Früher Widerstand aus der Arbeiterbewegung
Kommunisten und Sozialdemokraten waren Opfer der ersten Stunde. Gleich nach dem Reichstagsbrand im Februar 1933 wurden zahlreiche Mitglieder der KPD und SPD verhaftet, in Konzentrationslager verschleppt, misshandelt oder ermordet. Nur mühsam gelang es den verbleibenden Mitgliedern, ihren politisch motivierten Widerstand in kleinen konspirativen Gruppen zu organisieren.

Der Weg ins Exil verlagerte einen Großteil der Aktivitäten ins zunächst noch freie Ausland. Größere Aktionen waren unter diesen Bedingungen nicht möglich, aber es konnte ein Netzwerk Gleichgesinnter entstehen, das Informationsaustausch und Hilfeleistungen für Verfolgte ermöglichte. So wurden zum Beispiel Familienangehörige von Inhaftierten oder Ermordeten unterstützt.

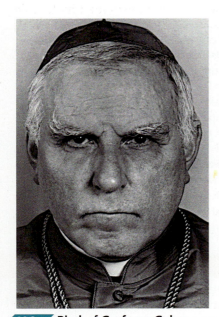

**M 2** Bischof Graf von Galen (1878–1946)
Der Bischof von Münster predigte offen gegen die „Euthanasie".

### Widerstand der Kirchen
Die katholische Kirche missbilligte die NS-Ideologie, denn es gab zahlreiche Aussagen, die nicht mit der christlichen Glaubenslehre in Einklang standen. Trotz des Konkordats, das Hitler 1933 mit dem Vatikan schloss, lehnten viele Katholiken die nationalsozialistische Weltanschauung ab. Die Ablehnung äußerte sich in individueller Verweigerungshaltung gegenüber den Einrichtungen der Partei und des Staates. Dazu zählte zum Beispiel die Weigerung, in die NSDAP, die HJ oder den BDM einzutreten. Als das nationalsozialistische Regime

**M 3** Dietrich Bonhoeffer
Foto, um 1942

**M 4** Claus von Stauffenberg (auf dem Foto ganz links) im „Führerhauptquartier Wolfsschanze"

**M 5** Die Geschwister Scholl
Auf dem Münchener Bahnhof verabschiedet sich Sophie Scholl von ihrem Bruder Hans (zweiter von links), der an die Ostfront einberufen wurde.

damit begann, Behinderte und Kranke als „lebensunwert" zu ermorden, weckte dies den Widerstand vieler Geistlicher. Beispielhaft war hier der Bischof von Münster, Clemens August Graf von Galen, der sich energisch von der Kanzel gegen das „Euthanasie"-Programm der Nationalsozialisten wandte. Das war auch für den Klerus nicht ungefährlich, zumal die Gestapo vor Verhaftung und Mord nicht zurückschreckte.

Schwieriger war die Situation der evangelischen Kirche. Hier gab es zwei Strömungen. Während die „Deutschen Christen" eng mit den Nationalsozialisten zusammenarbeiteten, vereinigten sich oppositionelle Geistliche im Pfarrernotbund. Aus ihm ging die „Bekennende Kirche" hervor, die den christlichen Glauben höher stellte als den Gehorsam gegenüber Hitler. Zu ihr zählte auch der Theologe Dietrich Bonhoeffer, der Pläne zum Sturz Hitlers unterstützte und dafür 1945 im KZ Flossenbürg hingerichtet wurde.

### Der 20. Juli 1944

Hitlers politische Erfolge bis zur Kriegswende 1942 erschwerten alle Aktivitäten, die sich gegen das Regime richteten. Widerstand gab es fast nur noch in Form regimekritischer Witze oder im Abhören „feindlicher Sender", was bei einer Denunziation Gerichtsverfahren und harte Strafen nach sich zog.

Als sich die militärische Niederlage abzeichnete, versuchte eine Gruppe von Verschwörern, Hitler zu töten und die Macht zu übernehmen. Am 20. Juli 1944 deponierte Oberst Graf von Stauffenberg während einer Lagebesprechung im „Führerhauptquartier", der „Wolfsschanze" in Ostpreußen, eine Bombe. Die Explosion verletzte Hitler nur leicht, da er zwischenzeitlich seine Position verändert hatte. Den politischen Umsturz, der zeitgleich in Berlin erfolgen sollte, schlug noch am selben Tag die Gestapo nieder. Stauffenberg und vier Verschwörer wurden bereits um Mitternacht in Berlin hingerichtet, eine anschließende Verhaftungswelle forderte Hunderte weiterer Opfer.

### Studentischer Widerstand

Auch Studierende leisteten Widerstand, wie zum Beispiel die „Weiße Rose", eine Gruppe von Studenten an der Universität München unter Führung der Geschwister Scholl. Sie verteilten Flugblätter gegen eine Fortsetzung des sinnlosen Kriegs und versuchten ihre Kommilitonen zum Widerstand zu bewegen. Am 18. Februar 1943 wurden sie in der Universität beobachtet und verhaftet. Wenig später richtete man die Geschwister Scholl und drei weitere Mitglieder der „Weißen Rose" hin.

### Widerstand von Jugendlichen

Auch Jugendliche distanzierten sich vom System oder leisteten aktiven Widerstand. Die „Swing-Jugend" Hamburgs aus gutbürgerlichen Kreisen hörte den offiziell verbotenen Jazz und den englischen „Feindsender", kleidete sich nach englischer Mode und feierte wilde Partys. Viele von ihnen wurden zur Umerziehung und Abschreckung in ein Jugend-Konzentrationslager gebracht oder an die Front geschickt. Die Edelweiß-Piraten und andere Gruppen im Rhein-Ruhr-Gebiet führten einen regelrechten Kampf gegen SA und Polizei. Sie betrieben Sabo-

# Nationalsozialismus und Zweiter Weltkrieg

**M 6** Der zerstörte Bürgerbräukeller in München
nach dem Attentat vom 8. November 1939

**M 7** Georg Elser (1903–1945)
Er verübte am 8. November 1939 im Münchner Bürgerbräukeller ein Bombenattentat auf Hitler. Elser wurde am 9. April 1945 im KZ Dachau erschossen.

**M 8** Russische Partisanin
hingerichtet 1941, Foto

tage und schreckten auch vor Gewalt nicht zurück. Viele von ihnen wurden ohne Gerichtsurteil umgebracht.

### Einzelne Widerstandskämpfer

Manche kämpften allein gegen das NS-Regime. Ein bekanntes Beispiel ist der Schreiner Georg Elser aus Württemberg, der durch Hitlers Beseitigung einen Krieg verhindern wollte. Jedes Jahr feierten die Nationalsozialisten im Münchner Bürgerbräukeller den Jahrestag des Hitler-Putsches. Wochenlang ließ sich Elser abends in der Wirtschaft einsperren, um heimlich in einer ausgehöhlten Säule einen Sprengsatz anzubringen. Die Bombe explodierte zwar wie geplant, doch hatte Hitler die Versammlung vorzeitig verlassen, sodass er dem Attentat entkam. Elser wurde auf der Flucht in die Schweiz verhaftet und im KZ Dachau kurz vor Kriegsende ermordet.

### Die Deserteure

Je aussichtsloser der Krieg wurde, desto mehr Soldaten entzogen sich dem Wehrdienst. Desertion wurde streng bestraft und das Regime richtete Tausende Kriegsdienstverweigerer hin, da sie das Gesetz und ihren Treueid gegenüber Hitler gebrochen hatten. Allerdings blieb ihr „Nein" zum Krieg bis heute in der Bevölkerung umstritten. Immerhin besaßen sie den Mut, sich dem Wahnsinn des Kriegs zu verweigern, der insbesondere in den letzten Jahren unzählige Menschenopfer forderte.

### Widerstand in den besetzten Gebieten

Trotz manch mutiger Aktion fand der deutsche Widerstand gegen Hitler kaum Rückhalt bei der Bevölkerung. Anders sah das in den besetzten Gebieten aus, sei es in Frankreich, Polen, der Sowjetunion oder auf dem Balkan. Die Partisanen zogen sich in unzugängliche Gebiete zurück und sprengten Eisenbahnlinien, Brücken und Waffenlager. Die Bevölkerung unterstützte diesen Patriotismus, während sie Kollaboration mit den Deutschen als Verrat verurteilte.

Die deutsche Besatzungsmacht ging rücksichtslos gegen jede Form von Sabotage und Widerstand vor, sodass der Partisanenkrieg auf beiden Seiten mit schonungsloser Grausamkeit geführt wurde.

## Widerstand – Ein Flugblatt analysieren

Kommilitoninnen! Kommilitonen!

Erschüttert steht unser Volk vor den Untergang der Männer von Stalingrad. Dreihundertdreissigtausend deutsche Männer hat die geniale Strategie des Weltkriegsgefreiten sinn- und verantwortungslos in Tod und Verderben gehetzt. Führer, wir danken dir!

Es gärt im deutschen Volk: Wollen wir weiter einem Dilettanten das Schicksal unserer Armeen anvertrauen? Wollen wir dem niedrigen Machtinstinkten einer Parteiclique den Rest der deutschen Jugend opfern? Nimmermehr! Der Tag der Abrechnung ist gekommen, der Abrechnung unserer deutschen Jugend mit der verabscheuungswürdigsten Tyrannis, die unser Volk je erduldet hat. Im Namen der ganzen deutschen Jugend fordern wir von dem Staat Adolf Hitlers die persönliche Freiheit, das kostbarste Gut des Deutschen zurück, um das er uns in der erbärmlichsten Weise betrogen hat.

In einem Staat rücksichtsloser Knebelung jeder freien Meinungsäusserung sind wir aufgewachsen. HJ, SA, SS haben uns in den fruchtbarsten Bildungsjahren unseres Lebens zu uniformieren, zu revolutionieren, zu narkotisieren versucht. „Weltanschauliche Schulung" hiess die verächtliche Methode, das aufkeimende Selbstdenken und Selbstwerten in einem Nebel leerer Phrasen zu ersticken. Eine Führerauslese, wie sie teuflischer und bornierter zugleich nicht gedacht werden kann, zieht ihre künftigen Parteibonzen auf Ordensburgen zu gottlosen, schamlosen und gewissenlosen Ausbeutern und Mordbuben heran, zur blinden, stupiden Führergefolgschaft. Wir „Arbeiter des Geistes" wären gerade recht, dieser neuen Herrenschicht den Knüppel zu machen. Frontkämpfer werden von Studentenführern und Gauleiteraspiranten wie Schuljungen gemassregelt, Gauleiter greifen mit geilen Spässen den Studentinnen an die Ehre. Deutsche Studentinnen haben an der Münchner Hochschule auf die Besudelung ihrer Ehre eine würdige Antwort gegeben, deutsche Studenten haben sich für ihre Kameradinnen eingesetzt und standgehalten. Das ist ein Anfang zur Erkämpfung unserer freien Selbstbestimmung, ohne die geistige Werte nicht geschaffen werden können. Unser Dank gilt den tapferen Kameradinnen und Kameraden, die mit leuchtendem Beispiel vorangegangen sind.

Es gibt für uns nur eine Parole: Kampf gegen die Partei! Heraus aus den Parteigliederungen, in denen man uns politisch weiter mundtot halten will! Heraus aus den Hörsälen der SS- Unter- oder Oberführer und Parteikriecher! Es geht uns um wahre Wissenschaft und echte Geistesfreiheit! Kein Drohmittel kann uns schrecken, auch nicht die Schliessung unserer Hochschulen. Es gilt den Kampf jedes einzelnen von uns um unsere Zukunft, unsere Freiheit und Ehre in einem seiner sittlichen Verantwortung bewussten Staatswesen.

Freiheit und Ehre! Zehn lange Jahre haben Hitler und seine Genossen die beiden herrlichen deutsche Worte bis zum Ekel ausgequetscht, abgedroschen, verdreht, wie es nur Dilettanten vermögen, die die höchsten Werte einer Nation vor die Säue werfen. Was ihnen Freiheit und Ehre gilt, haben sie in zehn Jahren der Zerstörung aller materiellen und geistigen Freiheit, aller sittlichen Substanz im deutschen Volk genugsam gezeigt. Auch dem dümmsten Deutschen hat das furchtbare Blutbad die Augen geöffnet, das sie im Namen von Freiheit und Ehre der deutschen Nation in ganz Europa angerichtet haben und täglich neu anrichten. Der deutsche Name bleibt für immer geschändet, wenn nicht die deutsche Jugend endlich aufsteht, rächt und sühnt zugleich, seine Peiniger zerschmettert und ein neues, geistiges Europa aufrichtet.

Studentinnen! Studenten! Auf uns sieht das deutsche Volk! Von uns erwartet es, wie 1813 die Brechung des Napoleonischen, so 1943 die Brechung des nationalsozialistischen Terrors aus der Macht des Geistes. Beresina und Stalingrad flammen im Osten auf, die Toten von Stalingrad beschwören uns!

„Frisch auf, mein Volk, die Flammenzeichen rauchen!"
Unser Volk steht im Aufbruch gegen die Verknechtung Europas durch den Nationalsozialismus, im neuen gläubigen Durchbruch vor Freiheit und Ehre!

**M 9** Flugblatt der „Weißen Rose", Faksimile des letzten Flugblattes vom Februar 1943

# Nationalsozialismus und Zweiter Weltkrieg

## Attentat auf Hitler – Den Verlauf rekonstruieren

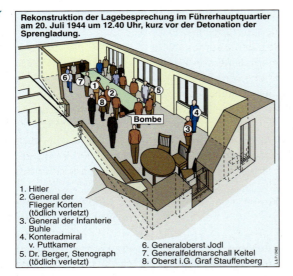

**M 10** Rekonstruktion der Lagebesprechung im Führerhauptquartier am 20. Juli 1944 um 12.40 Uhr, kurz vor der Detonation der Sprengladung.

1. Hitler
2. General der Flieger Korten (tödlich verletzt)
3. General der Infanterie Buhle
4. Konteradmiral v. Puttkamer
5. Dr. Berger, Stenograph (tödlich verletzt)
6. Generaloberst Jodl
7. Generalfeldmarschall Keitel
8. Oberst i.G. Graf Stauffenberg

**M 11 Attentat auf Hitler – eine Chronik**

20. Juli 1944:

**10.00 Uhr:** „Führerhauptquartier Wolfsschanze": Gegen 10.15 Uhr treffen Oberst Claus Schenk Graf von Stauffenberg und Oberleutnant Werner von Haeften ein.

**12.30 Uhr:** „Führerhauptquartier Wolfsschanze": Stauffenberg und Haeften begeben sich unter dem Vorwand, sich für die Lagebesprechung bei Hitler frischmachen und das Hemd wechseln zu wollen, in das Schlafzimmer eines Adjutanten. Hier aktiviert Stauffenberg, dem infolge einer Kriegsverletzung ein Auge, die rechte Hand und an der linken Hand zwei Finger fehlen, den Zeitzünder der Sprengladung. Nach dem Scharfmachen der ersten Ladung und deren Unterbringung in Stauffenbergs Aktentasche werden sie gestört. Die zweite Sprengladung verbleibt in Haeftens Aktentasche.

Stauffenberg geht zu Fuß zur Lagerbaracke, wo die „Führerlagebesprechung" soeben begonnen hat. Keitel stellt Stauffenberg Hitler vor. Stauffenberg stellt die Tasche mit dem Sprengstoff in die Nähe Hitlers und verlässt dann unter dem Vorwand, telefonieren zu müssen, den Raum.

**12.42 Uhr:** „Führerhauptquartier Wolfsschanze": Detonation der deponierten Sprengladung. Von den 24 Personen in der Lagerbaracke erleiden vier tödliche Verletzungen, fast alle anderen werden mehr oder weniger schwer verletzt. Hitler überlebt das Attentat mit leichten Verletzungen. Aus 200 m Entfernung beobachtet Stauffenberg die Explosion. Unter einem Vorwand verlassen sie das Gelände und fliegen um 13.15 Uhr mit einem bereitgestellten Flugzeug nach Berlin.

**Zwischen 14.45 Uhr und 15.15 Uhr:** Berlin: Stauffenberg und Haeften landen in Berlin. Haeften gibt telefonisch die Nachricht vom Tode Hitlers an die Verschwörer in der Bendlerstraße durch.

**16.30 Uhr:** Berlin: Stauffenberg und Haeften treffen in der Bendlerstraße ein.

**17.00 Uhr:** „Führerhauptquartier Wolfsschanze": Himmler ruft das Reichssicherheitshauptamt in Berlin an und befiehlt, Stauffenberg festnehmen zu lassen. Durch das „Führerhauptquartier" werden Meldungen im Rundfunk veranlasst, die vom Attentat berichten und darauf hinweisen, dass Hitler lebt. General Kortzfleisch, Kommandierender General des Wehrkreises Berlin, erscheint in der Bendlerstraße. Als er sich weigert, den neuen Befehlen Folge zu leisten, wird er von dem in das Attentat eingeweihten General Beck festgenommen.

**19.00 Uhr:** General Beck telefoniert mit dem Oberkommandierenden West, Generalfeldmarschall Kluge, in Paris. Dieser fordert, zuerst Gewissheit über den Tod Hitlers zu erhalten, bevor er zum Handeln bereit sei. Auf Becks Frage, ob er auf jeden Fall zu handeln bereit wäre, weicht Kluge aus und erklärt, er müsse sich erst ein Bild von den Vorgängen verschaffen, bevor er derartige schwerwiegende Schritte unternehme.

**20.00 Uhr:** Paris: Der eingeweihte General Stülpnagel versucht vergeblich, Kluge zum Handeln mitzureißen, mit dem Ziel einer Einstellung des Kampfes im Westen und einer Verbindungsaufnahme mit den Alliierten. Kluge betont immer wieder, dass er bereit gewesen sei, mitzumachen, „wenn Hitler tot" gewesen wäre.

**Gegen 23.15 Uhr:** Berlin: Eine Kompanie des Wachbataillons „Großdeutschland" besetzt den Bendlerblock.

21. Juli 1944:

**00.15 Uhr bis 00.30 Uhr:** Berlin: Im Hof des Bendlerblocks werden General Olbricht, von Haeften, Oberst Mertz von Quirnheim und Stauffenberg durch ein Sonderkommando exekutiert. Stauffenberg stirbt mit dem Ruf: „Es lebe das heilige Deutschland!"

Aus: Peter Steinbach und Johannes Tuchel (Hg.), Widerstand gegen den Nationalsozialismus, Bonn 1994, S. 365 ff. (gekürzt).

## Formen des Widerstands – Einen Begriff definieren

**M 12  Eine Darstellung**

*Der Historiker Wilfried Breyvogel schreibt über den Widerstand im Nationalsozialismus (1994):*

Die frühe Geschichtsschreibung zum Widerstand im Nationalsozialismus ging von einem sehr engen Widerstandsbegriff aus, der mit dem Bild des Nationalsozialismus in der Totalitarismustheorie kor-
5 respondierte: ein monolithischer Herrschaftsapparat, der die gesamte Gesellschaft von oben durchdrang und im Kegelbild der Parteiorganisation seinen deutlichsten Ausdruck fand. Daraus folgte eine Totalerfassung, welche die Möglichkeit des
10 Widerstands minimalisierte und die Heroisierung Einzelner als Märtyrer und Helden zur Folge hatte. Es entstand der Widerstandsdreiklang: Bischof von Galen, Weiße Rose und 20. Juli 1944.
Dagegen ist das Spektrum der Begriffe, das die
15 Alltagsforschung entwickelt hat, weiter gefasst und differenzierter: Resistenz, Dissidenz, Nonkonformität, Protest, Widerstand und Konspiration. Resistenz meint die aus sozialen Lebensbedingungen, Milieus, Glaubenshaltungen entstehende
20 Reserve, Zurückhaltung, Nichtbegeisterung Einzelner und Gruppen.
Dissidenz und Nonkonformität steht für die Behauptung und Verwirklichung eines eigenen sozialen Raumes, für Handlungen, die über die mentale Reserve hinausgehen und sich z. B. in der
25 Pflege von Kontakten und der Aufrechterhaltung alter Beziehungsnetze ausdrücken können.
Protest meint mit den früheren Definitionen übereinstimmend den verbal geäußerten Widerspruch, das im Zwischenfeld von privat und öffentlich
30 geäußerte Wort, den Zwischenruf, die Verständigung suchende Seitabbemerkung, das Gespräch als Versicherung einer gemeinsamen Option.
Widerstand kennzeichnet die Widerstandshandlung im engen Sinne als geplante Aktion gegen
35 Einrichtungen und persönliche Repräsentanten des Regimes mit dem Ziel seiner/ihrer Beseitigung unter der Bedingung des Risikos für das eigene Leben.
Dieser Begriff von Widerstand verbindet sich not-
40 wendig mit dem Begriff der Konspiration als einer verdeckten Maßnahme.

Wilfried Breyvogel, Jugendwiderstand im Nationalsozialismus. Ein Überblick, in: Gerhard Ringshausen (Hg.), Perspektiven des Widerstands. Der Widerstand im „Dritten Reich" und seine didaktische Erschließung, Obererlenbach 1994, S. 52 f.

### Aufgaben

1. **Formen des Widerstands**
   a) Nenne die verschiedenen im Text genannten Formen des Widerstands.
   b) Informiere dich über eine der folgenden Gruppen näher: Kreisauer Kreis, Swing-Kids, Rote Kapelle.
   → Text

2. **Attentat auf Hitler – Den Verlauf rekonstruieren und bewerten**
   a) Fasse die Ereignisse des 20. Juli 1944 zusammen.
   b) Erläutere die Ursachen für das Scheitern der Pläne Stauffenbergs.
   c) Formuliere eine Darstellung mit einer persönlichen Wertung der Männer des 20. Juli 1944.
   → Text, M10, M11

3. **Widerstand – Ein Flugblatt analysieren**
   a) Informiere dich über die Mitglieder der Gruppe „Weiße Rose" und deren Schicksale.
   b) Erarbeite mithilfe des Flugblattes die Ziele der „Weißen Rose".
   c) Erschließe anhand der Quelle die Schwierigkeiten, vor denen die Verfasser des Flugblattes standen.
   → Text, M9

4. **Einen Begriff definieren**
   a) Erstelle eine Tabelle mit den Spalten „aktiver Widerstand" und „passiver Widerstand". Finde mindestens fünf Beispiele für beide Widerstandsformen.
   b) Nimm zu der Auffassung des Autors Stellung. Beziehe die Begriffe „aktiver Widerstand" und „passiver Widerstand" in deine Überlegungen ein.
   c) Formuliere eine eigene Definition des Begriffs „Widerstand".
   → M12

# Nationalsozialismus und Zweiter Weltkrieg

## Das Ende des Zweiten Weltkrieges

### Kriegsende in Europa und Asien

Am 8. und 9. Mai 1945 endete der Zweite Weltkrieg in Europa. Die Oberbefehlshaber der deutschen Wehrmacht unterzeichneten zunächst im Hauptquartier der Westalliierten im französischen Reims und danach im sowjetischen Hauptquartier in Berlin-Karlshorst die „bedingungslose Kapitulation". Damit hatte die Anti-Hitler-Koalition ihr wichtigstes Ziel erreicht: die nationalsozialistische Diktatur war besiegt und die Alliierten übernahmen nun die Regierungsgewalt im kriegszerstörten Deutschland.

In Ostasien setzten die USA erstmals die Atombombe ein und bewirkten ein abruptes Kriegsende. Diese Waffe von unvorstellbarer Zerstörungskraft vernichtete am 6. August 1945 die japanische Stadt Hiroshima und tötete etwa 70 000 Menschen sofort. Bis heute hat sich diese Zahl durch Spätfolgen der atomaren Verstrahlung auf 240 000 erhöht. Wenig später erlitt die Stadt Nagasaki das gleiche Schicksal. Schon am 2. September 1945 unterzeichnete Japan auf dem amerikanischen Schlachtschiff „Missouri" die bedingungslose Kapitulation.

**M 1** **Atompilz über Hiroshima**
Der US-Bomber „Enola Gay" wirft um 8:15 Uhr Ortszeit die Atombombe ab. Sie explodiert in 570 m Höhe und kostet 240 000 Menschen das Leben, 6. August 1945.

**M 2**

### Die Toten des 2. Weltkriegs (in Mio.)

|  | Soldaten | Zivilbevölkerung |
|---|---|---|
| Deutschland | 4,750 | 0,500 |
| Sowjetunion | 13,600 | 7,000 |
| USA | 0,259 |  |
| Großbritannien | 0,324 | 0,062 |
| Frankreich | 0,340 | 0,470 |
| Polen | 0,320 | 5,700 |
| Italien | 0,330 |  |
| Rumänien | 0,378 |  |
| Ungarn | 0,140 | 0,280 |
| Jugoslawien | 0,410 | 1,280 |
| Griechenland | 0,020 | 0,140 |
| Niederlande | 0,012 | 0,198 |
| Japan | 1,200 | 0,600 |
| China | mind. 20,0 |  |
| Gesamtverluste: | ca. 55 Mio. Tote | |

### Die Bilanz des Krieges in Deutschland

Der Zweite Weltkrieg hinterließ ein bis dahin unbekanntes Ausmaß an Verwüstung, Tod und Leid. Der Bombenhagel hatte die Städte zerstört, unzählige Menschen waren obdachlos, Millionen flüchteten vor der Sowjetarmee aus ihrer ostdeutschen Heimat in den Westen. Die Nahrungsversorgung brach vielerorts zusammen und es drohte eine Hungersnot. Neben Millionen Soldaten hatte der Krieg auch Millionen Zivilisten getötet. Hinzu kam das unvorstellbare Verbrechen des bestialischen Völkermords an den europäischen Juden.

**M 3** **Indische Unabhängigkeit**
Kurz nach dem Zweiten Weltkrieg wurde Indien 1947 unabhängig. Das Foto zeigt die konstituierende Verfassungsversammlung während ihrer Mitternachtssitzung am 14./15. August 1947.

## Das Kriegsende als epochale Wende

Das Ende des Zweiten Weltkriegs bedeutete in mehrfacher Hinsicht einen tiefen Einschnitt. So stiegen die USA und die Sowjetunion zu Supermächten auf. Wegen ihrer gegensätzlichen politischen Systeme – liberale Demokratie einerseits und sozialistische Diktatur andererseits – entwickelte sich in der Folgezeit ein weltumspannender Konflikt, der „Kalte Krieg", der immer wieder regionale Krisen und die Gefahr neuer Kriege heraufbeschwor.

Mit der Atombombe begann eine neue Epoche in der Waffenentwicklung und in den Beziehungen zwischen den großen Mächten. Nachdem auch die Sowjetunion und andere Staaten über diese „Bombe" verfügten, bestand die Gefahr einer kriegerischen Auseinandersetzung, die die gesamte Erde zerstören würde.

Demgegenüber verlor Europa an weltpolitischer Bedeutung. Einstige Großmächte wie Frankreich, Großbritannien oder Deutschland konnten mit den neuen Supermächten nicht mehr konkurrieren. Der Machtzerfall beschleunigte sich dadurch, dass die Kolonien in Afrika und Asien ihre Unabhängigkeit erklärten. Dieser Prozess der Entkolonisierung, der nach 1945 begann, traf besonders Frankreich und Großbritannien.

## Die Gründung der UNO

Sichtbarer Ausdruck eines Umdenkens der Politiker war die Gründung der „Vereinten Nationen" im Jahr 1945. Nach dem Scheitern des Völkerbunds wollte man ein Gremium schaffen, das den Frieden und die Sicherheit der Völker garantieren und Konflikte entschärfen sollte. Erste Grundsätze einer solchen Friedensordnung hatten US-Präsident Roosevelt und der britische Premierminister Churchill bereits 1941 in ihrer „Atlantik-Charta" verkündet. Am 26. Juni 1945 unterzeichneten schließlich 51 Staaten in San Francisco die Charta der „Vereinten Nationen" (United Nations Organization, UNO).

## „Niederlage" oder „Befreiung"?

Empfanden andere Länder das Kriegsende als Sieg oder Befreiung, so war die Situation in Deutschland zwiespältig.

Einerseits endete der blutige Krieg, der Tod und Verderben über die Menschen gebracht hatte. Konzentrationslager öffneten sich und die schwer gezeichneten Häftlinge erlangten endlich ihre Freiheit. Die führenden Nationalsozialisten waren entmachtet, geflohen oder inhaftiert. Andere begingen Selbstmord wie Hitler in seinem Berliner Bunker. Kurz: Der Krieg war beendet, die NS-Diktatur vernichtet.

Andererseits hatte Deutschland eine vernichtende Niederlage erlitten, unglaubliche Zerstörungen und über 5 Millionen Tote zu beklagen. Ausländische Mächte übernahmen die Herrschaft und brachten das Ende eines souveränen Deutschlands. Auch die vom Nationalsozialismus getäuschten Menschen, die an die Versprechungen des Regimes geglaubt hatten, waren verbittert und empfanden das Ende nicht immer als „Befreiung".

Ob der 8. Mai 1945 also ein „Tag der Niederlage" oder ein „Tag der Befreiung" ist, ob er zu Freude, Trauer oder zum Gedenken Anlass gibt, wurde bei Kriegsende sehr verschieden beantwortet.

**M 4** **Befreiung des Vernichtungslagers Auschwitz** am 27. Januar 1945

## Atombombe auf Hiroshima – Bilder und Texte analysieren

**M 5** Eine Bildergeschichte über Hiroshima
von den japanischen Künstlern Iri und Toshi Maruki

a) „Lichtblitz und Strahlung"　　　　　　b) „Hitze- und Druckwelle"

c) „Feuer"　　　　　　d) „Flucht"

**M 6** Die Frage „Warum?"

*Der Historiker Florian Coulmas schreibt in seinem Buch über Hiroshima (2005):*

Eine unverzerrte Antwort auf die Frage zu geben, weshalb Hiroshima und Nagasaki vernichtet wurden, bleibt schwierig. Nur der Versuch einer relativen Gewichtung der vielen verschiedenen Faktoren, die zusammenkamen, ist sinnvoll. Während militärische Gründe kaum ins Gewicht fielen, war das politische Motiv, gegenüber der sowjetischen Führung amerikanische Stärke zu zeigen, von großer Bedeutung. Hinzu kamen der Druck, die gewaltigen Kosten des Unternehmens zu rechtfertigen und die Bereitschaft zur Dehumanisierung [Entmenschlichung] der anderen Rasse. Japans Versäumnis, den auch ohne die Atombomben bereits verlorenen Krieg zu beenden, machte es möglich, dass die Katastrophe über Hiroshima und Nagasaki hereinbrach.

Florian Coulmas, Hiroshima – Geschichte und Nachgeschichte, München 2005, S. 19.

# Kriegsende 1945 – Deutungen vergleichen

### M 7  Vierzig Jahre danach

*Rede von Bundespräsident Richard von Weizsäcker am 8. Mai 1985 im Bundestag anlässlich des 40. Jahrestages der Beendigung des Krieges:*

Viele Völker gedenken heute des Tages, an dem der Zweite Weltkrieg in Europa zu Ende ging. Seinem Schicksal gemäß hat jedes Volk dabei seine eigenen Gefühle. Sieg oder Niederlage, Befreiung
5 von Unrecht und Fremdherrschaft oder Übergang zu neuer Abhängigkeit, Teilung, neue Bündnisse, gewaltige Machtverschiebungen – der 8. Mai 1945 ist ein Datum von entscheidender historischer Bedeutung in Europa. […]

Der 8. Mai ist für uns vor allem ein Tag der Erinne- 10 rung an das, was Menschen erleiden mussten. Er ist zugleich ein Tag des Nachdenkens über den Gang unserer Geschichte. Je ehrlicher wir ihn begehen, desto freier sind wir, uns seinen Folgen verantwortlich zu stellen. 15
Der 8. Mai ist für uns Deutsche kein Tag zum Feiern. Die Menschen, die ihn bewusst erlebt haben, denken an ganz persönliche und damit ganz unterschiedliche Erfahrungen zurück. Der eine kehrte heim, der andere wurde heimatlos. Dieser 20 wurde befreit, für jenen begann die Gefangenschaft. Viele waren einfach nur dafür dankbar, dass Bombennächte und Angst vorüber und sie mit dem Leben davongekommen waren. Andere 25 empfanden Schmerz über die vollständige Niederlage des eigenen Vaterlandes. Verbittert standen Deutsche vor zerrissenen Illusi- 30 onen, dankbar andere Deutsche vor dem geschenkten neuen Anfang.

Politische Reden 1945–1990, hrsg. von Marie-Luise Recker, Frankfurt/M. 1999, S. 747 f.

### M 8  Zeichnung von Fritz Behrendt
Frankfurter Allgemeine Zeitung, 1985

## Aufgaben

**1. Das Ende des Krieges**
a) Erläutere die Gründe für die Schwierigkeiten, ein genaues Datum für das Ende des II. Weltkrieges anzugeben.
b) Erkläre die Bedeutung des 8. Mai 1945 aus der Sicht Richard von Weizsäckers.
c) Formuliere einen eigenen Standpunkt zum 8. Mai 1945. Beziehe die Karikatur in deine Überlegungen ein.
→ Text, M7, M8

**2. Atombomben auf Hiroshima und Nagasaki**
a) Erläutere die in der Bildergeschichte dargestellte Wirkung einer Atombombe.
b) Beurteile Florian Coulmas' Antwort auf die Frage nach den Gründen für die Abwürfe.
c) In der US-amerikanischen Geschichtsschreibung werden oft militärische und menschliche Gründe als Ursachen für die Abwürfe angegeben. Nimm dazu Stellung.
→ Text, M1, M5, M6

# Nationalsozialismus und Zweiter Weltkrieg in Museen der Region

## Jüdisches Museum Frankfurt

**Das Jüdische Museum in Frankfurt**

In einem Teil der Ausstellung geht es um die Geschichte der Juden zur Zeit des Nationalsozialismus und um die Transformation der traditonellen Judenfeindschaft in einen modernen, rassischen Antisemitismus. Dargestellt sind die Phasen der Entrechtung und Enteignung, aber auch die Bemühungen jüdischer Institutionen um Selbstbehauptung und Widerstand. An der „Wand der Namen" sind die Menschen verzeichnet, die aus Frankfurt verschleppt und ermordet wurden.

www.juedisches-museum.de

## Gedenkstätte Breitenau Guxhagen

Von dem Konzentrations- und Arbeitserziehungslager sind noch die Isolier- und Dunkelhaftzellen, Dusch- und Waschräume sowie mehrere Gebäude, in denen Gestapo-Gefangene untergebracht waren, erhalten. Ein Modell veranschaulicht den Aufbau des Lagers.
Für einen Besuch sollten mindestens zwei bis drei Stunden eingeplant werden. Museumspädagogische Angebote, auch Akten- und Materialarbeit ist möglich.

www.gedenkstaette-breitenau.de

## Gedenkstätte und Museum Trutzhain

Das größte Kriegsgefangenenlager Hessens bestand ab Ende 1940 aus festen Fachwerk-Baracken für 6000 bis 8000 Gefangene. Mehrere Tausend sowjetische Kriegsgefangene wurden in einem separaten Lagerbereich unter unmenschlichen Bedingungen gefangen gehalten. Die meisten Kriegsgefangenen mussten Zwangsarbeit in der Landwirtschaft und der Industrie leisten. Führungen auf Deutsch und auf Englisch.

www.gedenkstaette-trutzhain.de

## Gedenkstätte Hadamar

Die Dauerausstellung thematisiert die „Euthanasie"-Verbrechen, die zwischen 1941 und 1945 in der Landesheilanstalt Hadamar begangen wurden. Dieses Thema kann sowohl über Opfer- wie Täterbiografien erschlossen werden. Ferner behandelt die Ausstellung die Vorgeschichte und den ideologischen Hintergrund der „Euthanasie" und wirft auch einen Blick in die Nachkriegsgeschichte.
Ausstellungsschwerpunkte liegen auf der Anstaltspsychiatrie im Nationalsozialismus, der ersten und zweiten Phase der „Euthanasie"-Morde und der Haltung der Bevölkerung.
In der Tötungsanstalt wurden zwischen Januar 1941 und März 1945 im Rahmen der sogenannten Aktion T4 fast 15 000 Menschen mit Behinderungen und psychischen Erkrankungen aus dem gesamten Reichsgebiet in einer Gaskammer, durch tödliche Injektionen und Medikationen sowie durch Vorenthaltung von Nahrung ermordet. Auch Zwangsarbeiterinnen und Zwangsarbeiter aus der ehemaligen Sowjetunion und Polen sowie Kinder mit einem jüdischen Elternteil befanden sich unter den Opfern.
Die Gedenkstätte versteht sich als ein Ort des Gedenkens, der historischen Aufklärung sowie der politischen Bildungsarbeit und richtet sich dabei an Kinder, Jugendliche und Erwachsene. Angeboten werden begleitende Rundgänge (etwa drei Stunden), Studientage (etwa vier bis sechs Stunden), aber auch mehrtägige Projekttage oder Theaterworkshops.

www.gedenkstaette-hadamar.de

# Lesetipps

## Prinz, Alois: Der Brandstifter

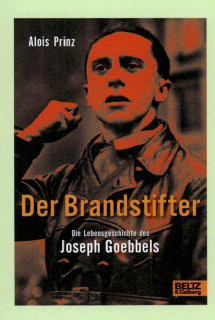

**Prinz, Alois: Der Brandstifter. Die Lebensgeschichte des Joseph Goebbels, Weinheim 2011, 320 Seiten.**

Josef Goebbels stammt aus einem kleinen Städtchen am Niederrhein und damit aus einer Gegend, die nach dem Ersten Weltkrieg von den Franzosen besetzt wird, als die enormen Reparationsleistungen nicht mehr vollständig erbracht werden können. Ärmlich sind die familiären Verhältnisse, in denen „Jupp" als Sohn eines kleinen Angestellten aufwächst. Im Kindesalter wird durch eine Knochenhautentzündung sein rechtes Bein so verändert, dass ein Klumpfuss entsteht: Er wird zum hinkenden Krüppel, der sowohl Hänseleien als auch Mitleid erntet. Ihn aber dürstet es nach Anerkennung und Ruhm.

Die Leistungen im Gymnasium oder beim Klavierspiel öffnen ihm zunächst einen Weg dahin. An der Universität promoviert er in Germanistik und hofft nun auf eine Karriere als Dichter, mindestens als Journalist. Aber in dem Heer von Arbeitslosen geht er unter, nur finanzielle Unterstützung durch Freundinnen und den Vater halten ihn über Wasser. Sein Hass auf die Besitzenden und ihr rücksichtsloses Gewinnstreben wird immer größer und führt ihn zunächst ins Lager der Sozialisten. Sein Ziel ist soziale Gerechtigkeit und eine moralische Aufrüstung. Aber immer wieder wird ihm die Plattform entzogen, von der aus er seinen Kampf breitenwirksam führen könnte. Immer wieder werden andere ihm vorgezogen.

Als sein Rednertalent schließlich entdeckt wird, ist er in seinem Element. Jetzt schwinden alle moralischen Zweifel, denn er betrachtet sich als Werkzeug einer großen Idee und einer für ihn gottgleichen Gestalt: Adolf Hitlers. Damit ist er in seinen Augen persönlich für nichts mehr verantwortlich. Er setzt alle Mittel ein, die er bei anderen anprangert: Lüge, Verleumdung, Hass. Er versteht es, all seine Gegner mundtot zu machen.

Mithilfe eines äußerst effizienten, riesigen Propagandaapparats, den er als Hitlers Minister bald aufbaut, lanciert er Falschmeldungen und vermeintliche Geheimnisse als falsche Fährten. Er ist gnadenlos im Umgang mit den Feinden, die er überall wittert und liquidieren lässt, egal, ob ihre „Schuld" tatsächlich erwiesen ist oder nur ein Verdacht besteht. Skrupel lässt er nicht zu. Realitätsverlust kommt hinzu, je weiter er aufsteigt und sich vom „Volk" und der Kriegswirklichkeit entfernt. Pausenlose, immer grausamere Aktionen lassen ihn das Heft scheinbar in der Hand behalten – bis zuletzt, als er seinen Kindern, seiner Frau und sich selbst den Tod gibt.

## Weitere empfehlenswerte Bücher und CDs zum Thema „Nationalsozialismus und Zweiter Weltkrieg"

**Terlouw, Jan:**
Kriegswinter, Stuttgart 2013, 204 Seiten.

**Charles, Marion:**
Ich war ein Glückskind. Mein Weg aus Nazideutschland mit dem Kindertransport, München 2013, 224 Seiten.

**Voorhoeve, Anne C.:**
Einundzwanzigster Juli, Ravensburg 2011, 416 Seiten.

**Vinke, Hermann:**
Wunden, die nie ganz verheilten. Das Dritte Reich in der Erinnerung von Zeitzeugen, Ravensburg 2010, 192 Seiten.

**Richter, Hans Peter:**
Damals war es Friedrich, München 1979, 176 Seiten.

**Zusak, Markus:**
Die Bücherdiebin, 1 Audio-CD, München 2014.

# Nationalsozialismus und Zweiter Weltkrieg

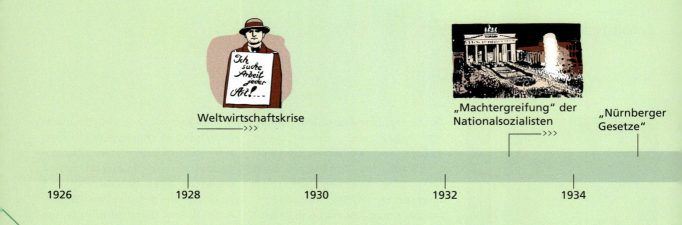

Weltwirtschaftskrise
>>>

„Machtergreifung" der Nationalsozialisten
>>>

„Nürnberger Gesetze"

1926  1928  1930  1932  1934

## Zusammenfassung

Am 30. Januar 1933 übernahmen die Nationalsozialisten unter Adolf Hitler die Macht in Deutschland. In kurzer Zeit errichteten sie eine Diktatur. Etappen auf diesem Weg waren das „Ermächtigungsgesetz", das der Regierung Hitler auch die legislative Gewalt übertrug, sowie die „Gleichschaltung". Sie führte zur Auflösung der Parteien und Gewerkschaften sowie zur Beseitigung der Länderparlamente. Presse und Kultur unterlagen einer staatlichen Zensur und dienten der nationalsozialistischen Propaganda.

Die Sicherung der Macht besorgte ein brutales Polizei- und Überwachungssystem, das sich des Terrors bediente und von der SA und SS – den Kampforganisationen der NSDAP – unterstützt wurde. Politische Gegner inhaftierte das Regime in Konzentrationslagern (KZ).

Antisemitismus gehörte zur ideologischen Grundlage des Nationalsozialismus. Er führte zur Ausgrenzung der Juden aus dem politischen, wirtschaftlichen und gesellschaftlichen Leben. Höhepunkte der Judenverfolgung waren die Nürnberger Gesetze 1935 und die Pogrome vom 9./10. November 1938.

Außenpolitische Ziele des Nationalsozialismus waren die Revision des Versailler Vertrages, die Schaffung eines „Großdeutschen Reiches" und die Eroberung neuer Gebiete in Osteuropa.

Am 1. September 1939 entfesselte Hitler mit dem Überfall auf Polen den Zweiten Weltkrieg. Bis 1940 eroberten deutsche Truppen weite Gebiete vom Nordkap bis zur Atlantikküste und führten ab 1941 einen Vernichtungskrieg in der Sowjetunion. In den eroberten Ostgebieten errichteten die Nationalsozialisten Vernichtungslager und ermordeten etwa 6 Millionen Juden aus allen Teilen des besetzten Europas.

Der japanische Überfall auf Pearl Harbor führte 1941 zum Kriegseintritt der USA. Von nun an zwangen die Alliierten die Achsenmächte an allen Fronten zum Rückzug und stießen nach ihrer Landung in der Normandie im Juni 1944 auf das Reichsgebiet vor. Ein Umsturzversuch, den eine Gruppe von deutschen Offizieren am 20. Juli 1944 unternahm, scheiterte. Am 8. und 9. Mai 1945 erfolgte Deutschlands bedingungslose Kapitulation. Nach den Atombombenabwürfen auf Hiroshima und Nagasaki kapitulierte am 2. September 1945 auch Japan.

9.09.38 Münchner Abkommen"

Novemberpogrome

Überfall auf Polen >>>

Angriff auf die Sowjetunion >>>

Zweiter Weltkrieg

Bombenkrieg >>>

Attentat auf Hitler 20.07.44

8./9.05.45 Kriegsende

1938 — 1940 — 1942 — 1944 — 1946

### Daten

30.1.1933 Hitler wird Reichskanzler
9./10.11.1938 Pogromnacht
1.9.1939 Angriff auf Polen
8./9.5.1945 Bedingungslose Kapitulation Deutschlands

### Begriffe

„Gleichschaltung"
Konzentrations- und Vernichtungslager
„Volksgemeinschaft"
Antisemitismus
„Lebensraum"
Nürnberger Gesetze
Holocaust, Shoa
Widerstand

### Personen

Dietrich Bonhoeffer
Sophie und Hans Scholl
Claus von Stauffenberg
Kardinal von Galen
Heinrich Himmler
Joseph Goebbels

### Methoden

Umgang mit Bildquellen

Umgang mit Berichten von Zeitzeugen

## Der historische Raum: Nationalsozialismus und Zweiter Weltkrieg

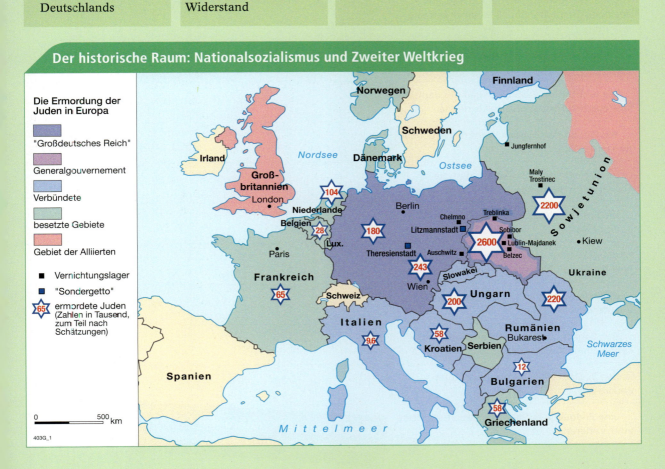

Die Ermordung der Juden in Europa
- "Großdeutsches Reich"
- Generalgouvernement
- Verbündete
- besetzte Gebiete
- Gebiet der Alliierten
- ■ Vernichtungslager
- ■ "Sondergetto"
- ermordete Juden (Zahlen in Tausend, zum Teil nach Schätzungen)

## Seiten zur Selbsteinschätzung

### Thema: Nationalsozialismus und Zweiter Weltkrieg

Hinweis: Die folgende Tabelle dient der Selbsteinschätzung deiner erworbenen Kenntnisse und Fähigkeiten. Die Auflistung erhebt nicht den Anspruch, vollständig zu sein. Es handelt sich um eine Auswahl, die ggf. erweitert werden kann. In der rechten Spalte findest du Hin-

| Ich kann … | Ich bin sicher. | Ich bin ziemlich sicher. | Ich bin noch unsicher. | Ich habe große Lücken. |
|---|---|---|---|---|
| … den Prozess der Machtübergabe an Hitler darlegen. | | | | |
| … die wichtigsten Schritte Hitlers und seiner NSDAP zur Machtsicherung erläutern. | | | | |
| … die wichtigsten Elemente der nationalsozialistischen Weltanschauung erklären. | | | | |
| … die Mittel beschreiben, die der Nationalsozialismus nutzte, um die Jugend zu beeinflussen. | | | | |
| … die einzelnen Etappen der Entrechtung der deutschen Juden bis 1939 benennen und erläutern. | | | | |
| … Hitlers Verschleierungstaktik in seiner Außenpolitik erläutern. | | | | |
| … die wichtigsten Bestimmungen des deutsch-sowjetischen Nichtangriffspakts nennen. | | | | |
| … die Phasen des Zweiten Weltkrieges benennen und erläutern. | | | | |
| … die Gründe dafür erläutern, dass die Sowjetunion die Hauptlast des Krieges trug. | | | | |
| … die Rolle der Wehrmacht im Zweiten Weltkrieg bewerten. | | | | |
| … die Auswirkungen des Krieges auf die Zivilbevölkerung in Deutschland beschreiben. | | | | |
| … die Bedeutung des Begriffs „Holocaust" erläutern. | | | | |
| … den Begriff „Widerstand" erklären und kenne einige Widerstandsgruppen | | | | |
| … den 8. Mai 1945 in seiner Bedeutung erklären. | | | | |
| … eine Bildquelle mithilfe von Arbeitsschritten interpretieren. | | | | |

**Bitte beachte: Kopiere die Seiten, bevor du mit ihnen arbeitest.**

weise, wie du eventuell vorhandene Lücken oder auch Unsicherheiten beseitigen kannst.

**Bitte beachte: Solltest du über ein Leihexemplar dieses Lehrbuches verfügen, dann kopiere die Seiten, bevor du mit ihnen arbeitest.**

| Auf diesen Seiten kannst du in HORIZONTE nachlesen | Empfehlungen zur Übung, Wiederholung und Festigung |
|---|---|
| 66/67 | Formuliere einen Lexikonartikel zum Thema: „Die Machtübergabe an Hitler" |
| 67/68 72/73 | Erarbeite einen Kurzvortrag zum Thema: „Die Reichstagsbrandverordnung – Ein wesentlicher Schritt auf dem Weg der Abschaffung der Weimarer Demokratie". |
| 76/77 | Zeige auf, dass der Sozialdarwinismus eine der wichtigsten Grundlagen für die nationalsozialistische Weltanschauung war. |
| 86/87 | Erkläre die Funktionen der „HJ" und des „BDM" im System des Nationalsozialismus. |
| 90/91 | „Die Reichspogromnacht 1938 war der vorläufige Höhepunkt der antijüdischen Politik seit 1933." Nimm Stellung zu dieser Aussage. |
| 96/97 | Erstelle einen Zeitstrahl zur Außenpolitik Hitlers bis 1939 und erkläre die einzelnen Ereignisse. |
| 105, 107 | Erläutere die Auswirkungen des deutsch-sowjetischen Nichtangriffspaktes auf Polen. |
| 105, 108/109 112–114 | Erkläre die Bedeutung des Eintritts der USA für den weiteren Kriegsverlauf. |
| 108/109 112–114 | Erläutere die Auswirkungen des Krieges auf die Sowjetunion. |
| 108–111, 113/114 116/117 | Vergleiche die Besatzungspolitik Deutschlands in West- und Osteuropa. |
| 118–122 | Informiere dich in deinem Ort oder in der nächstgelegenen Stadt über die sozialen Auswirkungen des Zweiten Weltkriegs. |
| 124–129 Register | Suche im Register den Begriff „Holocaust" und trage sämtliche im Lehrbuch enthaltenen Informationen zusammen. |
| 130–132 135 | Verfasse eine Darstellung zum Thema: „Der deutsche Widerstand". |
| 136/137 139 | Verfasse einen Zeitungsartikel mit der Überschrift: „Der 8. Mai 1945 – Ein schwieriger Tag für die Deutschen" |
| 94/95 | Interpretiere mithilfe der Arbeitsschritte auf Seite 95 das Plakat zu den Olympischen Spielen von 1936 auf Seite 96. |

# 3. Ost-West-Konflikt und doppelte deutsche Staatsgründung

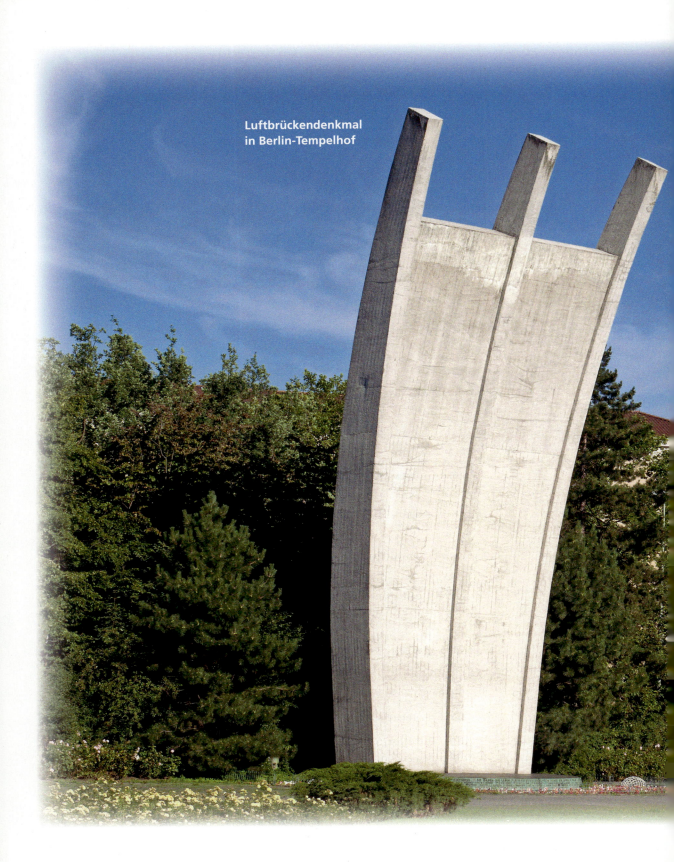

Luftbrückendenkmal in Berlin-Tempelhof

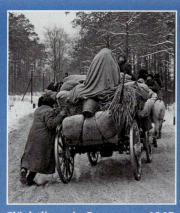
Flüchtlinge in Pommern, 1945

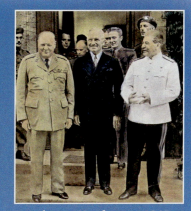
Potsdamer Konferenz, 1945

Plakat zum Marschallplan

Plakat der SED, 1946

## Kriegsende in Deutschland

### Die „Stunde Null"?
Das Kriegsende bedeutete einen so tiefen Einschnitt, dass man in Deutschland von der „Stunde Null" sprach. Darin mischte sich Erleichterung über das Ende des Kriegs mit dem Wunsch nach einem völligen Neuanfang. Im Vordergrund stand jedoch die Sorge ums Überleben. Der Bombenkrieg hatte in Deutschland eine Trümmerlandschaft hinterlassen, doch herrschte auch in anderen Staaten Europas Not. Besonders in Osteuropa und in der Sowjetunion waren weite Landstriche durch die Feldzüge der Wehrmacht verwüstet.

### Allgemeine Not in Deutschland
Als großes Problem erwies sich die Wohnungsnot. Da der Bombenhagel viele Städte zerstört hatte, fehlten Unterkünfte. Viele Menschen hausten in Ruinen oder lebten in beengten Notunterkünften. Bevor man an einen Wiederaufbau denken konnte, mussten die Trümmer beseitigt werden. Da viele Männer gefallen oder in Kriegsgefangenschaft waren, räumten Alte, Jugendliche und Frauen die Schuttberge weg. „Trümmerfrauen" vollbrachten damals Deutschlands erste Aufbauleistung.

Der Luftkrieg hatte nicht nur Wohnviertel zerstört, sondern auch Eisenbahnen, Straßen, Fabriken sowie die Wasser- und Energieversorgung. Vieles konnte nur notdürftig repariert werden, sodass zunächst Mangel und Chaos herrschten.

Ein weiteres brennendes Problem war der Hunger. Die Versorgung mit dem Allernötigsten gestaltete sich in unmittelbarer Nachkriegszeit äußerst schwierig. Lebensmittel wurden streng rationiert und waren nur mit Lebensmittelmarken erhältlich. Deshalb unternahmen die Menschen „Hamsterfahrten" aufs Land, wo sie bei den Bauern Wertsachen gegen Lebensmittel eintauschten.

Trotz Verbots und strenger Kontrolle entstanden Schwarzmärkte, auf denen man schwer erhältliche Waren kaufen konnte. Zigaretten dienten dabei oft als Tauschwährung.

**M 1 Notunterkunft in Berlin 1948**
In Trümmern, Verschlägen und Erdlöchern hausten viele Menschen unmittelbar nach Kriegsende.

**M 2 Zerstörtes Hamburg**
Foto von 1945

**M 3** „Trümmerfrauen" in Berlin 1946
Trotz ungewisser Zukunft, ihre Männer gefallen oder vermisst, vollbrachten die sogenannten Trümmerfrauen Deutschlands erste Aufbauleistungen.

Darüber hinaus fehlte es an allem: Uniformen oder Gardinen wurden zu ziviler Kleidung umgenäht; aus Helmen wurden Kochtöpfe und Siebe; Malzkaffee, Kunsthonig, Rübensirup und andere Stoffe ersetzten Nahrungs- und Genussmittel. Erst allmählich konnte wieder eine ausreichende Versorgung gesichert werden.

### Hilfsprogramme des Auslands
Das bekannteste Hilfsprogramm der Nachkriegszeit waren CARE-Pakete. Eine Privatorganisation versorgte Deutsche mit Lebensmittelsendungen aus den USA, die nicht nur die schlimmste Not linderten, sondern neue Waren nach Deutschland brachten. Zudem erschienen die Amerikaner vielen Deutschen nun als mildtätige Helfer. Später trugen großzügige Finanzhilfen zur Ankurbelung der Wirtschaft bei.

### Die Suche nach neuen Werten
Krieg und Diktatur hatten Tod und Zerstörung in unvorstellbarem Ausmaß bewirkt und bei vielen Menschen den Sinn des Lebens in Frage gestellt. Viele versuchten ihre oft traumatischen Erfahrungen zu bewältigen und eine neue Orientierung zu finden. Literatur und Kunst stießen deshalb auf großes Interesse. Bücher einst „entarteter" Autoren fanden reißenden Absatz, Theater spielten Stücke ausländischer und früher verfemter Autoren, die das Publikum begierig aufnahm. Nachdem die Deutschen zwölf Jahre von der Welt abgeschnitten waren, weckte alles große Neugier. Gefüllt waren vor allem die Kirchen, in denen Menschen Beistand und Hilfe suchten.

**M 4** Schulspeisung in Hamburg
Die Schulen teilten kostenlose Mahlzeiten aus, da die Kinder an Unterernährung litten, 1946.

### Neuanfang und Kontinuität
Ob es wirklich eine „Stunde Null" gab, ist bis heute umstritten. Einerseits endete für Millionen Menschen das „alte" Leben und sie mussten einen Neuanfang wagen. Andererseits übernahmen Politik und Gesellschaft Bewährtes aus der Weimarer Republik, sodass man hier von einer gewissen Kontinuität sprechen kann.

# Ost-West-Konflikt und doppelte deutsche Staatsgründung

## Nach dem Krieg – Berichte von Zeitzeugen analysieren

**M 5  Erlebnisberichte aus der Nachkriegszeit**

*a) 1956 erinnerte sich eine Schülerin:*

Dann kam der Umbruch. Ich entsinne mich noch genau, als wir von dem Einzug der Amerikaner hörten. Wir kamen von einem Spaziergang zurück. Mein Vater stürzte uns entgegen und sagte, dass es
5 soweit wäre, die Amerikaner ständen vor der Tür. Es war schrecklich für meine Eltern, denn meine beiden ältesten Brüder waren noch in einem Internat in Thüringen. Wie sollten sie in dieser Unordnung zu uns finden? Sie waren völlig auf sich
10 selbst angewiesen, wir konnten nichts für sie tun. Nach vier Tagen kamen sie dann endlich, und damit war die erste Sorge vorbei. [...]
Im September zogen wir wieder in unser Haus. Am 29. Oktober, nachts um 11.00 Uhr, kamen unsere
15 Verwandten als Flüchtlinge aus Sachsen. Das letzte Mal hatte ich sie als Gutsbesitzer gesehen, stolz auf ihr kleines Reich, und nun kamen sie blass und abgehärmt von der langen Flucht und suchten, ähnlich wie wir damals bei ihnen, aber unter noch
20 viel ernsteren Umständen, Schutz in unserem Haus. Es kamen immer mehr Flüchtlinge, wir schliefen schon auf Matratzen, und immer noch suchten sie ein Obdach. Manchmal saßen 25 Personen an unserem Esstisch.
25 Dazu kam der Hunger. Meine Mutter wusste nicht mehr, wie sie die vielen Menschen sättigen sollte. Die Brotscheiben wurden auf einer Briefwaage abgewogen, und jeder bekam eine Kelle Steckrübensuppe. Einmal im Monat wurde uns aus Ame-
30 rika ein riesiges Carepaket geschickt; es war ein allgemeines Fest, wenn meine Mutter dieses öffnete. Einen Tag lang wurde dann gefeiert, es gab Kakao und Butter!
Die wirkliche Not dieser Zeit empfand ich als Kind
35 kaum. Dass das Brot so genau abgewogen wurde, fand ich lustig, und der Hunger störte mich wenig. Ich war froh über die vielen Kinder, die jetzt wieder da waren, und unser Tag bestand aus wunderbaren Spielen. Es ist seltsam, aber ich entsinne
40 mich nicht, dass wir jemals wieder Krieg gespielt haben, ich wusste jetzt, wie ernst er ist, und spürte wohl auch, dass man damit nicht spielen darf. [...]
Aber abends, wenn wir alle um den Tisch saßen und den Gesprächen der Erwachsenen lauschten,
45 kroch ein leiser Schauer meinen Rücken empor. Ich hörte von den Russen, von ihren Grausamkeiten und sah die ernsten Gesichter meiner Eltern. Dann begriff ich doch, dass es um unser Deutschland und um uns ernst stand.

Alexander von Plato, Almut Lehr, Ein unglaublicher Frühling. Erfahrene Geschichte im Nachkriegsdeutschland 1945–1948, Bonn 1997, S. 250.

*b) Der 1931 geborene Klaus Gerber musste sich, gerade 14 Jahre alt, auf eigene Faust ins Ruhrgebiet nach Essen durchschlagen:*

Zum Schluss waren wir in einem ehemaligen Kloster, einem alten Schloss, in Mährisch-Ostrau. Zu diesem Zeitpunkt war die Kinderlandverschickung schon ganz nationalsozialistisch aufgezogen. Aber da kamen uns als Schüler erste Zweifel. Wir
5 hatten erste Kontakte mit den Flüchtlingen aus dem Osten. [...]
Wir durften nur unsere persönliche Habe mitnehmen, nur den Rucksack. [...] Für mich bedeutsam war dann, dass wir in Zwiesel von den Amerikanern
10 in einem Gemeindesaal festgesetzt wurden. In der Zeit kamen dann die Meldungen davon, dass Konzentrationslager befreit wurden, und die Vorgänge wurden öffentlich. Das war Ende Mai, Anfang Juni. Bei uns herrschte eine große Enttäuschung über
15 das, was wir geglaubt hatten, denn der Nationalsozialismus war uns ja als einzig mögliche Herrschaftsform erschienen. Es kam uns langsam ins Bewusstsein, das stimmte nicht! Es war ein Schock; Alles war ganz anders, nichts war hehr und rein, sondern es
20 war ein verbrecherisches System. [...]
Von Zwiesel aus ging es dann nach Niederbayern in die Nähe von Landshut. Es hieß dann, man müsse sich allein durchschlagen. Zunächst von Bayern mit dem Zug bis Gießen, da hat der Zug angehal-
25 ten, denn im Ruhrgebiet war Zuzugssperre. Einzelne blieben dann bei Bauern, andere sind abgehauen. Ich hatte Nachricht, zuletzt von Anfang 1945, dass meine Mutter bei Bekannten war, ich hatte auch die Adresse. Ich habe Leuten, die abge-
30 hauen sind, meine Adresse mitgegeben. Schließlich bin ich dann auch auf einem leeren Kohlenzug nach Essen gefahren, wurde mehrfach von englischen Truppen vom Zug geholt, habe eine Woche bis Essen gebraucht. Da ich aber schon jahrelang
35 im Lager war, war ich ziemlich selbstständig zu dieser Zeit, obwohl ich erst 14 Jahre alt war.

Alexander von Plato, Almut Lehr, Ein unglaublicher Frühling. Erfahrene Geschichte im Nachkriegsdeutschland 1945–1948, Bonn 1997, S. 209 f.

## M 6 Berichte aus Mainz

*a) Die Hausfrau Elisabeth E., Jahrgang 1902, erinnert sich:*

Mein kleiner Sohn sagte manchmal: „Komm, Mama, hol doch deine Kochbücher, dann essen wir ein bisschen." Dann schlug er das Kochbuch auf, es war illustriert. Dann sagte er: „Mama, das krieg ich aber, und das darfst du essen." So hat er sich ein bisschen von seinem Hunger abgelenkt. Also, wenn ich mir das heute überlege! Da kann man mal sehen, wie verzweifelt das Kind war und was das Essen für eine Bedeutung hatte.

Zit. nach: Anton Maria Keim/Alexander Link (Hg.), Leben in den Trümmern. Mainz 1945 bis 1948, Mainz 1985, S. 165–166.

*b) Die Hausfrau Hildegard S., Jahrgang 1916, erinnert sich:*

Ich bin mit meinem Sohn im Kinderwagen hamstern gegangen, alles zu Fuß, von Bauer zu Bauer. […] Wir waren glücklich, wenn wir nur ein paar Falläpfel, etwas Gemüse und vielleicht einen Salat hatten. Nachts sind wir auch oft zusammen mit ein paar Frauen aus der Nachbarschaft raus auf die Felder gegangen, um etwas zu holen. Wenn man den Bauern kein Gold und Silber bringen konnte, dann waren die nicht willens, einem was zu geben.

Zit. nach: Anton Maria Keim/Alexander Link (Hg.), Leben in den Trümmern. Mainz 1945 bis 1948, Mainz 1985, S. 169.

## M 7 Berichte aus Magdeburg

*Auszüge aus dem Tagebuch der Magdeburgerin Marianne Gutsche:*

3. Mai 1945: Die weißen Fahnen sind gehisst auf öffentlichen Gebäuden. Aus einigen Häusern hängen an Hitlerfahnenstangen jetzt weiße Tücher. Ein altes Mütterchen am Brunnen strahlte, als es sagte: „Das war eine schöne Nacht ohne Beschuss. Wir haben oben geschlafen." Jeder sehnt sich nach Ruhe. Aber noch immer weiß niemand, was wird.

5. Mai 1945: Die Russen stehen mit ihren mit Flieder geschmückten Panzern in Friedrichstadt auf dem Heumarkt. […]
Von heute ab beginnt unser neues Leid: die quälende Ungewissheit, ob wir russisch oder amerikanisch werden. Machtlos stehen wir zwischen Kommunismus und Demokratie. Die Elbe trennt uns vom Westen, dem wir uns viel mehr verbunden fühlen als dem Osten. Und so blicke ich mit wehmütigen Gefühlen hoch oben vom Hube'schen Silo auf unsere ausgebombte Stadt, die sich terassenförmig, kulissenartig über den Kai erhebt. Amerik. Posten gehen am Ufer auf und ab. Die Strombrücke und die Hindenburgbrücke liegen zerborsten, umspült von reißenden Strudeln der Elbe. Durch ihren Fall ist Magdeburg in Mag. Ost und Mag. West geteilt.

Zit. nach: Manfred Wille, Der Krieg ist aus! Magdeburg 1945. Gudensberg-Gleichen 2005, S. 33 f.

## Aufgaben

1. **Kriegsende in Deutschland**
   a) Stelle in einem Schaubild die Situation bei Kriegsende dar. Verwende dafür die folgenden Kategorien: politisch, ökonomisch, sozial, ideologisch und militärisch.
   b) Erläutere den Begriff „Stunde Null" und setze dich mit der Frage auseinander, ob dieser Begriff die Situation nach Kriegsende angemessen beschreibt.
   → Text

2. **Nach dem Krieg – Berichte von Zeitzeugen analysieren**
   a) Fasse die Erlebnisberichte der beiden Jugendlichen mit eigenen Worten zusammen.
   b) Nenne wesentliche Merkmale ihrer Erfahrungswelt.
   c) Vergleiche die Erfahrungen der beiden Jugendlichen.
   d) Die beiden Erlebnisberichte beruhen auf Erinnerungen. Erläutere die Schwierigkeiten bei der Auswertung solcher Quellen.
   → M5

3. **Berichte aus den Besatzungszonen**
   a) Vergleiche die Texte miteinander.
   b) Informiere dich über die Lebensmittelrationen in der sowjetisch besetzten Zone.
   c) Nimm Stellung zu der praktizierten Politik: „Wer nicht arbeitet, soll auch nicht essen."
   → M6, M7

# Ost-West-Konflikt und doppelte deutsche Staatsgründung

**M 1  Kindersuchaktion**
Plakate in Stuttgart, um 1946

## Die „Zusammenbruchsgesellschaft"

### Verlorene Kinder

„Eltern suchen ihre verlorenen Kinder" – „Verlorene Kinder suchen ihre Eltern". Nach Kriegsende unternahmen das Rote Kreuz, Zeitschriften und Rundfunksender immer wieder solche Suchaktionen. Das zeigt, dass sich die zwischenmenschlichen Beziehungen und sozialen Verhältnisse während des Krieges und in unmittelbarer Nachkriegszeit grundlegend wandelten. Man bezeichnet diesen Sachverhalt mit dem Begriff „Zusammenbruchsgesellschaft".

### Zerstörte Familien

Der Krieg riss die Familien auseinander. Kinder und Jugendliche wurden wegen des Bombenhagels evakuiert und in Lagern der „Kinderlandverschickung" (KLV) untergebracht. Die Männer dienten als Soldaten fern der Heimat, Millionen fielen oder galten als vermisst. Frauen und Kinder mussten die zerstörten Häuser verlassen und auf dem Land oder anderswo Zuflucht suchen.

In solchen Notunterkünften entstanden ganz neue soziale Konstellationen. Die chaotischen Verhältnisse bei Kriegsende erschwerten das Aufspüren vermisster Angehöriger. Doch selbst wenn alle zusammenfanden, blieb ein harmonisches Familienleben problematisch, da Kriegserlebnisse und Kriegsgefangenschaft den Männern die Rückkehr ins normale Leben erschwerten.

Die Ehefrauen hatten ihr Leben inzwischen selbst gemeistert, den vermissten Mann oft für tot erklärt oder eine neue Beziehung begonnen. Kinder und Jugendliche waren ganz auf sich gestellt. Sie mussten helfen, Nahrungsmittel heranzuschaffen und hatten – bis die Schulen wieder öffneten – viel Freiraum. Das traditionelle Gefüge der Generationen geriet dadurch aus den Fugen.

### Flucht und Vertreibung

Als die Rote Armee im Oktober 1944 die deutsche Grenze in Ostpreußen überschritt, trieb die Angst vor Racheakten mehr als eine Million Menschen zur Flucht nach Westen. Der Terror, den das nationalsozialistische Deutschland entfesselt hatte, schlug auf die deutsche Bevölkerung zurück, und entlud sich in Plünderung, Vergewaltigung und Mord durch sowjetische Soldaten.

Der Beschluss der Alliierten, die deutschen Ostgebiete jenseits von Oder und Neiße polnischer Verwaltung zu unterstellen, löste erneut einen gewaltigen Strom von Vertriebenen aus. Auch im Sudetenland und anderen osteuropäischen Gebieten musste die deutsche Bevölkerung ihre Wohnsitze verlassen.

Bei der Vertreibung der Deutschen sind drei Etappen zu unterscheiden: Im Juni 1945 setzten die ersten „wilden Vertreibungen" unter dem Vorwand der Sicherung der künftigen polnischen Westgrenze ein. Die „Umsiedlung" nach dem Potsdamer Abkommen (August 1945) verlief unter Missachtung der vertraglichen Bestimmungen („in humaner Weise"). Schließlich folgten organisierte Zwangsausweisungen nach polnisch-britischen und polnisch-sowjetischen Vereinbarungen. Insgesamt wurden bis 1950 über 12 Millionen Deutsche vertrieben.

**M 2  Flüchtlinge in Pommern**
Hunderttausende versuchten der sowjetischen Armee zu entkommen, Foto vom 18. Februar 1945.

**M 3** Sonderbefehl, 14. Juli 1945

**M 4** Flucht vor der Roten Armee
Ostpreußen, Januar 1945

### Eine neue Heimat

Die Ansiedlung der Flüchtlinge und Vertriebenen veränderte die soziale Zusammensetzung der Bevölkerung grundlegend: Protestanten siedelten sich in katholischen Gebieten an – und umgekehrt; Sitten und Gebräuche von Alteingesessenen und Neuankömmlingen stießen aufeinander. Nach anfänglichen Konflikten kam es aber meist zu einer schnellen Integration der Flüchtlinge.

Bei Kriegsende befanden sich 8–10 Millionen „displaced persons" in Deutschland. Das waren Ausländer, die aus Kriegsgründen nicht nach Hause zurückkehren konnten: ehemalige KZ-Häftlinge, Kriegsgefangene, Zwangsarbeiter und Flüchtlinge. Viele konnten oder wollten nicht zurück und suchten sich in Deutschland eine neue Heimat.

### Gesellschaftliche Veränderungen

Die Bevölkerungsverschiebungen führten zu einem grundlegenden Wandel der Gesellschaftsstruktur. Wegen der vielen Kriegstoten änderte sich zunächst der Altersaufbau. Während Männer, vor allem im Alter von 20 bis 40 Jahren, fehlten, waren Frauen in der Überzahl. Die alten Führungsschichten – Großbürgertum und Adel – hatten an Einfluss verloren. Sie waren, wenn sie mit den Nationalsozialisten zusammengearbeitet hatten, kompromittiert und oft ebenso besitzlos wie andere Gesellschaftsgruppen.

Ferner schritt die Mischung der Konfessionen voran. Auch die Trennung von Stadt und Land wurde schwächer. Regionale Sitten und Gebräuche veränderten sich. Angesichts der Not wandelten sich moralische Vorstellungen: Diebstahl aus Not galt nicht als verwerflich; das Zusammenleben ohne Trauschein erschien zeitweise hinnehmbar.

Diese neue „Zusammenbruchsgesellschaft" bildete die Grundlage für eine neue gesellschaftliche Ordnung in Deutschland.

**M 5** Flüchtlingselend ab 1945
Besonders katastrophal war die Situation für Hunderttausende von Flüchtlingsfrauen, die, ihrer gesamten Habe beraubt, oft nur ihre Kinder in Sicherheit bringen konnten.

# Ost-West-Konflikt und doppelte deutsche Staatsgründung

## Flucht und Vertreibung – Arbeiten mit Karte und Statistiken

### Stammbevölkerung und Flüchtlingsstrom
(Stand: April 1947)

| Zone | Britische | Amerikanische | Französische | Sowjetische |
|---|---|---|---|---|
| **Bevölkerung 1939 (in Mio.)** | 19,8 | 14,2 | 6,1 | 19,5 |
| **Zuwanderung (in 1000) aus:** | | | | |
| Ostgebieten | 2926 | 802 | 30 | 2762 |
| Ausland | 267 | 2102 | 20 | 1187 |
| Westzonen | 102 | 218 | 50 | 109 |
| SBZ | 626 | 260 | 15 | – |
| **Zuwanderung (in 1000)** | 3921 | 3382 | 115 | 4058 |
| **Abwanderung (in 1000)** | 251 | 132 | 96 | 901 |
| **Wanderungssaldo (in Mio.)** | 3,67 | 3,25 | 0,02 | 3,16 |

Nach: Christoph Kleßmann, Die doppelte Staatsgründung, Bonn 1986, S. 355.

**M 6**

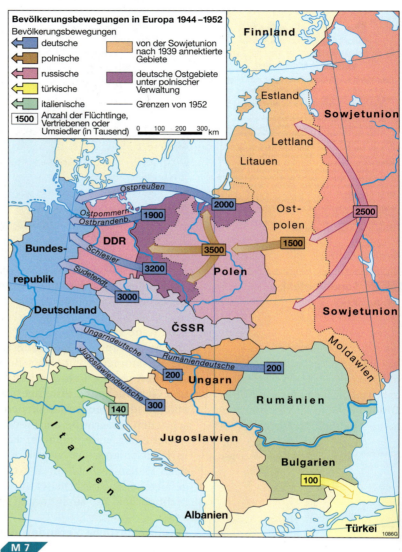

**M 7**

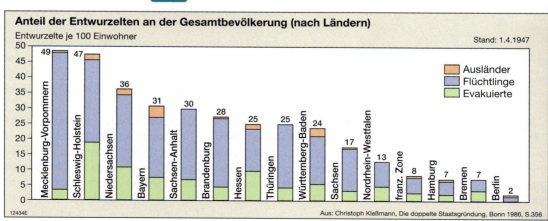

**M 8** Aus: Christoph Kleßmann, Die doppelte Staatsgründung, Bonn 1986, S.356

## Die Situation der Frauen – Leserbriefe analysieren

### M 9 „Constanze"

**a)** Frauen wendeten sich an die Frauenzeitschrift „Constanze" und baten um Rat bei Lebensproblemen. Hier ein Auszug aus Heft 1 von 1948:

Frau B. schreibt: Können Sie gerecht sein? Auch gegen eine Frau? Dann möchte ich Ihnen mal eine Frage vorlegen: Nach fast fünf Jahren ist mein Mann aus der Gefangenschaft zurückgekommen.
5 Die ersten drei, vier Wochen waren wir sehr glücklich. Aber nun gibt es einen Streit nach dem anderen. Grund: Er kommandiert herum und ist mit allem unzufrieden. Ich hätte mich so verändert, sagt er, und ich wäre gar keine richtige Frau mehr.
10 Als wir heirateten, war ich 23. Jetzt bin ich 31. Von den acht Jahren war ich sechs Jahre allein und musste zusehen, wie ich durchkam. Jetzt müsste er mir doch eigentlich eine Hilfe sein. Aber er verlangt, dass ich den ganzen Haushalt (wir haben
15 zwei niedliche Kinder) besorgen soll, und er sitzt in der Ecke, liest Zeitung, schimpft und kommandiert. Haben die Männer denn noch nicht genug bekommen vom Kommandieren? Er meint, er hat ein gemütliches Heim zu fordern. Ich finde aber,
20 er hat gar nichts zu fordern. Wie soll das wieder in Ordnung kommen? Wer ist schuld?

Aus der Zeitschrift „Constanze", Heft 1/1948, S. 19.

**b)** Aus Heft 5 von 1948

Frage: 1944 habe ich geheiratet, habe aber meinen Mann seit der Hochzeit nicht mehr gesehen. Er kam in russische Gefangenschaft, und die erste Nachricht erhielt ich 1946 von ihm. Obwohl er dann m. E. regelmäßig hätte schreiben können, 5 kamen nur kurze, unpersönliche Karten von ihm. Ich habe ihn ursprünglich geliebt, aber sein Verhalten und die lange Wartezeit haben mich müde gemacht.
Nun kenne ich seit kurzem einen Mann, den ich 10 heiraten möchte. Gibt es Fernscheidungen, wenn mein Mann damit einverstanden wäre?
(Frau J., Köln)

Antwort: Nein, es gibt keine Fernscheidungen. 15 Ihre Ehe kann ohne die Anwesenheit Ihres Mannes nur dann geschieden werden, wenn er einen Rechtsanwalt mit seiner Vertretung beauftragt, das heißt, ihm eine schriftliche Erklärung abgibt, nach der er mit der Scheidung einverstanden ist. 20 Falls Ihr Mann sich nicht entsprechend äußert, müssen Sie sich gedulden, bis er entweder zurückkommt oder nach vorschriftsmäßigem Zeitablauf für tot erklärt werden kann.

Aus der Zeitschrift „Constanze", Heft 5/1948, S. 17.

### Aufgaben

1. **Die „Zusammenbruchsgesellschaft"**
   a) Erläutere den Begriff „Zusammenbruchsgesellschaft".
   b) Erläutere die Auswirkungen der Situation nach Kriegsende auf die Familien.
   → Text, M1

2. **Flucht und Vertreibung – Arbeiten mit Karten und Statistiken**
   a) Erläutere die Karte zu den Bevölkerungsbewegungen in Europa von 1944 bis 1952 und stelle die Informationen zusammen, die in der Karte enthalten sind.
   b) Erstelle eine Übersicht über die Herkunfts- und die Zielgebiete der Flüchtlinge und Vertriebenen.
   c) Werte die Statistiken aus und fasse die wichtigsten Informationen zusammen.
   d) Verfasse aus der Sicht eines Flüchtlings einen Bericht über die Schwierigkeiten, die ihn in seiner neuen „Heimat" erwartet haben.
   → M6–M8

3. **Die Situation der Frauen – Leserbriefe analysieren**
   a) Schildere die Probleme, die Frauen in der Nachkriegszeit bewegten.
   b) Beantworte den Brief von Frau B. Beachte dabei besonders die Lebensumstände des Mannes.
   → M9

# Ost-West-Konflikt und doppelte deutsche Staatsgründung

## Die Entwicklung in den Besatzungszonen

### Die Alliierten in Deutschland
Schon während des Krieges hatten die Alliierten die Aufteilung Deutschlands in Besatzungszonen vereinbart. Ein Alliierter Kontrollrat in Berlin, der sich aus den Oberbefehlshabern der Besatzungsmächte zusammensetzte, hatte die Macht über das besetzte Deutschland. Er sollte insbesondere ein einheitliches Vorgehen bei allen Fragen gewährleisten, die Deutschland als Ganzes betrafen. Auch die Hauptstadt Berlin wurde von den Alliierten gemeinsam verwaltet und in vier Sektoren aufgeteilt. Das oberste Gremium hieß hier Alliierte Kommandantur. Politische Gegensätze ließen die Entwicklung in den westlichen Zonen und der sowjetischen Besatzungszone bald auseinanderlaufen. So zeichnete sich schon früh die deutsche Teilung ab.

### Gemeinsame Politik der Alliierten
Zunächst betrieben die Sieger des Krieges noch einen gemeinsame Politik. Auf Schloss Cecilienhof in Potsdam trafen sich im Juli 1945 die drei Hauptalliierten, um ihr weiteres Vorgehen zu beraten: Truman (USA), Stalin (UdSSR) und Churchill (Großbritannien). Die Mächte einigten sich in Bezug auf das besiegte Deutschland auf folgende gemeinsame Ziele, die oft als „5 Ds" bezeichnet werden:

- Demilitarisierung,
- Demokratisierung,
- Demontage,
- Denazifizierung,
- Dezentralisierung.

**M 1 Die großen Drei**
Churchill, Truman und Stalin auf der Potsdamer Konferenz, die vom 17. Juli bis zum 2. August 1945 auf Schloss Cecilienhof in Potsdam stattfand.

Die deutschen Ostgebiete jenseits der Oder-Neiße-Linie kamen unter polnische bzw. sowjetische Verwaltung, wo sie bis zur endgültigen Regelung durch einen Friedensvertrag verbleiben sollten. Die deutsche Bevölkerung im Osten sollte „in ordnungsgemäßer und humaner Weise" in den Westen überführt werden. Davon konnte freilich keine Rede sein. War es bereits in der Endphase des Zweiten Weltkriegs zu einer Massenflucht gekommen, schwoll der Strom der Vertriebenen nun zu einer Völkerwanderung an.

### Die Gründung der Länder
Innerhalb ihrer Besatzungszonen gründeten die Alliierten „Länder", auf die unsere heutigen Bundesländer zurückgehen. Regiert wurden sie von Politikern, die 1946 und 1947 aus ersten Landtags- und Kommunalwahlen hervorgegangen waren. Die Kontrolle übten jedoch weiterhin die Militärbehörden der jeweiligen Besatzungsmächte aus.

### Die Entstehung von Parteien
Relativ schnell ließen die Alliierten in ihren Zonen Parteien und Organisationen zu. Dabei blieb das politische Spektrum, das bereits die Weimarer Republik geprägt hatte, weitgehend erhalten. Rechtsextreme Parteien waren natürlich verboten. SPD und KPD wurden wieder zugelassen. Die Liberalen organisierten sich in den Westzonen in der

**M 2** Wahlplakat der SPD 1947

**M 3** Wahlplakat der CDU 1947

FDP und in der sowjetischen Zone in der LDPD. In der CDU schlossen sich vor allem christliche Bürger beider Konfessionen zusammen, und die bayrische CSU orientierte sich stark an der Tradition des katholischen Zentrums. Ferner entstanden wieder Gewerkschaften sowie zahlreiche weitere Interessenverbände.

### Das Erwachen des öffentlichen Lebens

Parallel zur politischen Entwicklung sorgten die Besatzungsmächte dafür, dass das öffentliche und kulturelle Leben wieder erwachte. Sie ließen Zeitungen und Zeitschriften zu, gaben Verlagen Lizenzen zum Buchdruck und sorgten für die Ausstrahlung von Radioprogrammen. Theater und Kinos nahmen wieder ihren Betrieb auf. Da die nationalsozialistische Diktatur die Deutschen von der kulturellen Entwicklung im Ausland abgeschnitten hatte, gab es großen Nachholbedarf. Bücher einst verfemter Autoren und ausländische Schriftsteller erzielten hohe Auflagen. Zuspruch erfuhren auch die Kirchen, die nach der Diktatur als sinnstiftende Institutionen erlebt wurden.

### Vorgehen in den Westzonen

Zwischen den Alliierten gab es durchaus verschiedene Zielvorstellungen: Auf der einen Seite bestimmten die Amerikaner aufgrund ihrer politischen, wirtschaftlichen und militärischen Stärke die Entwicklung in den Westzonen. Nach einer intensiven Politik der Entnazifizierung sollte die neue Demokratie systematisch von unten nach oben aufgebaut werden. Wirtschaftliche Hilfen sollten später den Aufbau erleichtern. Dieser Politik schlossen sich die Briten und Franzosen nach und nach an. Insbesondere die Franzosen waren zunächst auf eine politische und wirtschaftliche Schwächung Deutschlands aus, gaben diese Politik aber zunehmend auf. So schlossen sich die drei Westzonen nach und nach zur amerikanisch-britischen Bizone und schließlich mit dem französisch besetzten Gebiet zur Trizone zusammen.

**M 4** Besatzungsmächte (1945–1949)

# Ost-West-Konflikt und doppelte deutsche Staatsgründung

M 5 „Junker-Land in Bauernhand"
Propaganda-Plakat für die Bodenreform, 1945

### Vorgehen in der Ostzone

Demgegenüber verfolgte die Sowjetunion andere Ziele. Vordergründig sollte der Aufbau der neuen Ordnung von einem breiten Bündnis aller antifaschistischen Kräfte getragen werden. Doch nahmen die Kommunisten nach dem Grundsatz „Es muss demokratisch aussehen, aber wir müssen alles in der Hand haben" die entscheidenden Schlüsselstellungen ein.

Schon 1945 bildeten die in der sowjetischen Besatzungszone zugelassenen Parteien die „Einheitsfront der anti-faschistisch-demokratischen Parteien". Wegen der engen Verbindung von KPD und sowjetischer Besatzungsmacht konnten sich die übrigen Parteien kaum entfalten. Im Berliner Admiralspalast vereinigten sich im April 1946 schließlich SPD und KPD zur Sozialistischen Einheitspartei Deutschlands (SED). Der Kommunist Wilhelm Pieck und der Sozialdemokrat Otto Grotewohl reichten sich dabei symbolisch die Hände. Dieser Händedruck vor der roten Fahne der Arbeiterbewegung war von nun an das Zeichen der SED, die fortan eine beherrschende Stellung hatte.

### „Junkerland in Bauernhand" – Die Bodenreform

Schon im September 1945 verkündete der KPD-Vorsitzende Wilhelm Pieck eine demokratische Bodenreform. Unter der Losung „Junkerland in Bauernhand" wurde jeder Grundbesitz über 100 Hektar entschädigungslos enteignet. Die Flächen wurden an Kleinbauern, Landarbeiter und Umsiedler verteilt. Maximal erhielt jeder Haushalt zehn Hektar. Die enteigneten Großgrundbesitzer, die nicht selten die Nationalsozialisten aktiv unterstützt hatten, wurden von Haus und Hof vertrieben, oft verhaftet und in sowjetische Internierungslager verbracht, anderen gelang die Flucht in den Westen. In kürzester Zeit hatte sich auf dem Land eine radikale soziale Umwälzung vollzogen. Durch die Bodenreform entstanden so 210 000 Neubauernstellen, die enteignete Fläche betrug 3,3 Millionen Hektar. Auch wenn diese Maßnahmen vielen eine neue Lebensgrundlage bot, waren sie wegen der geringen Betriebsgrößen wirtschaftlich nicht erfolgreich.

Während die Alliierten offiziell noch eine gemeinsame Politik betrieben, entwickelten sich die Westzonen und die Ostzone immer weiter auseinander. Rückblickend betrachtet zeichnete sich die Teilung Deutschlands schon früh ab.

M 6 Bodenreform 1945
Das Bild zeigt die Zuteilung von Landparzellen des ehemaligen Rittergutes Helfensberg (bei Dresden) an Industriearbeiter, Herbst 1945.

## Die Konferenz von Potsdam im Spiegel von Quellen

### M 7 „Was bedeutet Deutschland jetzt?"

*Aus dem Protokoll der Potsdamer Konferenz, die vom 17. Juli bis zum 2. August 1945 stattfand:*

**Churchill:** Ich möchte nur eine Frage stellen. Ich bemerke, dass hier das Wort „Deutschland" gebraucht wird. Was bedeutet „Deutschland" jetzt? Kann man es in dem Sinne verstehen wie vor dem Kriege?
**Truman:** Wie fasst die sowjetische Delegation diese Frage auf?
**Stalin:** Deutschland ist das, was es nach dem Kriege wurde. Ein anderes Deutschland gibt es jetzt nicht. So verstehe ich diese Frage.
**Truman:** Kann man von Deutschland sprechen, wie es 1937, vor dem Kriege war?
**Stalin:** So wie es 1945 ist.
**Truman:** Es hat 1945 alles eingebüßt. Deutschland existiert jetzt faktisch nicht.
**Stalin:** Deutschland ist, wie man bei uns sagt, ein geografischer Begriff. Wollen wir es vorläufig so auffassen! Man darf nicht von den Ergebnissen des Krieges abstrahieren.
**Truman:** Ja, aber es muss doch irgendeine Definition des Begriffes „Deutschland" erfolgen. Ich meine, das Deutschland von 1886 oder 1937 ist nicht dasselbe wie das Deutschland von heute, 1945.
**Stalin:** Es hat sich infolge des Krieges verändert, und so fassen wir es auf.
**Truman:** Ich bin damit völlig einverstanden, aber es muss trotzdem eine gewisse Definition des Begriffes „Deutschland" erfolgen.
**Stalin:** Denkt man beispielsweise daran, im Sudetengebiet der Tschechoslowakei die deutsche Verwaltung wieder einzusetzen? Das ist das Gebiet, aus dem die Deutschen die Tschechen vertrieben haben.
**Truman:** Vielleicht werden wir trotzdem von Deutschland, wie es vor dem Kriege, im Jahre 1937, war, sprechen?
**Stalin:** Formal kann man es so verstehen, in Wirklichkeit ist es nicht so. Wenn in Königsberg eine deutsche Verwaltung auftauchen wird, werden wir sie fortjagen, ganz gewiss fortjagen.
**Truman:** Auf der Krim-Konferenz wurde vereinbart, dass die Territorialfragen auf der Friedenskonferenz entschieden werden müssen. Wie definieren wir nun den Begriff „Deutschland"?
**Stalin:** Lassen Sie uns die Westgrenzen Polens festlegen, und dann wird die deutsche Frage klarer werden. Es ist für mich sehr schwierig auszudrücken, was jetzt unter Deutschland zu verstehen ist. Das ist ein Land, das keine Regierung, das keine fixierten Grenzen hat, weil die Grenzen nicht von unseren Truppen festgelegt werden. Deutschland hat überhaupt keine Truppen, Grenztruppen eingeschlossen, es ist in Besatzungszonen zerteilt. Und nun definieren Sie, was Deutschland ist! Es ist ein zerschlagenes Land.

Quelle: Teheran, Jalta, Potsdam. Die sowjetischen Protokolle von den Kriegskonferenzen der „Großen Drei", hrsg. von Alexander Fischer, Köln 1973, S. 214 f.

### M 8 „Das einzige Geschenk"
Anonyme Karikatur aus der Zeitschrift „Der Ruf", Ende 1946

## Der Zusammenschluss von SPD und KPD – Unterschiedliche Sichtweisen

### M 9 Gründung der SED

*a) Am 21. April 1946 erfolgte die Vereinigung der beiden Arbeiterparteien SPD und KPD zur SED. War es ein freiwilliger Zusammenschluss oder aber eine Zwangsfusion unter sowjetischem Druck? Das ist bis heute umstritten. Der Vorsitzende der West-SPD, Kurt Schumacher, äußerte sich im Beisein von Otto Grotewohl auf einer Konferenz von Sozialdemokraten aus allen Besatzungszonen in Wennigsen bei Hannover am 5. Oktober 1945:*

Wir deutschen Sozialdemokraten sind nicht britisch und nicht russisch, nicht amerikanisch und nicht französisch. Wir sind die Vertreter des deutschen arbeitenden Volkes und damit der deutschen Nation. […]
Im Sinne der deutschen Politik ist die Kommunistische Partei überflüssig. […]
Nachdem ihre Hoffnung, sich als führende Arbeiterpartei etablieren und zur einzigen Arbeiterpartei entwickeln zu können, von den Tatsachen so völlig unmöglich gemacht wird, muss sie nach dem großen Blutspender suchen. Das Rezept ist die Einheitspartei, die einen Versuch darstellt, der Sozialdemokratischen Partei eine kommunistische Führung aufzuzwingen.

Heinrich G. Ritzel, Kurt Schumacher, Reinbek 1972, S. 48.

*b) Im Dezember 1945 fand in Berlin eine gemeinsame Konferenz des Zentralausschusses der SPD und des Zentralkomitees der KPD mit Vertretern der beiden Parteien aus den Bezirken der SBZ statt, die folgende Entschließung verabschiedete:*

Es wird lebhaft begrüßt, dass die Wiedergeburt der politischen Freiheit in Deutschland nach dem Zusammenbruch des Hitlerregimes nicht unter dem verhängnisvollen Zeichen einer neuen Spaltung des schaffenden Volkes stand, sondern im hoffnungsfreudigen Zeichen der Zusammenarbeit zwischen den beiden Arbeiterparteien […].
Die während des ersten Weltkrieges offen zutage getretene Spaltung ist in den seither vergangenen drei Jahrzehnten zum größten Verhängnis für die Arbeiterbewegung geworden. Die Spaltung im antifaschistischen Lager hat den Machtantritt des Faschismus ermöglicht. Getrennt wurden die verschiedenen Flügel der Arbeiterbewegung geschlagen; und gespalten ging sie in die Illegalität. Alle Opfer des Hitlerterrors und alle Leiden und Schrecken des Hitlerkrieges wären umsonst gewesen, wenn nicht die Lehren aus der Vergangenheit gezogen und die Aktionseinheit aller antifaschistisch-demokratischen Kräfte hergestellt worden wäre. Eine Fortdauer der Spaltung hätte unvermeidlich zur Folge gehabt, dass sich die passiven Kräfte des schaffenden Volkes in gegenseitigem Hader erschöpften, statt auf die rasche Überwindung der Not, des Hungers und des Chaos gerichtet zu sein. […]

Gert Gruner und Manfred Wilke (Hg.), Sozialdemokraten im Kampf um die Freiheit, Die Auseinandersetzungen zwischen SPD und KPD in Berlin 1945/46, S. 193 ff.

*c) Der Sozialdemokrat Dieter Rieke beschreibt in seiner Autobiografie von 1999 einen Vorfall im Februar 1946. Dieter Rieke wurde 1948 vom sowjetischen Geheimdienst verhaftet, zu 25 Jahren Zwangsarbeit verurteilt und 1956 entlassen:*

An einem grauen Februartag saß ich zu Hause gerade beim Mittagessen, als ein Mann der Kriminalpolizei an unserer Haustür klingelte und mich aufforderte, zu einem Gespräch bei der Militärverwaltung mitzukommen. Wir gingen zu Fuß zu einem Gebäude […]. An der Wache wurde ich abgeliefert und zu einem Offizier im ersten Stock gebracht, der mich nicht sonderlich freundlich empfing und mich anwies, auf einem Stuhl mitten im Zimmer Platz zu nehmen.
Er begann in erstaunlich gutem Deutsch mit einem ausführlichen Verhör zu meiner Person, wobei ich spürte, dass der Major mit einem grünen Band an der Schirmmütze, also von der sowjetischen Geheimpolizei, über mich gut Bescheid wusste. Eher beiläufig fragte er mich zu meinen Bedenken in Sachen Einheitskampagne. Ich dachte, dass es jetzt für mich um Kopf und Kragen gehe, und versuchte, ihn mit den mir bekannten „Einheitsparolen" über Zweifel hinwegzutäuschen. […]
Am späten Nachmittag ließ er mich gehen. Ich hatte mich anfangs schon als Gefangener in den Kellern des NKWD/MWD [der sowjetischen Geheimpolizei] gesehen.
Benommen und dann doch etwas erleichtert ging ich nach Hause. Meine Frau empfing mich ganz aufgeregt; sie hatte schon meine Eltern alarmiert. Ich durfte ihr aber nichts über die Vernehmung erzählen und sagte nur, dass es um dienstliche

| 1942 | 1943 | 1944 | 1945 | 1946 | 1947 | 1948 | 1949 | 1950 | 1951 | 1952 |

Belange gegangen sei. Das Gespräch mit dem Major steckte mir noch lange in den Knochen, und zum ersten Mal stellte ich fest, dass ich in einer schwierigen Situation meine tatsächliche Meinung verleugnen konnte. Ich fing an, mit doppeltem Boden zu denken und zu reden. Das hatte das kommunistische Regime leider schon geschafft.

Dieter Rieke, Geliebtes Leben. Erlebtes und Ertragenes zwischen den Mahlsteinen jüngster deutscher Geschichte, Berlin 1999, S. 81 f.

**d) Aus einem Schreiben des Kreisvorstandes der SPD Osthavelland an den Zentralausschuss der SPD vom 25. März 1946:**

Wir geben zu, dass auch wir und einzelne Ortsgruppen unseres Kreises im Anfangsstadium der Einheitsbestrebungen Misstrauen und Schwierigkeiten zu überwinden hatten, die sich aber bei näherer Betrachtung der Gründe für dieses Misstrauen in der Regel als persönliche und recht oft kleinliche Dinge herausstellten, welche nach offenherziger Aussprache in allen Fällen beseitigt werden konnten. Nach den bisher gemachten Erfahrungen mit unseren Freunden der KPD können wir mit Fug und Recht behaupten, dass auch sie mit anständigen und ehrlichen Absichten in diese Vereinigung gehen in der Erkenntnis, dass nur eine starke und geeinte Arbeiterschaft die Aufgabe erfüllen kann, die in der heutigen Zeit des Wiederaufbaus gefordert werden muss. […] Die Mitglieder des Kreises Osthavelland fordern den sofortigen Zusammenschluss der beiden Arbeiterparteien und werden in der heute Nachmittag stattfindenden gemeinsamen Delegiertentagung den Zusammenschluss für den Kreis Osthavelland beschließen, um damit den Berliner Zweiflern den Beweis zu erbringen, dass sie mit ihrer irreführenden Meinung allein dastehen.

Andreas Malycha, Auf dem Weg zur SED. Die Sozialdemokratie und die Bildung einer Einheitspartei in den Ländern der SBZ, S. 416.

**M 10** „Wählt SED" Plakat der SED, nach 1946

## Aufgaben

1. **Die Konferenz von Potsdam**
   a) Erläutere die Rolle der Alliierten im Nachkriegsdeutschland.
   b) Ermittle die Einstellungen Trumans und Stalins gegenüber Deutschland.
   c) Vergleiche die Aussagen der Karikatur mit den Einschätzungen von Truman und Stalin.
   → Text, M1, M4, M7, M8

2. **Die sowjetische Besatzungspolitik**
   a) Stelle die grundlegenden Ziele der sowjetischen Besatzungsmacht dar und vergleiche sie mit den Zielsetzungen der Amerikaner.
   b) Beurteile den Erfolg der Bodenreform. Berücksichtige dabei politische, wirtschaftliche und gesellschaftliche Aspekte.
   → Text, M5, M6

3. **Die Gründung der SED**
   a) Fasse die in den einzelnen Texten jeweils zum Ausdruck kommende Einstellung gegenüber der geplanten Vereinigung von KPD und SPD zur SED knapp zusammen.
   b) Beurteile die Glaubwürdigkeit der Quellen.
   c) Erläutere die einzelnen Elemente des Plakats.
   d) Nimm Stellung zu folgender Behauptung: „Die Vereinigung von KPD und SPD war eine Zwangsvereinigung. Die Arbeiterschaft wollte keine einheitliche Partei."
   → Text, M9, M10

161

# Ost-West-Konflikt und doppelte deutsche Staatsgründung

M 1　Entnazifizierung
Berlin, April 1945

## Die Entnazifizierung

### Streit um die Vergangenheitsbewältigung

Ob die Auseinandersetzung mit dem Nationalsozialismus erfolgreich und ausreichend war, ist bis heute umstritten. Viele Nationalsozialisten seien gar nicht oder zu milde bestraft, Verbrechen zu wenig betrauert worden, die politischen Konsequenzen seien halbherzig gewesen – so die eine Meinung. Angesichts der Monstrosität der Verbrechen des Regimes und der Verstrickung großer Teile der Bevölkerung sei es bemerkenswert, wie schnell sich politische Gemeinwesen und – im Westen – eine stabile Demokratie entwickelt hätten, so die andere Meinung. Unabhängig davon, welche Position vertreten wird, ist festzustellen, dass nach Kriegsende auch die Auseinandersetzung mit dem Nationalsozialismus begann.

### Ein internationaler Prozess

Im Schwurgerichtssaal 600 des Nürnberger Gerichtsgebäudes begann am 20. November 1945 ein Prozess von weltgeschichtlicher Bedeutung. Auf der Anklagebank saßen 22 führende Nationalsozialisten, die sich für ihre Taten während der nationalsozialistischen Diktatur zu verantworten hatten. Ferner wurden NS-Organisationen wie die SS und die Geheime Staatspolizei sowie die Reichsregierung und der Generalstab als verbrecherisch eingestuft.

Schon während des Kriegs hatten die Siegermächte beschlossen, die Verantwortlichen vor ein Gericht zu stellen und sie für die verübten Kriegsverbrechen zu bestrafen. Zu diesem Zweck richteten sie gemeinsam ein Internationales Militärtribunal ein und fanden in Nürnberg (US-Zone), wo das Gerichtsgebäude unmittelbar an ein Gefängnis anschloss, passende Räumlichkeiten. Da in Nürnberg während des Dritten Reichs die Reichsparteitage stattfanden, hatte die Wahl des Ortes zusätzlich symbolische Bedeutung. Die Alliierten einigten sich auf vier Anklagepunkte: Verschwörung gegen den Frieden, Verbrechen

M 2　**Die Angeklagten vor dem Hauptkriegsverbrecherprozess**
Ranghöchster unter ihnen war Hermann Göring, nachdem sich Hitler und Goebbels durch Selbstmord der Verantwortung entzogen hatten, Nürnberg 1945.

**M 3** „Schuldig!"
Plakat zum Nürnberger Prozess, 1946

gegen den Frieden, Kriegsverbrechen und Verbrechen gegen die Menschlichkeit/Menschheit. Das aufwändige Verfahren dauerte fast ein Jahr, erforderte 218 Sitzungen, erbrachte über 16 000 Seiten Protokolle; es wurden 240 Zeugen verhört und die Angeklagten hatten das Recht auf einen Verteidiger ihrer Wahl. Kritiker bemängelten, dass Sieger über Besiegte zu Gericht saßen und man die Rechtsgrundlage erst nach der Tat geschaffen hatte. Am 1. Oktober 1946 wurden schließlich die Urteile verkündet: Zwölf Angeklagte verurteilte das Gericht zum Tode, gegen sieben Angeklagte verhängte es Haftstrafen zwischen zehn Jahren und lebenslänglich, drei Männer sprach es frei.

### Entnazifizierung in den westlichen Besatzungszonen

Besonders die Amerikaner unternahmen beträchtliche Anstrengungen, die Bevölkerung zu entnazifizieren und umzuerziehen. Alle Deutschen mussten auf einem Fragebogen Auskunft über ihren Werdegang geben. Auf dieser Grundlage wurde dann das Spruchkammerverfahren durchgeführt. Dafür gab es fünf Kategorien: Hauptschuldige, Belastete, Minderbelastete, Mitläufer und Entlastete. Die Strafen reichten von Haftstrafen über Geldstrafen bis zu Berufsverboten. Die Verfahren waren umstritten, da die gesamte deutsche Bevölkerung unter Schuldverdacht stand und da wegen der Fülle von Spruchkammerurteilen Zweifel an der Sorgfalt geäußert wurden. Entlastende Aussagen, damals als „Persilscheine" bezeichnet, ließen sich nur schwer überprüfen.

Neben die Bestrafung trat die „Reeducation": Die Deutschen sollten zu Demokraten „umerzogen" werden. Erstmals sahen Deutsche Filme über Konzentrationslager. Die abschreckende Wirkung der gezeigten Gräueltaten, Hoffnung auf eine bessere Zukunft an der Seite Amerikas und faszinierende kulturelle Angebote sollten die Deutschen für die Demokratie gewinnen. Ab 1947 gaben die Westalliierten den Versuch einer systematischen Bestrafung auf. Angesichts wachsender Spannungen zwischen den USA und der Sowjetunion galt Deutschland als künftiger Verbündeter, den man nicht unnötig brüskieren wollte.

### Entnazifizierung in der Sowjetischen Besatzungszone (SBZ)

Da die Sowjetunion die wichtigste Ursache für den Nationalsozialismus in der Existenz des Kapitalismus sah, wurde die Entnazifizierung der SBZ als strukturelle Entazifizierung begriffen. Die Folgen waren grundlegende Gesellschaftsreformen. So wurden z.B. alle Lehrer und Richter aus dem Dienst entfernt, die Mitglied einer nationalsozialistischen Organisation gewesen waren. Bis auf wenige Ausnahmen erfolgte diese Art der Entnazifizierung auch in der Polizei und in der öffentlichen Verwaltung. Ersetzt wurden diese Personen oft durch ehemalige politische Häftlinge und junge Menschen, wobei das wichtigste Auswahlkriterium zumeist die politische Zuverlässigkeit war.

### Debatte über die Schuld der Deutschen

Zugleich entwickelte sich eine intensive Debatte über die Schuld der Deutschen: Wie weit war jeder Einzelne verantwortlich für die Entstehung des Nationalsozialismus? Wer hatte bei Verfolgung und Mord weggesehen und sich schuldig gemacht? Diese Fragen werden bis heute gestellt und sind noch immer nicht restlos geklärt.

## Der Nürnberger Prozess in der Diskussion

**M 4  Ein umstrittener Prozess**

*Der Historiker Peter Reichel schildert die Diskussion über den Nürnberger Prozess:*

So unausweichlich der Nürnberger Hauptprozess auch angesichts der Erfahrungen nach dem Ersten Weltkrieg erschien, so wenig die Berechtigung eines Sühneverlangens und einer Bestrafung be-
5 zweifelt wurden, Vorbehalte gegen das Verfahren gab es von Anfang an. Groß waren die Bedenken hinsichtlich der Legalität des Prozesses. Der Haupteinwand zielte auf das Rückwirkungsverbot. Der Gerichtshof konnte sich allerdings […] auf das Völ-
10 kerrecht vor dem Zweiten Weltkrieg berufen, und die Verbrechen gegen die Menschlichkeit wurden nach dem Recht aller Rechtsstaaten als Straftaten angesehen.
Vorbehalte richteten sich auch gegen die Zusam-
15 mensetzung des Gerichts, dem nur Deutschlands Kriegsgegner, aber keine neutralen Staaten angehörten. Nicht nur die Angeklagten, auch deutsche Juristen sprachen vom „Besatzungsgericht". Der Vorwurf wurde dadurch bestärkt, dass die Kriegs-
20 verbrechen der Alliierten nicht Gegenstand des Verfahrens waren.
Nachdem der Prozess zunächst ganz im Zeichen der Anklage gestanden hatte, wurde er im März 1946, als „Deutsche – Angeklagte, Verteidiger, 
25 Entlastungszeugen – weithin unter sich" waren, offenbar nicht mehr nur oder überwiegend als „Siegerjustiz", sondern nun auch als ein deutsches Gericht wahrgenommen.
Später hat man das Tribunal insgesamt, in seiner 
30 nationalen wie internationalen Bedeutung, auch von Seiten deutscher Juristen und Historiker positiv beurteilt. Angesichts der ungeheuerlichen Verbrechen, die das Nürnberger Tribunal aufgedeckt hat, verblassten die juristischen Einwände gegenüber der Einsicht, „dass hier Recht geschehen ist". 35
[…] Wohl nur wenige fanden ein so positives, treffendes Urteil wie Robert W. Kempner. Göring hatte den damaligen Justitiar der Polizei im Preußischen Innenministerium 1933 aus dem Amt gejagt. Nun war er als stellvertretender amerika- 40
nischer Chefankläger nach Deutschland zurückgekehrt. Das Nürnberger Tribunal nannte er „die größte politologische und historische Forschungsstätte". Denn noch nie zuvor sei ein Staat „so systematisch durchforscht" worden. Tatsächlich gilt der 45
Prozess längst nicht nur als juristische Großtat, sondern auch als eine historiografische Aufklärung von bleibendem Wert. Alfred Döblin, der den Prozess als französischer Kulturoffizier beobachtete, sprach vom „Nürnberger Lehrprozess". 50
Die Protokolle allein der 218 Sitzungen des Hauptverfahrens füllen mehr als 16 000 Seiten. Anklage und Verteidigung legten zusammen 5 000 Beweisdokumente vor, 240 Zeugen wurden gehört. Zeitungen und Wochenschauen berichteten kontinu- 55
ierlich und ausführlich. Von erheblicher Bedeutung waren auch die Berichte und Kommentare der Rundfunksender, die sich teilweise mehrmals am Tage aus dem Studio Nürnberg meldeten. Sie haben sich im Vorfeld des Prozesses bemüht, 60
bestimmte Hörerfragen zu beantworten, und so zur Information über die Kriegsverbrecher, die Schuldfrage und einzelne Konzentrationslager beizutragen. Zumindest in den ersten Monaten war das öffentliche Interesse in Deutschland groß. 65

Peter Reichel, Vergangenheitsbewältigung in Deutschland. Die Auseinandersetzung mit der NS-Diktatur von 1945 bis heute, München 2001, S. 45 f.

**M 5  „Justitia"**
Karikatur zum Nürnberger Prozess von 1946

„Ich kann über Nürnberg nichts aussagen – ich war damals nicht dort…"

## Die Schuldfrage – Quellen vergleichen

**M 6** **Plakat** aus der britischen und amerikanischen Besatzungszone

**M 7** **Die Schuldfrage**

*In einer Vorlesungsreihe setzte sich der Philosoph Karl Jaspers mit der „Schuldfrage" auseinander:*

Jener Satz: „Das ist eure Schuld" kann bedeuten: Ihr haftet für die Taten des Regimes, das ihr geduldet habt – hier handelt es sich um unsere politische Schuld. Es ist eure Schuld, dass ihr darüber
5 hinaus dies Regime unterstützt und mitgemacht habt – darin liegt unsere moralische Schuld. Es ist eure Schuld, dass ihr untätig dabei standet, wenn die Verbrechen getan wurden – da deutet sich eine metaphysische Schuld an. Diese drei Sätze halte ich für wahr. [...]  10
Weiter kann „Das ist eure Schuld" bedeuten: Ihr seid Teilnehmer an jenen Verbrechen, daher selbst Verbrecher. Das ist für die überwiegende Mehrzahl der Deutschen offenbar falsch.

Karl Jaspers, Die Schuldfrage, in: ders, Erneuerung der Universität. Reden und Schriften 1945/46, Heidelberg 1985, S. 151.

### Aufgaben

1. **Die Entnazifizierung**
   a) Stelle die einzelnen Maßnahmen der Entnazifizierung zusammen. Unterscheide dabei zwischen der amerikanischen und der sowjetischen Besatzungszone.
   b) Informiere dich über den Verlauf und die Ergebnisse des Nürnberger Prozesses.
   c) Nimm Stellung zu folgender Auffassung: „Der Nürnberger Prozess verletzte den Rechtsgrundsatz, ‚eine Strafe wird nur dann auferlegt, wenn sie durch ein Gesetz oder durch irgendeine andere Rechtsvorschrift speziell diesem Delikt zugeordnet worden ist'."
   d) Erläutere die Einschätzung von Peter Reichel und nimm dazu Stellung.
   → Text, M4, M5

2. **Die Schuldfrage – Quellen vergleichen**
   a) Erläutere die Absicht des Plakates.
   b) Erläutere die Aspekte von Schuld, die Karl Jaspers unterscheidet.
   c) Setze dich mit der Meinung von Karl Jaspers auseinander.
   → M6, M7

# Ost-West-Konflikt und doppelte deutsche Staatsgründung

## Der Zerfall der Anti-Hitler-Koalition

### Ein Symbol der Einigkeit?
Das Foto ist bekannt: Der britische Premierminister Winston Churchill, der amerikanische Präsident Harry S. Truman und der sowjetische Generalsekretär Josef Stalin, die Führer der drei Alliierten, reichen sich auf der Potsdamer Konferenz die Hände: ein Symbol der Einigkeit. Solche Handlungen dienen oft dazu, ein politisches Ziel sichtbar zu machen. Der politischen Wirklichkeit entsprechen die Gesten oft nicht.

**M 1** Die „großen Drei"
Churchill, Truman und Stalin auf der Potsdamer Konferenz, August 1945

### Der Beginn des Kalten Krieges
Die im August 1945 demonstrierte Übereinstimmung war zu diesem Zeitpunkt tatsächlich schon nicht mehr vorhanden. Dies hatte sehr vielfältige Ursachen. Einerseits bildete die Waffenbrüderschaft gegen Hitlerdeutschland eine Zweckgemeinschaft, die nur Bestand hatte, bis der gemeinsame Gegner niedergerungen war – obwohl es vom ehemaligen Präsidenten der USA, F. D. Roosevelt, durchaus Bestrebungen gegeben hatte, die Kooperation fortzusetzen. Die USA und die UdSSR verkörperten jedoch zwei ganz unterschiedliche politische und wirtschaftliche Systeme. Während die USA der Demokratie und dem wirtschaftlichen Liberalismus verpflichtet waren, verwirklichte die Sowjetunion den Sozialismus, was ihr ohne Planwirtschaft undenkbar schien. Stalin glaubte, dass er berechtigt sei, Osteuropa nach seinen Vorstellungen zu gestalten, denn die Sowjetunion hatte die Hauptlast des Krieges getragen und gewaltige Bevölkerungsverluste und Kriegszerstörungen erlitten. Erst im Juni 1944 war es den Westalliierten gelungen, eine zweite Front gegen Hitler aufzubauen, um die UdSSR militärisch zu entlasten. Die traumatischen Erfahrungen des Kriegs verstärkten das Sicherheitsbedürfnis der Sowjetunion. Sie errichtete an ihrer Westgrenze einen Gürtel von „Volksdemokratien", in denen von Moskau abhängige Regierungen herrschten. Dies wiederum betrachteten die Vereinigten Staaten als ungehemmte kommunistische Expansion, weshalb die USA ihrerseits vor allem gegen Ende des Krieges gegen Japan versuchten, in ihrem Interesse machtpolitische Gegebenheiten im pazifischen Raum zu schaffen. Ob der Abwurf der beiden Atombomben Teil dieser Strategie gewesen ist, ist nach wie vor sehr umstritten. Eine Vertrauensbasis war unter diesen Voraussetzungen

nicht mehr gegeben. So entwickelte sich bald ein „Kalter Krieg", den die beiden Supermächte mit wirtschaftlichem Druck, ideologischer Propaganda und Drohungen austrugen. Militärbündnisse und atomare Aufrüstung führten zu gefährlichen Spannungen, die mehrfach in eine bewaffnete Auseinandersetzung – einen „heißen Krieg" – umzuschlagen drohten.

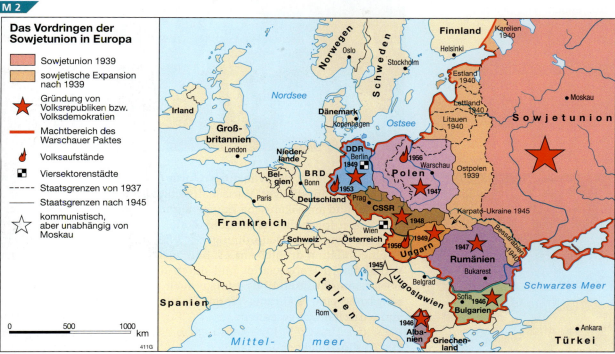

M 2 Das Vordringen der Sowjetunion in Europa

- Sowjetunion 1939
- sowjetische Expansion nach 1939
- Gründung von Volksrepubliken bzw. Volksdemokratien
- Machtbereich des Warschauer Paktes
- Volksaufstände
- Viersektorenstädte
- Staatsgrenzen von 1937
- Staatsgrenzen nach 1945
- kommunistisch, aber unabhängig von Moskau

M 3 „All our Colours to the Mast"
Plakat aus dem Wettbewerb des „European Recovery Program", 1950

### Truman-Doktrin und Marshallplan

Anlass für Konflikte boten auch die wirtschaftlichen Ziele der Alliierten in Deutschland. So betrieb die Sowjetunion in ihrer Zone eine radikale Reparationspolitik, um Kriegszerstörungen im eigenen Land abzumildern. Man demontierte Maschinen, Bahngleise und ganze Fabriken und transportierte sie in die UdSSR. In den Westzonen stellten die Alliierten die Demontagen nach 1946 teilweise und ab 1951 gänzlich ein. Sie wollten dadurch Deutschlands wirtschaftlichen Zusammenbruch verhindern und der bedrohlichen Ausdehnung des sowjetischen Einflusses begegnen.

Unter dem Eindruck der sowjetischen Expansion hielt US-Präsident Truman am 12. März 1947 eine Grundsatzrede vor dem Kongress. Er kündigte an, dass die USA künftig alle freien Völker bei ihrem Kampf gegen Unterdrückung unterstützen würden. Diese Eindämmungspolitik (Containment) sollte von einer massiven Militär- und Wirtschaftshilfe begleitet sein. Dem Konzept folgte der amerikanische Außenminister George C. Marshall, als er ein „Europäisches Wiederaufbauprogramm" entwickelte, das die USA 1947 als Wirtschaftshilfe für das kriegszerstörte Europa einleiteten. Es umfasste Rohstoffe, Maschinen, Nahrungsmittel und Kredite, bildete die Grundlage eines Neuanfangs und ging als „Marshallplan" in die Geschichte ein.

# Ost-West-Konflikt und doppelte deutsche Staatsgründung

**M 4  Berliner Luftbrücke**
Kinder beobachten den Landeanflug eines amerikanischen Transportflugzeugs. Da die Piloten oft Süßigkeiten für Kinder abwarfen, wurden die Maschinen liebevoll „Rosinenbomber" genannt.

**M 5  Gefüllte Schaufenster** zum Stichtag der Währungsreform

**M 6  Plakat zur NATO, 1952**

### Von der „Bizone" zur Währungsreform
Um ein leistungsfähiges Wirtschaftsgebiet zu schaffen, wurden die britische und amerikanische Zone im Januar 1947 zur „Bizone" vereinigt. Später folgte die französische Zone.

Ferner war eine Neuordnung des Währungssystems erforderlich, da eine Inflation drohte: Am 21. Juni 1948 wurde die Reichsmark im Verhältnis 10:1 abgewertet und durch die „Deutsche Mark" (DM) ersetzt. Am 23. Juni 1948 erfolgte auch in der Sowjetischen Besatzungszone eine Währungsreform. Damit war Deutschland politisch und wirtschaftlich gespalten.

### Die Berlin-Blockade
Als die Alliierten auch in den Berliner Westsektoren die D-Mark einführten, kam es zum Konflikt. Die Sowjetunion demonstrierte ihre Macht und sperrte am 24. Juni 1948 alle Straßen, Eisenbahnlinien und Wasserwege von Westdeutschland nach Westberlin. Damit war die Stadt auch von Stromlieferungen aus dem Osten und der Versorgung mit frischen Nahrungsmitteln abgeschnitten.

Auf diese Kampfansage reagierten Amerikaner und Briten mit einer Luftbrücke, denn die Benutzung der Luftkorridore war vertraglich abgesichert. Die Flugzeuge starteten im Minutentakt und transportierten während der elfmonatigen Blockade 1,5 Millionen Tonnen Lebensmittel, Baumaterialien und Kohle in die bedrängte Stadt. Am 12. Mai 1949 gaben die Sowjets die Blockade auf. Ihr Erpressungsversuch hatte sich als politischer Fehlschlag erwiesen.

### Die Gründung der NATO
Die Spaltung Deutschlands und der Welt hatte sich vertieft und die Vereinigten Staaten darin bestärkt, weitere Expansionsversuche abzuwehren. Das führte am 4. April 1949 zur Gründung des nordatlantischen Verteidigungsbündnisses der NATO (North Atlantic Treaty Organization). In diesem Beistandspakt schlossen sich zehn westeuropäische Staaten sowie die USA und Kanada zusammen, um sich vor einem sowjetischen Angriff zu schützen.

# Der „Kalte Krieg" beginnt – Analyse von politischen Reden

### M 7 Die „Truman-Doktrin"

*Präsident Truman in einer Rede vor dem US-Kongress am 12. März 1947:*

In jüngster Zeit wurden den Völkern einer Anzahl von Staaten gegen ihren Willen totalitäre Regierungsformen aufgezwungen. Die Regierung der Vereinigten Staaten hat immer wieder gegen den Zwang und die Einschüchterung in Polen, Rumänien und Bulgarien protestiert, die eine Verletzung der Vereinbarungen von Jalta darstellen. Ich muss auch erwähnen, dass in einer Anzahl von anderen Ländern ähnliche Entwicklungen vor sich gehen.

Zum gegenwärtigen Zeitpunkt der Weltgeschichte muss fast jede Nation zwischen alternativen Lebensformen wählen. Nur zu oft ist diese Wahl nicht frei. Die eine Lebensform gründet sich auf den Willen der Mehrheit und ist gekennzeichnet durch freie Institutionen, repräsentative Regierungsform, freie Wahlen, Garantien für die persönliche Freiheit, Rede- und Religionsfreiheit und Freiheit von politischer Unterdrückung.

Die andere Lebensform gründet sich auf den Willen einer Minderheit, den diese der Mehrheit gewaltsam aufzwingt. Sie stützt sich auf Terror und Unterdrückung, auf die Zensur von Presse und Rundfunk, auf manipulierte Wahlen und auf den Entzug der persönlichen Freiheiten.

Ich glaube, es muss die Politik der Vereinigten Staaten sein, freien Völkern beizustehen, die sich der angestrebten Unterwerfung durch bewaffnete Minderheiten oder durch äußeren Druck widersetzen. Ich glaube, wir müssen allen freien Völkern helfen, damit sie ihre Geschicke auf ihre eigene Weise selbst bestimmen können. Unter einem solchen Beistand verstehe ich vor allem wirtschaftliche und finanzielle Hilfe, die die Grundlage für wirtschaftliche Stabilität und geordnete politische Verhältnisse bildet.

Geschichte in Quellen, Die Welt seit 1945, hrsg. von Wolfgang Lautemann und Manfred Schlenke, München 1980, S. 576 f.

### M 8 „Zwei-Lager-Theorie"

*Der Sekretär des ZK der KPdSU A. Schdanow in einer Rede auf einer Konferenz kommunistischer Parteien im September 1947 in Polen:*

Während der Krieg im Gange war, marschierten die Alliierten im Kampfe gegen Deutschland und Japan zusammen und bildeten ein einziges Lager. Nichtsdestoweniger bestanden sogar während des Krieges im alliierten Lager im Hinblick auf die Definition sowohl der Kriegsziele als auch der Aufgaben der Nachkriegsorganisation der Welt Meinungsverschiedenheiten. Die Sowjetunion und die demokratischen Länder sahen ihre hauptsächlichen Kriegsziele in der Wiederherstellung und Konsolidierung der demokratischen Ordnung in Europa, in der Beseitigung des Faschismus und der Verhinderung der Möglichkeit einer neuen Aggression seitens Deutschlands und in der Herstellung einer allseitigen, dauerhaften Zusammenarbeit unter den Nationen Europas. Die vereinigten Staaten von Amerika – und Großbritannien im Einvernehmen mit ihnen – stellten sich ein anderes Kriegsziel: Sie wollten die Konkurrenten auf den Märkten – Deutschland und Japan – loswerden und ihre eigene Überlegenheit sichern. Dieser Unterschied in der Definition der Kriegsziele und der Aufgaben der Nachkriegsregelung begann in der Nachkriegsperiode deutlich zu werden. Zwei entgegengesetzte Kurse der Politik nahmen Gestalt an: Auf der einen Seite strebte die Politik der UdSSR und der demokratischen Länder nach der Überwindung des Imperialismus und der Konsolidierung der Demokratie. Auf der anderen Seite strebte die Politik der Vereinigten Staaten und Großbritanniens nach der Stärkung des Imperialismus und der Abwürgung der Demokratie. Angesichts der Tatsache, dass die UdSSR und die Länder der neuen Demokratie die Verwirklichung der imperialistischen Pläne für den Kampf um die Weltvormachtstellung und um die Vernichtung der demokratischen Bewegungen verhinderten, wurde eine Kampagne gegen die UdSSR proklamiert und von den eifrigsten imperialistischen Politikern in den USA und Großbritannien durch Drohungen verschärft.

So sind zwei Lager entstanden: das imperialistische, antidemokratische Lager, dessen Hauptziel darin besteht, die Weltvormachtstellung des amerikanischen Imperialismus zu erreichen und die Demokratie zu zerstören, und das antiimperialistische, demokratische Lager, dessen Hauptziel es ist, den Imperialismus zu überwinden, die Demokratie zu konsolidieren und die Überreste des Faschismus zu beseitigen.

Geschichte in Quellen, Die Welt seit 1945, hrsg. von Wolfgang Lautemann und Manfred Schlenke, München 1980, S. 460 f.

# Der „Marshallplan" – Unterschiedliche Materialien bearbeiten

**M 9** „Gegen Hunger und Armut"

*Der amerikanische Außenminister Marshall gab mit dieser Rede vom 5. Juni 1947 in der Harvard-Universität den Anstoß zur Entwicklung des ERP (European Recovery Program), des sogenannten Marshall-Planes:*

Unsere Politik ist nicht gegen irgendein Land oder eine Doktrin, sondern gegen Hunger, Armut, Verzweiflung und Chaos gerichtet. Ihr Zweck soll es sein, die Weltwirtschaft wiederherzustellen, um
5 das Entstehen politischer und sozialer Verhältnisse zu ermöglichen, unter welchen freie Institutionen existieren können. Eine solche Hilfe darf nach meiner Überzeugung nicht in kleinen Portionen erfolgen, so wie sich die Krise entwickelt. Eine Hilfe, die
10 die Regierung gewähren soll, müsste eine wirkliche Kur und nicht ein Vorbeugungsmittel darstellen. Jede Regierung, die willens ist, bei der Aufgabe des Wiederaufbaus mitzuwirken, wird, dessen bin ich sicher, seitens der Regierung der Vereinig-
15 ten Staaten volle Unterstützung erfahren. Eine Regierung, welche den Wiederaufbau anderer Länder zu verhindern sucht, kann keine Hilfe von uns erwarten. Regierungen, politische Parteien oder Gruppen, welche bestrebt sind, das menschliche Elend zu verewigen, um daraus politisch oder
20 in anderer Weise zu profitieren, werden auf den Widerstand der Vereinigten Staaten stoßen.

Geschichte in Quellen, Die Welt seit 1945, hrsg. von Wolfgang Lautemann und Manfred Schlenke, München 1980, S. 370 f.

**Hilfe aus dem Marshallplan 1948-1952 (in Mio. $)**

- Großbritannien 3443
- Frankreich 2806
- Italien 1548
- Deutschland 1413
- Niederlande 1079
- Griechenland 694
- Türkei 243

**M 10**

**M 11** „Es geht vorwärts durch den Marshallplan"
Westdeutsches Plakat, um 1949

**M 12** „Ostzone = Arbeit – Westzone: Marshall-Plan"
Ostdeutsches Plakat

# Der „Marshallplan" – Ein Interview auswerten

### M 13  „Es kam kein einziger Dollar"

*In einem Interview mit der Zeitung „Die Welt" erklärt der Wirtschaftshistoriker Werner Abelshauser die Wirkungen des Marshallplans (2007):*

WELT: Viele Deutsche verbinden mit dem Marshallplan den Startschuss für einen jahrzehntelangen Wirtschaftsaufschwung. Zu recht?

Werner Abelshauser: Nein, er trug nur wenig direkt zum Wachstum bei. Die Güter waren zu teuer, entsprachen oft nicht den Bedürfnissen der Industrie und kamen zu spät. Als die ersten Waren 1949 eintrafen, war die deutsche Wirtschaft schon seit über einem Jahr vom Aufschwung erfasst.

WELT: Warum hat der Marshallplan dann so ein gutes Image?

Abelshauser: Weil Aufschwung und Plan zeitlich parallel liefen und die Menschen dachten, der Plan trage einen Großteil zum Boom bei.

WELT: Wie wurde konkret geholfen?

Abelshauser: Viele glauben, es seien Millionen von Dollar geflossen. Das ist ein großer Irrtum, es kam kein einziger Dollar. Die Amerikaner lieferten Waren: zu einem Großteil Baumwolle, Tabak und Nahrungsmittel. Sie richteten ihre Lieferungen an den Exportwünschen ihrer Wirtschaft aus, und die Deutschen bezahlten dafür. Direkt profitiert von den Waren hat nur die Textilindustrie, in der ein Baumwoll-Engpass drohte, und Berlin von den Nahrungsmittellieferungen.

WELT: Mehr half der Marshallplan der deutschen Wirtschaft nicht?

Abelshauser: Doch, aber eher indirekt. Deutschlands Reparationsgläubiger wurden mit dem Plan abgefunden. Wollten etwa die Franzosen selbst Unterstützung aus dem Marshallplan bekommen, durften sie nicht weiter Mittel aus der Produktion in Deutschland abziehen.

WELT: Für was steht das Wiederaufbauprogramm, wenn nicht für den Aufschwung?

Abelshauser: Er war ein sehr erfolgreiches Instrument der USA, Westeuropa gegen den Ostblock zu stabilisieren. Und in ihm manifestierte sich der Richtungswechsel in der Deutschland-Politik der Amerikaner. Bis 1947 wollten die USA Westeuropa zu Lasten Deutschlands helfen, mit dem Plan forcierten sie eine Stabilisierung mit Hilfe Deutschlands.

http://www.welt.de/welt_print/article921083/Als-Modell-fuer-Afrika-absolut-ungeeignet.html (Zugriff: 23.04.2014).

## Aufgaben

1. **Der Zerfall der Anti-Hitler-Koalition und der Beginn des Kalten Krieges**
   a) Stelle in einer Übersicht wichtige Stationen dar, die zum Zerfall der Anti-Hitler-Koalition geführt haben.
   b) Erörtere die Gründe, die dafür ausschlaggebend waren.
   c) Vergleiche die beiden Redeauszüge von Truman und Schdanow und nimm zu deren Positionen Stellung.
   d) Beurteile in einer Darstellung die folgende Aussage: „Die Schuld für den Kalten Krieg liegt nicht nur auf einer Seite: Beide Staaten erregten mit ihren politischen Aktionen immer wieder das Misstrauen der anderen Seite."
   → Text, M7, M8

2. **Der Marshall-Plan**
   a) Stelle Marshalls Zielstellung und seinen Plan zur Realisierung dar.
   b) Informiere dich über die Funktionsweise des Marshallplans.
   c) Vergleich den Dawes-Plan mit dem Marshallplan.
   d) Vergleiche die Aussage der beiden Plakate.
   → Text, M9, M10, M11, M12, Internet

3. **Der Marshallplan – Ein Interview auswerten**
   a) Fasse die Grundaussagen des Interviews zusammen.
   b) Vergleiche die Ausführungen Abelshausers mit denen Marshalls.
   c) Verfasse eine Darstellung zum Thema: „Die Bedeutung des Marshallplans für den Wiederaufbau Westdeutschlands".
   → M9, M13

# Ost-West-Konflikt und doppelte deutsche Staatsgründung

**M 1** Wahlplakate
Die Plakate stammen aus der Zeit zwischen 1945 und 1949 und lassen bereits grundsätzliche parteipolitische Ziele erkennen.

## Die doppelte Staatsgründung

### Zwei deutsche Staaten

„Es wächst zusammen, was zusammengehört." – Diese Worte des früheren Bundeskanzlers Willy Brandt nach dem Mauerfall 1989 bezogen sich auf die beiden deutschen Staaten: die Bundesrepublik Deutschland und die Deutsche Demokratische Republik. Denn der Kalte Krieg zwischen den USA und der Sowjetunion hatte in Deutschland unmittelbare Auswirkungen: In der Bundesrepublik entstand eine freiheitlich-demokratische Staatsordnung mit sozialer Marktwirtschaft. Die DDR hingegen errichtete eine Parteidiktatur und eine sozialistische Staats- und Gesellschaftsordnung. Wie kam es zu der doppelten Staatsgründung, obwohl Deutschland gemäß der Potsdamer Konferenz als politische Einheit behandelt werden sollte?

### Wichtige Vorentscheidungen

Ehe es zur Gründung beider deutscher Staaten kam, fielen wichtige Vorentscheidungen. So herrschte in den drei Westzonen eine Marktwirtschaft mit gemeinsamer Währung. Die Sowjetzone hingegen leitete eine Bodenreform ein und verstaatlichte Industrie und Handel, was die Besitzverhältnisse in der Landwirtschaft und im industriellen Sektor entscheidend veränderte.

Schließlich offenbarte die Berlin-Blockade unüberbrückbare Gegensätze. Sie verstärkten bei den Westalliierten den Wunsch, ihr Besatzungsgebiet gegen die Sowjetzone abzugrenzen und einen westdeutschen Staat auf demokratischer Basis zu errichten. Entscheidende Impulse, die zur deutschen Teilung führten, kamen also von außen.

### Auf dem Weg zum „Weststaat"

Im Frühjahr 1948 beschloss die Londoner Sechs-Mächte-Konferenz, an der neben den Westalliierten auch die Benelux-Staaten teilnahmen, einen westlichen Teilstaat zu gründen. Die westdeutschen Ministerpräsidenten erhielten im Juli 1948 mit den „Frankfurter Dokumenten" den Auftrag, eine verfassunggebende Versammlung einzuberufen mit dem Ziel, eine demokratische Verfassung auszuarbeiten. Der Verfassungsentwurf sollte anschließend der westdeutschen Bevölkerung zur Abstimmung vorgelegt werden.

Die westdeutschen Ministerpräsidenten fürchteten, dass eine separate Staatsgründung die deutsche Teilung zementieren würde, und betonten, dass nur eine provisorische Staatsgründung möglich sei. Um dies zum Ausdruck zu bringen, wurde nur ein „Parlamentarischer Rat" eingesetzt, der aus Vertretern der westdeutschen Landtage bestand. Anstelle einer Volksabstimmung stimmten die Landtage über die künftige Verfassung ab, die man als Grundgesetz bezeichnete.

### Die Erarbeitung des Grundgesetzes

Der Parlamentarische Rat tagte vom September 1948 bis Mai 1949 in Bonn und erarbeitete das „Grundgesetz der Bundesrepublik Deutschland". Von den 65 Mitgliedern gehörten jeweils 27 der CDU/CSU und SPD an. Ferner erhielten die Liberalen fünf, die Deutsche Partei, das Zentrum und die KPD je zwei Sitze.

**M 2** Das Grundgesetz
Letzte Seite der Urschrift

Als Grundlage der Beratungen diente ein Entwurf, den ein Verfassungskonvent auf der bayerischen Insel Herrenchiemsee erarbeitet hatte. Aufgrund der Erfahrung mit dem Nationalsozialismus stellte das Grundgesetz die Menschen- und Grundrechte an die Spitze. Sie gelten als Kern der Verfassung und dürfen nicht verändert werden. Dazu zählen auch die vier Grundprinzipien Demokratie, Föderalismus, Sozialstaat und Rechtsstaat.

Ausgehend von den negativen Erfahrungen der Weimarer Verfassung nahm der Parlamentarische Rat einige grundsätzliche Veränderungen vor. So wurde der Schutz vor Verfassungsfeinden gestärkt. Um eine unklare politische Situation zu verhindern, ist die Abwahl des Bundeskanzlers nur durch ein „konstruktives Misstrauensvotum", also die gleichzeitige Wahl eines neuen Regierungschefs, möglich. Der Bundespräsident hat im Gegensatz zum Reichspräsidenten der Weimarer Republik lediglich repräsentative Aufgaben und keine exekutive Macht. Es sollte also – anders als in Weimar – ein möglichst stabiles Regierungssystem entstehen.

Auch wenn Einigkeit darin bestand, dass die Bundesrepublik föderalistisch aufgebaut sein sollte, war umstritten, wie weit die Einflussnahme der Bundesländer auf die Bundesgesetzgebung und die Machtbefugnisse der Länder gehen sollte. Ein Beitritt der deutschen Ostgebiete wurde ausdrücklich offengehalten.

### Die Gründung der Bundesrepublik Deutschland

Am 8. Mai 1949 stimmte der Parlamentarische Rat mit 53 gegen 12 Stimmen für die Annahme des Grundgesetzes, das anschließend von allen westdeutschen Landtagen außer dem bayerischen angenommen wurde. Nach seiner Verkündung am 23. Mai 1949 trat die provisorische westdeutsche Verfassung in allen drei Westzonen in Kraft. Dennoch erlangte die Bundesrepublik noch nicht die volle Souveränität.

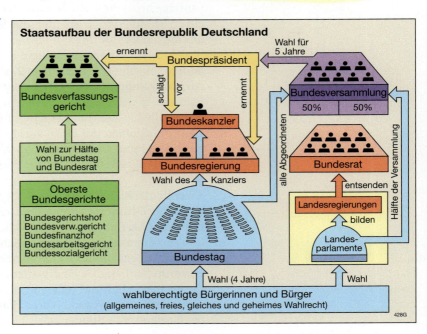

**M 3** Staatsaufbau der Bundesrepublik Deutschland

# Ost-West-Konflikt und doppelte deutsche Staatsgründung

**M 4** Feierliche Unterzeichnung des Grundgesetzes am 23. Mai 1949

Im Besatzungsstatut behielten sich die drei Westalliierten wichtige Zuständigkeiten wie zum Beispiel die Außenpolitik vor.

Nach der ersten Bundestagswahl am 14. August 1949 wurde Konrad Adenauer (CDU) zum ersten Bundeskanzler und Theodor Heuss (FDP) zum ersten Bundespräsidenten gewählt.

### Auf dem Weg zum „Oststaat"

Angesichts des Ost-West-Konflikts entschloss sich die Sowjetunion zur Gründung eines zweiten deutschen Staates auf dem Gebiet der Sowjetischen Besatzungszone. Doch versuchte die SED zumindest nach außen, den Einheitsgedanken aufrechtzuerhalten.

Ende 1947 trat ein „Deutscher Volkskongress für Einheit und gerechten Frieden" in Berlin zusammen, dem 1 551 Delegierte aus der Sowjetzone und 664 meist kommunistische Vertreter aus dem Westen angehörten. Dieser Volkskongress hatte die Funktion eines gesamtdeutschen Vorparlaments.

Ein zweiter Volkskongress setzte im Frühjahr 1948 einen „Deutschen Volksrat" ein, der im März 1949 den Entwurf einer „Verfassung für die Deutsche Demokratische Republik" (DDR) verabschiedete.

### Die Verfassung der DDR

Die erste DDR-Verfassung lehnte sich stark an die Verfassung der Paulskirche von 1849 und die Weimarer Verfassung an. Insofern fanden sich in beiden deutschen Verfassungen Übereinstimmungen. Allerdings wich die Verfassungswirklichkeit in der DDR stark vom Verfassungstext ab. So konnten DDR-Bürger das verfassungsmäßig verbürgte Streik- und Demonstrationsrecht nicht ausüben.

Auch die Wahlen zum 3. Volkskongress im Mai 1949 waren nicht frei, da die SED alle Kandidaten der Parteien und Massenorganisationen selbst bestimmte. Die Parteien wurden gezwungen, sich zu einem „antifaschistischen Block" zusammenzuschließen. Zur Wahl stand nur eine „Einheitsliste", auf der die Wähler lediglich „Ja" oder „Nein" ankreuzen konnten.

Der 3. Volkskongress billigte die Verfassung am 29. Mai 1949 und bildete aus seinen Reihen einen 2. Volksrat, der sich am 7. Oktober 1949 zur „Volkskammer der DDR" erklärte. Die erste Volkskammerwahl fand am 15. Oktober statt. Daneben wurden eine Länderkammer mit Abgeordneten der fünf östlichen Länder und eine Regierung gebildet. Zum Präsidenten der DDR wurde Wilhelm Pieck gewählt, zum Ministerpräsidenten Otto Grotewohl, beide Mitglieder der SED. Damit war die DDR als zweiter deutscher Staat gegründet.

### Zwei deutsche Staaten

Trotz der Gründung zweier deutscher Staaten blieb die Hoffnung auf die deutsche Einheit lebendig. Allerdings entwickelten sich die Bundesrepublik und die DDR im Zeichen des Ost-West-Konflikts und des Kalten Krieges immer weiter auseinander. Schon bald trennte sie der „Eiserne Vorhang" – eine waffenstarrende Grenze, die mitten durch Deutschland lief und jeden Kontakt verwehrte. Erst 40 Jahre später öffnete sich ein Weg zur Vereinigung und zum „Zusammenwachsen" beider deutscher Staaten.

# „Männer und Frauen sind gleichberechtigt" – Die Entstehung eines Gesetzes nachvollziehen

### M 5 Eine Stellungnahme

a) *Im Parlamentarischen Rat, der verfassungsgebenden Versammlung, befanden sich 61 Männer und 4 Frauen, darunter Elisabeth Selbert. In den Beratungen zu Artikel 3 GG führte sie im Dezember 1948 aus:*

Es ist eine Selbstverständlichkeit, dass man [...] den Frauen die Gleichberechtigung auf allen Gebieten geben muss. Die Frau soll nicht nur in staatsbürgerlichen Dingen gleichstehen, sondern muss auf allen
5 Rechtsgebieten dem Manne gleichgestellt werden. Die Frau, die während der Kriegsjahre auf den Trümmern gestanden und den Mann an der Arbeitsstelle ersetzt hat, hat heute einen moralischen Anspruch darauf, so wie der Mann bewertet zu wer-
10 den. [...] Sollte der Artikel in dieser Fassung heute wieder abgelehnt werden, so darf ich Ihnen sagen, dass in der gesamten Öffentlichkeit die maßgeblichen Frauen wahrscheinlich dazu Stellung nehmen werden, und zwar derart, dass unter Umstän-
15 den die Annahme der Verfassung gefährdet ist. [...] Alle ‚Aber' sollten hier ausgeschaltet sein, da mit den Stimmen der Frauen als Wählerinnen als denjenigen Faktoren gerechnet werden muss, die für die Annahme der Verfassung[1] ausschlaggebend
20 sind, nachdem wir in Deutschland einen Frauenüberschuss von 7 Millionen haben und wir auf 100 männliche Wähler 170 weibliche Wähler rechnen.

1 Das Abstimmungsverfahren war zu diesem Zeitpunkt noch in der Diskussion.

Zitiert nach: Böttger, Barbara, Das Recht auf Gleichheit und Differenz, Münster 1990, S. 184 f.

b) *Nachdem der Selbert-Vorschlag zwei Mal abgelehnt worden war, verstärkten sich die Eingaben an den Parlamentarischen Rat. Folgende Eingabe stammt vom Betriebsrat der Firma Henschel in Kassel:*

Hat man in Bonn die völlig veränderte Situation der heutigen Frauen übersehen? Glaubt der parlamentarische Rat vertreten zu können, dass eine verheiratete Frau und solche, die mit ihrer Hände Arbeit
5 ein neues Leben aus dem Chaos aufbauen, weniger Rechte besitzen soll als ein Jüngling von 21 Jahren? [...] Sieht man in den Frauen nach all diesen Jahren der bitterer Erfahrung und der durchgestandenen Not ein unselbstständiges, urteilsloses Wesen?

Zitiert nach: Böttger, Barbara, a. a. O, S. 202.

### M 6 Dr. Elisabeth Selbert
Rechtsanwältin, SPD-Politikerin, Mitglied des Parlamentarischen Rates, Foto von 1948/49

c) *Für Artikel 3 GG standen im Parlamentarischen Rat folgende Formulierungen zur Diskussion: „Männer und Frauen haben dieselben staatsbürgerlichen Rechte und Pflichten", „Der Gesetzgeber muss Gleiches gleich, Verschiedenes in seiner Eigenart behandeln " sowie „Männer und Frauen sind gleichberechtigt". Das Ergebnis der Beratung liegt mit Artikel 3 GG vor:*

Artikel 3
[Gleichheit vor dem Gesetz; Gleichberechtigung von Männern und Frauen; Diskriminierungsverbote]
(1) Alle Menschen sind vor dem Gesetz gleich.
(2) Männer und Frauen sind gleichberechtigt. Der Staat fördert die tatsächliche Durchsetzung der Gleichberechtigung von Frauen und Männern und wirkt auf die Beseitigung bestehender Nachteile hin.
(3) Niemand darf wegen seines Geschlechts, seiner Abstammung, seiner Rasse, seiner Sprache, seiner Heimat und Herkunft, seines Glaubens, seiner religiösen oder politischen Anschauungen benachteiligt oder bevorzugt werden. Niemand darf wegen seiner Behinderung benachteiligt werden.

Grundgesetz für die Bundesrepublik, Artikel 3, Stand 1995.

## Regierungserklärungen – Arbeiten mit Textquellen

**M 7  Konrad Adenauer und Otto Grotewohl**

*a) Regierungserklärung des Bundeskanzlers Konrad Adenauer vor dem Deutschen Bundestag am 21. Oktober 1949:*

In der Sowjetzone wurden schon im Jahre 1945 im Gegensatz zu den drei anderen Zonen Zentralverwaltungen eingerichtet, die den unverkennbaren Zweck hatten, die ganze sowjetische Zone staatlich einheitlich zu organisieren. […]
Die wirtschaftliche und die politische Trennung der Sowjetzone von dem übrigen Deutschland wurde weiter gefördert durch die Einsetzung des sogenannten Ersten Volkskongresses am 6. Dezember 1947, die Einberufung des Zweiten Volkskongresses am 18. März 1948, die Schaffung eines Volksrats am gleichen Tag, die Erteilung des Auftrags an den Volksrat, eine Verfassung auszuarbeiten, und schließlich durch die Verabschiedung dieser Verfassung durch den Volksrat am 19. März 1949.
Diese Volkskongresse sind nicht aus Wahlen, das heißt aus freien Wahlen, an denen sich jeder hätte frei beteiligen können, hervorgegangen. Für den Dritten Volkskongress durfte nur eine Einheitsliste aufgestellt werden. Die in der vom Volksrat beschlossenen Verfassung vom 19. März 1949 vorgesehenen Wahlen für eine Volkskammer wurden nicht abgehalten. Der Volksrat etablierte sich am 7. Oktober 1949 im Widerspruch mit der von ihm selbst beschlossenen Verfassung als provisorische Volkskammer. Gleichzeitig wurde erklärt, dass Wahlen, die schon mehrfach in Aussicht gestellt waren, bis zum 15. Oktober 1950 verschoben würden. […]
Es wird niemand behaupten können, dass die nunmehr geschaffene Organisation der Sowjetzone auf dem freien Willen der Bevölkerung dieser Zone beruht.
Sie ist zustande gekommen auf Befehl Sowjetrusslands und unter Mitwirkung einer kleinen Minderheit ihm ergebener Deutscher. […]
Die Bundesrepublik Deutschland stützt sich dagegen auf die Anerkennung durch den frei bekundeten Willen von rund 25 Millionen stimmberechtigter Deutscher. Die Bundesrepublik Deutschland ist somit bis zur Erreichung der deutschen Einheit insgesamt die alleinige legitimierte staatliche Organisation des deutschen Volkes.

*b) Regierungserklärung von Ministerpräsident Otto Grotewohl am 12. Oktober 1949 vor der Provisorischen Volkskammer der DDR:*

Die Handlungen der Regierung werden durch nichts anderes bestimmt als durch die vom Deutschen Volksrat beschlossene, vom 3. Deutschen Volkskongress bestätigte und durch die Volkskammer in Kraft gesetzte Verfassung der Deutschen Demokratischen Republik. Die Regierung geht aus der ersten unabhängigen deutschen Volksbewegung hervor, sie ist damit die erste unabhängige deutsche Regierung. Durch ihre Herkunft aus dem deutschen Volke selbst unterscheidet sie sich schon von der aufgrund der Bonner Verfassung errichteten westdeutschen Separatregierung. Die Bonner Verfassung ist nur die Ausführungsbestimmung des Besatzungsstatuts der westlichen Alliierten. Der in Westdeutschland errichtete Verfassungszustand ist keineswegs als der Ausdruck einer eigenen deutschen politischen Willensbildung anzuerkennen. Der westdeutsche Sonderstaat ist nicht in Bonn, sondern in London entstanden. Bonn hat nur die Londoner Empfehlungen, die in Wahrheit Befehle der westlichen Alliierten waren, ausgeführt. Der nunmehr in die Volkskammer umgewandelte frühere Deutsche Volksrat hat wiederholt Vorschläge an die westdeutschen Politiker ergehen lassen, eine gemeinsame politische Plattform für eine demokratische Willensbildung in ganz Deutschland zu schaffen. Sie haben in Westdeutschland diesen demokratischen Weg abgelehnt und glauben, mit den Methoden einer maßlosen Hetze und Verleumdung gegen die Sowjetunion und gegen die sowjetische Besatzungszone weiterzukommen. […] Die westdeutschen Politiker, die westlichen Alliierten und darüber hinaus die Weltöffentlichkeit werden sich davon überzeugen müssen, dass nur dann, wenn dem deutschen Volke das Recht auf die staatliche Selbstbestimmung eingeräumt wird, das Deutschlandproblem gelöst werden kann. […]
Der westdeutsche Separatstaat weist schon in seiner Geburtsstunde alle Krankheitszeichen eines politischen Wechselbalges und einer Krise auf, er kann darum vor dem Urteil der Geschichte nicht bestehen.

Aus: Weber, Jürgen, Die Gründung des neuen Staates 1949, München 1981, S. 292 ff.

## Nationale Symbole

**M 8 Die Flagge der Bundesrepublik**
Die Farben – Schwarz, Rot, Gold – gehen auf die deutsche Nationalbewegung des 19. Jahrhunderts zurück. 1949 wurden diese Farben in die Nationalflagge der Bundesrepublik Deutschland und am 3. Oktober 1990 für das geeinte Deutschland übernommen.

**M 9 Die Flagge der DDR**
Bis 1959 waren die Flaggen der Bundesrepublik und der DDR identisch. Um die Eigenständigkeit der DDR zu betonen, wurde seit 1959 das Staatswappen der DDR in die Flagge eingesetzt. Der Ährenkranz repräsentiert die Bauern, der Hammer die Arbeiter, der Zirkel Industrie und Technik.

**M 10 Die Nationalhymnen**

*a) Der Text der bundesdeutschen Nationalhymne entspricht der dritten Strophe des „Liedes der Deutschen", das August Heinrich Hoffmann von Fallersleben 1841 dichtete:*

Einigkeit und Recht und Freiheit
für das deutsche Vaterland!
Danach lasst uns alle streben
brüderlich mit Herz und Hand!
Einigkeit und Recht und Freiheit
sind des Glückes Unterpfand.
Blüh' im Glanze dieses Glückes,
blühe, deutsches Vaterland!

*b) 1. Strophe der DDR-Nationalhymne. Johannes R. Becher schrieb den Text, die Melodie komponierte Hanns Eisler. Ab 1973 wurde nur noch die Melodie gespielt:*

Auferstanden aus Ruinen
und der Zukunft zugewandt,
lass uns dir zum Guten dienen,
Deutschland, einig Vaterland.
Alle Not gilt es zu zwingen
und wir zwingen sie vereint,
denn es muss uns doch gelingen,
dass die Sonne schön wie nie
über Deutschland scheint.

### Aufgaben

1. **Die Gründung zweier deutscher Staaten**
   a) Erläutere den Weg der Gründung beider deutscher Staaten.
   b) Beurteile folgende Aussage: „Die Spaltung Deutschlands war ein Resultat des Kalten Krieges."
   → Text, M3, M4

2. **„Männer und Frauen sind gleichberechtigt"**
   a) Erläutere die Unterschiede der vorgeschlagenen Formulierungen für Art. 3 GG.
   b) Erkläre die Begründung des Vorschlags von Elisabeth Seibert.
   c) Beurteile die Resonanz der Diskussion in der Öffentlichkeit.
   → M5

3. **Regierungserklärungen – Arbeiten mit Textquellen**
   a) Vergleiche die Regierungserklärungen von Adenauer und Grotewohl und stelle die zentralen Aussagen in einer Übersicht dar.
   b) Beurteile die eingesetzten sprachlichen Mittel.
   → M7

# Doppelte deutsche Staatsgründung in Museen der Region

## Altstadtmuseum Hinkelsturm, Darmstadt

Überreste der Stadtmauer in Darmstadt mit dem Hinkelsturm, rechts der Turm der Stadtkirche

In der restaurierten Ruine des Hinkelsturms, einem der wenigen Überreste der Stadtmauer, werden Exponate aus der Altstadt gezeigt.
Bis zu den insgesamt 36 Bombenabwürfen auf Darmstadt war der mittelalterliche Zustand im Stadtbild noch gut zu erkennen. In der Nacht vom 11. auf den 12. September 1944 wurde die Innenstadt Darmstadts völlig zerstört und mehr als 12 000 Menschen kamen ums Leben. Von gut 115 000 Einwohnern 1939 waren bei Kriegsende nur noch knapp 55 000 übrig und Darmstadt verlor den Status der Hessischen Landeshauptstadt an das weniger zerstörte Wiesbaden.

Führungen und museumspädagogische Angebote.

www.frk-stadtmuseum-darmstadt.de

## Stadtmuseum Kassel

Anhand eines Modells der Trümmerwüste aus dem Frühjahr 1945 können die Schülerinnen und Schüler die Schwierigkeiten beim Neuanfang nach Kriegsende nachvollziehen. Die Dauerausstellung endet mit dem Wiederaufbau der Stadt und der Vergabe der Bundesgartenschau an Kassel im Jahr 1955. Auch die international bedeutende Kunstausstellung documenta, die im selben Jahr erstmals stattfand, wird in der Ausstellung behandelt.

Ein umfangreiches museumspädagogisches Angebot kann in Anspruch genommen werden.

www.stadtmuseum-kassel.info

## Gedenkstätte und Museum Trutzhain

Da bis 1949 etwa 200 000 überwiegend polnische Juden in die westlichen Besatzungszonen emigrierten, richtete die US-Armee 1946 in den leerstehenden Baracken des ehemaligen Kriegsgefangenenlagers das DP-Lager 95-443 Ziegenhain ein. Es wurde so für die Displaced Persons (DPs) zur Durchgangsstation für die ersehnte Ausreise nach Palästina, Großbritannien, Kanada, Australien, Südamerika oder in die USA. Durchschnittlich lag die Belegungszahl des Lagers, das Ende November 1947 aufgelöst wurde, bei 2000 Personen. Dem Lager angeschlossen war ein TBC-Sanatorium.
Führungen sind möglich.

www.gedenkstaette-trutzhain.de

# Lesetipps

## Voorhoeve, Anne C.: Unterland

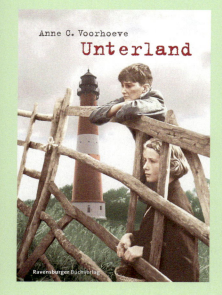

Voorhoeve, Anne C.: Unterland, Ravensburger Buchverlag Otto Maier GmbH, Ravensburg 2012, 448 Seiten.

Wer war der Verräter? Wer hatte den Engländern in den letzten Apriltagen 1945 die Nachricht gefunkt: „Aktion misslungen. Helgoland sofort angreifen!"
Mit der „Aktion" war die kampflose Übergabe der „Festung Helgoland" an die Engländer gemeint, die eine Gruppe von Inselbewohnern und hier stationierten Soldaten geplant hatten. Aber einer hatte die Nazis informiert und damit sieben Verdächtige in den Tod durch Erschießen geschickt. Was auf den Funkspruch folgte, war ein zweistündiges Bombardement der Engländer mit 1000 Bombern, die die Insel zerstörten.
Für die Geschwister Alice und Henry, die den Funker nachts bei der Verhaftung durch die Nazis gesehen haben, ist klar, dass sie seine Spur wie Racheengel verfolgen müssen. Wie alle überlebenden Helgoländer werden sie von der Insel aufs Festland evakuiert. Sie kommen zusammen mit ihrer Mutter und der Großmutter nach Hamburg, in eine fast völlig zerstörte Stadt, wo sie mit vielen anderen um das bloße Überleben kämpfen müssen, vor allem im Hungerwinter 1945/46, in dem monatelang Temperaturen unter minus 20 Grad herrschen.
Wie die vielen Flüchtlinge aus den deutschen Ostgebieten sind sie nicht willkommen. Das lässt vor allem die Hausbesitzerin neue Ankömmlinge spüren, wenn sie sie die ganze erste Nacht vor der Tür ausharren lässt. Zu viert hausen die Helgoländer in einem Zimmer und beobachten in dem überfüllten Haus die Gruppenquerelen, aber auch Hilfsaktionen.
Die zwölfjährige Alice, auch Toc-Toc genannt, weil sie nach einer schweren Verletzung beim Bombardement eine Holzprothese trägt, „arbeitet" trotz ihrer Behinderung mit einem Jungen auf dem Schwarzmarkt, fährt auf dem Trittbrett überfüllter Züge zum Hamstern und hilft beim Kohlenklauen von den Güterzügen, die aus dem Rheinland kommen. Ihr Bruder bereitet inzwischen den Angriff auf den Verräter vor, den er in Lüneburg ausfindig gemacht hat. Er kommt mit Alice auch zufällig auf die Spur des dunklen Geheimnisses, das einen anderen Flüchtling aus dem Sudetenland umgibt, der sich in die Wohngemeinschaft drängt.
Henry ist weitaus entschlossener als seine Schwester, die Verdächtigen zu verfolgen und entweder selbst mit einer Pistole zu richten oder sie bei der englischen Besatzungsmacht anzuzeigen. Alice schreckt davor zurück.
Die Geschichte beruht auf wahren Begebenheiten, denen u. a. auch der Autor James Krüss nachgegangen ist. Erst 1952 konnten die Bewohner Helgolands wieder zurückkehren, nachdem England die Insel an die Bundesrepublik zurückgegeben hatte.

---

Weitere empfehlenswerte Bücher und DVDs zum Thema „Doppelte deutsche Staatsgründung"

Kordon, Klaus:
Der erste Frühling, Weinheim 2014, 512 Seiten.

Lewin, Waldtraut:
Wiedersehen in Berlin, Ravensburg 2006, 288 Seiten.

Gietinger, Klaus:
Vom Reich zur Republik, Teil 10, insgesamt 10 DVDs, München 2013.

# Ost-West-Konflikt und doppelte deutsche Staatsgründung

## Zusammenfassung

Nach der bedingungslosen Kapitulation am 7./8. und 9. Mai 1945 teilten die vier Siegermächte Deutschland in Besatzungszonen auf. Berlin erhielt als Viersektoren-Stadt einen Sonderstatus. Gemäß dem Potsdamer Abkommen, das die Alliierten am 2. August 1945 schlossen, kamen alle Gebiete östlich der Oder und Neiße unter polnische Verwaltung, wo sie bis zum Abschluss eines Friedensvertrags verbleiben sollten. Die vier Oberbefehlshaber der alliierten Besatzungstruppen bildeten als oberstes Regierungsorgan den Alliierten Kontrollrat, der ein einheitliches Vorgehen bei allen Fragen gewährleisten sollte, die Deutschland als Ganzes betrafen.

Zwischen den USA und der Sowjetunion zeigten sich schon bald unüberbrückbare machtpolitische und ideologische Gegensätze. Anlass zu Besorgnis bot vor allem der Gürtel sozialistischer Satellitenstaaten, den die UdSSR in Osteuropa errichtete und die Politik der USA im pazifischen Raum. Auch die Berlin-Blockade zeigte 1948 den Ost-West-Konflikt in aller Deutlichkeit. Der Ausbreitung des sowjetischen Machtbereichs begegneten die USA schließlich mit einer Eindämmungspolitik, deren Leitlinien die Truman-Doktrin zusammenfasste. Hierzu zählte der Marshallplan, der ein Programm zum Wiederaufbau Europas einleitete, sowie das 1949 gegründete Verteidigungsbündnis der NATO.

In der Sowjetischen Besatzungszone wurden SPD und KPD 1946 zwangsweise zur SED vereinigt. Da andere Parteien nur noch formal fortbestanden, war der Weg zu einer sozialistischen Einparteienherrschaft vorgezeichnet. Mit der Konstituierung einer Volkskammer erfolgte am 7. Oktober 1949 die Gründung der DDR.

Die Schaffung demokratischer und marktwirtschaftlicher Strukturen sowie die Bildung westdeutscher Länder waren Etappen auf dem Weg zur Bundesrepublik. Ein Parlamentarischer Rat erarbeitete eine provisorische Verfassung, die am 23. Mai 1949 als „Grundgesetz" verkündet wurde. Das war die Geburtsstunde der Bundesrepublik Deutschland. In einem Besatzungsstatut behielten sich die westlichen Alliierten jedoch wichtige Zuständigkeiten vor.

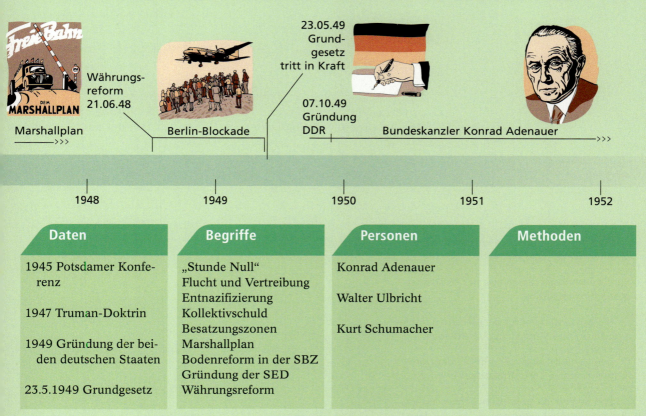

| Daten | Begriffe | Personen | Methoden |
|---|---|---|---|
| 1945 Potsdamer Konferenz | „Stunde Null" | Konrad Adenauer | |
| | Flucht und Vertreibung | | |
| 1947 Truman-Doktrin | Entnazifizierung | Walter Ulbricht | |
| | Kollektivschuld | | |
| 1949 Gründung der beiden deutschen Staaten | Besatzungszonen | Kurt Schumacher | |
| | Marshallplan | | |
| | Bodenreform in der SBZ | | |
| 23.5.1949 Grundgesetz | Gründung der SED | | |
| | Währungsreform | | |

### Der historische Raum: Ost-West-Konflikt und doppelte deutsche Staatsgründung

# Seiten zur Selbsteinschätzung

## Thema: Ost-West-Konflikt und doppelte deutsche Staatsgründung

Hinweis: Die folgende Tabelle dient der Selbsteinschätzung deiner erworbenen Kenntnisse und Fähigkeiten. Die Auflistung erhebt nicht den Anspruch, vollständig zu sein. Es handelt sich um eine Auswahl,

| Ich kann ... | Ich bin sicher. | Ich bin ziemlich sicher. | Ich bin noch unsicher. | Ich habe große Lücken. |
|---|---|---|---|---|
| ... die Situation in Deutschland am Ende des Zweiten Weltkrieges erklären. | | | | |
| ... die wichtigsten Beschlüsse der Potsdamer Konferenz erläutern. | | | | |
| ... die Auswirkungen für die Menschen infolge von Flucht und Vertreibung beschreiben. | | | | |
| ... den Verlauf und die Ergebnisse des Nürnberger Kriegsverbrecherprozesses erläutern. | | | | |
| ... den Beginn des politischen Lebens in den Besatzungszonen erläutern. | | | | |
| ... den Verlauf der Bodenreform in der Sowjetischen Besatzungszone darlegen. | | | | |
| ... den Prozess der Gründung der SED erklären. | | | | |
| ... die Ursachen für den Zerfall der Anti-Hitler-Koalition darstellen. | | | | |
| ... die Wirkung des Marshallplans beurteilen. | | | | |
| ... Ursachen und den Verlauf der Berlin-Blockade darlegen. | | | | |
| ... den Prozess der Staatsgründung beider deutscher Staaten vergleichend darlegen. | | | | |
| ... | | | | |
| ... | | | | |
| ... | | | | |

Bitte beachte: Kopiere die Seiten, bevor du mit ihnen arbeitest.

die ggf. erweitert werden kann. In der rechten Spalte findest du Hinweise, wie du eventuell vorhandene Lücken oder auch Unsicherheiten beseitigen kannst.

**Bitte beachte: Solltest du über ein Leihexemplar dieses Lehrbuches verfügen, dann kopiere die Seiten, bevor du mit ihnen arbeitest.**

| Auf diesen Seiten kannst du in HORIZONTE nachlesen | Empfehlungen zur Übung, Wiederholung und Festigung |
|---|---|
| 148–151 | Nimm Stellung zu folgender Behauptung: „Für viele Deutsche war das Ende des Zweiten Weltkrieges nicht nur eine politische Katastrophe." |
| 156<br>159 | Halte einen Kurzvortrag zum Thema: „Die Beschlüsse der Potsdamer Konferenz". |
| 152/153 | Informiere dich im Internet über Schicksale während der Flucht und Vertreibung und verfasse dazu eine Darstellung. |
| 162–164 | Verfasse einen Artikel für ein Schülerlexikon zur Thematik: „Der Nürnberger Kriegsverbrecherprozess". |
| 156–158 | Vergleiche die Gründung von Parteien und Organisationen in den westlichen Besatzungszonen und der sowjetischen Besatzungszone. |
| 158 | Halte einen Kurzvortrag zur Bodenreform. |
| 158<br>160/161 | Nimm Stellung zu folgendem Satz: „Die Gründung der SED war ein Resultat der Erfahrungen aus der Weimarer Republik und der NS-Zeit." |
| 166–168 | Begründe den Satz: „Die Anti-Hitler-Koalition war ein Zweckbündnis." |
| 167<br>170/171 | Nimm Stellung zu der Auffassung: „Der Marshallplan bildete die Grundlage für den Wirtschaftsaufschwung in Westdeutschland." |
| 168 | Informiere dich über die Versorgung der Berliner in den drei Westsektoren während der Berlin-Blockade. |
| 172–174 | Stelle die Staatsgründung beider deutscher Staaten in einem Schaubild dar. |
| | |
| | |
| | |

# 4. Die Welt nach 1945

Gedenk- und Begegnungsstätte Point Alpha an der Straße zwischen Geisa (Thüringen) und Rasdorf (Hessen)

**Aufstand in Ungarn 1956**
Demonstranten verbrennen die kommunistische Flagge, Oktober 1956

**Dschungelkampf in Vietnam**
Im Krieg sterben 2 Millionen Zivilisten und 1,1 Millionen Soldaten.

**Abwurf von Napalmbomben**
Kinder während eines Angriffs südvietnamesischer Streitkräfte, Foto vom 8. Juni 1972.

**Lech Wałęsa**
Anführer der Gewerkschaftsbewegung in Polen, 1989

**In den Trümmern des World Trade Centers**
13. September 2001

# Die Welt nach 1945

**M 1** „Schwerter zu Pflugscharen"
Statue im Park der Vereinten Nationen in New York

## Die Gründung der UNO

### Die Vorgeschichte

Heute sind fast alle Staaten Mitglieder der UNO, der „United Nations Organization". Als die „Vereinten Nationen" 1945 unter dem Eindruck des Zweiten Weltkriegs gegründet wurden, hatten sie 51 Mitglieder. Vorläufer war der 1919 eingerichtete Völkerbund, der ein neues Kapitel in den internationalen Beziehungen aufschlug. Die Idee eines friedlichen Zusammenlebens der Völker blieb auch über die Katastrophe des Zweiten Weltkriegs hinweg lebendig.

Lange vor Kriegsende berieten die Vereinigten Staaten und Großbritannien Grundsätze einer weltweiten Friedensordnung, die der Demokratie und den Menschenrechten zum Durchbruch verhelfen sollte. In der Atlantik-Charta von 1941 verkündeten US-Präsident Roosevelt und der britische Premierminister Winston Churchill, dass nach dem Sturz der nationalsozialistischen Diktatur ein Friede aufgerichtet werden solle, der allen Nationen die Möglichkeit biete, in gesicherten Grenzen zu leben und es den Menschen erlaube, ihr Leben „frei von Furcht und Not" zu gestalten.

Das Selbstbestimmungsrecht der Völker sollte in einem doppelten Sinn berücksichtigt werden. Einerseits sollte es keine territorialen Veränderungen geben, die nicht den Wünschen der betroffenen Völker entsprachen. Andererseits sollten die Völker das Recht haben, ihre Regierungsform selbst zu bestimmen.

1945 kamen Vertreter von 51 Staaten in San Francisco zusammen und unterzeichneten die Charta der „Vereinten Nationen", die Satzung der neuen Weltorganisation UNO.

**M 2** Die Organisation der Vereinten Nationen (UNO) — Stand: 2013

M 3 **Hauptgebäude der UN**
Seit 1959 Tagungsort der Generalversammlung und Sitz des Sicherheitsrates, New York

## Grundsätze und Ziele

Grundsätze und Ziele der UNO basieren auf den Menschenrechten und dem Völkerrecht, das die Beziehungen zwischen den Staaten regelt. Die friedliche Schlichtung von Streitfällen, der Verzicht auf Gewaltanwendung und die Achtung des Selbstbestimmungsrechts der Völker sind wichtige Prinzipien, die den Weltfrieden sichern sollen. Ferner wird eine internationale Zusammenarbeit in wirtschaftlichen, sozialen und kulturellen Fragen angestrebt.

## Die Instrumente der Vereinten Nationen

Im Unterschied zum Völkerbund sollte die neue Weltorganisation Instrumente besitzen, die in der Lage waren, Frieden stiftende Maßnahmen durchzusetzen. Diesem Zweck dient der Sicherheitsrat, dem fünf Großmächte als ständige Mitglieder angehören: USA, Großbritannien, Frankreich, Russland (zuvor Sowjetunion) und die Volksrepublik China (seit 1972). Diese Staaten besitzen ein Vetorecht, mit dem sie Beschlüsse blockieren können. Daher sind auch Mehrheitsentscheidungen gegen den Willen eines Mitglieds des Sicherheitsrats nicht durchsetzbar.

Zwischen 1945 und 1990 konnte auch die UNO über 150 Kriege in der Welt nicht verhindern. Erst das Ende des Ost-West-Konflikts befreite die Vereinten Nationen aus einer politischen Blockade und der Sicherheitsrat konnte den Weltfrieden durch rasches Handeln besser bewahren. Diese neue Handlungsfähigkeit stellte er zum Beispiel bei der Beendigung der Besetzung Kuwaits durch den Irak (1991) und bei der Bekämpfung des Terrorismus unter Beweis.

## Frieden sichernde Maßnahmen

Die deutliche Zunahme Frieden sichernder Maßnahmen belegt die gewachsene Bedeutung der Vereinten Nationen. Von den Mitgliedsländern gestellte Truppen versuchen im Auftrag der UNO in verschiedenen Regionen der Welt den Frieden zu erhalten. Vielfach hat allein die Präsenz der „Blauhelme" Aggressionen verhindert.

Die Bilanz dieser Einsätze ist jedoch nicht nur positiv. In manchen Fällen wurden UNO-Truppen in Bürgerkriege hineingezogen und konnten ihre Aufgabe nicht erfüllen. Voraussetzung für Frieden sichernde Maßnahmen sind:
- die Zustimmung der Konfliktparteien,
- die freiwillige Teilnahme von UN-Mitgliedstaaten,
- das Recht der teilnehmenden Mitgliedstaaten, sich jederzeit aus der Aktion zurückzuziehen,
- der Verzicht auf Waffengewalt außer zur Selbstverteidigung.

M 4 **UN-Soldaten im Einsatz**
**1994,** während des Bosnienkonfliktes

## Sonderorganisationen der UNO

Die UNO hat sich auch verpflichtet, soziale, humanitäre und wirtschaftliche Probleme zu lösen. Für diese Aufgabe sind zahlreiche Sonderorganisationen entstanden, die in enger Zusammenarbeit mit den betroffenen Staaten Hilfe leisten, so z. B. die Weltgesundheitsorganisation (WHO), das Kinderhilfswerk UNICEF, das besonders in Entwicklungsländern in Not geratene Kinder unterstützt, oder die Welthandelsorganisation (WTO), die sich mit der Regelung internationaler Handels- und Wirtschaftsbeziehungen beschäftigt.

## Grundsätze und Handlungsweisen der Vereinten Nationen

**M 5  Charta der UNO**

*Auszug aus der Charta der Vereinten Nationen vom 26. Juni 1945:*

Artikel 1: Die Vereinten Nationen setzen sich folgende Ziele:
• den Weltfrieden und die internationale Sicherheit zu wahren und zu diesem Zweck wirksame Kollektivmaßnahmen zu treffen, um Bedrohungen des Friedens zu verhüten und zu beseitigen, Angriffshandlungen und andere Friedensbrüche zu unterdrücken und internationale Streitigkeiten oder Situationen, die zu einem Friedensbruch führen könnten, durch friedliche Mittel nach den Grundsätzen der Gerechtigkeit und des Völkerrechts zu bereinigen oder beizulegen.
• freundschaftliche, auf der Achtung vor dem Grundsatz der Gleichberechtigung und Selbstbestimmung der Völker beruhende Beziehungen zwischen den Nationen zu entwickeln [...];
• eine internationale Zusammenarbeit herbeizuführen, um internationale Probleme wirtschaftlicher, sozialer, kultureller und humanitärer Art zu lösen und die Achtung vor den Menschenrechten und Grundfreiheiten für alle ohne Unterschiede der Rasse, des Geschlechts, der Sprache oder der Religion zu fördern und zu festigen [...]
Maßnahmen bei Bedrohung oder Bruch des Friedens und bei Angriffshandlungen:

Artikel 39: Feststellung der Gefahrsituation
Der Sicherheitsrat stellt fest, ob eine Bedrohung oder ein Bruch des Friedens oder eine Angriffshandlung vorliegt; er gibt Empfehlungen ab oder beschließt, welche Maßnahmen aufgrund der Artikel 41 und 42 zu treffen sind, um den Weltfrieden und die internationale Sicherheit zu wahren oder wiederherzustellen.
Artikel 40: Vorläufige Maßnahmen
Um einer Verschärfung der Lage vorzubeugen, kann der Sicherheitsrat, bevor er nach Artikel 39 Empfehlungen abgibt oder Maßnahmen beschließt, die beteiligten Parteien auffordern, den von ihm notwendig oder erwünscht erachteten vorläufigen Maßnahmen Folge zu leisten. [...]
Artikel 41: Der Sicherheitsrat kann beschließen, welche Maßnahmen – unter Ausschluss von Waffengewalt – zu ergreifen sind, um seinen Beschlüssen Wirksamkeit zu verleihen; er kann die Mitglieder der Vereinten Nationen auffordern, diese Maßnahmen durchzuführen. Sie können die vollständige oder teilweise Unterbrechung der Wirtschaftsbeziehungen, des Eisenbahn-, See- und Luftverkehrs, der Post-, Telegrafen- und Funkverbindungen sowie sonstiger Verkehrsmöglichkeiten und den Abbruch der diplomatischen Beziehungen einschließen.
Artikel 42: Ist der Sicherheitsrat der Auffassung, dass die in Artikel 41 vorgesehenen Maßnahmen unzulänglich sein würden oder sich als unzulänglich erwiesen haben, so kann er mit Luft-, See- oder Landstreitkräften die zur Wahrung oder Wiederherstellung des Weltfriedens und der internationalen Sicherheit erforderlichen Maßnahmen durchführen. Sie können Demonstrationen, Blockaden und sonstige Einsätze der Luft-, See- oder Landstreitkräfte von Mitgliedern der Vereinten Nationen einschließen.
Artikel 43: (1) Alle Mitglieder der Vereinten Nationen verpflichten sich, zur Wahrung des Weltfriedens und der internationalen Sicherheit dadurch beizutragen, dass sie [...] dem Sicherheitsrat auf sein Ersuchen Streitkräfte zur Verfügung stellen, Beistand leisten und Erleichterungen einschließlich des Durchmarschrechts gewähren, soweit dies zur Wahrung des Weltfriedens und der internationalen Sicherheit erforderlich ist.

Zit. nach: H. Siegler, Die Vereinten Nationen, Bonn 1966, S. 173 ff.

**M 6  „Die Feuerwehr im Einsatz"**
Deutsche Karikatur von Peter Leger zum Einsatz der UN, 1985

## Die UNO – Arbeiten mit dem Internet

### M 7  Organisationen der UNO

a) *Auswahl von wichtigen Unterorganisationen der UNO:*

**UNICEF:** United Nations International Children's Emergency Fund (Kinderhilfswerk), gegründet 1946, Sitz: New York.

**UNHCR:** United Nations High Commissioner for Refugees (Hoher Flüchtlingskommissar der Vereinten Nationen), gegründet 1951, Sitz: Genf.

**UNCTAD:** United Nations Conference on Trade and Development (Welthandelskonferenz), gegründet 1964, Sitz des Sekretariats: Genf.

**UNIDO:** United Nations Industrial Development Organization (Organisation für industrielle Entwicklung), gegründet 1966, Sitz: Wien.

**UNDP:** United Nations Development Program (Entwicklungsprogramm der UN), gegründet 1965, Sitz: New York.

b) *Darüber hinaus bestehen folgende Sonderorganisationen, d. h. eigenständige, mit Organen der UNO durch Abkommen verbundene Organisationen:*

**UNESCO:** United Nations Educational Scientific and Cultural Organization (Organisation für Bildung, Wissenschaft, Kultur und Kommunikation), gegründet 1945, Sitz: Paris.

**ILO:** International Labour Organization (Internationale Arbeitsorganisation), gegründet 1946, Sitz: Genf.

**FAO:** Food and Agriculture Organization (Ernährungs- und Landwirtschaftsorganisation), gegründet 1945, Sitz: Rom.

**WHO:** World Health Organization (Weltgesundheitsorganisation), gegründet 1948, Sitz: Genf.

**IMF:** International Monetary Fund, deutsch: **IWF:** Internationaler Währungsfonds, gegründet 1945, Sitz: Washington (D. C.).

**IBRD:** International Bank for Reconstruction and Development (Internationale Bank für Wiederaufbau), deutsch: Weltbank, gegründet 1945, Sitz: Washington (D. C.).

**UPU:** Union Postale Universelle (Weltpostverein): gegründet 1948, Sitz: Bern.

**WTO:** World Trade Organization (Welthandelsorganisation), gegründet 1994, Sitz: Genf.

**IAEA:** International Atomic Energy Agency (Internationale Atomenergie-Behörde), gegründet 1957, Sitz: Wien.

### Aufgaben

1. **Die UNO und ihre Aufgaben**
   a) Stelle den Gründungsprozess der UNO dar.
   b) Erläutere mithilfe des Schaubilds den Aufbau der UNO.
   c) Nenne die zentralen Ziele, die in der UN-Charta niedergelegt sind.
   d) Beurteile die Eingreifmöglichkeiten der UNO im Konfliktfall und bestimme dabei die Rolle des Sicherheitsrates.
   e) China, Frankreich, Großbritannien, Russland und die USA verfügen über ein Veto-Recht im UN-Sicherheitsrat. Erkläre die Hintergründe und nimm dazu Stellung.
   → Text, M2, M5, M6

2. **Die UNO – Arbeit mit dem Internet**
   a) Informiere dich über eine Unterorganisation der UNO und über deren aktuelle Aufgaben. Nutze dazu das Internet. Stelle deine Ergebnisse in einem Referat vor.
   b) Suche ein weiteres aktuelles Beispiele für einen UN-Friedenseinsatz und präsentiere deine Ergebnisse in Form eines Schaubildes.
   c) Beurteile an einem aktuellen Beispiel folgenden Satz: „Die Effektivität der UNO wird oft durch Sonderinteressen einzelner Staaten beeinträchtigt."
   → M7, Internet

# Die Welt nach 1945

M 1

M 2 **Koreakrieg**
Amerikanischer Nachschub, Foto um 1950

## Der Kalte Krieg in den 1950er-Jahren

### Soldat in Korea – aus Versehen
In seiner Autobiografie „Neger, Neger, Schornsteinfeger" berichtet Hans J. Massaquoi, der 1926 als Sohn eines Liberianers und einer Deutschen geboren wurde und die Zeit des Nationalsozialismus in Deutschland überlebte, wie er 1950 amerikanischer Soldat wurde. Obwohl es sich um einen Irrtum der Bürokratie handelte, akzeptierte er die Einberufung, da er sich Vorteile für einen Antrag auf amerikanische Staatsbürgerschaft versprach. So kam er als Soldat nach Korea und kämpfte dort für die Amerikaner. Wie kamen jedoch amerikanische Truppen überhaupt nach Korea?

### Der Koreakrieg
Nach der Kapitulation Japans 1945 besetzten sowjetische Truppen den Norden Koreas, amerikanische Einheiten den Süden des Landes. Die Grenze zwischen beiden Einflusssphären bildete der 38. Breitengrad. Der Kalte Krieg verhinderte jedoch eine Einigung der Besatzungsmächte über die Strukturen eines unabhängigen demokratischen Koreas.

So entstand im Süden mit der Republik Korea ein autoritäres Militärregime unter dem Schutz der USA, im Norden hingegen eine kommunistische Volksrepublik, die von der UdSSR und China Unterstützung erhielt. Beide Teilstaaten – Südkorea und Nordkorea – beanspruchten die Herrschaft über das gesamte Land.

Nach dem Abzug der Amerikaner überschritten nordkoreanische Truppen im Juni 1950 den 38. Breitengrad. Die USA sahen darin einen Beweis für die aggressive Politik des Kommunismus und entschlossen sich zum militärischen Eingreifen. Auch der Sicherheitsrat der UNO verurteilte Nordkorea als Aggressor und beschloss die Aufstellung einer UNO-Streitmacht. Die USA trugen die militärische Hauptlast und stellten mit General MacArthur den Oberbefehlshaber. 15 weitere Nationen entsandten Truppenkontingente.

Als US-Verbände in einer See- und Landoffensive den 38. Breitengrad überschritten und zur chinesischen Grenze vorstießen, griffen 200 000 chinesische „Freiwillige" zugunsten Nordkoreas ein. Als diese

### M 3 „Warschauer Pakt"
Die sowjetische Delegation auf der Warschauer Konferenz, wo sie und Vertreter Albaniens, Bulgariens, der DDR, Polens, Rumäniens, der Tschechoslowakei und Polens am 14. Mai 1955 den „Vertrag über Freundschaft, Zusammenarbeit und gegenseitigen Beistand" unterzeichneten.

### M 4 Flüchtlinge im Koreakrieg

Gegenoffensive Erfolge erzielte, forderte General MacArthur sogar den Einsatz von Atomwaffen gegen China. Eine solche Eskalation lag jedoch nicht im Interesse der US-Regierung unter Präsident Truman. Sie hätte ein Eingreifen der Sowjetunion wahrscheinlich gemacht und damit die Gefahr eines globalen Konflikts heraufbeschworen. Außerdem hätte eine Konzentration der USA auf Asien ihre Position in Europa geschwächt. So beendete im Juli 1953 ein Waffenstillstandsabkommen die militärische Auseinandersetzung und bestätigte den 38. Breitengrad als Demarkationslinie. Der Konflikt forderte etwa zwei Millionen Opfer unter Zivilisten und Soldaten und vertiefte die Furcht vor einem Militärschlag in Ost und West. Korea ist bis heute geteilt.

### Die Gründung des östlichen Militärbündnisses
Als die Bundesrepublik 1955 dem Verteidigungsbündnis der NATO beitrat, reagierte die Sowjetunion mit der Gründung eines östlichen Militärbündnisses, das in der DDR als „Warschauer Vertragsorganisation", im Westen dagegen als „Warschauer Pakt" bezeichnet wurde – letzterer Begriff wird heute vorrangig in der Geschichtswissenschaft benutzt. Dem Warschauer Pakt gehörten bis zu seiner Auflösung 1991 neben der UdSSR auch deren Satellitenstaaten an – so bezeichnete man die von der Sowjetunion beherrschten osteuropäischen Staaten. Das Militärbündnis ermöglichte der UdSSR nicht nur eine Stationierung sowjetischer Truppen in allen Mitgliedsstaaten, sondern auch deren Kontrolle und notfalls ein militärisches Eingreifen.

### Der Ungarnaufstand 1956
Das bekam Ungarn im Jahr 1956 zu spüren. Aus Studentendemonstrationen in Budapest entwickelte sich Ende Oktober ein Volksaufstand gegen das stalinistische Regime, der selbst vor der Polizei und Armee nicht zurückschreckte. Auf großen Demonstrationen forderten viele Ungarn bürgerliche Freiheitsrechte, soziale Verbesserungen, eine neue Regierung und den Abzug sowjetischer Truppen.

# Die Welt nach 1945

**M 5** Ungarn-Aufstand, Aufständische vor einem zerstörten sowjetischen Panzer, November 1956

Nach ersten bewaffneten Auseinandersetzungen zogen sich die sowjetischen Truppen aus Budapest zurück. Der ungarische Politiker Imre Nagy löste die Geheimpolizei auf, verkündete die Einführung eines Mehrparteiensystems und bildete eine unabhängige Regierung. Das Land sollte zwar sozialistisch bleiben, aber frei von sowjetischer Bevormundung sein. So trat Ungarn aus dem Warschauer Pakt aus.

Das konnte die Sowjetunion nicht dulden, ohne ihre Machtposition in Osteuropa aufs Spiel zu setzen. Deshalb schlug sie mit aller Härte zu. Panzer rollten durch die Stadt. Es kam zu schweren Straßenkämpfen. Die politische Führung wurde verhaftet, Imre Nagy nach einem Schauprozess 1958 hingerichtet. Andere Aufständische erhielten langjährige Gefängnisstrafen. 20 000 Ungarn waren in den Kämpfen getötet worden, 200 000 flohen ins westliche Ausland.

Der Westen griff nicht ein, obwohl Imre Nagy ihn verzweifelt dazu aufgerufen hatte. Angesichts des gewaltigen Arsenals an Atomwaffen und der Bereitschaft, diese auch einzusetzen, fürchtete der Westen die Gefahr eines Atomkriegs. Ungarn blieb bis 1989 kommunistisch, auch wenn unter Parteichef János Kádár (1956–1988) vorsichtige Wirtschaftsreformen erfolgten.

### Die Vertiefung des Ost-West-Gegensatzes

Der Koreakrieg und der Ungarnaufstand hatten gezeigt, dass sich die Militärblöcke unversöhnlich gegenüberstanden. In der Folgezeit verschärfte sich die machtpolitische und ideologische Auseinandersetzung zwischen West und Ost. Erst nach der Kuba-Krise, die die Welt 1962 an die Schwelle eines Atomkriegs führte, ließen vorsichtige Entspannungsbemühungen den Kalten Krieg abklingen.

# Der Koreakrieg – Deutungen untersuchen

### M 6  Rechtfertigung des Koreakrieges

*Aus einer Rede des amerikanischen Präsidenten Harry S. Truman zum Koreakrieg von 1950:*

Wir glauben an die Freiheit aller Nationen im Fernen Osten. Das ist einer der Gründe, warum wir für die Freiheit Koreas kämpfen. Russland hat niemals irgendein Territorium freiwillig aufgegeben,
5 das es sich im Fernen Osten angeeignet hat – es hat noch keinem zur Unabhängigkeit verholfen, der unter seine Kontrolle geraten war.
Wir treten nicht nur für die Freiheit der Völker Asiens ein, sondern wir wollen ihnen auch helfen, sich
10 bessere Verhältnisse in Bezug auf Gesundheit, Ernährung, Bekleidung und Wohnen zu sichern und ihnen die Möglichkeit geben, ihr eigenes Dasein in Frieden zu führen. Wir rüsten lediglich für die Verteidigung gegen die Aggression. Wenn wir
15 und die anderen freien Völker stark, geschlossen und geeint sind, kann der kommunistische Imperialismus, obgleich er nicht an den Frieden glaubt, von einer neuen Aggression abgeschreckt werden.

Aus einer Rundfunkansprache am 01.09.1950, nach: Die Vereinigten Staaten von Amerika als Weltmacht, bearb. von E. Angermann, Stuttgart 1987, S. 56 f.

### M 7  „America at its best"

*Aus der Rede des amerikanischen Präsidenten Bill Clinton anlässlich des 50. Jahrestags des Kriegsausbruchs auf dem Gelände des „Korean War Memorial" 2000:*

All across our nation today, our fellow citizens are coming together to say to men and women who fought for freedom half a century ago, half a world away, we will never forget your bravery, we
5 will always honor your service and your sacrifice. As we meet today, we are blessed to live, as Secretary Cohen said, „in a world where, for the first time, over half the people on the globe live under governments of their own choosing." It has
10 happened so rapidly that we may fall into the trap of thinking that it had to happen, that communism's fall and freedom's victory was inevitable. But 50 crowded years ago, the world we know today was anything but inevitable. Hitler was
15 gone, but Stalin was not. Berlin was divided. A revolution across the Pacific began a fierce debate here at home over the question: Who lost China? In 1949, the Soviet Union had detonated its first atomic bomb. As we struggled to rebuild Europe
20 and Japan, the free nations of the world watched and wondered when and where would the Cold War turn hot, and would America meet the test. [...] The truth is, the leaders of the communist nations did not believe America would stand up for
25 South Korea. After all, Americans didn't want another war; the blood still hadn't dried from World War II. Nobody wanted more rationing, nobody wanted more Western Union boys riding up with telegrams from the War Department. Americans
30 wanted to start families. They wanted to see gold stars on report cards, not gold stars in windows. But from the moment Harry Truman heard the news at home, on his first trip to Missouri since Christmas the year before, he knew this was a
35 moment of truth. If an invasion was permitted to triumph in Korea without opposition from the free world, no small nation again would have the courage to resist aggression. He knew American boys didn't fight and die to stop Nazi aggression
40 only to see it replaced by communist aggression. So Korea wasn't just a line on a map. It was where America drew the line in the sand on the Cold War; and where, for the first time, the nations of the whole world, together at the then newly-
45 created United Nations, voted to use armed force to stop armed aggression. [...] There is no question: Korea was war at its worst. But it was also America at its best.

Homepage des Amerikanischen Verteidigungsministeriums (http://www.js.pentagon.mil/dpmo/news/2000/000625_white_house_president_kor_war_mem.htm).

M 8  „Korean War Memorial" in Washington D.C. von 1995

193

# Ungarn-Aufstand – Eine Chronologie erarbeiten

**M 9  Aufstand in Ungarn 1956**
Demonstranten verbrennen die kommunistische ungarische Flagge, Oktober 1956.

**M 10  Der Aufstand in Ungarn**

*Aus verschiedenen Quellen ist im Folgenden eine Chronologie des Aufstandes zusammengestellt.*
*a) Gordon Shaphard berichtet in der englischen Zeitung „Daily Telegraph" über Sonnabend, den 27. Oktober 1956:*

Der ungarische Aufstand hat nun sein drittes und vielleicht blutigstes Stadium erreicht. Vor etwa einer Woche begann er mit den Demonstrationen unbewaffneter Studenten. Als sich größere
5 Tumulte daraus entwickelten, schloss sich eine Militärrevolte an, die wahrscheinlich seit langem innerhalb gewisser Einheiten der regulären ungarischen Armee geplant gewesen war. Soweit Budapest in Betracht kommt, scheint diese halbor-
10 ganisierte militärische Aktion von sowjetischen Panzern unterdrückt worden zu sein. [...]
Die Russen benutzen ihre schweren Panzer als Ausrottungsmaschinen. Sie rollen von einem Bezirk zum anderen und machen jedes Haus dem Erdbo-
15 den gleich, wenn auch nur ein einziger Heckenschütze darin sitzt oder darin vermutet wird. [...]

Gordon Shaphard, „Daily Telegraph" vom 29.10.1956, London.

*b) Imre Nagy spricht im Sender Kossuth am Dienstag, den 30. Oktober 1956, 14.28 Uhr:*

Hier spricht Imre Nagy:
Ungarische Arbeiter, Soldaten, Bauern und Intellektuelle! Die Revolution [...] und die gewaltige Bewegung der demokratischen Kräfte haben es mit sich gebracht, dass unsere Nation jetzt am Scheideweg angelangt ist.
Im Interesse einer weiteren Demokratisierung des politischen Lebens [...] hat das Kabinett das Einparteiensystem abgeschafft und beschlossen, zu einer Regierungsform zurückzukehren, die auf der demokratischen Zusammenarbeit der Koalitionsparteien beruht. [...]

Sender Kossuth, 30.10.1956, 14.28 Uhr.

*c) Imre Nagy veröffentlicht am Donnerstag, den 1. November 1956, folgende Erklärung in der ungarischen Nachrichtenagentur:*

Ministerpräsident Imre Nagy hat das folgende Telegramm an die Regierung der UdSSR gerichtet: „Die Regierung der Ungarischen Volksrepublik wünscht sofortige Verhandlungen über den

Abzug der sowjetischen Truppen aus ungarischem Gebiet. Unter Bezugnahme auf die jüngste Erklärung der sowjetischen Regierung, […] sie sei bereit, mit den Regierungen Ungarns und der anderen Mitgliedstaaten des Warschauer Pakts über den Abzug der sowjetischen Truppen aus Ungarn zu verhandeln, ersucht die ungarische Regierung die Regierung der Sowjetunion eine Abordnung zu benennen, damit die Gespräche so bald als möglich beginnen können. Sie bittet die sowjetische Regierung, hierfür Zeit und Ort zu bestimmen. […]

Gezeichnet Imre Nagy, Ungarische Nachrichtenagentur.

d) Imre Nagy spricht im Sender Kossuth am Sonntag, den 4. November 1956, 5.16 Uhr:

Achtung! Achtung! Achtung! Achtung! Ministerpräsident Nagy wendet sich jetzt an das ungarische Volk:
„Hier spricht Ministerpräsident Imre Nagy. Sowjetische Truppen haben im Morgengrauen zu einem Angriff auf unsere Hauptstadt angesetzt, mit der eindeutigen Absicht, die gesetzmäßige demokratische Regierung der Ungarischen Volksrepublik zu stürzen. Unsere Truppen stehen im Kampf. Die Regierung ist auf ihrem Platz. Ich bringe diese Tatsachen unserem Land und der ganzen Welt zur Kenntnis.

Freier Sender Kossuth, 4.11.1956, 5.16 Uhr.

e) Der „Freie Sender Petöfi" sendet am Sonntag, den 4. November 1956, um 14.34 Uhr folgende Nachricht:

Völker der Welt! Hört uns – helft uns! Nicht mit Erklärungen, sondern mit Taten, mit Soldaten, mit Waffen! Vergesst nicht, dass es für die Sowjets bei ihrem brutalen Ansturm kein Halten gibt. Wenn wir untergegangen sind, werdet ihr das nächste Opfer sein. Rettet unsere Seelen! Rettet unsere Seelen! […]
Völker der Welt! Im Namen der Gerechtigkeit, der Freiheit und des verpflichtenden Prinzips der tatkräftigen Solidarität, helft uns! Das Schiff sinkt, das Licht schwindet, die Schatten werden von Stunde zu Stunde dunkler über der Erde Ungarns. Hört den Schrei, Völker der Welt, und handelt. Reicht uns Eure brüderliche Hand.
SOS! SOS! Gott sei mit Euch!

Freier Sender Petöfi [14.34 Uhr].

f) „Radio Moskau" sendet am Sonntag, den 4. November 1956, um 21.05 Uhr folgende Nachricht:

Heute morgen sind die Kräfte der reaktionären Verschwörung gegen das ungarische Volk zerschlagen worden. Eine neue ungarische Revolutionsregierung der Arbeiter und Bauern wurde von Ministerpräsident János Kádár gebildet. Die Regierung hat das ungarische Volk aufgerufen, alle Kräfte zur Verteidigung der Errungenschaften des volksdemokratischen Systems einzusetzen und die reaktionären Verschwörer, an deren Spitze ehemalige Horthy-Offiziere aus der Hitler-Wehrmacht stehen, endgültig zu vernichten.

Radio Moskau, 21:05 Uhr.

g) Der Sender Kossuth sendet am Dienstag, den 6. November 1956:

Wir grüßen die Sowjetunion, die zum zweitenmal das ungarische Volk befreit hat. […]

Sender Kossuth, 6. November.

Zusammengestellt aus: Die ungarische Revolution. Die Geschichte des Oktoberaufstandes nach Dokumenten, Meldungen, Augenzeugenberichten und dem Echo der Weltöffentlichkeit, hrsg. v. M. J. Lasky und G. Löwenthal, Colloquium Verlag, Berlin 1958.

## Aufgaben

1. **Der Koreakrieg**
   a) Erschließe mithilfe der Karte den Verlauf des Koreakriegs.
   b) Beurteile die Bedeutung des Koreakrieges für die politische Entwicklung in der Bundesrepublik und Europa.
   → Text, M1

2. **Der Ungarnaufstand 1956**
   a) Erarbeite anhand der Quellen den Ablauf des Ungarnaufstands.
   b) Verfasse einen Kommentar für eine Tageszeitung zum Thema: „Der ungarische Aufstand von 1956".
   → Text, M10

# Die Welt nach 1945

M 1

M 2

## Kuba-Krise, Vietnamkrieg und „Prager Frühling"

### Die Welt am Abgrund: Die Kuba-Krise und die Folgen

Im Oktober 1962 hielt die Welt den Atem an. Nach der Stationierung sowjetischer Mittelsteckenraketen auf Kuba drohte eine militärische Konfrontation zwischen den USA und der Sowjetunion, d.h. ein neuer Weltkrieg.

Vorangegangen war 1959 der Sturz des kubanischen Diktators Batista durch den Revolutionär Fidel Castro. Unmittelbar nach seiner Machtübernahme begann Castro mit grundlegenden gesellschaftlichen Reformen. Die neue kubanische Regierung war den USA ein Dorn im Auge und ein umfangreiches Handelsembargo war die Folge. Diese Entwicklung begriff die Sowjetunion als Chance, ein festes Bündnis mit einem Staat einzugehen, der nur 150 Kilometer vor der US-amerikanischen Küste liegt. Im Mai 1962 begann der sowjetische Regierungschef Nikita Chruschtschow heimlich Mittelstreckenraketen auf Kuba zu stationieren. Als die USA die sowjetischen Raketenbasen auf Luftbildaufnahmen entdeckten, versetzte Präsident John F. Kennedy (1917–1963) die Streitkräfte in Alarmbereitschaft und forderte die Sowjetunion ultimativ zum Abbau ihrer Raketenstellungen auf. Zugleich verhängten die USA eine Seeblockade, um den sowjetischen Nachschub zu stoppen. Planungen der US-Regierung sahen die Bombardierung und Invasion Kubas vor, was wohl einen Atomkrieg ausgelöst hätte. Lediglich das Nachgeben Chruschtschows und das Zugeständnis der USA, Atomraketen in der Türkei abzubauen, verhinderten einen dritten Weltkrieg.

Der Schreck, nur knapp einem Atomkrieg entronnen zu sein, führte zu einem Wendepunkt. Die beiden Supermächte installierten einen „heißen Draht", eine direkte Telefonleitung zwischen Washington und Moskau. Bei krisenhaften Entwicklungen sollten die Verantwortlichen jederzeit miteinander sprechen können, um die Gefahr eines globalen Atomschlags zu vermeiden.

Darüber hinaus bemühten sich beide Mächte um eine Rüstungskontrolle. Der erste Schritt war 1963 ein Atomtest-Vertrag, der Atomversuche „in der Atmosphäre, im Weltraum und unter Wasser" verbot. Der Atomwaffen-Sperrvertrag von 1968 verpflichtete die Staaten, die damals im Besitz von Atomwaffen waren, diese nicht an andere Staaten weiterzugeben.

Der kostspielige Rüstungswettlauf und das Risiko eines Atomkriegs veranlassten beide Supermächte zu einer Politik der Entspannung. Der Kalte Krieg sollte entschärft werden. Daran änderte auch das militärische Eingreifen der USA in Vietnam 1964–1973 und der Einmarsch der Sowjetunion in die Tschechoslowakei 1968 nichts.

### Der Vietnamkrieg

1954 scheiterten Frankreichs Bemühungen, sein Kolonialreich in Indochina zurückzuerobern. Während Laos und Kambodscha nach dem Indochinakrieg ihre Unabhängigkeit erlangten, wurde Vietnam entlang des 17. Breitengrads geteilt. Damit entstand ein kommunistisches Nordvietnam unter Präsident Ho Chi Minh (1954–1969), das unter dem Schutz Chinas stand. In Südvietnam bildete sich hingegen

**M 3** Abwurf von Napalmbomben
Kinder während eines Angriffs südvietnamesischer Streitkräfte, die bei der Eroberung des Dorfs Trang Bang Napalm einsetzen, Foto vom 8. Juni 1972.

eine antikommunistische Diktatur, die von den USA wirtschaftliche und militärische Unterstützung erhielt.

In der Bevölkerung fand das autoritäre System des Südens wenig Rückhalt, da es unter Korruption und Misswirtschaft litt. Als Reaktion bildeten Oppositionsgruppen die „Nationale Front Südvietnams" (FNL), die neben einer Wiedervereinigung sozialistische Forderungen erhob und aus Nordvietnam Unterstützung erhielt.

Nach der führenden kommunistischen Gruppe wurde diese Freiheitsbewegung auch als „Vietcong" bezeichnet. Der Vietcong besaß beträchtlichen Einfluss auf die Bevölkerung und kontrollierte bald große Teile Südvietnams. Das schürte in den USA die Furcht, ganz Vietnam und später Asien könnten kommunistisch werden.

1965 landeten amerikanische Bodentruppen in Südvietnam und die US-Luftwaffe begann mit der systematischen Bombardierung militärischer und wirtschaftlicher Ziele in Nordvietnam. Doch obwohl die USA in den nächsten Jahren 540 000 Soldaten einflogen und die Luftwaffe 7 Millionen Tonnen Bomben abwarf, waren die im Dschungel verborgenen Guerillakämpfer des Vietcong nicht zu besiegen.

Schockierende Bilder und Berichte über Gräueltaten an der Zivilbevölkerung bewirkten weltweite Proteste der Jugend gegen den Vietnamkrieg. So kam es 1973 zum Waffenstillstand, die USA zogen sich aus Vietnam zurück. Der Krieg ging jedoch weiter und endete erst 1975 mit dem Einmarsch kommunistischer Truppen in Saigon. Auch Kambodscha und Laos wurden kommunistisch, ohne dass sich etwas an der weltpolitischen Lage veränderte.

**M 4** Demonstranten in den USA
Demonstration gegen den Vietnamkrieg 1969 in Washington

Der Vietnamkrieg diskreditierte das Ansehen der USA für viele Jahre und rief ein fortwirkendes Trauma hervor. Erstmals hatte eine kleine Nation das mächtige Amerika in seine Schranken verwiesen.

# Die Welt nach 1945

**M 5** „Prager Frühling"
Demonstranten zwischen sowjetischen Panzern in Prag, 1968

### Der „Prager Frühling" und sein gewaltsames Ende

Seit 1960 befand sich die kommunistische Tschechoslowakei in einer wirtschaftlichen und gesellschaftlichen Krise. So konnte sich 1967 eine Gruppe von Reformern durchsetzen, an deren Spitze Alexander Dubček stand. Nach seiner Wahl zum Parteichef 1968 schaffte er die Pressezensur ab, garantierte Meinungsfreiheit und erlaubte Auslandsreisen. Ferner leitete er Wirtschaftsreformen ein und versuchte die Rolle der Kommunistischen Partei in der Gesellschaft neu zu bestimmen. Dieser „Sozialismus mit menschlichem Antlitz" fand in der Bevölkerung eine breite Anhängerschaft. Der „Prager Frühling" schien die Eiszeit des Kommunismus zu beenden.

Die Sowjetunion empfand die Entwicklung als Bedrohung ihrer Machtposition. Deshalb rückten am 20. August 1968 Truppen des Warschauer Pakts in Prag ein. Der sowjetische Parteichef Leonid Breschnew rechtfertigte das mit der Behauptung, die Ostblockstaaten hätten nur eine „eingeschränkte Souveränität" (Breschnew-Doktrin).

Gegen passiven Widerstand der Bevölkerung beendeten Panzer den „Prager Frühling". Dubček und seine Anhänger wurden verhaftet, die Reformen zurückgenommen. Damit war der Weg eines „demokratischen Sozialismus" gescheitert. Seine Ideale wirkten jedoch fort und trugen zur Auflösung des Ostblocks im Jahr 1989 bei.

### Die Entschärfung des Kalten Kriegs

Trotz dieser Rückschläge klang der Kalte Krieg nach der Kuba-Krise 1962/63 ab. Die von den Supermächten mit Vorsicht und Misstrauen betriebene Entspannungspolitik führte dazu, dass lokale Konflikte nicht mehr automatisch die Gefahr eines Weltkriegs heraufbeschworen. Vielmehr wurden nun Möglichkeiten eines Ausgleichs und einer Zusammenarbeit zwischen Ost und West ernsthaft geprüft.

## Die „Breschnew-Doktrin" – Arbeiten mit Karikaturen und Textquelle

**M 6** „Sag, dass du mich gerufen hast!"
Westdeutsche Karikatur von Peter Leger zum Prager Frühling, 1968

**M 7** „Auf dem Tugendpfad"
Westdeutsche Karikatur, 1968

### M 8 Die „Breschnew-Doktrin"

*Aus der Rede Leonid Breschnews auf dem V. Parteitag der Polnischen Vereinigten Arbeiterpartei, 12. November 1968:*

Die sozialistischen Staaten setzen sich für die strikte Beachtung der Souveränität aller Länder ein, und wir wenden uns nachdrücklich gegen die Einmischung in die inneren Angelegenheiten anderer Staaten, gegen die Verletzung ihrer Souveränität.
Für uns Kommunisten sind dabei von besonders großer Bedeutung die Festigung und der Schutz der Souveränität der Staaten, die den Weg des sozialistischen Aufbaus beschritten haben. Die Kräfte des Imperialismus und der Reaktion trachten danach, die Völker einmal des einen und dann des anderen sozialistischen Landes ihres erkämpften souveränen Rechts zu berauben, den Aufstieg ihres Landes, das Wohlergehen und das Glück der breiten Massen der Werktätigen durch die Errichtung einer von jeder Unterdrückung und Ausbeutung freien Gesellschaft zu sichern. [...]
Es ist bestens bekannt, dass die Sowjetunion manches für die reale Stärkung der Souveränität und Selbstständigkeit der sozialistischen Länder getan hat. Die KPdSU setzte sich immer dafür ein, dass jedes sozialistische Land die konkreten Formen seiner Entwicklung auf dem Wege zum Sozialismus unter Berücksichtigung der Eigenart seiner nationalen Bedingungen selbst bestimmte. Aber bekanntlich, Genossen, gibt es auch allgemeine Gesetzmäßigkeiten des sozialistischen Aufbaus, und ein Abweichen von diesen Gesetzmäßigkeiten könnte zu einem Abweichen vom Sozialismus im Allgemeinen führen. Und wenn innere und äußere dem Sozialismus feindliche Kräfte die Entwicklung eines sozialistischen Landes zu wenden und auf eine Wiederherstellung der kapitalistischen Zustände zu drängen versuchen, wenn also eine ernste Gefahr für die Sache des Sozialismus in diesem Lande, eine Gefahr für die Sicherheit der ganzen sozialistischen Gemeinschaft entsteht – dann wird dies nicht nur zu einem Problem für das Volk dieses Landes, sondern auch zu einem gemeinsamen Problem, zu einem Gegenstand der Sorge aller sozialistischen Länder.
Begreiflicherweise stellt militärische Hilfe für ein Bruderland zur Unterbindung einer für die sozialistische Ordnung entstandenen Gefahr eine erzwungene, außerordentliche Maßnahme dar. Sie kann nur durch direkte Aktionen der Feinde des Sozialismus im Landesinnern und außerhalb seiner Grenzen ausgelöst werden, durch Handlungen, die eine Gefahr für die gemeinsamen Interessen des sozialistischen Lagers darstellen. [...]

Europa-Archiv, XXIV. Jahrgang. (1969), Folge 11, 10. Juni 1969, S. D 257 ff.

## Der Vietnamkrieg – Perspektiven erfassen

### M 9  Eine Rechtfertigung

*a) Rede des amerikanischen Präsidenten Lyndon B. Johnson (1908–1973) vom 7. April 1965:*

Warum mussten wir diesen schmerzhaften Weg wählen? Warum musste diese Nation ihre Ruhe, ihre Interessen und ihre Macht für das Heil eines so fernen Volkes aufs Spiel setzen? Wir kämpfen, weil
5 wir kämpfen müssen, wenn wir in einer Welt leben wollen, in der jedes Land sein eigenes Schicksal bestimmen kann, und nur in einer solchen Welt wird unsere eigene Freiheit endgültig sicher sein. Diese Welt wird nie durch Bomben und Granaten
10 errichtet werden. Doch die menschlichen Schwächen sind solcher Art, dass Gewalt oft der Vernunft, die Verwüstung des Krieges den Werken des Friedens vorangehen muss. Wir wünschen, dass dies nicht so wäre. Wir müssen die Welt so
15 nehmen, wie sie ist, wenn wir sie je so haben wollen, wie wir sie wünschen.
Die Welt in Asien ist kein heiterer und friedlicher Ort. Die erste Realität ist, dass Nordvietnam die unabhängige Nation Südvietnams angegriffen
20 hat. Das Ziel ist die totale Eroberung. Natürlich unterstützen einige Südvietnamesen den Angriff auf ihre eigene Regierung. Aber ausgebildete Männer, Nachschub, Befehle und Waffen fließen unaufhörlich von Nord nach Süd. Diese Unterstüt-
25 zung ist der Lebensstrom des Krieges. Und es ist ein Krieg von unvergleichlicher Brutalität. Einfache Bauern sind Opfer von Mord und Verschleppung. Frauen und Kinder werden bei Nacht erwürgt, weil ihre Männer ihre Regierung unterstützen. Hilflose
30 Dörfer werden durch heimtückische Überfälle verwüstet. Umfangreiche Angriffe und Terror beherrschen die Zentren der Städte.
Die konfuse Natur dieses Konflikts kann die Tatsache nicht überdecken, dass es sich um das neue
35 Gesicht eines alten Feindes handelt. Über diesem Krieg – und über ganz Asien – hängt der dunkle Schatten des kommunistischen China. Die Regierung in Hanoi wird gelenkt von Peking. [...] Es ist eine Nation, die den Mächten der Gewalt in fast
40 allen Kontinenten Hilfe leiht. [...]
Warum sind wir in Südvietnam? Wir sind dort, weil wir ein Versprechen zu halten haben. Seit 1954 hat jeder amerikanische Präsident dem Volk von Südvietnam Hilfe angeboten. Wir haben geholfen
45 aufzubauen, wir haben geholfen zu verteidigen.

Durch viele Jahre hindurch haben wir versprochen, Südvietnams Unabhängigkeit verteidigen zu helfen. Und ich beabsichtige, dieses nationale Versprechen zu halten.

*b) In einer Antwort auf den Friedensappell Papst Pauls VI. (1897–1978) vom 8. Februar 1967 formuliert der Politiker Ho Chi Minh (1890–1969) am 13. Februar 1967 die nordvietnamesische Position:*

Unser Volk liebt den Frieden aufrichtig und wünscht, unser Land in Unabhängigkeit und Freiheit aufzubauen. Die US-Imperialisten haben jedoch eine halbe Million Soldaten aus den USA und ihren Satellitenstaaten geschickt und mehr als
5 600 000 „Marionetten-Soldaten" benutzt, um Krieg gegen unser Volk zu führen. Sie haben monströse Verbrechen begangen. Sie haben die furchtbarsten Waffen wie Napalm, chemische Produkte und toxische Gase benutzt, um unsere Landsleute
10 zu töten und unsere Dörfer, Pagoden, Kirchen, Krankenhäuser und Schulen niederzubrennen. Ihre Aggressionsakte haben die Genfer Vereinbarungen von 1954 über Vietnam grob verletzt und ernsthaft den Frieden in Asien und der Welt bedroht.
15 Um seine Unabhängigkeit und seinen Frieden zu verteidigen, kämpft das vietnamesische Volk entschlossen gegen die Aggressoren. Sie vertrauen darauf, dass die Gerechtigkeit triumphieren wird. Die US-Imperialisten müssen ihre Aggression gegen
20 Vietnam beenden, bedingungslos und endgültig der Bombardierung und allen anderen Kriegshandlungen gegen die Demokratische Republik von Vietnam ein Ende setzen, von Südvietnam alle amerikanischen und Satelliten-Truppen zurückzie-
25 hen, die Nationale Front zur Befreiung Südvietnams anerkennen und das vietnamesische Volk seine Angelegenheiten selbst bestimmen lassen. Nur unter solchen Bedingungen kann der Friede in Vietnam wiederhergestellt werden.
30 Ich hoffe, dass Eure Heiligkeit im Namen der Menschlichkeit und Gerechtigkeit Ihren großen Einfluss nutzen wird, um die US-Regierung zu drängen, die nationalen Rechte des vietnamesischen Volkes zu beachten, namentlich Frieden,
35 Unabhängigkeit, Souveränität, Einheit und territoriale Integrität, wie sie in den Genfer Vereinbarungen von 1954 über Vietnam anerkannt sind.

Geschichte in Quellen, Die Welt nach 1945, hrsg. von Wolfgang Lautemann und Manfred Schlenke, München 1980, S. 601 f.

### M 10 „Nach Vietnam ist alles anders"

*Unter diesem Titel zog Josef Riedmiller in der „Süddeutschen Zeitung" vom 27.1.1973 eine weltpolitische Bilanz des Vietnamkrieges:*

Es ist keine Übertreibung, den zu Ende gehenden Vietnamkrieg als eine Folge des Zweiten Weltkriegs zu charakterisieren. In politischer, weniger in militärischer Hinsicht war und ist der Indochina-
5 konflikt eine vorentscheidende Auseinandersetzung zwischen Amerika, Russland und China, die zunächst noch keinen Verlierer kennt. Seine Bedeutung liegt weniger in territorialen Gewinnen oder Verlusten, als in einer weltweiten Mobi-
10 lisierung und Sensibilisierung der Geister, in einem neuen politischen und sozialen Engagement breiter Schichten, wobei Fehlleistungen natürlich nicht ausgeschlossen sind.
Eine schonende Deutung der amerikanischen Ver-
15 strickung in den Vietnamkrieg meint, die USA seien in ihn „hineingestolpert", eigentlich wider Willen. Rein militärisch mag diese Deutung bis zu einem gewissen Grade zulässig sein, doch hat der „Fauxpas" [Fehltritt] auch seine tieferen Ursa-
20 chen, wobei der Übermut, der Glaube an das jederzeit Machbare nicht an letzter Stelle steht.
Wer die Vereinigten Staaten zu Beginn der 60er Jahre unter die Lupe nahm, musste, trotz Kennedy, betroffen sein über das geradezu idyllische
25 Selbstverständnis der damals stärksten Weltmacht, die, gefesselt durch das rationale Kalkül der Nuklearstrategie, dennoch darauf brannte, der ständigen und den Steuerzahler verdrießenden Schwierigkeiten im Ausland mit der Kraft
30 der Muskeln Herr zu werden. Die Bereitschaft, den „gordischen Knoten" zu durchschlagen, sich nicht länger an der Nase herumführen zu lassen, war immens. Das allein hätte als Impuls zur Tat freilich noch nicht genügt, wäre nicht die Überzeugung hinzugetreten, dass die amerikanische Lebensart 35 die beste aller möglichen sei, jener missionarische Eifer, der auf ganz naive Weise Gutes tun, die Welt beglücken will […].
Für die Sowjetunion war der Vietnamkrieg wirtschaftlich eine Belastung, insgesamt aber hat er 40 ihr Vorteile gebracht. Sie hat die Möglichkeiten, die sich aus der weltweiten Schwächung nicht nur der politischen, sondern mehr noch der moralischen Position Amerikas ergaben, zu nutzen verstanden. Die Bindung der amerikanischen Mittel 45 in Vietnam gestattete es Moskau, das Gleichgewicht der Kräfte im strategischen Bereich mit den USA herbeizuführen und damit endgültig zur gleichrangigen Weltmacht aufzusteigen.

Süddeutsche Zeitung vom 27.1.1973.

### M 11 „Korrektur", Karikatur von Walter Hanel

## Aufgaben

1. **Die Kuba-Krise**
   a) Stelle den Verlauf der Kuba-Krise dar.
   b) Nimm Stellung zu folgender Behauptung: „Die Kuba-Krise war ein Resultat der unnachgiebigen Politik der Supermächte." → Text

2. **Der „Prager Frühling"**
   a) Erläutere die Ursachen für den Einmarsch der Truppen des Warschauer Paktes in die Tschechoslowakei.
   b) Arbeite die Aussage der Karikaturen heraus.
   c) Erläutere die „Breschnew-Doktrin". → M6–M7

3. **Der Vietnamkrieg**
   a) Skizziere den Verlauf des Vietnamkriegs.
   b) Beurteile die Argumentation des amerikanische Präsidenten Johnson zum Einsatz in Vietnam.
   c) Vergleiche die Argumentation Ho Chi Minhs mit der Johnsons.
   d) Fasse die Beurteilung des Vietnamkriegs durch Josef Riedmiller zusammen.
   e) Gib die Grundaussage der Karikatur wieder.
   → Text, M2, M9, M10, M11

# Zwischen Entspannung und Konfrontation

### Bemühungen um das Ende des Wettrüstens

Ein Atomkrieg zwischen den beiden Weltmächten war nicht ausgeschlossen – das hatte die Kuba-Krise gezeigt. Die USA und die Sowjetunion bemühten sich darum seit den 1960er-Jahren – nicht zuletzt wegen der gewaltigen Rüstungsausgaben – das Wettrüsten zu beenden. 1969 begannen die sogenannten SALT-Verhandlungen (Strategic Arms Limitation Talks), die 1972 zu einem Abkommen über die Begrenzung atomarer Waffensysteme führten. Eine zweite Vereinbarung von 1979 trat nie in Kraft. Daran wird erkennbar, dass das Bemühen um Abrüstung nur phasenweise erfolgreich war.

### Die KSZE – Sicherheit für Europa

Parallel dazu kam es in Helsinki zu einer „Konferenz über Sicherheit und Zusammenarbeit in Europa" (KSZE), an der alle europäischen Staaten sowie die beiden Supermächte und Kanada teilnahmen. Die 1975 verabschiedete „Schlussakte von Helsinki" enthielt Bestimmungen über die Einhaltung der Menschenrechte, die Unverletzbarkeit der europäischen Nachkriegsgrenzen sowie den Verzicht auf militärische Gewaltanwendung.

Wichtiger Bestandteil der Akte war ein Bereich, der Regelungen zur Verbesserung humanitärer Kontakte über Grenzen hinweg umfasste: Ein- und Ausreisemöglichkeiten, Familienzusammenführung und Besuchsreisen. Auf diesen Teil der Schlussakte von Helsinki beriefen sich nach 1975 Tausende von Bürgern der DDR, wenn sie Ausreiseanträge stellten oder mehr Reisefreiheit forderten. Auch in anderen sozialistischen Staaten verwiesen Bürgerrechtsgruppen immer wieder auf die Schlussakte, um ihren Forderungen nach Meinungs- und Pressefreiheit Nachdruck zu verleihen. Dennoch gaben die Regierungen der Ostblockstaaten meist nicht nach, verurteilten viele Bürgerrechtler zu Gefängnisstrafen oder wiesen sie aus.

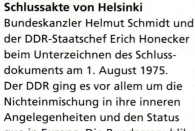 **M 1** **Unterzeichnung der Schlussakte von Helsinki**
Bundeskanzler Helmut Schmidt und der DDR-Staatschef Erich Honecker beim Unterzeichnen des Schlussdokuments am 1. August 1975. Der DDR ging es vor allem um die Nichteinmischung in ihre inneren Angelegenheiten und den Status quo in Europa. Die Bundesrepublik erhoffte sich hingegen Reiseerleichterungen zwischen beiden Staaten und eine Ausweitung der humanitären Kontakte.

**M 2** Verschrottung von Raketen
In Anwesenheit sowjetischer Beobachter werden in Deutschland stationierte Pershing II-Raketen zerstört, Foto von 1988.

## Der NATO-Doppelbeschluss

Seit 1976 begann die Sowjetunion mit der Aufstellung moderner Mittelstreckenraketen, die Westeuropa bedrohten. Darauf reagierte die NATO 1979 mit dem sogenannten „Doppelbeschluss": Sie erklärte sich bereit, Verhandlungen über einen Abbau dieser Waffensysteme aufzunehmen. Sollten die Verhandlungen scheitern, wollte die NATO eigene Raketen aufstellen, um das Gleichgewicht zu wahren.

Da die Verhandlungen zu keinem Ergebnis führten, wurden 1983 neue amerikanische Mittelstreckenraketen in Europa stationiert, was in vielen Ländern zu heftigen Protesten und Demonstrationen von Friedensbewegungen führte. In der Bundesrepublik unterstützte die sozialdemokratische Regierung unter Bundeskanzler Helmut Schmidt den NATO-Doppelbeschluss, obwohl es darüber zu einer Zerreißprobe innerhalb der SPD kam und sich eine breite Friedensbewegung dagegen formierte.

In dieser Phase einer neuen Eiszeit zwischen Ost und West wählten die Amerikaner 1981 Ronald Reagan zum Präsidenten. Er leitete als Reaktion auf die Rüstungsanstrengungen der Sowjetunion und ihren Einmarsch in Afghanistan ein umfassendes Aufrüstungsprogramm ein: Die „Strategische Verteidigungsinitiative" (SDI) sah einen satellitengestützten Schutzschild für die USA vor.

## Auf dem Weg zum Ende des Kalten Kriegs

Eine politische Wende vollzog Michail Gorbatschow, der 1985 Staatschef der Sowjetunion wurde. Den einzigen Ausweg aus der Wirtschaftskrise, in die die UdSSR geraten war, sah er in einer Beendigung des Wettrüstens, und er fand in US-Präsident Reagan einen gesprächsbereiten Verhandlungspartner. 1987 vereinbarten beide Staatschefs die Verschrottung aller Mittelstreckenraketen. Dies bedeutete erstmals eine echte Abrüstung.

**M 3** US-Präsident Reagan und Generalsekretär Gorbatschow
Erstes Gespräch beider Staatschefs im Moskauer Kreml am 28. Mai 1988

# Die Welt nach 1945

## Strategien der NATO – Arbeiten mit Schaubild und Texten

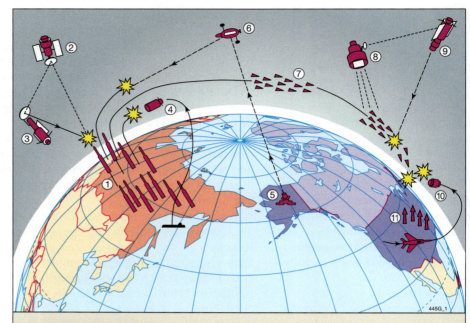

**"Star Wars" - Skizze zum SDI-Projekt der USA**

In Sibirien stationierte sowjetische Nuklearraketen ① werden gezündet.
Ein Überwachungssatellit ② meldet den Angriff an eine Kampfstation im Weltraum ③. Diese vernichtet Raketen mit Laserstrahl gleich nach dem Start. Weitere Raketen werden vernichtet durch Laserwaffen, die von U-Booten aus gestartet werden ④ und durch Laser-Kanonen ⑤, deren Strahl von Weltraumspiegeln ⑥ gelenkt wird.
Die noch nicht zerstörten Angreifer setzen Schwärme von Sprengkörpern frei ⑦. Diese werden von einem zweiten Überwachungssatelliten ⑧ geortet und dann einzeln zerstört durch Weltraumlaser ⑨, Flugzeugabwehr ⑩ oder Antiraketenwaffen ⑪.

**M 4**

### M 5 Die Strategie der NATO

*Bundesverteidigungsministerium (1979):*

Die Militärstrategie der NATO hat zum Ziel, Krieg durch Abschreckung zu verhüten. Abschreckung ist dann glaubwürdig, wenn die Bündnisstaaten fähig und willens sind, sich gemeinsam zu vertei-
5 digen. […]
Für jeden Aggressor muss das Risiko seines Angriffs unkalkulierbar sein. Mögliche Erfolge des Angreifers dürfen in keinem tragbaren Verhältnis zu seinen Verlusten und Schäden stehen. […]
10 Die NATO hält Nuklearwaffen für Abschreckung und Verteidigung bereit, nicht weil sie damit einen Nuklearkrieg, sondern jeden Krieg verhüten will. Die am Ende unberechenbare Zerstörungskraft nuklearer Waffen soll davor abschrecken,
15 den Krieg noch als Mittel der Politik zu begreifen.

Weißbuch des Bundesverteidigungsministeriums 1979, S. 123 f.

### M 6 SDI-Projekt der USA

*In seiner Ansprache vom 23.03.1983 begründete US-Präsident Reagan das futuristische SDI-Projekt:*

Was wäre, wenn freie Menschen in dem Bewusstsein leben könnten, dass ihre Sicherheit nicht von der Drohung eines amerikanischen Vergeltungsschlags zur Abschreckung eines sowjetischen Angriffs abhängt – dass wir Interkontinentalraketen abfangen und vernichten können, noch ehe sie unser Gebiet oder das unserer Verbündeten erreichen? Angesichts dieser Überlegungen rufe ich die Wissenschaftler, die uns die Atomwaffen bescherten, dazu auf, ihre Talente in den Dienst des Weltfriedens zu stellen und uns Mittel an die Hand zu geben, die diese Atomwaffen wirkungslos und überflüssig machen.

Zitiert nach: Aus Politik und Zeitgeschichte, B 48/1984, S. 31.

# Die KSZE-Schlussakte – Arbeiten mit einem Vertragstext

### M 7   Die KSZE-Schlussakte von Helsinki

*Auszüge aus dem Schlussdokument vom 1.8.1975:*

**I. Souveräne Gleichheit**
Die Teilnehmerstaaten werden gegenseitig ihre souveräne Gleichheit achten, einschließlich des Rechts eines jeden Staates auf territoriale Integri-
5 tät sowie auf Freiheit und politische Unabhängigkeit. Sie werden das Recht jedes Teilnehmerstaats achten, sein politisches, soziales, wirtschaftliches und kulturelles System frei zu wählen.

10 **II. Enthaltung von der Androhung von Gewalt**
Die Teilnehmerstaaten werden sich in ihren gegenseitigen Beziehungen der Androhung oder Anwendung von Gewalt enthalten.

15 **III. Unverletzlichkeit der Grenzen**
Die Teilnehmerstaaten betrachten gegenseitig alle ihre Grenzen als unverletzlich und werden deshalb jetzt und in der Zukunft keinen Anschlag auf diese Grenzen verüben.
20 […]

**V. Friedliche Regelung von Streitfällen**
Die Teilnehmerstaaten werden Streitfälle zwischen ihnen mit friedlichen Mitteln auf solche Weise regeln, dass der internationale Frieden
25 nicht gefährdet wird. Sie werden bestrebt sein, im Geiste der Zusammenarbeit eine gerechte Lösung auf der Grundlage des Völkerrechts zu erreichen.

**VI. Nichteinmischung in innere Angelegenheiten**
30 Die Teilnehmerstaaten werden sich ungeachtet ihrer gegenseitigen Beziehungen jeder Einmischung in die inneren oder äußeren Angelegenheiten enthalten.

**VII. Achtung der Menschenrechte und Grundfrei-** 35
**heiten, einschließlich der Gedanken-, Gewissens-, Religions- oder Überzeugungsfreiheit**
Die Teilnehmerstaaten werden die Menschenrechte und Grundfreiheiten ohne Unterschied der Rasse, des Geschlechts, der Sprache oder der Religion 40 achten. Sie werden die wirksame Ausübung der zivilen, politischen, wirtschaftlichen, sozialen, kulturellen sowie der anderen Rechte und Freiheiten, die sich aus der dem Menschen innewohnenden Würde ergeben, fördern und ermutigen. 45

**Zusammenarbeit in humanitären Bereichen**
a) Kontakte auf Grundlage familiärer Bindungen:
Um die weitere Entwicklung von Kontakten auf der Grundlage familiärer Bindungen zu fördern, 50 werden die Teilnehmerstaaten Gesuche auf Reisen wohlwollend prüfen.
b) Familienzusammenführung:
Die Teilnehmerstaaten werden in positivem und humanitärem Geist Gesuche von Personen behan- 55 deln, die mit Angehörigen ihrer Familie zusammengeführt werden möchten.
[…]
d) Reisen aus persönlichen o. beruflichen Gründen: 60
Die Teilnehmerstaaten beabsichtigen, Möglichkeiten für umfassenderes Reisen ihrer Bürger aus persönlichen oder beruflichen Gründen zu entwickeln.

Schlussakte der Konferenz über Sicherheit und Zusammenarbeit in Europa vom 1. August 1975.

## Aufgaben

1. **Abrüstungsgespräche und NATO-Strategie**
   a) Erläutere die Gründe für die Abrüstungsgespräche der beiden Supermächte.
   b) Erkläre die NATO-Strategie.
   c) Beschreibe das SDI-Programm und erkläre die Zielstellung Ronald Reagans.
   → Text, M4, M5, M6

2. **Die KSZE-Schlussakte**
   a) Fasse die wesentlichen Bestimmungen der KSZE-Schlussakte zusammen.
   b) Erläutere die Bedeutung der KSZE-Schlussakte für Oppositionsgruppen in den sozialistischen Staaten.
   → Text, M7

# Der Zerfall der Sowjetunion

### Das sozialistische Lager
Die Sowjetunion umgab sich nach dem Zweiten Weltkrieg mit einem Gürtel von Satellitenstaaten, die sie politisch, militärisch und wirtschaftlich beherrschte. Die innere Ordnung der Satelliten war – trotz erheblicher Differenzierungen – nach sowjetischem Vorbild gestaltet. Dieses System von „Bruderstaaten" nannte sich selbst „sozialistisches Lager". Im Westen hieß es meist „Ostblock". Dazu zählten die DDR, Polen, die Tschechoslowakei, Ungarn, Rumänien und Bulgarien.

Die ebenfalls kommunistisch regierten Staaten Jugoslawien und Albanien hatten sich aus sowjetischer Vorherrschaft gelöst. Jugoslawien bemühte sich um einen blockfreien Status, Albanien trat 1961 aus dem Warschauer Pakt aus und orientierte sich an China.

### Ursachen für den Zerfall
Die Ursache der politischen Dauerkrise im Ostblock konnte auch durch den Einsatz von Panzern nicht beseitigt werden. Das sozialistische Wirtschaftssystem erwies sich als wenig leistungsfähig und blieb immer weiter hinter dem des Westens zurück. Die Situation verschärfte sich durch den Rüstungswettlauf mit den USA.

In der Sowjetunion vollzog sich seit den 70er-Jahren zudem ein gesellschaftlicher Verfallsprozess. Alkoholismus, Kriminalität, mangelnde Arbeitsdisziplin und Korruption bestimmten oft den Alltag des Sowjetbürgers. Die schlechte Versorgung ließ Korruption und Schattenwirtschaft aufblühen. Es entwickelten sich Strukturen des organisierten Verbrechens, in die auch führende Parteifunktionäre verstrickt waren. Das Luxusleben der Oberschicht erregte angesichts des propagierten kommunistischen Gleichheitsideals Anstoß.

Entscheidend war der Krieg in Afghanistan. Die Sowjetunion hatte 1980 in die internen Machtkämpfe des kleinen muslimischen Nachbarlandes eingegriffen. Daraus entwickelte sich eine Spirale der

**M 1** „Vietghanistan"
Der Text zu dieser Karikatur lautet: „Bist du sicher, Leonid, dass wir uns nicht verfahren haben?", Karikatur von Horst Haitzinger, 1980.

**M 2** Michail Gorbatschow (geb. 1931), Generalsekretär des Zentralkomitees der Kommunistischen Partei der Sowjetunion (März 1985 bis August 1991) und Präsident der Sowjetunion (März 1990 bis Dezember 1991)

Gewalt, die immer schlimmere Folgen zeigte. Muslimische, von den USA ausgerüstete Kämpfer verwickelten die sowjetischen Besatzungstruppen in einen brutalen Kleinkrieg. Die USA reagierten außergewöhnlich scharf auf die sowjetische Intervention in Afghanistan. Sie leiteten politische und wirtschaftliche Maßnahmen gegen die UdSSR ein und boykottierten 1980 die Olympischen Spiele in Moskau.

### Reformversuche – und weitere Krisen

Um den Niedergang aufzuhalten, begann die Sowjetführung 1985 ein gewaltiges Reformprojekt. Der neue Mann hieß Michail Gorbatschow. Er sprach die Probleme offen an, diskutierte mit den Menschen, vor allem aber war er mit 54 Jahren vergleichsweise jung. Das eine Schlagwort hieß „Perestroika" – Umbau: Das bedeutete eine gründliche Neugestaltung der Gesellschaft. Das andere hieß „Glasnost" – Durchsichtigkeit: Damit war die Transparenz von Machtstrukturen und Entscheidungen gemeint.

Im Westen und auch bei DDR-Bürgern war Gorbatschow ungeheuer populär. Im eigenen Land aber verlor er bald schon an Rückhalt. Die politischen Eliten schwankten zwischen einer Modernisierung des sozialistischen Systems und der Angst vor Machtverlust durch mehr Demokratie. Während auf kulturellem Sektor eine nie gekannte Freiheit einzog und sogar offen über die Verbrechen der Stalinzeit gesprochen wurde, ging der Verfall der Wirtschaft weiter.

### Ein Vielvölkerstaat zerfällt

Die Sowjetunion war ein Vielvölkerstaat. Etwa die Hälfte der 270 Millionen Sowjetbürger waren keine Russen. Offiziell genossen alle Völker Gleichberechtigung, doch regierte Moskau das Land zentralistisch; die Russen und ihre Sprache wurden überall bevorzugt.

Die schon im Zarenreich bestehenden Nationalitätenkonflikte schwelten unter der Oberfläche weiter. Nun kamen sie angesichts des Machtverfalls zunehmend zum Ausbruch. Im Kaukasus und in Mittelasien gab es heftige Auseinandersetzungen zwischen den Völkerschaften. Das Riesenreich begann zu zerfallen.

### Auswirkungen im Ostblock

Die Parteiführungen der sozialistischen Länder beobachteten diesen Zerfallsprozess mit wachsender Sorge. Besonders die SED-Führung wusste, dass es ohne die Sowjetunion und deren Vormachtstellung in Osteuropa kein Überleben für die DDR gab. Der SED-Generalsekretär Erich Honecker ging daher immer deutlicher auf Distanz zu Gorbatschow, obwohl weite Teile der Bevölkerung dessen Reformpolitik begrüßten. Vor allem erhofften sich die Menschen davon mehr Demokratie und Freiheit sowie wirtschaftliche Reformen. „Gorbi", wie die Leute jetzt gerne sagten, war zeitweise in der DDR der populärste Politiker.

Auch in den anderen sozialistischen Ländern begann unter den Füßen der kommunistischen Parteiführer der Boden zu wanken. In Polen entschloss sich die Führung nach einer Streikwelle im Jahr 1988 zu Verhandlungen, die einen schrittweisen friedlichen Übergang zur Demokratie vorsahen. Im Juni 1989 fanden die ersten freien Wahlen in einem sozialistischen Land statt. Sie endeten mit einem triumphalen

## Die Welt nach 1945

**M 3** „Solidarność"

Lech Wałęsa, der Anführer der Gewerkschaftsbewegung in Polen und spätere Staatspräsident auf einer Veranstaltung vor der Wahl, Januar 1989

Wahlsieg der Gewerkschaft „Solidarność". Dies alles geschah, ohne dass die Sowjetunion eingriff.

Entscheidend für Ungarn war die Öffnung der Grenze zu Österreich im Mai 1989. Damit hatte der Eiserne Vorhang ein Loch. Die Aussicht, über die ungarische Grenze in den Westen zu gelangen, lockte im Sommer 1989 Tausende DDR-Bürger nach Ungarn. Es kam zu spektakulären Szenen, die zeigten, welches Ausmaß die innere Krise der DDR bereits angenommen hatte.

Die Tschechoslowakei war seit dem „Prager Frühling" von 1968 in Resignation verfallen. Doch entstand 1977 mit der „Charta 77" unter Václav Havel eine mutige Bürgerrechtsbewegung, die seit 1988 zu politischen Aktionen aufrief. Im November 1989 kam es zu mehrtägigen Demonstrationen in Prag, wonach sich die kommunistische Führung aus der Geschichte verabschiedete.

### Das Ende der Sowjetunion

In der Sowjetunion veränderte Gorbatschows Reformkurs die Sicherheitslage der Welt. 1989 hob er die Breschnew-Doktrin auf und entließ die Staaten des Ostblocks aus dem sozialistischen Lager. Damit erhielten sie ihre Unabhängigkeit zurück, was im Juli 1991 zur Auflösung des Warschauer Pakts führte.

Am 26. Dezember 1991 wurde die Sowjetunion formell aufgelöst. Auch Präsident Gorbatschow trat zurück, der wenige Monate zuvor noch einen Putsch konservativer Militärs überstanden hatte. An die Stelle der Sowjetunion trat nun die „Gemeinschaft Unabhängiger Staaten" (GUS), der alle ehemaligen Teilrepubliken außer den baltischen Staaten angehörten.

Der politisch beherrschende und wirtschaftlich stärkste Teilstaat der GUS wurde das neue Russland unter Präsident Boris Jelzin.

# Reagan und Gorbatschow – Perspektiven erfassen

### M 4 Der US-Präsident Ronald Reagan
am 12. Juni 1987 vor dem Brandenburger Tor

### M 6 „Es gibt kein zurück"

*Michail Gorbatschow in einer Rede 1988 in Moskau:*

Es ist durchaus berechtigt, die letzten drei Jahre als Wendepunkt in unserem Leben zu bezeichnen. Durch die Anstrengungen der Partei und der Werktätigen ist es gelungen, das Abrutschen des Landes in eine wirtschaftliche, soziale und intellektuelle Krise zu stoppen. Vergangenheit, Gegenwart und Zukunft werden nun von der Gesellschaft besser verstanden. Die Politik der Umgestaltung, die in konkreten sozio-ökonomischen Programmen ihren Niederschlag findet, wird für Millionen tatsächlich greifbar. Darin liegt das Wesen der politischen Situation im Land.

Es ist offensichtlich, dass die Gesellschaft neue Kräfte gesammelt hat. Das geistige Leben des Landes ist vielfältiger, interessanter und reicher geworden. Viele Ideen von Marx und Lenin, die bis vor kurzem entweder einseitig ausgelegt oder totgeschwiegen worden waren, sieht man nun in einem neuen Licht. Der Kampf gegen den Dogmatismus bildet die kreative Grundlage des wissenschaftlichen und humanitären Sozialismus.

Die Menschen haben erkannt, dass sie persönlich Verantwortung tragen; man überwindet Apathie und Entfremdung. Der Wind der Erneuerung stärkt die moralische Gesundheit des Volkes. Die Demokratisierung hat ein gewaltiges Potenzial von Gedanken, Emotionen und Initiativen freigesetzt. Die Bestärkung von Wahrheit und Offenheit reinigt die Atmosphäre in der Gesellschaft, beflügelt die Menschen, befreit das Bewusstsein und fördert die Aktivität.

Dies ist ein anschaulicher und beeindruckender Prozess, an dem alles Ehrliche und Fortschrittliche in unserem Volk beteiligt ist. Es vollzieht sich eine Konsolidierung der Kräfte der revolutionären Erneuerung. Die Menschen glauben an die Perestroika und fordern, dass sie ständig vorangetrieben wird.

Juri Afanassjew (Hg.). Es gibt keine Alternative zu Perestroika, Moskau 1988, S. 7 ff.

### M 5 „Öffnen Sie dieses Tor"

*Der US-Präsident Ronald Reagan am 12. Juni 1987 vor dem Brandenburger Tor:*

Präsident v. Weizsäcker hat einmal gesagt: „Die deutsche Frage ist so lange offen, wie das Brandenburger Tor zu ist." Heute sage ich: „So lange das Tor zu ist, so lange wird diese Mauer als Wunde fortbestehen. Es ist nicht die deutsche Frage allein, die offen bleibt, sondern die Frage der Freiheit für die gesamte Menscheit. Generalsekretär Gorbatschow, wenn Sie nach Frieden streben, wenn Sie Wohlstand für die Sowjetunion und für Osteuropa wünschen, wenn Sie Liberalisierung wollen, dann kommen Sie hierher, zu diesem Tor! Herr Gorbatschow, öffnen Sie dieses Tor! Herr Gorbatschow, reißen Sie die Mauer nieder! Und ich unterbreite Herrn Gorbatschow folgenden Vorschlag: Bringen wir die Ost- und Westteile der Stadt enger zusammen! Alle Bewohner der gesamten Stadt Berlin sollen die Vorzüge genießen, die das Leben in einer der größten Städte der Welt mit sich bringt.

RIAS-Tonmitschnitt

# Die Welt nach 1945

**Der Zerfall der Sowjetunion und des Ostblocks**

- Grenze der Sowjetunion bis 1991
- Russische Föderation (seit 1991): Russland und autonome Gebiete nichtrussischer Nationalitäten
- Grenzen der Republiken und autonomen Gebiete der Russischen Föderation
- *Tataren* Völkernamen
- neue Staatsgrenzen ehemaliger Sowjetrepubliken
- ehemalige Sowjetrepubliken, zusammengeschlossen mit Russland in der Gemeinschaft Unabhängiger Staaten (GUS)
- ehemalige Sowjetrepubliken, nicht der GUS beigetreten
- Staaten des Warschauer Pakts (unter Führung der Sowjetunion)
- Westgrenze des ehemaligen Warschauer Pakts ("Eiserner

## Aufgaben

1. **Der Zerfall der Sowjetunion**
   a) Erläutere die Auswirkungen, die die Politik von Perestrojka und Glasnost auf die Sowjetunion hatte.
   b) Nenne die wichtigsten Gründe für den Zerfall der Sowjetunion.
   c) Finde Argumente für die Behauptung: „Der Sozialismus stalinscher Prägung musste untergehen."
   d) Analysiere mithilfe der Karte die weltpolitischen Folgen, die sich aus dem Untergang der Sowjetunion ergaben.
   → Text, M5

2. **Reagan und Gorbatschow – Perspektiven erfassen**
   a) Fasse die Aussagen von US-Präsident Reagan mit eigenen Worten zusammen.
   b) Vergleiche die Aussagen von Gorbatschow mit denen von Reagan.
   c) Formuliere eine eigene Stellungnahme.
   → M4, M5, M6

211

# Russland und die USA nach dem Kalten Krieg

### Das Ende des sowjetisch-amerikanischen Gegensatzes
Das 20. Jahrhundert war geprägt vom Gegensatz zweier Großmächte: den Vereinigten Staaten von Amerika und der Sowjetunion. Während sich die USA als Schutzmacht von Demokratie und freier Marktwirtschaft verstanden, war mit der Sowjetunion ein sozialistischer Staat entstanden. Nach dem Ende des Zweiten Weltkriegs stiegen beide Länder zu Supermächten auf. Die USA standen an der Spitze des westlichen Bündnisses, während die UdSSR den Ostblock anführte. Das Ende des Kalten Kriegs stellte beide Führungsmächte vor die Aufgabe, ihre jeweiligen Rollen neu zu bestimmen.

**M 1** Boris Jelzin
Erster Präsident Russlands
(1991–1999)

### Das Ende der Sowjetunion
Der Austritt der drei baltischen Staaten Litauen, Lettland und Estland bedeutete den Anfang vom Ende der Sowjetunion. Immer mehr Regionen strebten nach Souveränität und erklärten ebenfalls ihre Unabhängigkeit. Die frühere Supermacht zerfiel und wurde zum Jahresende 1991 offiziell aufgelöst. An die Stelle der „Union der sozialistischen Sowjetrepubliken" (UdSSR) trat die „Gemeinschaft Unabhängiger Staaten" (GUS). Mit Ausnahme der drei baltischen Republiken traten diesem Zusammenschluss souveräner Einzelstaaten alle ehemaligen Sowjetrepubliken bei. Als dominierende Macht in der GUS erwies sich jedoch schnell die Russische Föderation.

### Eine neue Politik der Stärke
Im Inneren hatte sich der Streit um die Reformpolitik von Michail Gorbatschow zugespitzt. Zwar scheiterte der Versuch, ihn zu stürzen, doch er verlor immer mehr an Einfluss. Sein Nachfolger Boris Jelzin hatte am Beginn der Neunzigerjahre zu den radikalen Reformern gehört. Unter dem Eindruck der weiterhin bestehenden wirtschaftlichen Probleme wandte er sich aber zunehmend russisch-nationalen Positionen zu. Zum obersten Ziel des Regierungshandelns wurde in der Folge die Sicherung der territorialen Integrität und der politischen Stärke des Reiches. Um ein Auseinanderbrechen der Russischen Föderation zu verhindern, ging Jelzin mit aller Härte militärisch gegen die Kaukasusrepublik Tschetschenien vor, nachdem sich diese 1991 von Russland lossagen wollte. Zwischen 1994 und 1996 forderte ein erster Krieg mehr als 100 000 Tote. 1999 brach der Konflikt erneut auf und führte zur völligen Zerstörung Tschetscheniens. Trotz internationaler Proteste hielt auch der im März 2000 ins Amt gewählte russische Präsident Wladimir Putin am Krieg im Kaukasus fest.

**M 2** Tschetschenienkrieg
Nach schweren Gefechten geht ein tschetschenischer Kämpfer durch Grosny, 1995

### Das Verhältnis zum Westen
Das Verhältnis Russlands zum Westen blieb auch nach dem Ende des Kalten Kriegs gespannt. Deutlich wurde dies, als schon unmittelbar nach dem Zusammenbruch des Warschauer Paktes einige osteuropäische Länder ihre Aufnahme in die NATO forderten. Russland stand dem sehr ablehnend gegenüber, konnte jedoch eine Erweiterung des westlichen Verteidigungsbündnisses nicht verhindern. Schon 1999 erreichten Polen, Tschechien und Ungarn ihren Beitritt. Fünf Jahre

**M 3  Freunde oder Gegner?**
US-Präsident George W. Bush und der russische Staatspräsident Wladimir Putin bei einem Treffen in Moskau, 15. November 2006.

später folgten weitere osteuropäische Staaten. Allerdings wurde parallel zur Erweiterung die Zusammenarbeit zwischen der NATO und Russland selbst ausgebaut, was im Jahr 2002 in der Einrichtung eines NATO-Russland-Rates mündete.

Zentrales Anliegen der russischen Außenpolitik unter Putin blieb die Abwehr amerikanischer Weltmachtansprüche. Zusammen mit wechselnden Bündnispartnern, nicht zuletzt aber mit der Europäischen Union und ihren Mitgliedsländern, versuchte Russland seine eigene Machtstellung zu festigen. So beispielsweise, als die USA sich anschickten, 2003 ohne UN-Mandat militärisch gegen den Irak vorzugehen. Zusammen mit Frankreich und Deutschland zählte Russland zu den Hauptgegnern eines Krieges gegen Saddam Hussein.

### Innere Situation

Ökonomisch profitiert Russland, dessen Wirtschaft noch immer zu weiten Teilen in staatlichem Besitz ist, von seinem Rohstoffreichtum. Den Export von Öl und Gas in die westliche Welt nutzt das Land zunehmend, um seine politischen Interessen gegenüber dem Ausland durchzusetzen. Trotz der Exporterlöse bestehen enorme soziale Gegensätze im Land. Neben den superreichen Gewinnern der Privatisierung leben Millionen Russen an und unter der Armutsgrenze. Trotz der Einführung von Wahlen und einer Liberalisierung im Inneren sehen sich politisch Andersdenkende politischer Verfolgung ausgesetzt.

### Die USA nach 1991: Die einzige verbliebene Supermacht

In den Vereinigten Staaten war die Ausgangslage nach dem Ende des Kalten Kriegs eine völlig andere. Man empfand sich als Sieger der Konfrontation und erhoffte sich einen Zugewinn an Stabilität und Sicherheit. Tatsächlich setzte auch der russische Präsident Boris Jelzin die von Gorbatschow begonnene Politik der militärischen Abrüstung fort. So wurden beispielsweise zu Beginn der Neunzigerjahre Obergrenzen für Waffen und Truppenstärken in Europa festgeschrieben.

**M 4  Erdgasstation von Gazprom**
Erdgaswerk des russischen Staatskonzerns in Weißrussland, 2006

# Die Welt nach 1945

Aufgrund der Schwäche Russlands schien Amerika nun die einzige Weltmacht zu sein.

**Krieg am Persischen Golf**
Dennoch bedeutete das Ende der Sowjetunion für die Vereinigten Staaten keine Zeit der äußeren Sicherheit, da sich zeitgleich am Persischen Golf ein neuer Konfliktherd anbahnte, nachdem der irakische Diktator Saddam Hussein am 2. August 1990 seinen Nachbarstaat Kuwait überfallen und besetzt hatte. Unter der Führung des US-Präsidenten George Bush sen. fanden sich 28 Staaten zusammen, um Kuwait, das über wichtige Erdölvorräte verfügt, zu befreien. Der Militärschlag war durch die technische Überlegenheit der amerikanischen Truppen innerhalb weniger Wochen erfolgreich abgeschlossen.

**Neue Konfliktherde**
Der Golfkrieg hatte gezeigt, dass die Welt nach dem Ende des Kalten Krieges keineswegs sicherer geworden war. Im Gegenteil, die internationale Lage wurde unübersichtlicher und noch instabiler. An die Stelle des Ost-West-Konflikts traten regionale Konflikte. Die Tendenz in den USA, sich aus der Außenpolitik zu verabschieden und die Dinge den europäischen Partnern zu überlassen, scheiterte im Krieg in Bosnien. Während die Europäer den Konflikt nicht stoppen konnten, erreichten die US-Streitkräfte nach ihrem Eingreifen ein Ende der Kämpfe. Dies war ein klarer Hinweis darauf, wie wichtig die amerikanische Rolle auch in künftigen Sicherheitsfragen sein würde.

**Innere Situation**
Während der zweiten Hälfte der Neunzigerjahre und am Beginn des neuen Jahrtausends erlebte die amerikanische Wirtschaft einen beispiellosen Aufschwung. Allein während der Präsidentschaft Bill Clin-

**M 5 Die USA als Global Player**
Karikatur, 1992

tons (1993–2001) sank die Arbeitslosenquote auf unter fünf Prozent. Damit einher ging eine grundlegende Sanierung des Staatshaushaltes. Grundlage für diesen Erfolg waren neue Wachstumsbranchen, wie etwa die Computer- und Softwareindustrie, die Entwicklung des Internets sowie das Entstehen eines umfangreichen Dienstleistungssektors.

Schattenseite des ökonomischen Erfolgs war der Anstieg des Energiebedarfs. Kein anderes Land der Welt verbraucht pro Kopf so viel Energie, wie dies in den Vereinigten Staaten der Fall ist. Dem Klimawandel zum Trotz verweigerte sich Präsident Bill Clinton dem Klimaschutzbündnis von Kyoto, wonach der Ausstoß von Kohlendioxid unter dem Stand von 1990 verbleiben sollte. Ein langsames Umdenken in der US-Gesellschaft setzte erst ein, nachdem im August 2005 ein Wirbelsturm große Teile der Küstenstadt New Orleans verwüstet hatte.

Neben den ökologischen Problemen bestehen in den USA auch im 21. Jahrhundert große soziale Unterschiede. 20 Prozent der Bevölkerung verfügen über lediglich vier Prozent des gesamten Einkommens und zwischen den ethnischen Gruppen der Gesellschaft herrschen erhebliche Spannungen. Trotz der sozialen, ökologischen und politischen Unwägbarkeiten sahen sich die USA aber am Beginn des 21. Jahrhunderts vor einer Periode des wirtschaftlichen Erfolgs und der wachsenden Sicherheit.

**Der 11. September 2001 verändert die Welt**

Diese Überzeugung fand am frühen Vormittag des 11. September 2001 ein Ende, als bei mehreren Flugzeugattentaten auf das World Trade Center in New York und das Verteidigungsministerium in Washington Tausende Menschen getötet wurden. Der Angriff der islamistischen Terrorgruppe al-Qaida veränderte das Bewusstsein der amerikanischen Bevölkerung. Erstmals in ihrer Geschichte waren die USA auf eigenem Territorium massiv angegriffen worden. Der als „9/11" bezeichnete Anschlag hatte erhebliche globale Auswirkungen und führte zu einer veränderten weltpolitischen Situation.

**M 6  In den Trümmern des World Trade Centers**
Feuerwehrleute und Rettungskräfte suchen am 13. September 2001 nach Überlebenden des Terroranschlags.

# Die Welt nach 1945

## Das sowjetisch-amerikanische Verhältnis im Spiegel von Karikaturen

**M 7** „Der heftige Streit"
Süddeutsche Zeitung, 1947

**M 8** „Treffen der Schwergewichte"
Süddeutsche Zeitung, 1959

**M 9** „Eine Frage der Geduld…"
Süddeutsche Zeitung, 1962

**M 10** „Ohne Titel"
Süddeutsche Zeitung, 1989

**M 11** „Osterweiterung"
Süddeutsche Zeitung, 1998

## Aufgaben

1. **Russland und die USA nach dem Kalten Krieg**
   a) Stelle die weltpolitische Lage Russlands nach dem Zerfall der Sowjetunion dar.
   b) Erläutere die Veränderung der weltpolitischen Rolle der USA nach dem Ende des Kalten Krieges.
   c) Vergleiche die weltpolitischen Rollen beider Staaten und stelle deine Ergebnisse in einer Tabelle dar.
   d) Nimm Stellung zu der Behauptung: „Das Ende des Kalten Krieges machte die internationale Situation unsicherer."
   → Text

2. **Karikaturen historisch einordnen**
   a) Gib die Grundaussagen der Karikaturen wieder.
   b) Verfasse zu einer der Karikaturen einen Kommentar.
   c) Zeichne eine eigene Karikatur.
   → M7–M11

# Der Zerfall Jugoslawiens

### Eine Region mit vielen Völkern
An der Ostküste der Adria lebten traditionell viele verschiedene Völker zusammen, die sich sprachlich, kulturell und religiös voneinander unterschieden.

Nach dem Ersten Weltkrieg kam es hier zu einer ersten Staatsgründung. 1945, nach dem Zweiten Weltkrieg, schuf der kommunistische Widerstandskämpfer Josip Broz, genannt Tito (1892–1980), mithilfe der Sowjetunion die Sozialistische Föderative Republik Jugoslawien. Dieser Vielvölkerstaat setzte sich aus verschiedenen Teilrepubliken zusammen. Als einigendes Band dieses Staates dienten die kommunistische Ideologie und der föderale Aufbau der Republik, der den Teilrepubliken relativ große Freiheit zugestand, sowie die charismatische Gestalt Titos. So sollte ein gesamtjugoslawisches Bewusstsein entstehen und eine serbische Vormachtstellung, wie es sie im ersten jugoslawischen Staat nach 1918 gegeben hatte, verhindert werden. Obwohl in Jugoslawien die kommunistische Partei herrschte, verstand es Tito, das Land einer Eingliederung in den Ostblock zu entziehen. Es gehörte zur Gruppe der blockfreien Staaten.

### Unabhängigkeitskriege
Ermutigt durch den Zerfall des Ostblocks, erklärten Slowenien und Kroatien 1991 ihre Unabhängigkeit. Serbien sah darin eine Bedrohung der serbischen Minderheit in Kroatien und Bosnien-Herzegowina sowie das Ende des Gesamtstaates. So griff Serbien 1991 das unabhängige Slowenien an, um die Existenz Jugoslawiens zu retten. Nach der Vermittlung durch die Europäische Gemeinschaft (EG) fand sich Serbien mit einem eigenständigen Slowenien ab. Kurz darauf kam es jedoch zum Krieg zwischen Serben und Kroaten, denn die Serben fürchteten den Verlust ihrer Minderheitenrechte in einem eigenständigen Kroatien. Durch die Vertreibung von etwa 220 000 Kroaten sollten die serbischen Siedlungen in Kroatien mit der Republik Serbien verbunden werden.

### Die Eskalation des Krieges
Danach konzentrierten sich die Kämpfe auf Bosnien-Herzegowina. Wegen der Zusammensetzung der Bevölkerung galt diese Region als „Jugoslawien im Kleinen". Daher prallten hier die Gegensätze besonders heftig aufeinander. Entsprechend grausam wurde der Krieg von beiden Seiten geführt.

Nach der internationalen Anerkennung der Unabhängigkeit Bosnien-Herzegowinas fürchtete die serbische Minderheit auch hier um ihre Rechte und eroberte mit Unterstützung der serbischen Armee einen Großteil des Landes. Die bosnische Hauptstadt Sarajewo wurde jahrelang belagert. Durch so genannte ethnische Säuberungen, das heißt durch die gewaltsame Vertreibung und Ermordung der dort lebenden Bevölkerung, sollten nur von Serben bewohnte Gebiete geschaffen werden. Doch wurden die Serben dann von der kroatischen Armee und von NATO-Kampfflugzeugen zurückgedrängt. Das Friedensabkommen von Dayton (US-Bundesstaat Ohio) 1995, das auf

**M 1 Das Massaker von Srebrenica**
Serbische Militärs töteten im Juli 1995 etwa 8000 bosnische Muslime, vor allem Männer und Jungen, und vergruben die Leichen in Massengräbern. 5000 Opfer wurden bisher exhumiert und beigesetzt.

**M 2  Krieg in Sarajewo**
Abtransport der Toten nach einem Granatbeschuss durch serbische Truppen auf den Zentralmarkt, Februar 1994

Drängen der USA zustande kam, schuf einen föderalen Staat, der aus einem bosniakisch-kroatischen und einem serbischen Teil besteht.

Schließlich kam es auch im Kosovo zu Kämpfen. Aufgrund der Unterdrückung der dort lebenden Albaner bildete sich eine Befreiungsarmee, die serbische Einrichtungen im Kosovo zerstörte. Die serbische Armee führte daraufhin auch hier ethnische Säuberungen durch. Erst massive NATO-Luftangriffe ohne UN-Mandat auf Serbien beendeten den Krieg.

### Die Reaktion der internationalen Staatengemeinschaft

Der Krieg in Jugoslawien schuf eine neue Situation, auf die die internationale Staatengemeinschaft, das heißt insbesondere die EG und die UNO, zunächst hilflos reagierte. Der Bruch der ausgehandelten Waffenstillstandsvereinbarungen blieb ohne Folgen. Die in Bosnien-Herzegowina eingerichteten Schutzzonen für Muslime boten keine Sicherheit: Unter den Augen von UNO-Soldaten kam es zu Massakern.

Erst das Eingreifen der USA und der NATO beendete den Krieg in Bosnien. Erstmals in ihrer Geschichte führte die NATO Krieg, obwohl die Bündnismitglieder selbst nicht bedroht waren. So schuf sich die NATO nach Ende des Ost-West-Konflikts ein neues Aufgabenfeld, nämlich die Sicherung des friedlichen Zusammenlebens verschiedener Völker, und rechtfertigte damit ihr Weiterbestehen. Außerdem wurden NATO-Truppen nach Beendigung der Kampfhandlungen im Auftrag der UNO in Bosnien stationiert und mit dem Recht versehen, den Frieden mit Waffengewalt zu sichern. NATO-Soldaten suchten auch Kriegsverbrecher, die vor dem Internationalen Gerichtshofs in Den Haag angeklagt und verurteilt wurden.

Auch die EU engagierte sich erstmals militärisch, indem sie nach dem Krieg Soldaten nach Bosnien schickte. Zudem begründete die EU eine Europäische Sicherheits- und Verteidigungspolitik, um solche Konflikte auch militärisch lösen zu können. Allerdings war damit eine Grundsatzfrage verbunden: Ist es erlaubt oder vielleicht sogar geboten, bei der Verletzung von Menschenrechten militärisch einzugreifen?

**M 3  UN-Soldat als Geisel**
Von serbischen Armeeführern als Geisel angeketteter UN-Soldat im Bosnienkrieg.

# Die Welt nach 1945

## Der Zerfall Jugoslawiens – Mit Karten arbeiten

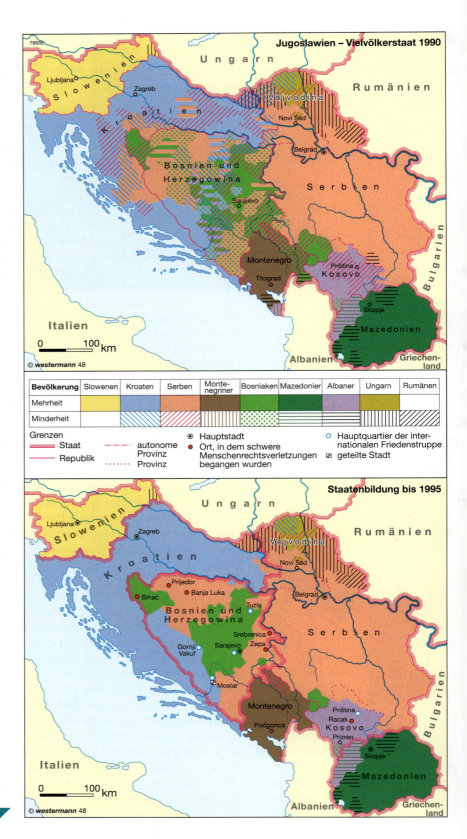

# Gründe für den Zerfall Jugoslawiens – Mit einer Darstellung arbeiten

### M 5  Gründe für den Zerfall Jugoslawiens

*Die Wissenschaftlerin Marie-Janine Calic schreibt (2007):*

**Unbewältigte Vergangenheit:**
[…] Um den inneren Frieden im Vielvölkerstaat nicht durch gegenseitige Schuldzuweisungen zu gefährden, blieb eine echte Auseinandersetzung mit den nationalistischen Ausschreitungen und besonders mit dem Bürgerkrieg 1941–1944 tabu. […] Leicht konnten verdrängte Gefühle wie Ohnmacht, Trauer, Verbitterung und Wut bei denen geweckt werden, die während des Krieges Freunde oder Familienangehörige verloren hatten oder vom Hörensagen von den Kriegsgräueln wussten.

**Ethnische Vorurteile und Feindbilder:**
Obwohl die Kommunisten versucht hatten, die nationalen Gegensätze mit der Parole „Brüderlichkeit und Einheit" zu verdrängen, lebten Vorurteile und Feindbilder fort. Soziologische Untersuchungen zeigen, dass Angehörige anderer Völker nur bedingt als Nachbarn, Freunde oder Heiratspartner akzeptiert wurden. Bei einer Umfrage in Bosnien-Herzegowina gaben 1991 beispielsweise 43 Prozent der Muslime, 39 Prozent der Kroaten und 25 Prozent der Serben an, sich bei der Partnerwahl auch an der Nationalität orientieren zu wollen. […]

**Regionale Entwicklungsunterschiede und Verteilungskonflikte:**
Viele Konflikte entstanden aus dem Wohlstandsgefälle, welches das Land von Nordwest nach Südost durchzog. Die Analphabetenrate der über Zehnjährigen lag beispielsweise 1948 in Slowenien bei 2,4 Prozent, im Kosovo jedoch bei 62,5 Prozent. […]

**Wachsende sozialökonomische Probleme:**
Fehlinvestitionen, technologischer Rückstand, Misswirtschaft und Überbürokratisierung führten Jugoslawien in den 1980er-Jahren jedoch in eine tiefe Wirtschaftskrise, die sich in sinkender Produktion, wachsender Arbeitslosigkeit und einer extremen Verschlechterung des Lebensstandards äußerte. […] Immer weniger Menschen waren bereit, ihren Wohlstand zu teilen, und die wachsenden sozialen Ängste machten die Menschen anfällig für nationalistische Parolen. […]

**Ende des Ost-West-Konflikts:**
Der Wandel der weltpolitischen Lage hat den Zerfall Jugoslawiens in mehrfacher Hinsicht beschleunigt. Mit dem Ende des Ost-West-Konflikts gingen die zentralen Säulen des von Tito geprägten jugoslawischen Staatsverständnisses zu Bruch. Der Sozialismus, an dessen Zukunft in den 1980er-Jahren immer weniger Jugoslawen geglaubt hatten, hatte nach dem Zusammenbruch der sozialistischen Systeme in Osteuropa nun auch international abgewirtschaftet. Die Politik der Blockfreiheit, zur Zeit des Kalten Krieges ein wesentlicher Bestandteil jugoslawischer Staatlichkeit, machte nunmehr keinen Sinn. Dieser Verlust der Sonderstellung Jugoslawiens zwischen kapitalistischem und sowjetischem System, die Abkehr vom „dritten Weg", stürzte viele Anhänger eines jugoslawischen Staates in eine tiefe Identitätskrise.

Marie-Janine Calic, Gescheiterte Idee: Gründe für den Zerfall Jugoslawiens, in: A. Keßelring (Hg.), Wegweiser zur Geschichte Bosnien-Herzegowina, Paderborn 2007, S 138–145.

## Aufgaben

1. **Der Zerfall Jugoslawiens – Mit Karten arbeiten**
   a) Weise nach, dass Jugoslawien als Vielvölkerstaat bezeichnet werden kann.
   b) Erläutere mögliche Probleme, die sich aus dem Status eines Vielvölkerstaates ergeben.
   c) Benenne die Staaten, die heute auf dem Gebiet des ehemaligen Jugoslawien liegen.
   → Text, M4

2. **Der Zerfall Jugoslawiens**
   a) Fasse die Aussagen von Marie-Janine Calic mit eigenen Worten zusammen.
   b) Erstelle ein Schaubild, in dem die in der Darstellung genannten Gründe für den Zerfall Jugoslawiens grafisch angeordnet sind.
   c) Arbeite aus dem Lehrbuchtext die Reaktionen anderer Staaten, der UNO und der NATO auf den Zerfall Jugoslawiens heraus.
   d) Diskutiere am Beispiel Jugoslawiens die Frage einer möglichen moralischen Verpflichtung, bei einem Bürgerkrieg „von außen" einzugreifen.
   → Text, M1–M3, M5

# Die Welt nach 1945

## Die europäische Einigung

### Hoffnungen nach dem Zweiten Weltkrieg

Der Zweite Weltkrieg hatte Europa schwer erschüttert und über 50 Millionen Opfer gefordert. Die Menschen sehnten sich nach Frieden und einer Ordnung, die künftig gewaltsame Konflikte in Europa verhindern sollte. So begann nach 1945 eine neue Epoche, denn Europas Staatsmänner verwirklichten schrittweise einen engeren staatlichen Zusammenschluss: die europäische Integration. Einen solchen Versuch hatte es in der Geschichte zuvor noch nicht gegeben, doch war die Idee eines geeinten Europas nicht neu.

Bereits 1946 rief der ehemalige britische Premierminister Winston Churchill in Zürich die Europäer zur Zusammenarbeit auf. Als erster Schritt wurde 1949 der Europarat mit Sitz in Straßburg gegründet, dem heute über 40 Staaten angehören. Die Verabschiedung der „Europäischen Menschenrechtskonvention" 1950 gehört zu den großen Erfolgen dieser Organisation.

### Erste Schritte zur Integration

Neben Frankreich, Italien, den Niederlanden, Belgien und Luxemburg zählte auch die Bundesrepublik Deutschland zu den Initiatoren der europäischen Einigungsbewegung der Nachkriegszeit. Statt der jahrhundertealten Rivalitäten wollten die Politiker eine Wirtschaftsgemeinschaft als Grundstein der späteren politischen Einheit errichten. 1951 unterzeichneten die sechs Staaten den Vertrag über die „Europäische Gemeinschaft für Kohle und Stahl" (Montanunion), die bis heute – als Teil der Europäischen Union – fortbesteht.

Die Aufgabe der Montanunion bestand darin, die Schwerindustrie der Mitgliedstaaten zu koordinieren und Zollbarrieren abzuschaffen, um den Handel zu erleichtern. Die Gründung der Gemeinschaft war aber mehr als nur ein wirtschaftlicher Zusammenschluss, denn für diesen Wirtschaftsbereich wurde darüber hinaus eine eigene Rechtsordnung geschaffen. Das war neu, denn Gesetze erließen bislang nur souveräne Staaten.

### Europa im Zeichen des Kalten Kriegs

Als erkennbar wurde, dass der Ost-West-Konflikt zur Teilung Europas führen würde, bemühten sich die Politiker um eine verstärkte Zusammenarbeit. Um nicht Spielball amerikanischer und sowjetischer Machtinteressen zu werden, wollten die Europäer eine dritte Kraft bilden. Nach gleichem Muster wie bei der Montanunion versuchten dieselben sechs Staaten, eine „Europäische Verteidigungsgemeinschaft" (EVG) unter deutscher Beteiligung zu gründen.

Der Plan scheiterte jedoch 1954 – und damit die Idee einer dritten militärischen Kraft. 1955 wurde die Bundesrepublik in das bereits 1949 von den westeuropäischen Staaten gemeinsam mit den USA gegründete Verteidigungsbündnis der NATO aufgenommen. Im gleichen Jahr gründete die Sowjetunion den Warschauer Pakt, das Militärbündnis des Ostblocks. Der Kalte Krieg beeinträchtigte die europäische Integration nachhaltig und führte zu einer langjährigen Trennung von West- und Osteuropa.

**M 1** „Verschlungene Wege"
Karikatur aus der westdeutschen Zeitung „Der Mittag" vom 13. Mai 1950

### Ausbau der europäischen Einigung

- Ab Mitte der Fünfzigerjahre suchten die Bundesrepublik Deutschland, Frankreich, Italien und die Beneluxstaaten eine engere wirtschaftliche Zusammenarbeit. Diese Bemühungen führten 1957 mit den Römischen Verträgen zur Gründung der „Europäischen Wirtschaftsgemeinschaft" (EWG). Die EWG wurde ergänzt durch die „Europäische Atomgemeinschaft" (EURATOM). Ziel war der schrittweise Aufbau eines zollfreien Binnenmarktes mit einem gemeinsamen Außenzoll sowie die friedliche Nutzung der Kernenergie. Das sollte zu mehr Wohlstand in Europa führen und den wirtschaftlichen Anschluss an die überlegenen Supermächte sichern.
- 1967 schlossen sich EWG, EURATOM und Montanunion zur „Europäischen Gemeinschaft" (EG) zusammen. In der Präambel, dem Vorwort des Vertrags, lud die EG alle Staaten Europas ausdrücklich ein, sich ihrem Projekt anzuschließen.
- Der europäische Einigungsgedanke gewann nun zunehmend an Anziehungskraft und führte in den nächsten Jahren zum Beitritt Großbritanniens, Dänemarks und Irlands (1973), Griechenlands (1981) sowie Spaniens und Portugals (1986). Die europäische Einigung erfasste allerdings zunächst nur den westlichen Teil des Kontinents, da bis 1989 der „Eiserne Vorhang" Europa in zwei Hälften teilte.

M 2 Die Erweiterung der Europäischen Union

### Europa nach dem Ende des Ost-West-Konflikts

Das Ende des Ost-West-Konflikts veränderte Europas politische Landkarte grundlegend und stellte die Europäische Union (EU) – so heißt die Gemeinschaft seit dem Vertrag von Maastricht 1992 – vor neue Herausforderungen. Schweden, Finnland und Österreich, die während des Kalten Krieges Neutralität wahrten, traten 1995 der EU bei. Die DDR wurde bereits 1990 mit der Wiedervereinigung Teil der Gemeinschaft. 2004 kamen mit einem Schlag zehn neue Länder hinzu, 2007 folgten zwei weitere, 2013 wurde Kroatien 28. Mitgliedsstaat. Nur wenige instabile Staaten wie Albanien oder Serbien blieben außen vor. Heute reicht die EU vom Nordkap bis Gibraltar und vom Atlantik bis Zypern. Rund eine halbe Milliarde Menschen gehören ihr an. Das mit dem Vertrag von Maastricht 1992 anvisierte Ziel einer Wirtschafts- und Währungsunion ist in weiten Teilen Wirklichkeit geworden.

### Wo endet Europa?

Diese Frage ist besonders interessant, weil Europa nicht wie andere Kontinente überall natürliche Grenzen hat. Weitere Länder wie die Türkei oder die Ukraine sind an einem Beitritt interessiert, was langwierige Verhandlungen voraussetzt. An die Aufnahme sind Bedingungen wie stabile demokratische Verhältnisse oder eine funktionierende Marktwirtschaft geknüpft. Umstritten ist, ob Europas kulturelle und religiöse Identität z. B. eine Aufnahme islamischer Staaten zulässt.

### Institutionen der Europäischen Union

Die Europäische Union hat ein einzigartiges institutionelles System, in dem die Mitgliedstaaten einen Teil ihrer Hoheitsrechte an selbstständige Institutionen übertragen. Diese vertreten die Interessen der Gemeinschaft, der Mitgliedstaaten und der EU-Bürger:

**M 3** (Stand: 2013)

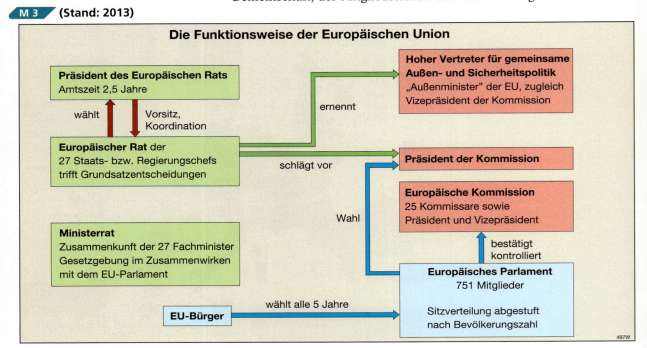

- Entscheidungsgremium in allen Angelegenheiten der EU ist der Europäische Rat, der aus den Staats- und Regierungschefs der 27 EU-Länder sowie dem Präsidenten des Rates und dem Präsidenten der EU-Kommission besteht. Der „Europäische Rat" trifft sich zweimal im Jahr.
- Die Europäische Kommission führt als Exekutivorgan die Beschlüsse des Rats aus und überwacht die Erfüllung der Verträge.
- Das Europäische Parlament repräsentiert die Bürger der Union. Seit 1979 finden alle fünf Jahre Wahlen statt, in denen die Bürger die Abgeordneten direkt wählen. Das Parlament hat ein Mitentscheidungsrecht bei der Gesetzgebung und beim Haushalt der EU und übt die demokratische Kontrolle aus.
- Zwei weitere Organe ergänzen dieses institutionelle Dreieck: der Europäische Gerichtshof und der Europäische Rechnungshof.

Die Macht innerhalb der EU ist wie in demokratischen Staaten auf verschiedene Organe verteilt. Ferner haben die Institutionen in mehreren europäischen Städten ihren Sitz: In Straßburg tagt das Europäische Parlament, in Brüssel sitzen der Rat der EU und die Kommission, in Luxemburg der Europäische Gerichtshof.

### Eine Verfassung für Europa: Der Vertrag von Lissabon

2004 unterzeichneten die Staats- und Regierungschefs der Mitgliedstaaten in Rom einen Vertrag über eine Verfassung für Europa. Die erforderliche Zustimmung aller Länder zur Ratifizierung des Vertrags kam jedoch nicht zustande: 2005 lehnten Franzosen und Niederländer die Verfassung in einer Volksabstimmung ab, wodurch das Projekt einen schweren Rückschlag erlitt.

Das Scheitern des Verfassungsvertrages veranlasste die EU-Staaten, einen zweiten Anlauf zu unternehmen, die Union demokratischer, transparenter und effizienter zu machen. Der Vertrag von Lissabon (2007) verzichtet dabei absichtlich auf den Begriff „Verfassung". Als Ende 2009 der Ratifizierungsprozess in allen 27 EU-Staaten abgeschlossen war, konnte der EU-Reformvertrag von Lissabon am 1. Dezember 2009 in Kraft treten.

### Die Bürger und die Europäische Union

Erhebungen unter EU-Bürgern ergaben: Die Menschen finden die Strukturen der Gemeinschaft nicht demokratisch genug. Entscheidungen verstehen sie nicht, weil sie oft kompliziert und schwer durchschaubar sind. Die Institutionen befinden sich meist im Ausland, die Verhandlungen finden in einer fremden Sprache statt. Andere Umfragen belegen: Kaum einer kennt den Abgeordneten, der ihn im Europäischen Parlament vertritt. So bleibt die EU für viele fern und fremd, auch wenn inzwischen in 18 von 28 Mitgliedstaaten jeder ein Stück EU in Form von Euro-Münzen im Geldbeutel trägt. Sicher liegen die Ursachen für die mangelnde Transparenz der Union einerseits in ihren komplizierten Strukturen. Andererseits haben auch die Medien und die Bevölkerung der Mitgliedstaaten oft wenig Interesse an europäischen Fragen. Besonders deutlich zeigt sich das mangelnde Interesse an der meist äußerst geringen Beteiligung an den Europawahlen.

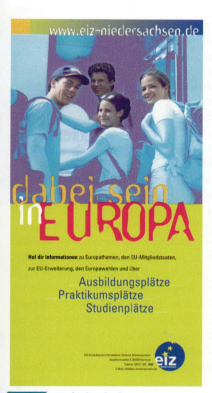

**M 4** „Dabei sein in Europa"
Die Europäische Union unterstützt den Austausch von Lehrern, Schülern und Studenten innerhalb der EU-Staaten. Deutsche Studenten können beispielsweise über das Programm ERASMUS im Ausland studieren und erhalten zusätzlich eine finanzielle Unterstützung, Broschüre von 2004.

# Osterweiterung der EU – Zeitungsberichte bearbeiten

### M 5 „Eine Nummer zu groß"

*Eine Reportage in der „Süddeutschen Zeitung" vom 27. September 2006 setzt sich mit der Erweiterung der EU im Jahre 2007 auseinander:*

Wenn Europas Regierungschefs sich zum Gipfel in Brüssel versammeln, finden sie an ihrem Platz seit neuestem einen Fernsehschirm vor. Das kleine Gerät ist keineswegs dazu gedacht, die Spitzenpolitiker zu unterhalten, falls die Rede eines Kollegen mal zu langweilig sein sollte. Im Gegenteil: Sie sollen via Bildschirm erkennen können, wer überhaupt gerade spricht. Durch die Erweiterung von 15 auf 25 Mitgliedstaaten ist die EU unübersichtlich geworden. Der Beitritt Rumäniens und Bulgariens verschärft dieses Problem: Jetzt wird alles noch einmal eine Nummer größer.

Künftig sitzen bei jedem Treffen 27 Regierungschefs oder Fachminister am Tisch. Dabei klagen die Politiker schon heute über ineffektive Strukturen und mühselige Entscheidungen. […]. Kein Wunder: Selbst wenn jeder der 27 nur ein vorbereitetes Statement von fünf Minuten abgibt, vergehen mehr als zwei Stunden, bevor ein Thema wirklich diskutiert werden kann.

Je mehr Mitgliedstaaten mitreden, desto schwieriger wird eine Entscheidung. Das gilt besonders für Politikfragen, in denen Einstimmigkeit vorgeschrieben ist. Seit Monaten versuchen sich die Finanzminister zu einigen, wie die Wirtschaft durch Ausnahmen von der Mehrwertsteuer angekurbelt und Milliardenbetrug verhindert werden kann – eine Lösung ist nicht in Sicht. Ebenso wenig bei der Frage, mit welchem Konzept die EU auf den wachsenden Druck illegaler Einwanderer reagieren soll. […] Im großen Club der 25 gibt es keine echten Diskussionen mehr, klagt ein Insider.

Cornelia Bolesch und Alexander Hagelüken, Eine Nummer zu groß, „Süddeutsche Zeitung" vom 27.09.2006, S. 5.

### M 6 „Hilflosigkeit der Politik"

*Ein Kommentar in der „Frankfurter Rundschau" vom 25.09.2006 setzt sich ebenfalls mit den Erweiterungen der EU auseinander:*

Die Europäer haben den Spaß an Europa verloren und die anfängliche Freude an der Erweiterung ist auch dahin. Alle Umfragen belegen: Bestenfalls das Bankenland Schweiz oder die norwegischen Ölscheichs sähen die EU-Bürger gerne in ihrer Gemeinschaft. Diese reichen Wunschkandidaten wollen aber beide nicht.

Stattdessen stehen den Europäern Habenichtse ins Haus: erst Bulgarien und Rumänien, später die ehemaligen Bürgerkriegsstaaten des Balkan und am Horizont machen sich die Türken reisefertig. Und ohne die Angst vor der türkischen Beitrittsperspektive ist nicht verständlich, was mit den Nachzüglern der großen Osterweiterung nun geschieht. So könnte Bulgarien das erste EU-Mitglied „zweiter Klasse" werden. Durch Schutzklauseln werden dem Neuling viele Rechte und viel Geld vorenthalten. […]

Ein Teil der harschen Behandlung, die Rumänien und Bulgarien nun erfahren, ist also der Tatsache geschuldet, dass die Politik den Umfragen hinterherläuft, und die bringen klare Werte gegen jede Erweiterung. Alternativen stehen deshalb hoch im Kurs: Von Partnerschaften in allen möglichen Intensitäten wird gesprochen und Staatenbünde kreisen wie Satelliten um Europa und können fast alles haben, wenn sie nur draußen bleiben.

Offensiv tritt inzwischen jedenfalls kaum noch ein europäischer Politiker für die Erweiterung ein. Dabei gäbe es gute Gründe dafür: Nur die EU ist in der Lage, Bulgarien, Rumänien und dem Balkan eine Perspektive zu geben. Nur die EU kann für Frieden sorgen, nur die Anforderungen der Union zwingen diese Länder auf den beschwerlichen Weg demokratischer und rechtsstaatlicher Reformen. Aber anstatt stolz darauf zu sein und dies offen zu sagen, zeigen Europas Politiker Stress-Symptome. Politisch, so heißt es, ist die Erweiterung nur schwer durchsetzbar. Wie sollte das auch anders sein, wo die Hilflosigkeit der Politik auf die Angst der Straße trifft und ihr eilfertig nachgibt.

Die Erweiterung ist dafür ein Beispiel, die Verfassungsdebatte ein weiteres, und beides hängt zusammen. Eine größere Union wird noch schwerfälliger, wenn nicht gar handlungsunfähig. Eine Reform an Haupt und Gliedern, ein neuer Zuschnitt der Institutionen und ihrer Befugnisse anstatt des verschreckten Schweigens über einen gescheiterten Verfassungsvertrag wären nötig. Stattdessen werden Detailprobleme der Beitrittskandidaten erörtert.

Jörg Reckmann, Ängstlich geben Europas Politiker den Umfragen nach, „Frankfurter Rundschau" vom 25.09.2006, S. 2.

## Außenpolitik der EU – Karikaturen analysieren

**M 7** „Im Gleichschritt, marsch!"
Karikatur von Pepsch Gottscheber, 2003

**M 8** „Nagelprobe"
Karikatur von Jürgen Tomicek, 2004

### Aufgaben

1. **Die europäische Einigung**
   a) Fertige eine Zeitleiste zur Entwicklung der europäischen Einigung seit 1945 an.
   b) Skizziere mit eigenen Worten die Situation in Europa nach dem Zerfall des Ostblocks.
   c) Erläutere mithilfe des Schaubildes die Funktionsweise der EU.
   d) Führe eine Befragung unter deinen Mitschülern, bei deinen Lehrern oder bei Eltern und Verwandten durch zum Thema: Meine Vorstellungen von Europa im Jahr 2035.
   → Text, M1, M2, M3

2. **Osterweiterung der EU**
   a) Arbeite die Positionen heraus, die in den beiden Zeitungsartikeln zur Erweiterung der EU zum Ausdruck kommen.
   b) Beurteile die beiden Positionen.
   → Text, M5, M6

3. **Außenpolitik der EU – Karikaturen analysieren**
   a) Analysiere die Einstellungen der beiden Karikaturisten gegenüber Europa.
   b) Prüfe die Aktualität der beiden Karikaturen.
   → Text, M7, M8

# Die Welt nach 1945

## Die Welt nach dem 11. September 2001

### Angriff auf die USA

Am 11. September 2001 erschütterte eine Serie von Anschlägen die USA. 19 Terroristen kaperten vier Passagierflugzeuge, um sie als fliegende Bomben in Gebäude zu steuern. Bei den Angriffen auf das World Trade Center – ein weltberühmtes Bürogebäude in New York – und auf das amerikanische Verteidigungsministerium starben mehr als 3000 Menschen. Verantwortlich für die Anschläge war die Terrororganisaton al-Qaida. Ihre Mitglieder sind religiöse Fanatiker aus verschiedenen Ländern der arabischen Welt, die sich auf einen politisch gedeuteten radikalen Islam berufen.

Schnell war die Rede von einem Tag, nach dem nichts mehr sein wird, wie es vorher war. Das Datum der Anschläge, amerikanisch angegeben als 9/11 („nine eleven"), wurde zum festen Begriff für einen Wendepunkt der weltpolitischen Entwicklung.

**M 1** „11. September 2001"
Staubwolke über Manhattan nach dem Einsturz des World Trade Centers, Foto, 11.9.2001

### „Krieg gegen den Terror"

Wenige Tage nach dem 11. September sprach der amerikanische Präsident George W. Bush vom bevorstehenden langwierigen „Krieg gegen den Terror", der weltweit geführt werden müsse. Als neue außenpolitische Leitlinie kündigte Bush an, in Zukunft bereits vor einem drohenden Angriff militärisch aktiv zu werden.

Unmittelbar nach den Anschlägen war die internationale Solidarität mit den USA groß. Diese Unterstützung zeigte sich auch, als die USA bis Ende 2001 das radikalislamische Regime der Taliban in Afghanistan militärisch stürzten. Hier hatte das Terrornetzwerk al-Qaida mitsamt seinem Anführer Osama bin Laden seine Basis. Der Sicherheitsrat der Vereinten Nationen rechtfertigte ein entsprechendes Vorgehen, die NATO rief nach 9/11 den sogenannten Bündnisfall aus – ein Mitglied war angegriffen worden und konnte auf Beistand zählen. In Deutschland machte Bundeskanzler Gerhard Schröder den Fortbestand seiner Regierung davon abhängig, dass der Bundestag die Beteiligung der Bundeswehr am Krieg in Afghanistan beschloss.

**M 2** Ehrung der Toten
Zentrale Trauerfeier für vier am 15. April 2010 in Afghanistan getötete deutsche Soldaten, Ingolstadt, 24. April 2010

**M 3** US-Soldat im Irak
Patrouille eines US-Marines in der Stadt Falludschah, Oktober 2004

## Irakkrieg und die Folgen

Noch während unklar war, wie sich die Situation in Afghanistan nach dem Sturz der Taliban weiter entwickelte, zeichnete sich 2002 bereits der nächste Krieg ab. Der irakische Diktator Saddam Hussein, der 1990 das Nachbarland Kuwait angegriffen hatte, war von den Vereinten Nationen verpflichtet worden, auf den Besitz von Massenvernichtungswaffen – also z.B. auch auf Giftgas, das Saddam Hussein bereits gegen das eigene Volk eingesetzt hatte – zu verzichten. Die US-Regierung glaubte belegen zu können, dass der Diktator dieses Verbot unterlief und drohte mit Krieg, vor allem, um die Verbreitung solcher Waffen an Terroristen zu verhindern. Dieses Vorgehen war weltweit wesentlich umstrittener als der Einsatz gegen die Taliban. Auch Europa war gespalten. Während Großbritannien und viele osteuropäische Länder die USA unterstützten, standen unter anderem Frankreich und Deutschland dem Kriegskurs sehr kritisch gegenüber. Als Bundeskanzler Gerhard Schröder im Sommer 2002 den bevorstehenden Irakkrieg zum Wahlkampfthema machte und dabei auch antiamerikanische Töne angeschlagen wurden, kam das deutsch-amerikanische Verhältnis an einen Tiefpunkt.

Im März 2003 marschierten die USA mit ihren Verbündeten in den Irak ein. Schon am 1. Mai verkündete Präsident Bush den Sieg. Bald aber wurde klar, dass dieser Triumph voreilig war. Während der folgenden Besatzungszeit starben Tausende Menschen durch Anschläge im Irak. Die Massenvernichtungswaffen, mit denen der Krieg gerechtfertigt worden war, wurden nicht gefunden. Angesichts der eskalierenden Gewalt erschien auch das Ziel, die Demokratie in den Irak zu tragen, gescheitert. Als dann noch Fotos von amerikanischen Soldaten auftauchten, die irakische Gefangene demütigten, litt das Ansehen der USA weltweit. Der „Krieg gegen den Terror" war mit dem Anspruch begonnen worden, universale Werte wie Freiheit, Menschenrechte und Demokratie gegen ihre Gegner zu verteidigen. Diese Begründung stellten nicht nur die Bilder aus dem Irak in Frage. Auch das internationale Vorgehen der USA gegen Verdächtige im Antiterrorkrieg – Inhaftierung ohne Gerichtsbeschluss, Geheimgefängnisse, folterähnliche Verhörmethoden – stieß zunehmend auf Kritik. Die moralische Autorität der USA – eine wichtige Grundlage ihres weltpolitischen Führungsanspruchs – nahm so in den Jahren nach 9/11 massiv Schaden.

**M 4** US-Gefangenenlager im Militärstützpunkt Guantánamo Bay auf Kuba, Foto, 2004

# Die Welt nach 1945

## Wirtschaftskrise und neue Großmächte

Hinzu kam eine Wirtschaftskrise in Nordamerika und Europa, die im Zusammenbruch der großen amerikanischen Bank Lehman Brothers im Jahr 2008 ihren Höhepunkt fand. Ab dem Jahr 2009 führten hohe Staatsschulden in mehreren Ländern Europas zu schweren wirtschaftlichen Problemen und politischen Auseinandersetzungen.

**M 5** Europäische Schuldenkrise
Proteste in Athen gegen Sparmaßnahmen der Regierung, 2011

Vor diesem Hintergrund wurde der Aufschwung von Ländern in anderen Weltregionen besonders augenscheinlich. Brasilien, Russland, Indien und China trafen sich seit dem Jahr 2009, seit 2011 auch mit Südafrika, um ihre Interessen als aufstrebende Wirtschaftsmächte, die zusammen mehr als 40% der Weltbevölkerung stellten, zu besprechen.

Vor allem die ständigen Mitglieder des Sicherheitsrats Russland und China erscheinen als erstarkende Großmächte. Für die westlichen Demokratien ist diese neue Stärke eine politische Herausforderung. Russland unter Präsident Putin zeigt große Defizite hinsichtlich demokratischer Kultur, in China beansprucht die Kommunistische Partei nach wie vor die absolute Herrschaft.

## „Arabischer Frühling"

Im Jahr 2010 wurden hingegen Hoffnungen auf eine demokratische Entwicklung in einer anderen Weltregion geweckt: Bis dahin war die arabische Welt geprägt von autoritären, oft auch korrupten Regimen ohne hinreichende Teilhabe der Bevölkerung. Als sich im Dezember 2010 ein tunesischer Gemüsehändler verbrannte, weil er keine ausreichende Lebensperspektive für sich sah, löste dieses Ereignis Proteststürme in vielen arabischen Ländern aus. Vor allem die junge Bevölkerung forderte politische Teilhabe und Zukunftschancen. Innerhalb kurzer Zeit wurden mehrere Herrscher entmachtet. In manchen Ländern führten Konflikte zwischen Vertretern der alten und der neuen Ordnung zu heftigen Gewaltausbrüchen bis hin zum Bürgerkrieg. Auch zeigte sich, dass die Revolutionäre sehr unterschiedliche Vorstellungen von der politischen Zukunft ihres Landes hatten, gerade im Hinblick auf die Rolle der Religion. So werden erst die nächsten Jahre zeigen, welchen Weg die arabische Welt nimmt.

## „Krieg gegen den Terror" – Eine Rede analysieren

### M 6  „Der Weg des Handelns"

*Mit folgender Rede vor Absolventen der Militärakademie West Point beschrieb Präsident George W. Bush am 1. Juni 2002 seine außenpolitischen Vorstellungen im „Krieg gegen den Terror":*

Dieser Krieg wird viele Wendungen nehmen, die wir nicht vorhersagen können. Einer Sache bin ich mir jedoch sicher: Wohin wir sie auch tragen, die amerikanische Flagge wird nicht nur für Macht,
5 sondern auch für Freiheit stehen. Bei der Sache, für die unsere Nation eintritt, ging es immer um mehr als die Verteidigung unserer Nation. Wir kämpfen, wie wir immer kämpfen, für einen gerechten Frieden – einen Frieden, der die Freiheit
10 der Menschen fördert. […]
Einen Großteil des letzten Jahrhunderts verließen sich die Vereinigten Staaten in ihrer Verteidigung auf die Doktrin der Abschreckung und Eindämmung des Kalten Kriegs. In einigen Fällen sind die-
15 se Strategien noch anwendbar. Aber neue Bedrohungen erfordern auch eine neue Denkweise. Abschreckung – die Aussicht auf massive Vergeltungsschläge gegen Nationen – ist gegen ein im Schatten operierendes Terrornetzwerk, das kein
20 Land und keine Bevölkerung verteidigen muss, bedeutungslos. Eindämmung ist nicht möglich, wenn verrückte Diktatoren mit Massenvernichtungswaffen Raketen als Träger für diese Waffen haben oder sie insgeheim terroristischen Verbün-
25 deten zur Verfügung stellen.
Wir können die Vereinigten Staaten und unsere Freunde nicht verteidigen, indem wir auf das Beste hoffen. Wir können dem Wort von Tyrannen, die feierlich Nichtverbreitungsverträge
30 unterzeichnen und dann systematisch gegen sie verstoßen, keinen Glauben schenken. Wenn wir warten, bis Bedrohungen voll und ganz Gestalt annehmen, werden wir zu lange gewartet haben.
35 Die Verteidigung des Heimatlandes und die Raketenabwehr sind Teil einer größeren Sicherheit, und sie sind entscheidende Prioritäten für die Vereinigten Staaten. Der Krieg gegen den Terror wird jedoch nicht aus einer Defensivhaltung heraus
40 gewonnen. Wir müssen die Schlacht zum Feind bringen, seine Pläne durchkreuzen und den schlimmsten Bedrohungen begegnen, bevor sie auftreten. In der Welt, in der wir leben, ist der einzige Weg zur Sicherheit der Weg des Handelns. Und dieses Land wird handeln. […] 45
Einige sind besorgt, es könne irgendwie undiplomatisch oder unhöflich sein, deutlich auszusprechen, was richtig oder falsch ist. Ich bin anderer Meinung. Besondere Umstände erfordern besondere Methoden, aber keine besondere Moralvor- 50
stellung. Die moralische Wahrheit ist in jeder Kultur, zu jeder Zeit und an jedem Ort die gleiche. Unschuldige Zivilisten als Ziel für Mord auszuwählen ist immer und überall falsch. Brutalität gegenüber Frauen ist immer und überall falsch. Bei der 55
Entscheidung zwischen Gerechtigkeit und Grausamkeit kann es keine Neutralität geben, ebenso wenig wie zwischen den Unschuldigen und den Schuldigen. Wir befinden uns in einem Konflikt zwischen Gut und Böse, und die Vereinigten Staa- 60
ten werden das Böse beim Namen nennen. Indem wir bösen und gesetzlosen Regimes entgegentreten, schaffen wir kein Problem, sondern wir decken ein Problem auf. Und wir werden die Welt anführen, wenn wir uns ihm widersetzen. 65

US-Botschaft Berlin / Amerika Dienst, zit. nach: http://blogs.usembassy.gov/amerikadienst/2002/06/01/bush-ruft-west-point-absolventen-zum-dienst-im-kampf-gegen-den-terror-auf

### M 7  „Mission accomplished"

US-Präsident George W. Bush begrüßt die Soldaten des Flugzeugträgers USS Abraham Lincoln, die maßgeblich an der militärischen „Operation Iraqi Freedom" teilgenommen haben, Foto vom 1. Mai 2003.

# Die Welt nach 1945

## Die neuen Weltmächte – Mit Statistiken arbeiten

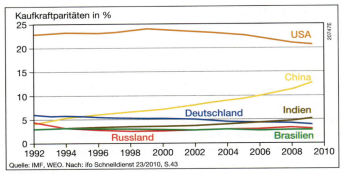

**M 8** Anteile am weltweiten Bruttoinlandsprodukt

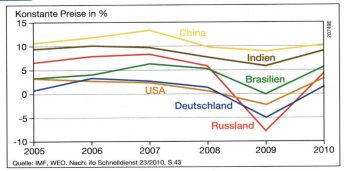

**M 9** Jährliche Veränderungsraten des BIP

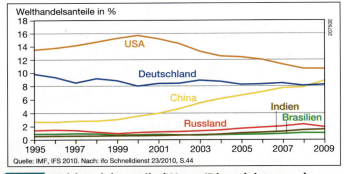

**M 10** Welthandelsanteile (Waren/Dienstleistungen)

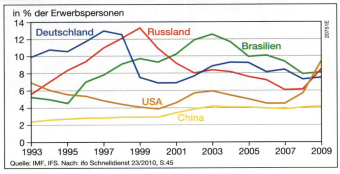

**M 11** Jährliche Arbeitslosenrate

**M 12**

| | Bevölkerung in Mio. | |
|---|---|---|
| | 1960 | 2010 |
| EU-27 * | 402,6 | 501,1 |
| Argentinien | 20,6 | 40,4 |
| Australien | 10,3 | 22,3 |
| Brasilien | 72,8 | 194,9 |
| Kanada | 17,9 | 34,0 |
| China | 658,3 | 1341,3 |
| Indien | 447,8 | 1224,6 |
| Indonesien | 91,9 | 239,9 |
| Japan | 92,5 | 126,5 |
| Rep. Korea | 25,1 | 48,2 |
| Mexiko | 38,4 | 113,4 |
| Russland | 119,9 | 143,0 |
| Saudi-Arabien | 4,0 | 27,4 |
| Südafrika | 17,4 | 50,1 |
| Türkei | 28,2 | 72,8 |
| Vereinigte Staaten | 186,3 | 310,4 |
| Welt | 3038,4 | 6895,9 |

*Zahlen für 1960 ohne die französischen Überseedepartments.
Quelle: Eurostat (Online-Datencode: demo_pjan und demo_r_d3area); Vereinte Nationen, Hauptabteilung Wirtschaftliche und Soziale Angelegenheiten, Bevölkerung: Weltbevölkerungsprognose, Ausgabe 2010

**M 13**

| | Bevölkerungsdichte in Einw./km² | |
|---|---|---|
| | 1960 | 2010 |
| EU-27 * | 94,0 | 116,7 |
| Argentinien | 7,4 | 14,5 |
| Australien | 1,3 | 2,9 |
| Brasilien | 8,5 | 22,9 |
| Kanada | 1,8 | 3,4 |
| China | 68,6 | 139,8 |
| Indien | 136,2 | 372,5 |
| Indonesien | 48,3 | 125,9 |
| Japan | 244,8 | 334,9 |
| Rep. Korea | 251,9 | 484,1 |
| Mexiko | 19,6 | 57,9 |
| Russland | 7,0 | 8,4 |
| Saudi-Arabien | 1,9 | 12,8 |
| Südafrika | 14,2 | 41,1 |
| Türkei | 35,9 | 92,8 |
| Vereinigte Staaten | 19,4 | 32,2 |
| Welt | 22,3 | 50,6 |

*Zahlen für 1960 ohne die französischen Überseedepartments.
Quelle: Eurostat (Online-Datencode: demo_pjan und demo_r_d3area); Vereinte Nationen, Hauptabteilung Wirtschaftliche und Soziale Angelegenheiten, Bevölkerung: Weltbevölkerungsprognose, Ausgabe 2010

# „Arabischer Frühling" – Ein Interview auswerten

### M 14   „Ein arabisches '68"

*Der Politikwissenschaftler Volker Perthes nimmt im folgenden Interview am 2. Februar 2012 Stellung zu den Umbrüchen in der arabischen Welt:*

**Herr Perthes, die Umbrüche quer durch die arabischen Staaten gehen derzeit ins zweite Jahr und differenzieren sich immer mehr aus. Lässt sich dennoch ein gemeinsamer Charakter der Proteste feststellen?**

Es gibt eine ganze Menge gemeinsamer Phänomene. Es gibt ähnliche Ungerechtigkeiten über die sich insbesondere die junge Generation beschwert. Die arabischen Länder sind zwar durchaus unterschiedlich. Sie haben unterschiedliche Ressourcenausstattungen, unterschiedliche politische Geschichte, unterschiedliche politische Kultur und insofern verarbeiten sie auch diese Welle des Protests unterschiedlich. Der eine große gemeinsame Faktor ist aber die Generation der 20- bis 35-jährigen, die zahlenmäßig größer ist als ihre Vorgängergeneration, aber weniger Chancen hat.

**Also ein arabisches '68? – Oder eher ein arabisches '89?**

Was die soziale Komposition angeht handelt es sich vielleicht tatsächlich um ein arabisches '68. Der Vergleich ist nicht schlecht: Auch die '68er konnten ihren gesellschaftlichen Einfluss erst 20 bis 30 Jahre später in politischen Einfluss umsetzen.

**Was kann Europa tun – mit seinem reichen Erfahrungsschatz bei Transformationen?**

Da wo es gewollt wird, kann Europa seinen Erfahrungsschatz in den Dienst der arabischen Transformationen stellen. Europa hat einen Werkzeugkoffer, der eine ganze Reihe von Instrumenten enthält: Etwa Wahlbeobachtungen, Unterstützung beim Aufbau einer unabhängigen Justiz oder Hilfe bei Gesetzgebungsverfahren für den Aufbau einer echten Marktwirtschaft. Vor allem aber kann es sich den Transformationsgesellschaften gegenüber offen präsentieren, nicht nur für Güter, sondern auch für Menschen. Und so ein Stück weit Einfluss darauf nehmen, wie diese Gesellschaften sich gegenüber Europa aufstellen werden.

**Wie bewerten Sie den Umgang in Europa mit den Ereignissen in der Nachbarregion?**

In der Betrachtung dieser Revolten hat die Furcht vor den Risiken den europäischen Diskurs stärker bestimmt als es nötig gewesen wäre. Jeder Umbruch birgt Risiken und Chancen. Die Risiken sind kurzfristiger, die Chancen eher langfristiger Natur. Ich hätte mir gewünscht, dass wir ähnlich positiv an die Umbrüche in der arabischen Welt herangehen wie vor 20 Jahren bei den Umbrüchen in Ost- und Mitteleuropa. Trotz aller Probleme, trotz der Abstürze wie in Syrien: Wir sollten uns ein Stück weit darüber freuen, dass aus der arabischen Welt, also gerade da, wo wir es wirklich nicht erwartet haben, Teile der Gesellschaften ganz aktiv „unsere" Werte Freiheit, Gerechtigkeit und Menschenwürde einfordern und teilen.

Bundeszentrale für politische Bildung, zit. nach: http://www.bpb.de/internationales/afrika/arabischer-fruehling/62675/interview-mit-volker-perthes

## Aufgaben

1. **Die Welt nach dem 11. September 2001**
   a) Stelle die dargestellten Ereignisse in einer chronologischen Übersicht zusammen.
   b) Fasse Bushs Argumentation zusammen.
   → Text, M6

2. **Die neuen Weltmächte**
   a) Vergleiche die Entwicklung der BRIC-Staaten.
   b) Nimm Stellung zu folgender Aussage: „Die BRIC-Staaten werden die zukünftige globale Entwicklung maßgeblich beeinflussen."
   → Text, M8–M13

3. **Der „Arabische Frühling"**
   a) Arbeite die Ansichten des Politikwissenschaftlers Volker Perthes über die Umbrüche in den arabischen Ländern heraus.
   b) Die politischen Verhältnisse einiger arabischer Staaten verändern sich derzeit ständig. Informiere dich über aktuelle Entwicklungen.
   c) Nimm – unter Berücksichtigung der aktuellen Entwicklungen – Stellung zu den Ausführungen von Volker Perthes.
   → Text, M14, Internet

# Die Welt nach 1945 in Museen der Region

## Gedenkstätte „Point Alpha", Geisa

Beobachtungstürme der US-Armee (links) und der DDR-Grenztruppen

Die Gedenkstätte „Point Alpha" befindet sich im legendären „Fulda Gap", direkt an der Nahtstelle zwischen demokratischem Rechtsstaat und Diktatur. Hier standen sich die Vorposten von NATO und Warschauer Pakt vier Jahrzehnte lang Auge in Auge gegenüber. Der „Observation Post Point Alpha" war bis 1989 einer der wichtigsten Beobachtungsstützpunkte der US-Streitkräfte in Europa und galt als einer der sensibelsten Orte des Kalten Krieges.

Das „Fulda Gap" war aufgrund seiner geostrategisch günstigen Lage Schwerpunkt der NATO-Verteidigungslinie. Das vergleichsweise flache Gelände zwischen den Mittelgebirgen im osthessisch-thüringischen Raum galt als eine von vier möglichen Einfallschneisen des Warschauer Paktes in die Bundesrepublik Deutschland. Hier, wo der Ostblock am weitesten in den Westen hineinragte, hätten die Angreifer innerhalb von womöglich nur 48 Stunden bis an den Rhein und die Rhein-Main Air Base vorstoßen können, um die Hauptstandorte des V. US-Armeekorps auszuschalten. Das „Fulda Gap" wäre in einem solchen Fall zum ersten Schlachtfeld des Dritten Weltkrieges geworden.

Seit 1995 dient „Point Alpha" als Mahn- und Gedenkstätte. Neben dem historischen Ort mitsamt restauriertem Camp ist eine Ausstellung zum Alltag der Soldaten und zu den globalen Geschehnissen des Kalten Krieges zu besichtigen. Auf dem Weg zwischen dem ehemaligen US-Camp „Point Alpha" in Hessen und dem „Haus auf der Grenze" auf der Thüringer Seite wurden die Grenzanlagen aus den 1950er- und 1960er-Jahren in ihren einzelnen Ausbaustufen rekonstruiert. Originalgetreu erhalten sind die Grenzanlagen aus den 1970/80er-Jahren mit dem Kfz-Sperrgraben und dem 3,2 Meter hohen Metallgitterzaun sowie ein erst 1986 von DDR-Grenztruppen errichteter Beobachtungsturm. Im „Haus auf der Grenze" befindet sich eine Dauerausstellung zum unmenschlichen Grenzregime der DDR vor dem Hintergrund der Realität des Warschauer Paktes und zum Leben der Bevölkerung an und mit der Grenze.

http://pointalpha.com

Rekonstruktion der Grenzanlagen im Zustand der 1980er-Jahre

# Lesetipps

### Nützel, Nikolaus: Mein Opa, sein Holzbein und der Große Krieg

Nützel, Nikolaus: Mein Opa, sein Holzbein und der Große Krieg. Was der Erste Weltkrieg mit uns zu tun hat, 2. Aufl., München 2013, 144 Seiten.

Es war ein Granatsplitter, der den Großvater des Autors am 24. August 1914 in den Unterschenkel traf. Durch die damalige Behandlungsweise: das Eingipsen des Beines, entstand eine Entzündung, der sogenannte Wundbrand. Das Bein des 22-jährigen Theologiestudenten musste an der Hüfte amputiert werden. Er bekam ein Holzbein, das seine Enkel später ebenso faszinierte wie der schwere metallene Geschosskopf, der auf dem Schreibtisch des Großvaters stand. Es waren solche Gegenstände, aber auch viele Erzählungen, Fotos und ein Fest an jedem Jahrestag der Verletzung. Warum, das erklärt er am Ende des Buches.

Für Nikolaus Nützel und seine Familie war und ist also der Erste Weltkrieg „greifbar". Aber ist er es für uns andere ebenso, wie der Titel es nahelegt?

Der Autor beweist dies anhand vieler Einzelheiten, etwa der Gedenktafeln und Kriegsgräber, die jeder Leser von zu Hause oder von Reisen kennt. Die Geburtsdaten und -orte der Opfer erzählen etwas davon, wie weltumspannend dieser Krieg war, der von einigen Historikern mit dem Zweiten Weltkrieg zusammen als ein zweiter Dreißigjähriger Krieg betrachtet wird. Von allen Kontinenten kamen die Soldaten, um die europäischen Staaten in ihrem Kampf gegeneinander zu unterstützen. Oft, so mutmaßt der Autor, waren sie vor ihrem Kriegseinsatz als blutjunge Soldaten noch nie aus ihren Dörfern und Städten in Afrika, auf Korsika oder in Australien herausgekommen. Wie muss es für diese jungen Männer wohl gewesen sein, so fern der Heimat dem Tod ins Auge zu sehen?

Nikolaus Nützel versteht es, mit knappen Berichten und vielen Dokumenten die Vorstellungkraft des Lesers anzuregen und in seinem Kopf lebendige Bilder zu erzeugen: von den Schlachtfeldern mit den tiefen Laufgräben, den Schächten, die ins Gebirge gesprengt wurden oder den Massengräbern in den Tiefen der Meere für die Passagiere vieler Ozeandampfer, die von U-Booten versenkt wurden. Was lässt Menschen bereit sein zu solchem todbringenden Handeln? Mord, Körperverletzung durch Giftgaseinsätze – in Friedenszeiten würden darauf hohe Strafen stehen. Ist es die geschickte Propaganda, das Schüren von Ängsten oder Hass, das Begleichen alter Rechnungen, ungerechter Friedensverträge, das die Kriege auch nach 1945 weiterhin einen auf den anderen folgen lässt? Ist es das Geschäft mit dem Krieg?

Viele aktuelle Beispiele zeigen, dass die Wurzeln heutiger Auseinandersetzungen im Ersten Weltkrieg und dann auch im Zweiten zu finden sind. Nikolaus Nützel gelingt es so, einen Überblick über das 20. Jahrhundert zu geben und aktuelle Fragen aufzuwerfen, die alle Leser heute betreffen.

### Weitere empfehlenswerte Bücher zum Thema „Die Welt nach 1945"

Ellis, Deborah:
Die Sonne im Gesicht. Ein Mädchen in Afghanistan, München 2003, 128 Seiten.

Bauer, Michael Gerard:
Running Man, München 2009, 304 Seiten.

Gleichauf, Ingeborg:
Jetzt nicht die Wut verlieren. Max Frisch – eine Biografie, überarbeitete Neuausgabe, München 2013, 272 Seiten.

# Die Welt nach 1945

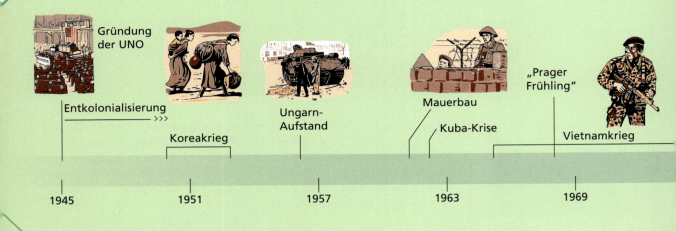

## Zusammenfassung

Nach dem Zweiten Weltkrieg erstrebten die Völker eine Organisation, die den Weltfrieden wahren und die internationale Sicherheit garantieren konnte. Dies führte 1945 zur Gründung der „Vereinten Nationen" (UNO). Neben der Sicherung des Friedens will die UNO zur Einhaltung der Menschenrechte beitragen und den sozialen Fortschritt fördern. Durch Frieden stiftende Maßnahmen wie die Entsendung von Blauhelm-Soldaten trug sie zum Abklingen von Aggressionen bei.

Nach dem Zweiten Weltkrieg zeigten sich bald machtpolitische und ideologische Gegensätze zwischen den USA und der Sowjetunion. Der aggressiven Ausbreitung des sowjetischen Machtbereichs begegnete die USA mit einer Eindämmungspolitik. Die Blockbildung fand schließlich ihren Niederschlag in der Bildung zweier gegensätzlicher militärischer Bündnisse, der 1949 gegründeten NATO (North Atlantic Treaty Organisation) und dem 1955 gegründeten Warschauer Pakt.

Angesichts der Vernichtungskraft nuklearer Waffen vermieden die Supermächte eine direkte militärische Konfrontation. Stattdessen versuchten beide, ihre Positionen weltweit auszubauen. Das führte zu zahlreichen Konflikten, wie zum Beispiel dem Koreakrieg (1950–53), dem Aufstand in Ungarn (1956) oder dem Vietnamkrieg.

Die mit der Kuba-Krise (1962/63) verbundene unmittelbare Gefahr eines Atomkriegs zwang die USA und die Sowjetunion zu einer Wende im Ost-West-Konflikt. Nach 1963 ließen Entspannungsbemühungen den sogenannten Kalten Krieg abklingen, doch führte erst der Zerfall des Ostblocks 1989/90 sein endgültiges Ende herbei.

Als am 11. September 2001 entführte Flugzeuge die Zwillingstürme des World Trade Centers in New York zerstörten und Tausende Menschen töteten, bedeutete dies eine neue Dimension globaler Auseinandersetzungen: Radikale Anhänger des Islam versuchten mithilfe von Terroranschlägen die Vorherrschaft Amerikas zu erschüttern. Die USA versuchten durch die Eroberung Afghanistans diese Gruppen zu schwächen.

Das Zusammenwachsen der Welt im Zuge der Globalisierung bringt jedoch nicht nur Konflikte mit sich, sondern eröffnet auch viele Chancen des Kulturaustausches in einer kleiner werdenden Welt.

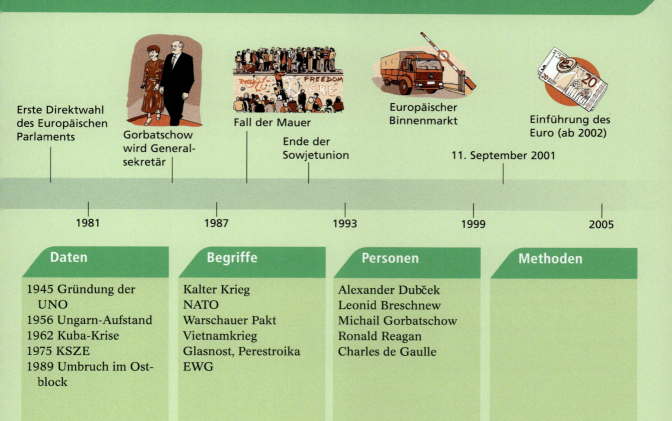

Erste Direktwahl des Europäischen Parlaments

Gorbatschow wird Generalsekretär

Fall der Mauer

Ende der Sowjetunion

Europäischer Binnenmarkt

11. September 2001

Einführung des Euro (ab 2002)

1981   1987   1993   1999   2005

### Daten

1945 Gründung der UNO
1956 Ungarn-Aufstand
1962 Kuba-Krise
1975 KSZE
1989 Umbruch im Ostblock

### Begriffe

Kalter Krieg
NATO
Warschauer Pakt
Vietnamkrieg
Glasnost, Perestroika
EWG

### Personen

Alexander Dubček
Leonid Breschnew
Michail Gorbatschow
Ronald Reagan
Charles de Gaulle

### Methoden

### Der historische Raum: Die Welt nach 1945

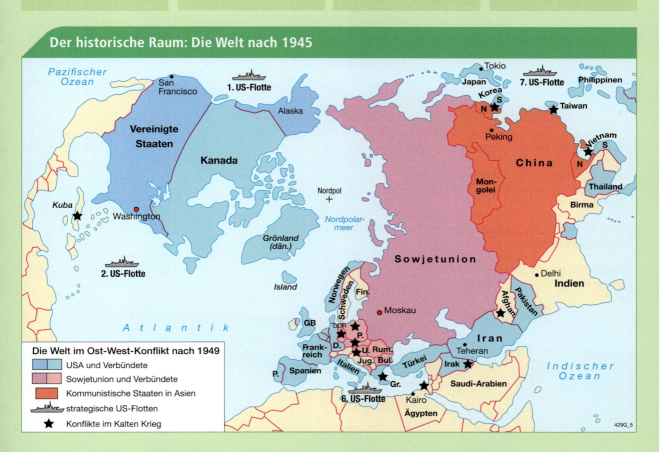

Die Welt im Ost-West-Konflikt nach 1949
- USA und Verbündete
- Sowjetunion und Verbündete
- Kommunistische Staaten in Asien
- strategische US-Flotten
- ★ Konflikte im Kalten Krieg

## Seiten zur Selbsteinschätzung

### Thema: Die Welt nach 1945

Hinweis: Die folgende Tabelle dient der Selbsteinschätzung deiner erworbenen Kenntnisse und Fähigkeiten. Die Auflistung erhebt nicht den Anspruch, vollständig zu sein. Es handelt sich um eine Auswahl, die ggf. erweitert werden kann. In der rechten Spalte findest du Hin-

| Ich kann … | Ich bin sicher. | Ich bin ziemlich sicher. | Ich bin noch unsicher. | Ich habe große Lücken. |
|---|---|---|---|---|
| … die Aufgaben der UNO erklären. | | | | |
| … die Funktionen einiger Unterorganisationen der UNO beschreiben. | | | | |
| … den Verlauf und das Ergebnis des Koreakrieges erläutern. | | | | |
| … die Ereignisse in Ungarn 1956 wiedergeben. | | | | |
| … die Ursachen für die Verschärfung des Kalten Krieges in den 1950er-Jahren benennen. | | | | |
| … den Verlauf der Kuba-Krise erläutern. | | | | |
| … den Verlauf des Vietnamkrieges und seine Folgen erklären. | | | | |
| … den Begriff „Prager Frühling" erklären. | | | | |
| … die Bedeutung der Breschnew-Doktrin für die Staaten des Warschauer Paktes darlegen. | | | | |
| … die Ursachen für das Interesse beider Supermächte an einer Abrüstung nach der Kuba-Krise erklären. | | | | |
| … die weltpolitische Situation Ende der 1970er-Jahre darlegen. | | | | |
| … die wichtigsten Beschlüsse der KSZE-Konferenz wiedergeben. | | | | |
| … | | | | |
| … | | | | |

**Bitte beachte: Kopiere die Seiten, bevor du mit ihnen arbeitest.**

weise, wie du eventuell vorhandene Lücken oder auch Unsicherheiten beseitigen kannst.

**Bitte beachte: Solltest du über ein Leihexemplar dieses Lehrbuches verfügen, dann kopiere die Seiten, bevor du mit ihnen arbeitest.**

| f diesen Seiten kannst du in RIZONTE nachlesen | Empfehlungen zur Übung, Wiederholung und Festigung |
|---|---|
| 186/187 | Setze dich mit der Behauptung auseinander: „Die Gründung der UNO bedeutete eine neue Etappe des Völkerrechts." |
| 189 | Schreibe einen Lexikonartikel für dieses Schulbuch über die UNESCO. |
| 190/191 | Verfasse einen Kommentar zum Thema: „Der Koreakrieg – ein Produkt des Kalten Krieges". |
| 191/192 | Dokumentiere in einem Schaubild die Ereignisse in Ungarn 1956. |
| 190–192 | Die Bildung der NATO und des Warschauer Paktes verschärften den Kalten Krieg. Begründe. |
| 196 | Stelle in einem Zeitstrahl den Verlauf der Kuba-Krise dar. |
| 196/197 | Verfasse eine Darstellung zum Thema: „Die USA und der Vietnamkrieg." |
| 198 | Vergleiche den „Prager Frühling" mit den Ereignissen in Ungarn 1956. |
| 198/199 | Nimm Stellung zu folgender Behauptung: „Die Breschnew-Doktrin schränkte die Souveränität der sozialistischen Länder stark ein." |
| 196 202 | Lege die Ergebnisse der Abrüstung beider Supermächte bis Mitte der 70er-Jahre dar. |
| 203 | Halte einen Vortrag zum Thema: „Die Militärpolitik der NATO und des Warschauer Paktes Ende der 70er-Jahre". |
| 202 205 | Begründe, dass die Umsetzung der Beschlüsse der KSZE-Konferenz den Frieden in Europa sicherer machte. |
| | |
| | |

239

# 5. Deutschland – Von der Teilung zur Wiedervereinigung

**Bundeskanzler Willy Brandt** vor dem Mahnmal des Warschauer Gettos, 1970

**Das Brandenburger Tor in Berlin, 1964**

**Das Brandenburger Tor in Berlin, 2013**

Plakat, um 1980

Der Fall der Mauer am 9. November 1989

# Die Bundesrepublik in den Fünfzigerjahren

### Die „Ära Adenauer"

Konrad Adenauer (1876–1967) gehörte zu einer Politikergeneration, die in ihrem Leben viele politische Umbrüche erlebt hat: Kaiserreich, Weimarer Republik, NS-Diktatur, Bundesrepublik Deutschland.

In der ersten deutschen Demokratie zwischen 1919 und 1933 besaß Adenauer bereits politischen Einfluss, war er doch Oberbürgermeister von Köln und zugleich Präsident des Preußischen Staatsrates. Nach dem Zusammenbruch des Naziregimes zählte er zu den Mitbegründern der CDU im Rheinland. Im Alter von 73 Jahren wurde er 1949 erster Bundeskanzler der Bundesrepublik und behielt das Amt bis 1963, also 14 Jahre lang.

In dieser Zeit festigte sich die Demokratie und die Bundesrepublik erlebte einen enormen wirtschaftlichen Aufschwung, der auf einer Sozialen Marktwirtschaft basierte. Außenpolitisch gelang es Adenauer, die Bundesrepublik fest in der westlichen Staatenwelt zu verankern: wirtschaftlich in der EWG und militärisch in der NATO. Weil er diese Phase der Bundesrepublik entscheidend prägte, werden die Fünfzigerjahre auch als „Ära Adenauer" bezeichnet.

### „Kanzlerdemokratie"

Aus der ersten Bundestagswahl im August 1949 ging die CDU/CSU knapp vor der SPD als Sieger hervor. Adenauer bildete eine Koalition aus CDU/CSU, FDP und DP. Vier Jahre später benötigte er nur noch die FDP als Koalitionspartner. 1957 errang die CDU/CSU unter Adenauer sogar die absolute Mehrheit im Bundestag.

Ausschlaggebend für diesen Erfolg waren Adenauers starke Persönlichkeit, sein Regierungsstil und seine Politik. Sie beruhte auf einem Machtverständnis, das sich auf einen autoritären Führungsstil stützte. So nutzte Adenauer als Bundeskanzler die im Grundgesetz festgelegte Richtlinienkompetenz, um wichtige Entscheidungen auch gegen seine Minister durchzusetzen. Das Kanzleramt wurde unter seiner Führung zur Machtzentrale ausgebaut. Daher spricht man auch von einer Kanzlerdemokratie.

Nach den Erfahrungen mit der instabilen Weimarer Republik fand dieser Regierungsstil breite Zustimmung in der Bevölkerung.

### Herrschaft der Parteien

In den Fünfzigerjahren entwickelte sich die CDU/CSU zu einer Volkspartei, die alle Wählerschichten ansprach. Bei der SPD führten die Wahlniederlagen der Fünfzigerjahre zu einer Umorientierung – weg von einer sozialistisch geprägten Arbeiterpartei, hin zu einer reformorientierten sozialen Volkspartei. Dieser neue Kurs schlug sich 1959 im Godesberger Programm nieder.

Zur Etablierung eines Drei-Parteien-Systems im Bundestag trug die Einführung einer 5-Prozent-Hürde bei. Auch gab es die Möglichkeit, verfassungsfeindliche Parteien vom Bundesverfassungsgericht verbieten zu lassen, wie 1952 die SRP und 1956 die KPD. Entscheidenden Anteil an der Akzeptanz der Parteien hatten aber die wirtschafts- und sozialpolitischen Weichenstellungen, die von der Bundesregierung in den Fünf-

**M 1** „Keine Experimente"
Wahlplakat der CDU von 1957

zigerjahren getroffen wurden. Sie trugen wesentlich dazu bei, dass sich in Westdeutschland eine funktionierende Demokratie entfalten konnte.

**Das „Wirtschaftswunder"**
CDU/CSU bekannten sich zur Sozialen Marktwirtschaft, die Wirtschaftsminister Ludwig Erhard unter dem Motto „Wohlstand für alle" propagierte. Diese sich selbst regulierende Marktwirtschaft sollte in eine soziale Gesellschaftspolitik eingebettet sein, die in der Lage war, eine gleichmäßigere Einkommensverteilung zu fördern und den Schutz sozial schwacher Schichten zu gewährleisten.

Die westdeutsche Wirtschaft erlebte im folgenden Jahrzehnt ein so genanntes Wirtschaftswunder: Die Industrieproduktion stieg rasant und mit ihr stiegen das Bruttosozialprodukt und die Nettoeinkommen. Dafür waren verschiedene Faktoren verantwortlich.

Der Krieg hatte viele Industrieanlagen zerstört, andere fielen der Demontage zum Opfer. Somit mussten die Unternehmer neue Fabriken errichten, was eine rationale Produktion ermöglichte und international Wettbewerbsvorteile brachte. Günstig war zudem, dass die Westalliierten der Bundesrepublik Reparationszahlungen erließen, wodurch die Kreditwürdigkeit stieg. Für den Aufbau erhielt die Wirtschaft Kredite aus dem Marshallplan.

International betrachtet hatte die Bundesrepublik ein relativ niedriges Lohnniveau und gut ausgebildete Arbeitskräfte. Die Nachfrage nach Erzeugnissen der Elektroindustrie, der chemischen Industrie und des Maschinenbaus bewirkte einen gewaltigen Boom. Produkte „made in Western Germany" waren bald weltweit gefragt und galten als hochwertig und preisgünstig.

Dies alles hatte einen Strukturwandel der westdeutschen Wirtschaft zur Folge: Während Industrie und Handel zentrale Bedeutung erlangten, büßte die Landwirtschaft ihren einstigen Stellenwert ein.

**M 2  „1 Million"**
Feierstunde im Volkswagenwerk Wolfsburg anlässlich der Fertigstellung des millionsten Volkswagens, Foto vom 8. Mai 1955

# Deutschland – Von der Teilung zur Wiedervereinigung

### Der Ausbau des Sozialstaats

Trotz des Wirtschaftsaufschwungs blieben die Kriegsfolgen ein großes Problem. Neben dem Wiederaufbau zerstörter Wohnungen und Industrieanlagen galt es, 12 Millionen Vertriebene und Flüchtlinge aus den deutschen Ostgebieten zu integrieren.

Der Wirtschaftsboom ermöglichte der Bundesregierung den Ausbau des Sozialstaats. An erster Stelle stand der soziale Wohnungsbau: Von 1950 bis 1955 entstanden etwa zwei Millionen Wohnungen. Bedeutsam war auch das Versorgungsgesetz, das Kriegsopfern eine Rente zugestand; ferner der Lastenausgleich, der Vertriebene und Flüchtlinge, die Hab und Gut verloren hatten, finanziell unterstützte. Diese Maßnahmen linderten die Not und ermöglichten einen Neuanfang. Die Dynamisierung der Rente brachte ihre Anpassung an die aktuelle Lohn- und Preisentwicklung.

Dieser Ausbau des Sozialstaats in den Fünfzigerjahren konnte aber nur in Zeiten einer glänzenden Wirtschaftslage funktionieren.

Der soziale Friede begünstigte den wirtschaftlichen Aufstieg der Bundesrepublik. Im Gegensatz zur Weimarer Republik hatten sich die meisten Gewerkschaften im „Deutschen Gewerkschaftsbund" (DGB) zusammengeschlossen, der mit den Unternehmern die Lohnverhandlungen führte. Das sorgte für einheitliche Tarife und wenige Streiks. 1951 führte die Montan-Industrie sogar die paritätische Mitbestimmung ein, d. h. ein gleichberechtigtes Stimmrecht von Arbeitnehmer- und Kapitalvertretern in den Aufsichtsräten.

Die sozialpolitischen Maßnahmen der Bundesregierung milderten die materielle Not aus Kriegsschäden und Vertreibung und entschärften soziale Spannungen. Ab Mitte der Fünfzigerjahre herrschte nahezu Vollbeschäftigung. In einigen Bereichen wurden Arbeitskräfte derart knapp, dass man so genannte Gastarbeiter aus südeuropäischen Ländern ins Land holte. So entstand im Lauf der Jahre eine moderne Gesellschaft von großer sozialer Mobilität.

**M 3  Gastarbeiter**
Ankunft der ersten italienischen VW-Werksarbeiter in Wolfsburg 1962. Im Laufe der 60er-Jahre stieg die Anzahl der in der niedersächsischen Stadt lebenden Italiener auf über 6000. Noch heute (2014) ist – nach einer zumeist als gelungen angesehenen Integration – die Stadt merklich von Menschen italienischer Abstammung geprägt.

## Parteien in der BRD und „Kanzlerdemokratie"

| Jahr | 1949 | 1953 | 1957 | 1961 | 1965 | 1969 | 1972 | 1976 | 1980 | 1983 | 1987 | 1990 | 1994 | 1998 | 2002 | 2005 | 2009 | 2013 |
|---|---|---|---|---|---|---|---|---|---|---|---|---|---|---|---|---|---|---|
| Wahlbe-teiligung | 78,5 | 86,0 | 87,8 | 87,7 | 86,8 | 86,7 | 91,1 | 90,7 | 88,6 | 89,1 | 84,3 | 77,8 | 79,0 | 82,2 | 79,1 | 77,7 | 70,8 | 71,5 |
| CDU/CSU | 31,0 | 45,2 | 50,2 | 45,3 | 47,6 | 46,1 | 44,9 | 48,6 | 44,5 | 48,8 | 44,3 | 43,8 | 41,1 | 35,1 | 38,5 | 35,2 | 33,8 | 41,5 |
| SPD | 29,2 | 28,8 | 31,8 | 36,2 | 39,3 | 42,7 | 45,8 | 42,6 | 42,9 | 38,2 | 37,0 | 33,5 | 36,4 | 40,9 | 38,5 | 34,2 | 23,0 | 25,7 |
| FDP | 11,9 | 9,5 | 7,7 | 12,8 | 9,5 | 5,8 | 8,4 | 7,9 | 10,6 | 7,0 | 9,1 | 11,0 | 6,9 | 6,2 | 7,4 | 9,8 | 14,6 | 4,8 |
| Bündnis 90/Grüne | – | – | – | – | – | – | – | – | 1,5 | 5,6 | 8,3 | 5,1 | 7,3 | 6,7 | 8,6 | 8,1 | 10,7 | 8,4 |
| PDS/Linke | – | – | – | – | – | – | – | – | – | – | – | 2,4 | 4,4 | 5,1 | 4,0 | 8,7 | 11,9 | 8,6 |
| NPD | – | – | – | – | 2,0 | 4,3 | 0,6 | 0,3 | 0,2 | 0,2 | 0,6 | 0,3 | – | 0,3 | 0,4 | 1,6 | 1,5 | 1,3 |
| Republi-kaner | – | – | – | – | – | – | – | – | – | – | – | 2,1 | 1,9 | 1,8 | 0,6 | 0,6 | 0,4 | 0,2 |
| KPD/DKP | 5,7 | 2,2 | – | – | – | 0,3 | 0,3 | 0,2 | 0,2 | – | – | – | – | – | – | – | 0,0 | – |
| Gesamt-deutscher Block (BHE) | – | 5,9 | 4,6 | – | – | – | – | – | – | – | – | – | – | – | – | – | – | – |
| DP | 4,0 | 3,3 | 3,4 | – | – | – | – | – | – | – | – | – | – | – | – | – | – | – |
| Bayern-partei | 4,2 | 1,7 | – | – | 0,2 | – | – | – | – | – | 0,1 | 0,1 | 0,1 | 0,1 | 0,0 | 0,1 | 0,1 | 0,1 |
| Sonstige | 14,0 | 3,5 | 2,4 | 5,7 | 1,6 | 1,0 | 0,1 | 0,2 | 0,1 | 0,1 | 0,6 | 1,7 | 1,7 | 3,7 | 2,0 | 1,7 | 4,0 | 9,5 |

Quelle: www.wahlrecht.de/ergebnisse/bundestag.htm (06.05.2014)

**M 4** Ergebnisse der Bundestagswahlen von 1949 bis 2013 (Zweitstimmen in Prozent)

**M 5** **Kanzlerdemokratie**

*Der Historiker Edgar Wolfrum schreibt (2006):*

Integrationskraft und Autorität weit über die Reihen der eigenen Parteifreunde hinaus sind die herausragenden Bestandteile der besonders wichtigen personellen Dimensionen der Kanzler-
5 demokratie: Adenauer scheint der Psyche der Nachkriegswestdeutschen entgegengekommen zu sein. Nach der Hyperideologisierung, der tiefen Verwirrung, der radikalen Desillusionierung und der Angst, die die Deutschen durchlitten hat-
10 ten, wirkte Adenauer als Beruhigungsfaktor. „Er gewöhnte die Deutschen an den Gedanken", so drückte es Sebastian Haffner treffend aus, „dass Autorität und Demokratie nicht unvereinbar sind. Er versöhnte sie sozusagen allmählich mit der De-
15 mokratie." In Verbindung mit seiner gelassenen Willenskraft, seinem rheinischen Naturell und seinem hohen Alter wirkte Adenauers autoritärer Regierungsstil altväterlich. Er stiftete Vertrauen, und das Vertrauen, das viele Menschen in seine Person setzten, sollte sich rasch auf die Bundesre- 20
publik übertragen. Niemals ist dies sinnfälliger geworden als im höchst erfolgreichen Wahlkampfmotto der CDU/CSU „Keine Experimente" unter dem Konterfei des Bundeskanzlers aus dem Jahr 1957. Adenauer stand bald synonym für eine 25
Bundesrepublik, die Kurs nach Westen hielt und sich eines wachsenden Wohlstands erfreute, für das Neue, das aus Altem hervorging – wer Adenauer anerkannte, erkannte auch die Bundesrepublik an. Geholfen hat ihm auch seine 30
zumeist einfache Redeweise, die Gut und Böse, Wichtiges und Nebensächliches auf innen- und außenpolitischem Gebiet klar unterschied – und die jeder verstand.

Edgar Wolfrum, Die geglückte Demokratie. Geschichte der Bundesrepublik Deutschland von den Anfängen bis zur Gegenwart, Stuttgart 2006, S. 53 f.

# Deutschland – Von der Teilung zur Wiedervereinigung

## Die Soziale Marktwirtschaft und das Wirtschaftswunder

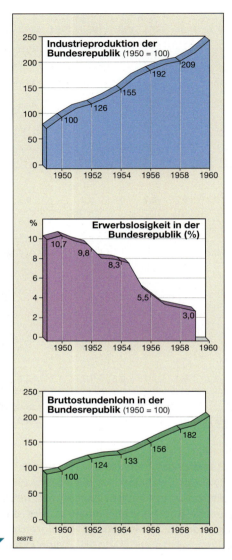

M 6

M 7  **Soziale Marktwirtschaft**

*Der Wirtschaftswissenschaftler Alfred Müller-Armack gilt als einer der Begründer der Sozialen Marktwirtschaft:*

Die Lage unserer Wirtschaft zwingt uns zu der Erkenntnis, dass wir uns in Zukunft zwischen zwei grundsätzlich voneinander verschiedenen Wirtschaftssystemen zu entscheiden haben, nämlich 5 dem System der antimarktwirtschaftlichen Wirtschaftslenkung und dem System der auf freie Preisbildung, echten Leistungswettbewerb und soziale Gerechtigkeit gegründeten Marktwirtschaft.

Alle Erfahrungen mit wirtschaftlichen Lenkungssystemen verschiedenster Schattierungen haben 10 erwiesen, dass sie unvermeidlich zu einer mehr oder weniger weitgehenden Vernichtung der Wirtschaftsfreiheit des Einzelnen führen, also mit demokratischen Grundsätzen unvereinbar sind […]. Die angestrebte moderne Marktwirtschaft 15 soll betont sozial ausgerichtet und gebunden sein. Ihr sozialer Charakter liegt bereits in der Tatsache begründet, dass sie in der Lage ist, eine größere und mannigfaltigere Gütermenge zu Preisen anzubieten, die der Konsument durch seine Nach- 20 frage entscheidend mitbestimmt und die durch niedrige Preise den Realwert des Lohnes erhöht und dadurch eine größere und breitere Befriedigung der menschlichen Bedürfnisse erlaubt.

Durch die freie Konsumwahl wird der Produzent 25 gezwungen, hinsichtlich Qualität, Sortiment und Preis seiner Produkte auf die Wünsche der Konsumenten einzugehen, die damit eine echte Marktdemokratie ausüben. […]

Um den Umkreis der Sozialen Marktwirtschaft 30 ungefähr zu umreißen, sei folgendes Betätigungsfeld künftiger sozialer Gestaltung genannt:

1. Schaffung einer sozialen Betriebsordnung, die den Arbeitnehmer als Mensch und Mitarbeiter wertet, ihm ein soziales Mitgestaltungsrecht ein- 35 räumt, ohne dabei die betriebliche Initiative und Verantwortung des Unternehmers einzuengen.

2. Verwirklichung einer als öffentliche Aufgabe begriffenen Wettbewerbsordnung, um dem Erwerbsstreben der Einzelnen die für das Gesamt- 40 wohl erforderliche Richtung zu geben.

3. Befolgung einer Anti-Monopolpolitik zur Bekämpfung möglichen Machtmissbrauches in der Wirtschaft.

4. Durchführung einer konjunkturpolitischen 45 Beschäftigungspolitik mit dem Ziel, dem Arbeiter im Rahmen des Möglichen Sicherheit gegenüber Krisenrückschlägen zu geben. […]

5. Marktwirtschaftlicher Einkommensausgleich zur Beseitigung ungesunder Einkommens- und 50 Besitzverschiedenheiten, und zwar durch Besteuerung und durch Familienzuschüsse, Kinder- und Mietbeihilfen an sozial Bedürftige. […]

A. Müller-Armack, Vorschläge zur Verwirklichung der sozialen Marktwirtschaft, in: Genealogie der Sozialen Marktwirtschaft, Bern 1974, S. 96 ff.

## Wirtschaftswunder – Arbeiten mit Werbung

M 8 „Der große Tag… endlich VW-Besitzer" Werbeanzeige, 1950er-Jahre

M 9 Werbung für Edelstahl-Kochtöpfe, 1958

### Aufgaben

1. **Parteien und Ergebnisse der Bundestagswahlen**
   a) Fertige zu der Tabelle eine Grafik an.
   b) Stelle die wichtigsten übergreifenden Entwicklungen zusammen, die in den Wahlergebnissen erkennbar sind.
   → Text, M4

2. **Die „Kanzlerdemokratie"**
   a) Erläutere den Begriff „Kanzlerdemokratie".
   b) Arbeite die Rolle Adenauers im Rahmen der „Kanzlerdemokratie" heraus.
   → Text, M5

3. **Soziale Marktwirtschaft / Wirtschaftswunder**
   a) Fasse die Definition des Nationalökonomen Alfred Müller-Armack von „Sozialer Marktwirtschaft" mit eigenen Worten zusammen.
   b) Erläutere die Gründe dafür, dass sich dieses System in der Bundesrepublik durchsetzen konnte.
   c) Analysiere die Statistiken.
   d) Erkläre den Begriff „Wirtschaftswunder".
   → Text, M6, M7

4. **Wirtschaftswunder – Arbeiten mit Werbung**
   a) Beschreibe die beiden Abbildungen und arbeite die jeweilige Hauptaussage heraus.
   b) Vergleiche die damalige Werbung mit heute üblichen Werbungen im Hinblick auf die Gestaltung.
   c) Stelle Gemeinsamkeiten und Unterschiede gegenüber.
   d) Suche weitere Werbungen aus verschiedenen Zeiten und vergleiche sie mit den vorliegenden Plakaten.
   → M8, M9

# Außenpolitik der BRD in den 1950er-Jahren

**Erstes Ziel: Souveränität**

Nach ihrer Gründung war die Bundesrepublik international isoliert und durfte keine eigene Außenpolitik treiben. Adenauer verfolgte daher das Ziel, die Souveränität des neuen Staats auszuweiten und ihn im Westen zu verankern. Hierbei verfolgten er und die CDU einen antikommunistischen Kurs. Der Bedrohung durch die UdSSR wollte Adenauer mit der Integration der Bundesrepublik in das militärische und wirtschaftliche Bündnissystem des Westens entgegenwirken. Mit der Unterzeichnung des Petersberger Abkommens am 22. November 1949 konnten erste außenpolitische Freiheiten erlangt werden.

**Eine Armee für die Bundesrepublik?**

Nach Beginn des Koreakrieges kam es im Westen zu einer Debatte über einen Wehrbeitrag der Bundesrepublik zur gemeinsamen Abwehr des Kommunismus in Europa. Adenauer zeigte sich nicht abgeneigt und erhoffte im Gegenzug die volle Souveränität der Bundesrepublik. Frankreich schlug im Herbst 1950 eine Europäische Verteidigungsgemeinschaft (EVG) mit einem gemeinsamen europäischen Oberkommando vor.

In der Bundesrepublik brach nach Bekanntwerden der Pläne eine heftige Diskussion aus. Der überwiegende Teil der Bevölkerung war kurz nach dem Zweiten Weltkrieg gegen eine erneute Aufrüstung. Zudem befürchteten die Gegner eine endgültige Teilung Deutschlands. Der Aufbau der Bundeswehr und die Einführung der allgemeinen Wehrpflicht blieben daher in der Bevölkerung umstritten und führten zu großen Demonstrationen.

Um den Beitritt Westdeutschlands zu einem Verteidigungsbündnis zu verhindern, bot Stalin der Bundesregierung 1952 die Wiedervereinigung an, falls Deutschland künftig neutral bliebe. Adenauer ließ die

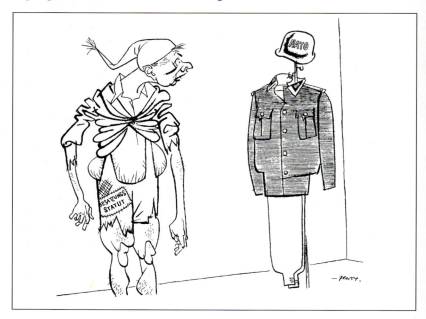

**M 1** „Des Michels neue Kleider"
Karikatur von Mirko Szewczuk, 1954

**M 2** Soldaten der Bundeswehr
Verteidigungsminister Theodor Blank übergibt den ersten Luftwaffensoldaten der Bundeswehr am 9. Januar 1956 im rheinischen Nörvenich die Ernennungsurkunden.

Note unbeantwortet, da er in ihr nur einen Versuch sah, Deutschland zu isolieren. Die EVG scheiterte 1954 am Veto der französischen Nationalversammlung, doch waren die Weichen für eine Einbindung der Bundesrepublik ins westliche Staatensystem gestellt.

### Die Entstehung der Bundeswehr

Die bedrohliche Blockbildung zwischen den westlichen Nationen unter Führung der USA sowie der Sowjetunion und ihren Ostblockstaaten verschärfte sich. Westdeutsche Streitkräfte schienen den USA daher dringend geboten. Das führte 1955 zum Beitritt der Bundesrepublik zum Nordatlantikpakt (NATO) und zur „Westeuropäischen Union" (WEU). Das Bündnis der NATO war 1949 von zehn westeuropäischen Staaten sowie Kanada und den USA zur gegenseitigen militärischen Hilfe gegründet worden. Hauptziel war die Abwehr des Kommunismus in Europa.

Im Mai 1955 erreichte Adenauer mit den Pariser Verträgen das Ende des Besatzungsregimes und die Souveränität der Bundesrepublik. Bis auf einige Rechte der Alliierten in Bezug auf Berlin und einen Notstand konnte die Bundesrepublik ihre inneren und äußeren Angelegenheiten künftig selbst regeln. Die Truppen der Alliierten blieben aber im Land.

1956 traten die ersten westdeutschen Soldaten ihren Dienst in der neuen Bundeswehr an. In Abgrenzung zu den auf blinden Gehorsam getrimmten Soldaten der Wehrmacht sollten sie als „Staatsbürger in Uniform" eindeutig dem demokratischen System verpflichtet sein.

### Der „Alleinvertretungsanspruch"

Entscheidende Auswirkungen hatte die 1955 erlassene Hallstein-Doktrin, die den „Alleinvertretungsanspruch" der Bundesrepublik bekräftigte. Danach nahm die Bundesrepublik zu keinem Staat diplomatische Beziehungen auf, der die DDR anerkannte. Eine Ausnahme bildete die UdSSR. Sie zählte zu den alliierten Mächten und Adenauer erreichte durch Verhandlungen, dass die letzten deutschen Soldaten bis 1955 aus sowjetischer Kriegsgefangenschaft freikamen.

### Integration in Europa

1951 trat die Bundesrepublik dem Europarat bei. Dieser wurde 1949 mit dem Ziel gegründet, das gemeinsame kulturelle Erbe zu bewahren, den wirtschaftlichen und sozialen Fortschritt zu fördern und über die Einhaltung der Menschenrechte zu wachen. Über 40 Staaten zählen heute zu seinen Mitgliedern.

1950 entwarf der französische Außenminister Robert Schuman den Plan eines gemeinsamen europäischen Marktes für die Montan-Industrie. So entstand 1951 die Europäische Gemeinschaft für Kohle und Stahl (Montanunion), der neben der Bundesrepublik und Frankreich auch Italien und die Benelux-Staaten beitraten.

Die Montanunion bildete die Keimzelle der europäischen Integration, die sich in den nächsten Jahrzehnten in wirtschaftlicher, politischer und militärischer Hinsicht vollzog. Schon 1957 kam es mit den Römischen Verträgen zur Gründung der Europäischen Wirtschaftsgemeinschaft (EWG). Abschaffung der zwischenstaatlichen Zölle sowie eine gemeinsame Landwirtschafts- und Verkehrspolitik waren die Ziele. Hier konnten schon bald große Erfolge verbucht werden.

# Deutschland – Von der Teilung zur Wiedervereinigung

## Die Pariser Verträge in der Kontroverse

### M 3  Pro …

*Am 15. Dezember 1954 fand im Deutschen Bundestag eine Debatte über die Pariser Verträge statt. Bundeskanzler Konrad Adenauer (CDU):*

Eines der bedeutsamsten Ergebnisse der Pariser Konferenz, das auch die Grundlage für alle weiteren Beschlüsse über die deutsche Beteiligung an der gemeinsamen Verteidigung Europas und der
5 atlantischen Staatengruppe bildet, ist die Wiederherstellung der deutschen Souveränität im Bereich der Bundesrepublik. Diese Souveränität, meine Damen und Herren, wird der Bundesrepublik nicht von den drei westlichen Besatzungsmächten
10 „verliehen" oder „gewährt". Sie ist keine von fremden Mächten übertragene, sondern sie ist eine eigenständige deutsche Souveränität, die nur von der Besatzungsgewalt zeitweilig verdrängt und überlagert war und jetzt überall dort wieder
15 wirksam wird, wo die Besatzungsgewalt erlischt. Ich betone: Sie ist deutsche Souveränität, die wieder effektiv wird, sie ist nicht eine neue, der Bundesrepublik verliehene Souveränität. Die Bundesregierung weist nachdrücklich die Behauptung
20 zurück, dass die Spaltung Deutschlands durch die Wiederherstellung der Souveränität für einen Teil Deutschlands vertieft oder verhärtet werde. Sie hat auch bei der Neuformulierung der Vertragstexte sorgfältig darauf Bedacht genommen, dass
25 jene Elemente der Viermächte-Vereinbarungen von 1945 unberührt bleiben, die die Bewahrung der staatlichen Einheit Deutschlands und seine Wiedervereinigung betreffen.
Nur aus diesem Grunde hat sie der Aufrechterhal-
30 tung der Verantwortlichkeiten der drei Westmächte für Berlin, die Wiedervereinigung und den Friedensvertrag und der Beibehaltung der damit verbundenen Rechte zugestimmt. Wenn darin eine Beschränkung der deutschen Souveränität
35 liegt, dann handelt es sich jedenfalls um eine Beschränkung, die jeder einsichtige Deutsche im gegenwärtigen Zeitpunkt für unvermeidlich und notwendig halten muss, um die Lage Berlins nicht zu gefährden und die Wiedervereinigung
40 Deutschlands nicht zu erschweren.
[…] Das Vertragswerk macht die Bundesrepublik erst fähig, die Spaltung Deutschlands zu beseitigen und die sich mit der Wiedervereinigung stellenden Aufgaben zu bewältigen.

### M 4  … und contra Pariser Verträge

*Der Oppositionsführer Erich Ollenhauer (SPD) antwortete in der Debatte auf die Ausführungen des Bundeskanzlers wie folgt:*

Es ist die Tragik der Außenpolitik der Bundesrepublik, dass […] praktisch die Integration der Bundesrepublik in den Westen immer den Vorrang vor der Wiedervereinigung gehabt hat.
5 Wenn nun die sozialdemokratische Bundestagsfraktion diese Schlussfolgerungen aus der gegenwärtigen internationalen Situation zieht, so ist daraus bereits zu ersehen, dass sie das Pariser Vertragswerk […] als nicht vereinbar mit einer deut-
10 schen Politik ansieht, die die Wiedervereinigung Deutschlands in Freiheit als ihre vordringlichste Aufgabe betrachtet. Es wird nach unserer Überzeugung die Sicherheit der Bundesrepublik nicht erhöhen, aber es wird die Wiedervereinigung
15 Deutschlands aufs Äußerste gefährdet. Ein Vertragswerk, das weder der Sicherheit noch der Einheit des deutschen Volkes dient, ist unannehmbar. Die Behauptung des Herrn Bundeskanzlers, erst das Vertragswerk mache die Bundesrepublik
20 fähig, die Spaltung Deutschlands zu beseitigen und die sich mit der Wiedervereinigung stellenden Aufgaben zu bewältigen, entbehrt leider jedweder Grundlage. Hier aber war und ist die Bundesregierung dem Bundestage und dem deutschen
25 Volk Aufschluss darüber schuldig, wieso und in welcher Art denn die Einbeziehung nur des westlichen Teils von Deutschland in eine westliche Militärallianz zur Wiedervereinigung beitragen könnte. An diesem für unsere Politik entschei-
30 denden Punkte kann es uns keineswegs genügen, dass der Herr Bundeskanzler versichert hat, die großen Mächte setzten sich entsprechend ihren Verpflichtungen bei kommenden Verhandlungen für unsere Wiedervereinigung solidarisch ein.
35 […] Ich möchte aber heute in diesem Zusammenhang noch einmal davor warnen, das neue Vertragswerk als die Basis unserer wiedergewonnenen Souveränität zu feiern. Die Vorbehaltsrechte der Westmächte bleiben auch bei liberalster
40 Auslegung so weitgehend, dass von einer Souveränität im üblichen Sinne des Wortes nicht gesprochen werden kann.

Verhandlungen des Deutschen Bundestages. Stenographische Berichte, 2. Wahlperiode, 15. Dezember 1954, S. 3136–3146.

## Wiederbewaffnung – Plakate analysieren

M 5 „Er ist bewaffnet"
Plakat des Deutschland-Union-Dienstes der CDU 1953

M 6 „Nie wieder"
Wahlplakat der SPD zur Bundestagswahl 1953

### Aufgaben

1. **Die Außenpolitik der BRD in den 1950er-Jahren**
   a) Erkläre den Begriff „Souveränität".
   b) Erläutere die Gründe dafür, dass die Erlangung der Souveränität für die Bundesrepublik sehr bedeutend war.
   c) Fasse den Weg zur Gründung der Bundeswehr mit eigenen Worten zusammen.
   d) Erläutere den Begriff „Alleinvertretungsanspruch".
   → Text

2. **Die Pariser Verträge in der Kontroverse**
   a) Arbeite die Positionen heraus, die Konrad Adenauer und Erich Ollenhauer gegenüber den Pariser Verträgen einnahmen.
   b) Konrad Adenauer und Erich Ollenhauer schätzten die Auswirkungen der Pariser Verträge auf die deutsche Teilung unterschiedlich ein. Erläutere die beiden Positionen und nimm dazu Stellung.
   → M3, M4

3. **Wiederbewaffnung der Bundesrepublik**
   a) Beschreibe und analysiere die beiden Plakate.
   b) Stelle Vermutungen über die Wirkung der Plakate auf die zeitgenössischen Betrachter an.
   c) Die Wiederbewaffnung und der Beitritt zum westlichen Bündnissystem waren in den 1950er-Jahren in der Bundesrepublik heftig umstritten. Bildet in der Klasse zwei Gruppen aus Befürwortern und Gegnern. Sammelt in den Gruppen wichtige Argumente und diskutiert sie in der Klasse.
   → M3–M6

# Leben in der Bundesrepublik in den 1950er-Jahren

### Die westdeutsche Konsumgesellschaft
Der anhaltende Wirtschaftsaufschwung trug wesentlich zur Veränderung der Lebensverhältnisse bei. Wachsender Wohlstand ermöglichte nicht nur den Kauf von Autos, Fernsehern und ganzen Wohnungseinrichtungen, er machte auch Reisen ins europäische Ausland erschwinglich. Italien wurde zum Traumziel der Deutschen.

**M 1** „Man spricht Deutsch"
Deutsche Urlauber in Italien, 1955

### Massenmedien
Die größte Neuheit der Fünfzigerjahre war ein Massenmedium: das Fernsehen, das bald Millionen Menschen faszinierte. Wie auch die Rundfunkanstalten hatte es öffentlich-rechtlichen Status. Die Regionalprogramme der ARD gingen 1954 auf Sendung, 1963 folgte das ZDF. Ratesendungen wie „Einer wird gewinnen", die auf unterhaltsame Weise Wissen über Europa abfragten, oder Sendungen wie „Was bin ich?", die der reinen Unterhaltung dienten, erfreuten sich größter Beliebtheit. Da viele zunächst keinen eigenen Fernseher besaßen, sahen sie sich Sendungen in Gaststätten oder bei Bekannten an. Fernsehgeschichte schrieb die 1954 gewonnene Fußballweltmeisterschaft in der Schweiz: Das Endspiel gegen Ungarn wurde „live" übertragen.

Auf dem Pressemarkt konnten sich Zeitungen wie „BILD" oder die Illustrierte „Quick" erfolgreich etablieren, deren Inhalt eher auf Sensation und Klatsch ausgerichtet war. Modezeitschriften fanden ebenfalls reißenden Absatz. Doch gab es auch Wochenzeitschriften wie den „Stern" und den „Spiegel", die einen wichtigen Beitrag zum westdeutschen Journalismus leisteten, sowie seriöse Tageszeitungen wie die „Süddeutsche Zeitung" oder die „Frankfurter Allgemeine Zeitung".

### Demokratische Kontrolle: Die „Spiegel-Affäre"
1962 erschütterte die „Spiegel-Affäre" die Öffentlichkeit. Wegen eines Artikels, der die angeblich nur bedingt einsetzbare Bundeswehr kritisierte, ließ Verteidigungsminister Franz Josef Strauß (CSU) Redakteure des „Spiegels" sowie den Herausgeber Rudolf Augstein verhaften und die Redaktionsräume durchsuchen. Vor dem Bundestag leugnete Strauß eine Beteiligung, musste aber später zugeben, die Aktion angeordnet zu

haben. Die Öffentlichkeit sah das Grundrecht auf Meinungs- und Pressefreiheit in Gefahr, Strauß musste zurücktreten.

### Literatur und bildende Kunst

Im literarischen Bereich konnten einige Exil-Schriftsteller wie Thomas Mann an ihre großen Erfolge anknüpfen. Zum Teil galt dies auch für Autoren der „Inneren Emigration" wie Bergengruen, Le Fort oder Andres, die noch über eine große Leserschaft verfügten. Hinzu kam jetzt eine Generation junger Schriftsteller wie Böll oder Grass, die wegen ihrer Kriegserfahrungen dem Staat kritisch gegenüberstanden. Viele fanden sich in der „Gruppe 47" zusammen. In der Malerei setzte sich eine abstrakte Stilrichtung durch, mit Künstlern wie Ernst Wilhelm Nay, Emil Schumacher oder Willi Baumeister. Architekten der Nachkriegszeit schufen interessante moderne Bauten wie die Philharmonie in Berlin (Hans Scharoun), die Liederhalle in Stuttgart (Rolf Gutbrod) oder das Olympiagelände in München (Frei Otto).

**M 2** Philharmonie Berlin, 1960–1963 erbaut

### Eine neue Jugendkultur

Für die westdeutsche Jugend wurden die USA und der „American way of life" maßgeblich, Rock 'n' Roll, Haartolle und Bluejeans wurden von amerikanischen Vorbildern übernommen. Mit „BRAVO" entstand eine eigene Jugendzeitschrift. Damit kündigte sich ein Generationswechsel an, der künftig das Gesicht der Bundesrepublik veränderte.

**M 3** Filmplakate von 1956 (links) und 1951 (rechts)

# Deutschland – Von der Teilung zur Wiedervereinigung

## Die „BRAVO" – Eine Zeitschrift analysieren

**M 4** „Meine Eltern verbieten mir den Urlaub"

*Unter der Rubrik „Eine BRAVO-Leserin stellt zur Diskussion" erschien 1961 folgende Geschichte. Die Einleitung lautete:*

Mein Verlobter und ich – er ist 20 Jahre, ich bin 18 Jahre alt – wollen den Sommerurlaub auf einem Campingplatz bei Venedig verbringen. Monatelang haben wir gespart, haben von der großen
5 Reise geträumt. Als ich jetzt meine Eltern in den Plan einweihte, platzte die Bombe: Sie verboten mir die gemeinsame Urlaubsfahrt. Ihre Begründung: „Solange ihr nicht verheiratet seid, gibt es keinen Urlaub zu zweit – das schickt sich nicht!" Alle Versuche, sie umzustimmen, waren erfolglos. 10 Das hab ich also von meiner Ehrlichkeit. Wenn ich sie angelogen hätte, ich würde mit einer Freundin verreisen, dann wäre alles glatt gegangen. Aber weil ich ehrlich erzähle, was ich vorhabe, muss ich dafür büßen. Schließlich haben wir uns das Geld 15 für die Urlaubsreise selbst verdient, und meine Eltern kennen meinen Verlobten seit eineinhalb Jahren; er gehört fast schon zur Familie. Es ist abgemacht, dass wir beide heiraten werden. Ist unter diesen Umständen die Meinung meiner 20 Eltern nicht unfair, ungerecht, egoistisch – lebensfremd?

BRAVO 34, 1961.

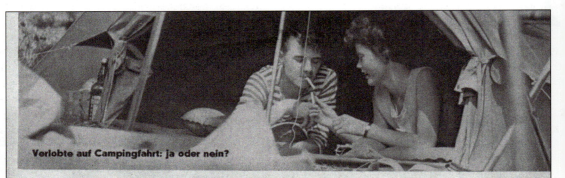

**M 5** „BRAVO", Originalseite, Heft 34, 1961

# Ein Anstandsbuch – Geschlechterrollen analysieren

### M 6   „Richtiges Benehmen"

*Aus einem weit verbreiteten Anstandsbuch:*

Das Platznehmen: Die besten Plätze an einem Tisch, also die bequemsten, den besten Ausblick bietenden usw., kommen immer den Damen zu. Selbstverständlich wird man aber dabei persönliche Wünsche der Damen berücksichtigen. Der Herr rückt seiner Dame den Stuhl zurecht und setzt sich erst dann, wenn alle Damen am Tisch Platz genommen haben. [...] Sitzen an dem ausgewählten Tisch schon Gäste, fragt der Herr mit einer leichten Verbeugung, ob dieser oder jener Platz noch frei sei, oder bittet mit einem „Gestatten Sie", Platz nehmen zu dürfen. Sind die schon anwesenden Gäste wohlerzogen, so werden sie mit einem freundlichen Lächeln „Bitte sehr" sagen, auch wenn die Dazukommenden ihnen nicht gerade willkommen sind. [...]

Die Speisen- und Weinkarte: In einem gut geführten Lokal wird der Kellner zuerst der Dame, dann dem Herrn eine Speisenkarte vorlegen oder beiden gleichzeitig. In einem Weinlokal wird die Weinkarte dem Herrn gereicht. Denn die Auswahl der Getränke ist Sache des Herrn, wenn er sich dabei auch nach den Wünschen der Dame richten muss. Liegt eine Speisenkarte auf dem Tisch, so reicht der Herr sie zuerst der Dame, wenn die Dame für sich selbst bezahlt. Sich als Herr mit einem „Na, was nehmen wir denn?" zuerst auf die nahrhafte Karte zu stürzen und für Dame und Umwelt für die nächsten zehn Minuten hinter Schnitzel und Apfelkompott zu versinken, ist nicht gerade wohlerzogen und wird höchstens von alten Ehemännern geübt. Ist die Dame eingeladen, so wählt sie nicht selbst aus der Speisenkarte aus, sondern wartet auf die Vorschläge des Herrn. Speisenkarte: Ist die Dame zum Essen eingeladen, so wird sie bei der Auswahl der Speisen ungefähr den goldenen Mittelweg einschlagen. Es muss ja nicht das Teuerste sein, was sie sich wählt. Es ist aber auch falsche Bescheidenheit – vorausgesetzt, dass die finanziellen Möglichkeiten nicht gerade sehr beschränkt sind –, grundsätzlich nur den „Bierhappen" oder das „Stück Wurst" zu nehmen. Der gewandte Tischherr wird seiner Dame auch dieses oder jenes vorschlagen. Voraussetzung für eine wirklich „gesegnete Mahlzeit" ist jedoch, dass auch hier im Großen und Ganzen Harmonie herrscht. Denn es zerstört die netteste Stimmung, wenn der Einladende seinem Gast zwar etwas Anspruchsvolles vorsetzt, sich selbst aber Kartoffelsalat mit Hering bestellt, um die Unkosten zu senken!

Gertrud Oheim, Einmaleins des guten Tons, 37. Auflage, Gütersloh 1962 (1. Auflage 1955), S. 288–290.

## Aufgaben

1. **Mit Filmplakaten arbeiten**
   a) Informiere dich über den Inhalt der Filme.
   b) Vergleiche die beiden Plakate im Hinblick auf Gestaltung und Adressaten.
   c) Arbeite das in den Plakaten deutlich werdende Frauen- und Männerbild heraus.
   d) Weise nach, dass sich in den 1950er-Jahren eine neue Jugendkultur entwickelte.
   e) In den Fünfzigerjahren wurden Jugendliche oft als „Halbstarke" bezeichnet. Suche Begriffe, die heute für bestimmte Gruppen von Jugendlichen verwendet werden.
   f) Erläutere und diskutiere das Selbstverständnis solcher Gruppen.
   → Text, M3

2. **Die „BRAVO" – Eine Zeitschrift analysieren**
   a) Erläutere das Thema, das in der „BRAVO" von 1961 diskutiert wurde und nimm Stellung, ob dieses Thema noch aktuell ist.
   b) Fasse die Positionen der einzelnen Diskussionsteilnehmer zusammen.
   c) Verfasse eine eigene Stellungnahme zur damaligen Streitfrage aus heutiger Sicht.
   → M4, M5

3. **Geschlechterrollen analysieren**
   a) Stelle in einer Tabelle das Geschlechterverständnis der vorliegenden Quelle dar.
   b) Viele Empfehlungen in diesem Anstandsbuch wirken auf uns altmodisch. Gehe auf die Gründe dafür ein.
   c) Verfasse einen kurzen Artikel zur Thematik: „Anstand und Höflichkeit beim Gaststättenbesuch heute."
   → M6

# Deutschland – Von der Teilung zur Wiedervereinigung

**M 1** Gründung der DDR
Auf ihrer Sitzung am 7. Oktober 1949 proklamiert die Provisorische Volkskammer die Gründung der DDR.

## Die DDR von der Gründung bis zum Mauerbau

### Das Selbstverständnis der DDR
Die neu gegründete DDR suchte ihre Existenz dadurch zu rechtfertigen, dass sie sich in die „fortschrittliche Tradition" der deutschen Geschichte stellte. Überzeugte Kommunisten sahen im neuen Staat eine antifaschistische Alternative zur Bundesrepublik: In der DDR sollte der Faschismus endgültig ausgerottet sein und die sozialistische Planwirtschaft ihre Überlegenheit gegenüber dem Kapitalismus beweisen. Dieser neuen Gesellschaft, so hoffte man, würden die Menschen begeistert zustimmen.

### Die SED – „Führende Kraft des Sozialismus"
Die SED verstand sich als führende Kraft des Sozialismus, auch wenn weitere Blockparteien wie CDU, NDPD, DBD und LDPD fortbestanden. Sie erhob den Anspruch, die Interessen der „werktätigen Bevölkerung" zu vertreten und durchdrang alle Bereiche des Alltagslebens ihrer Bürger.

Für die Überwachung der Bevölkerung schuf die SED ein mächtiges Werkzeug: den Staatssicherheitsdienst. Er überzog das Land mit einem Überwachungssystem, das bis in die Wohnungen und Betriebe reichte. Spitzel beobachteten Verdächtige, geheime Zentralen hörten Telefongespräche ab, öffneten die Post und sammelten staatsfeindliche Äußerungen für die Personalakte. Nach dem Zusammenbruch der DDR wurde bekannt, dass 173 000 Spitzel und 91 000 feste Mitarbeiter dem Ministerium für Staatssicherheit unterstanden haben.

1952 bildete die DDR auf Befehl des Innenministeriums eine „Kasernierte Volkspolizei". Unter Jugendlichen wurde für diese als Polizei getarnte neue Armee geworben. 1956 erfolgte dann die offizielle Gründung der „Nationalen Volksarmee" (NVA) als Gegenstück zur Bundeswehr.

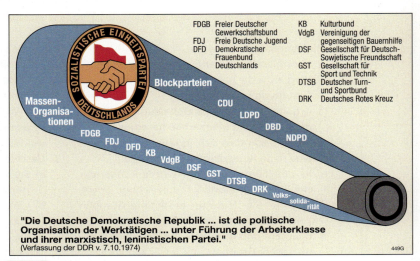

**M 2** Politische Organisationen in der DDR
Drehpunkt des politischen Lebens ist die SED, um die sich Massenorganisationen und Blockparteien gleich einem Treibriemen drehen.

**M 3 „Eisenhüttenkombinat Ost"**
Das Kombinat wurde 1951 gegründet, galt als „sozialistische Großtat" und sollte Zentrum einer neuen Stahlindustrie sein. Es war geografisch nach Osten ausgerichtet und verarbeitete sowjetisches Eisenerz mit polnischem Koks zu Stahl. Die Beschäftigtenzahl lag bei etwa 20 000 Stahlarbeitern.
Neben dem Kombinat entstand als Wohnort für die Arbeiter „Stalinstadt", das man nach der Entstalinisierung in „Eisenhüttenstadt" umbenannte. 1953 hatte die Stadt 2 400 Einwohner, 1960 waren es bereits 24 000, Gemälde von Herbert Aschmann, 1952.

## Der Volksaufstand vom 17. Juni 1953

1953 kam es zu einer Versorgungskrise in der DDR. Der Funke im Pulverfass war die Erhöhung der Arbeitsnormen um 10 Prozent. Dieser Beschluss, den die SED-Führung am 28. Mai 1953 verkündete, bedeutete eine Arbeitszeitverlängerung ohne Lohnausgleich. Als die Regierung trotz der Proteste die Normerhöhung nicht zurücknahm, streikten und demonstrierten am 16. Juni die Bauarbeiter in der Ostberliner Stalinallee.

Am Morgen des 17. Juni 1953 versammelten sich die Streikenden, um ihre Forderungen zu formulieren. Dabei ging es zunächst um Rücknahme der Normerhöhung und um Preissenkungen. Zunehmend wurden aber auch freie Wahlen und der Rücktritt der Regierung gefordert. Nicht nur in Berlin, sondern in vielen Orten zogen Demonstranten durch die Straßen. In wenigen Stunden war aus dem Protest der Arbeiter ein Volksaufstand geworden, an dem sich etwa 300 000 Menschen in allen größeren Städten beteiligten.

Die Staatsmacht befand sich in Auflösung. In dieser Situation griff die Sowjetarmee ein und verhängte den Belagerungszustand. Panzer rollten durch die Städte und versuchten, die Menschen einzuschüchtern. Diese setzten sich mit Steinen, Holzstücken und Eisenträgern zur Wehr. Etwa hundert Menschen starben bei dem Aufstand.

Gegen die massive sowjetische Militärmacht war jeder Widerstand aussichtslos. Viele Menschen entschlossen sich damals zur Flucht in den Westen, andere fügten sich in die Verhältnisse.

**M 4 Plakat zum 17. Juni 1953**
Der Volksaufstand spiegelt sich hier aus Sicht der Bundesrepublik wider.

# Deutschland – Von der Teilung zur Wiedervereinigung

**M 5** DDR-Plakat von 1974
Der „Rat für gegenseitige Wirtschaftshilfe" (RGW) entstand als Reaktion auf den Marshallplan.

**M 6** 1. Fünfjahresplan der DDR
Fünfjahrespläne waren typische Instrumente sozialistischer Planwirtschaften, Plakat von 1950.

### Warschauer Pakt und RGW
Das militärische Bündnissystem der Ostblockstaaten war der Warschauer Pakt, in den die DDR 1955 eintrat. Er erwies sich rasch als Herrschaftsinstrument der Sowjetunion, die 1956 den Aufstand in Ungarn niederschlug. Wirtschaftliche Kooperation sollte der Rat für gegenseitige Wirtschaftshilfe (RGW) garantieren, der eine Arbeitsteilung der sozialistischen Länder vorsah. Die Schwerfälligkeit der Planwirtschaften und die Isolierung von der wettbewerbsorientierten Weltwirtschaft verhinderten jedoch einen nachhaltigen Erfolg.

### Der Tod Stalins und die Folgen
Nach Stalins Tod im März 1953 kam es auf dem XX. Parteitag der KPdSU 1956 zu einer Abkehr von dessen Terrormethoden. In einer geheimen Rede verurteilte der neue Parteichef Nikita Chruschtschow Stalins brutale Maßnahmen und den Kult um seine Person und forderte die Rehabilitierung der Opfer. Diese von Chruschtschow selbst als Entstalinisierung bezeichnete Politik konzentrierte sich lediglich auf die Person Stalin und nicht auf die grundlegenden machtpolitischen Prinzipien des Stalinismus. Deshalb ist der Begriff Entstalinisierung für diesen Prozess verfehlt. Dennoch griffen die Diskussionen auch auf die anderen Ostblockstaaten über. In der DDR geriet die SED in Erklärungsnot. Vor allem Studenten und Intellektuelle, selbst Parteimitglieder, forderten mehr Demokratie, doch konnte die SED die Lage mit Drohungen und Zugeständnissen beruhigen.

### Die Wirtschaft der DDR
Schon während der Besatzungszeit waren industrielle Großbetriebe, Banken und ein Teil des ländlichen Besitzes über 100 Hektar verstaatlicht worden. Ein zentraler Plan legte Produktionsmengen und Preise fest und wies den Volkseigenen Betrieben (VEB) Aufträge und Rohstoffe zu, gab Arbeitszeiten vor und legte Löhne fest. Was der Bürger zum Leben brauchte, kaufte er in den staatlichen HO-Läden, den Läden des Konsum oder in den noch zahlreichen privaten Läden.

Die schwerfällige Planwirtschaft litt jedoch an organisatorischen Mängeln, sodass sich vor den Geschäften oft lange Schlangen bildeten. Hinzu kam eine mangelhafte Warenqualität, Produkte wie Fisch, Südfrüchte oder Gemüse blieben seltene Wirtschaftsgüter. Schon zu Beginn der Fünfzigerjahre fiel der Lebensstandard der DDR weit hinter den der Bundesrepublik zurück.

Um 1960 verschärfte die DDR die Kollektivierung der Landwirtschaft. Unter der Losung eines „Sozialistischen Frühlings auf dem Lande" wurden die Einzelbauern durch Druck und Versprechungen in die Landwirtschaftlichen Produktionsgenossenschaften (LPG) gepresst. Viele Bauern verließen ihre Höfe und flohen in den Westen. Die Folge war eine schwere Versorgungskrise. Aber auch in der Industrie wurden aus ehemals privaten Betrieben, vor allem im Bereich der Textil- und Nahrungsgüterindustrie, Betriebe mit staatlicher Beteiligung.

### Der Mauerbau am 13. August 1961
Die offene Grenze in Berlin war ein Problem für die DDR, da qualifizierte Facharbeiter und Akademiker in den Westen strömten. Hundert-

**M 7　Mauerbau in der Karikatur**
Erschienen in der westdeutschen Zeitung „Die Welt" vom 14.8.1961

tausende hatten bereits auf diese Weise die DDR verlassen, die damit gerade die Bürger verlor, die sie für den Aufbau brauchte. Am 13. August 1961 tat die DDR den entscheidenden Schritt: Unter dem Schutz von Polizei- und Militäreinheiten rückten Baukolonnen an und begannen mit dem Bau von Sperranlagen an der Sektorengrenze.

Als der Morgen des 13. August über Berlin dämmerte, war die Stadt geteilt. In den nächsten Tagen wurde eine Mauer quer durch Berlin errichtet, die Straßen zerschnitt, Familien trennte und die Stadt für die nächsten 28 Jahre teilte. Viele Menschen hofften auf eine Intervention der Westmächte, doch reagierten die USA betont zurückhaltend. Sie betrachteten das Ereignis als Vorgang innerhalb des sowjetischen Machtbereichs und beließen es bei einer Protestnote.

### Die innerdeutsche Grenze

Auch die 1 400 km lange Grenze zur Bundesrepublik baute die DDR zu einem unüberwindlichen Bollwerk aus. Wachtürme, Metallzäune und Stolperdrähte in Verbindung mit Selbstschussanlagen sollten jede Flucht aus dem Arbeiter- und Bauernstaat verhindern. Hunde an Laufleinen und Minen perfektionierten die Grenzsicherung. Nur mit Sondergenehmigung durfte man die Sperrzone betreten, einen Streifen von 5 km entlang der Grenze.

### Die Folgen des Mauerbaus

Der „antifaschistische Schutzwall", wie die DDR die neue Grenzbefestigung nannte, schuf neue Verhältnisse in Deutschland. Die Mauer kann als moralische, politische und ökonomische Bankrotterklärung des SED-Systems bezeichnet werden. Nur durch Stacheldraht und Betonmauern konnte die Regierung ihr eigenes Volk am Fortlaufen hindern.

Auch die Bonner Regierung stand vor einem Scherbenhaufen, denn der Mauerbau schien Deutschlands Teilung zu besiegeln. Berlins Regierender Bürgermeister Willy Brandt war überzeugt, dass gegen die Teilung nur eine „Politik der kleinen Schritte" helfen würde, eine Verhandlungspolitik also, die die Interessen der anderen Seite ernst nahm. Das hieß: Überwindung der Teilung durch Annäherung.

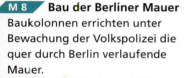

**M 8　Bau der Berliner Mauer**
Baukolonnen errichten unter Bewachung der Volkspolizei die quer durch Berlin verlaufende Mauer.

# Deutschland – Von der Teilung zur Wiedervereinigung

## Der Bau der Mauer – Unterschiedliche Materialien bearbeiten

| Flüchtlingszahlen nach 1949 | | | | | | | | | | | | | |
|---|---|---|---|---|---|---|---|---|---|---|---|---|---|
| Jahr | 1949 | 1950 | 1951 | 1952 | 1953 | 1954 | 1955 | 1956 | 1957 | 1958 | 1959 | 1960 | 1961 |
| Flüchtlinge | 129245 | 197788 | 165648 | 182393 | 331390 | 184198 | 252870 | 279189 | 261622 | 204092 | 143917 | 199188 | 155402 |
| Insgesamt | | | | | | 2686942 | | | | | | | |

Aus: Ploetz DDR, hrsg. von Alexander Fischer, Köln 2004, S. 266.

**M 9**

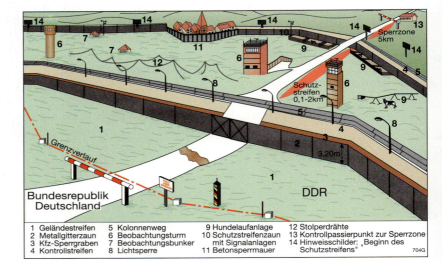

**M 10** DDR-Grenzsperranlagen

1 Geländestreifen
2 Metallgitterzaun
3 Kfz-Sperrgraben
4 Kontrollstreifen
5 Kolonnenweg
6 Beobachtungsturm
7 Beobachtungsbunker
8 Lichtsperre
9 Hundelaufanlage
10 Schutzstreifenzaun mit Signalanlagen
11 Betonsperrmauer
12 Stolperdrähte
13 Kontrollpassierpunkt zur Sperrzone
14 Hinweisschilder: „Beginn des Schutzstreifens"

**M 11** Peter Fechter verblutet an der Mauer

*Der achtzehnjärige Maurer Peter Fechter war das erste Todesopfer an der Berliner Mauer. Sein Schicksal am 17. August 1962 schildert folgender Bericht:*

Vier Arbeiter, die auf einer Baustelle an der Ostberliner Prachtstraße „Unter den Linden" arbeiteten, machten am 17. August 1962 Mittagspause in einem Lokal namens „Bullenwinkel" am Hausvogteiplatz. Gegen 12.00 Uhr schickten sie sich an, zur Baustelle zurückzugehen, doch auf halbem Weg kehrten zwei Bauarbeiter, der Betonbauer Helmut K. und der Maurer Peter Fechter, beide achtzehnjährig und gut miteinander befreundet, noch einmal um. Sie sagten, sie wollten noch schnell Zigaretten holen, und die anderen beiden Arbeiter gingen weiter. Doch K. und Fechter kamen nicht mehr auf die Baustelle zurück.

Inzwischen war es 14.15 Uhr. Die beiden Grenzpolizisten, die im Abschnitt Zimmerstraße/Ecke Charlottenstraße eingeteilt waren, scheinen zu diesem Zeitpunkt nicht sehr aufmerksam gewesen zu sein, denn sie bemerkten nicht, dass zwei junge Männer die von einem Stacheldrahtzaun gebildete erste Absperrung überwanden, die zehn Meter Grenzstreifen überquerten und begannen, auf die Sperrmauer zu steigen. Erst als einer der Männer schon oben war, entdeckten die Uniformierten die Flüchtlinge. Laut MfS-Bericht [Ministerium für Staatssicherheit] an Erich Honecker eröffneten daraufhin „beide Posten [...] aus ca. 50 Meter Entfernung sofort das Feuer auf die Grenzverletzer". Fast zeitgleich schoss auch der Nachbarposten auf die Flüchtlinge. 35 Schuss wurden insgesamt abgefeuert. Helmut K. gelang es dennoch, unverletzt auf die westliche Seite zu kommen. Peter Fechter dagegen fiel auf die Ostberliner Seite zurück und blieb dort liegen. Verzweifelt versuchten Westberliner, dem vor Schmerzen schreienden Peter Fechter zu Hilfe zu kommen. Mit Unterstützung von Polizisten legten sie eine Leiter an die Mauer; sie kamen aber an den Verletzten nicht heran. In ihrer Hilflosigkeit warfen sie Verbandszeug über den Stacheldraht. Amerikanische Militärpolizisten vom etwa hundert Meter entfernten „Checkpoint Charlie" wurden mit dem Hinweis auf den Viermächtestatus hän-

deringend aufgefordert einzugreifen, doch sie weigerten sich, mit der Begründung, das sei nicht ihre Aufgabe.
Auch von der Ostberliner Seite erfolgte zunächst keine Bergung des Verletzten. […] Erst gegen 15.00 Uhr, etwa eine Dreiviertelstunde nach den Schüssen, wurde der bereits leblos wirkende Peter Fechter von DDR-Grenzpolizisten weggeschleppt. Er verstarb noch auf dem Transport in das Krankenhaus der Volkspolizei.
Der Vorfall löste in Westberlin sofort helle Empörung aus. Schon wenige Stunden später wurde auf der Westseite der Mauerstelle, wo Fechter gelegen hatte, ein Holzkreuz aufgestellt, das schon nach kurzer Zeit mit Blumen überhäuft war. Diesmal jedoch richtete sich der Zorn nicht nur gegen die DDR und ihre Grenzpolizisten, sondern auch gegen die amerikanische Schutzmacht, der man wegen des Nichteingreifens schwere Vorwürfe machte.

Bernd Eisenfeld/Roger Engelmann, 13.8.1961: Mauerbau. Fluchtbewegung und Machtsicherung, Berlin, S. 105 f.

**M 12** 17. August 1962, 14.30 Uhr
Der angeschossene Peter Fechter an der Berliner Mauer

### M 13 „Niemand half ihm"

*Der SPD-Politiker Egon Bahr erinnert sich 1996 an die Erschießung von Peter Fechter:*

Die Kluft zwischen Wirklichkeit und Propaganda tat sich ein Jahr später auf. Der achtzehnjährige Bauarbeiter Peter Fechter wurde beim Versuch, die Mauer zu übersteigen, angeschossen, fiel auf die Ostseite zurück und schrie, fünfzig Minuten lang, bis er starb. Niemand half ihm. Ein Amerikaner, von dem man annahm, Uniform und Recht der Besatzungsmacht würden ihm gestatten, über die Mauer zu steigen und den Mann zu holen, erklärte, das sei jenseits seines Auftrags. Jetzt erst wurde den West-Berlinern schlagartig klar, dass die Vier-Mächte-Rechte nur noch Sprachhülsen waren. Die Kompetenzen der Westmächte endeten an der Mauer. Die Garantien galten nur den West-Berlinern. Es kam zu antiamerikanischen Kundgebungen und Ausschreitungen, erstmals nach dem Krieg. Die psychologische Krise war durch Johnsons Besuch [des amerikanischen Präsidenten] vermieden worden. Sie brach ein Jahr später auf: Wir sind eingemauert in einer Festung, mit einem einzigen unkontrollierten Zugang durch die Luft. Wie lange würde sie sich halten können?
Mit der Teilung leben – und zwar für eine nicht übersehbare Zeit –, das war die Aufgabe nach der Zementierung der Teilung durch die Mauer. Das Ausland konnte das fast erleichtert zur Kenntnis nehmen. Die Westdeutschen vermehrten den Wohlstand. Die Ostdeutschen mussten ihrem Leben die DDR-Perspektive geben. Niemand würde helfen, den Status quo zu verändern.

Egon Bahr, Zu meiner Zeit, München 1996, S. 138 f.

## Aufgaben

1. **Wirtschaft und Politik in der frühen DDR**
   a) Beschreibe das Bild „Eisenhüttenkombinat Ost" und analysiere es im Hinblick auf das Selbstverständnis der DDR.
   b) Sowohl der 17. Juni 1953 als auch der 13. August 1961 sind entscheidende Daten der deutschen Geschichte. Erläutere die Hintergründe. → Text, M3, M7–M10

2. **Der Bau der Mauer**
   a) Fasse die Ereignisse in Berlin am 17. August 1962 mit eigenen Worten zusammen.
   b) Beurteile die Haltung der Beteiligten.
   c) Finde Argumente dafür, dass die Ereignisse um den Tod von Peter Fechter zu einer „psychologischen Krise" (Egon Bahr) führten.
   → Text, M7–M13

## Methode: Umgang mit schriftlichen Quellen

### M 1 Der 17. Juni 1953 im Spiegel der Quellen

**a)** *Siegfried Berger (1918–2002) war 1953 in einem Funkwerk in Ostberlin (Köpenick) als Ingenieur beschäftigt:*

Vor Beginn des Marsches zu den Ministerien hatte ich folgende drei Forderungen und Ziele unseres Streiks aufgestellt und volle Zustimmung erhalten:
1. Rücktritt der Regierung
5  2. Freie und geheime Wahlen
3. Die Wiedervereinigung.
Ich übernahm die Führung des Demonstrationszuges und forderte alle Teilnehmer auf, den Anweisungen unserer Kollegen, die den Ord-
10 nungsdienst übernahmen, Folge zu leisten und keinerlei Ausschreitungen oder Beschädigungen irgendwelcher Art zuzulassen. Mein Kollege Hans Erler bot sich an, dem Zug mit seinem Moped vorauszufahren, um vor Zusammenstößen mit
15 Volkspolizisten oder sowjetischen Soldaten zu warnen und Ausweichmöglichkeiten auszuspähen.
Der Zug von mehr als 2000 Teilnehmern verlief ruhig und diszipliniert. Allerdings wurde er immer
20 länger, denn weitere Einzelpersonen und Gruppen schlossen sich an. [...]
Unser Zug [bewegte sich] auf der Warschauer Straße weiter in Richtung S-Bahnhof. Hier kam uns eine größere Zahl von Volkspolizisten (Vopo) mit
25 ihren Gewehren im Anschlag entgegen. Wir in der ersten Reihe hakten uns gegenseitig ein und versuchten, den Zug zu stoppen, was natürlich sehr schwer gelang. Als die Polizisten uns ihre Gewehrläufe auf die Brust drückten und riefen: „Zurück,
30 oder wir schießen!", kam der Zug langsam zum Halten. Ich erklärte den Vopos, dass wir Arbeiter aus Köpenick wären, aber sie sagten, wenn wir nicht zurückgingen, hätten sie Befehl zu schießen. Langsam bewegte sich die Masse
35 hinter uns zurück. Als die Entfernung zur Polizistenkette etwa gut 50 m betrug, schossen sie doch. Wir hatten etwa 3–5 Verletzte, die wir alle mit in den Westsektor nehmen konnten. Dies war das Ende unseres über fünf Stunden dauernden
40 Protestmarsches. Wir verteilten uns und erfuhren erst jetzt, dass seit 13.00 Uhr im Ostsektor von den Sowjets der Ausnahmezustand ausgerufen worden war.

Siegfried Berger, „Ich nehme das Urteil nicht an" – Ein Berliner Streikführer des 17. Juni vor dem sowjetischen Militärtribunal, Berlin 1998, S. 17–19.

**b)** *Am 17. Juni erließ die DDR-Regierung folgende Bekanntmachung:*

Maßnahmen der Regierung der Deutschen Demokratischen Republik zur Verbesserung der Lage der Bevölkerung sind von faschistischen und anderen reaktionären Elementen in West-Berlin mit Provo-
5 kationen und schweren Störungen der Ordnung im demokratischen Sektor von Berlin beantwortet worden. Diese Provokationen sollen die Herstellung der Einheit Deutschlands erschweren. [...]
Die Unruhen, zu denen es gekommen ist, sind das
10 Werk von Provokateuren und faschistischen Agenten ausländischer Mächte und ihrer Helfershelfer aus deutschen kapitalistischen Monopolen. Diese Kräfte sind mit der demokratischen Macht in der Deutschen Demokratischen Republik, die
15 die Verbesserung der Lage der Bevölkerung organisiert, unzufrieden.

Aus: E. Deuerlein (Hg.), DDR 1945–1970, München 1975, S. 135 f.

**c)** *Am 21. Juni 1953 erklärte Bundespräsident Theodor Heuss in Bezug auf die Opfer des 17. Juni:*

Dieses Geschwätz über „Agenten" und „Provokateure" ist ja die ewige, schier zum Klischee gewordene Ausrede jener, die sich im Ungenügen von einer Instinktreaktion des Volkes ertappt fühlen.
5 Es können nur die Primitiven der Regierungsleute in Ostberlin an ihre eigenen Kommuniqués glauben. [...] Gebt dem deutschen Menschen, gebt ihm zurück das eingeborene Recht zu seiner staatlichen Selbstgestaltung, seiner Freiheit, damit die
10 Verkrampfungen sich lösen, damit Angst und Furcht, Misstrauen und Technik des Hasses den Boden des Vaterlandes verlassen. In freien Wahlen wird das deutsche Volk in seinen breiten Schichten, dessen unzerstörbares Einheitsbewusstsein in
15 den Geschehnissen der letzten Woche, im Tun, im Erleiden, in der Kraft des Miterlebens sich das geschichtliche Zeugnis schuf, in freien Wahlen wird es sich die rechtlich-politischen Formen neu begründen, mit denen es der Sicherung der bür-
20 gerlichen Freiheit und der sozialen Gestaltung des Miteinander dienen wird. Nichts anderes als dies kann die Lehre und soll die Folge dieses Juni 1953 sein – Lehre für uns, Lehre für die andern. Dann weht über den frischen Grabhügeln, unter denen
25 die Opfer ruhen werden, der Atem der Hoffnung und der Zuversicht.

Bulletin des Presse- und Informationsamtes der Bundesregierung, Nr. 115/1953, S. 977 f.

## Umgang mit schriftlichen Quellen

Der Volksaufstand vom 17. Juni 1953 war ein gesamtdeutsches Ereignis, denn die Aufständischen forderten unter anderem die deutsche Einheit. Zudem spielte sich der Aufstand in Ostberlin ab, sodass die Westberliner das brutale Geschehen unmittelbar miterlebten. Im Gedenken an dieses Geschehen wurde der 17. Juni als „Tag der Deutschen Einheit" ein Feiertag der Bundesrepublik. Die einzelnen Quellen zeigen unterschiedliche Sichtweisen des 17. Juni 1953.

**M 2  Ostberlin am 17. Juni 1953**
Demonstranten greifen am Potsdamer Platz sowjetische Panzer an.

### Fragen an schriftliche Quellen

1. **Entstehung der Quellen**
   a) Benenne das jeweilige Entstehungsjahr.
   b) Erläutere die jeweiligen Gründe für die Entstehung der Texte.

2. **Art der Quellen**
   a) Charakterisiere die Art der Texte. Suche passende Begriffe zur Beschreibung.
   b) Formuliere passende Überschriften für die einzelnen Texte.

3. **Inhalt der Quellen**
   a) Fasse den Inhalt der Quellen knapp zusammen.
   b) Arbeite den in Bezug auf den 17. Juni jeweils im Mittelpunkt stehenden Aspekt heraus.
   c) Erläutere die in den Texten zum Ausdruck kommenden Einstellungen gegenüber den Ereignissen.

4. **Aussagekraft der Quellen**
   a) Prüfe, ob die Texte die Ereignisse objektiv wiedergeben.
   b) Vergleiche die einzelnen Texte im Hinblick auf die Objektivität der Darstellung.
   c) Prüfe folgende Behauptung: „Die Bemühungen zur Verbesserung der Lage der Bevölkerung sind von faschistischen und anderen reaktionären Elementen in West-Berlin mit Provokationen und schweren Störungen der Ordnung im demokratischen Sektor von Berlin beantwortet worden."
   d) Prüfe, ob M1c Informationen zu den Ereignissen enthält.

5. **Bedeutung der Quellen**
   a) Arbeite die Sichtweisen heraus, die in den Quellen deutlich werden.
   b) Diskutiere, ob noch andere Sichtweisen des 17. Juni 1953 denkbar sind.

Deutschland – Von der Teilung zur Wiedervereinigung

## Leben in der DDR in den Fünfzigerjahren

### Eine sozialistische Gesellschaft als Ziel
Die DDR nahm für sich in Anspruch, ein besserer Staat als die Bundesrepublik zu sein und die fortschrittlichen Traditionen der deutschen Geschichte weiterzuführen. Es sollte eine sozialistische Gesellschaft entstehen, in der sich jeder nach seinen Fähigkeiten entwickeln konnte. Große Bedeutung hatte dabei das Bildungssystem, das den bisher Benachteiligten die Möglichkeit bieten sollte, sozial aufzusteigen. Die bisherigen sozialen Abgrenzungen sollten überwunden und die Bevölkerung – vor allem die Jugend – für die Ziele des Sozialismus gewonnen werden.

### Gründung der Freien Deutschen Jugend
Die sowjetische Besatzungsmacht und die SED setzten alles daran, die Jugend für den Aufbau jener neuen Ordnung zu gewinnen, die sie „antifaschistisch-demokratisch" nannte. Im Juni 1946 tagte in Brandenburg/Havel das 1. Parlament der Freien Deutschen Jugend (FDJ). Von allen Rednern wurde die Überparteilichkeit beschworen. Doch allein die Besetzung der Führungspositionen widerlegte dies. Der Vorsitz lag bei Erich Honecker, dem verantwortlichen Jugendpolitiker in der SED-Führung. Auch andere wichtige Funktionen wurden von SED-Mitgliedern bekleidet.

Gerade im Bereich Sport, Freizeit und Wandern verzeichnete die FDJ großen Zuspruch. Die Besatzungsbehörden stellten Räumlichkeiten zur Verfügung und die Jugendlichen strömten zu den Veranstaltungen wie zum Beispiel Heimabenden, Tanzkursen oder Sportfesten.

### Vergangenheitsbewältigung
Die SED bot den DDR-Bürgern eine klare Interpretation der Vergangenheit: Schuld an Faschismus und Krieg waren die Kapitalisten, die Hitler und die Nationalsozialisten unterstützt hatten. Die Arbeiter und Bauern waren allein durch ihre Klassenzugehörigkeit entsühnt. „Die Mörder sind unter uns" – so hieß einer der ersten Filme, der nach dem

**M 1** „I. Funktionärskonferenz" der FDJ, Plakat von 1950

**M 2** Filmplakate
„Die Mörder sind unter uns", Regie: Wolfgang Staudte, 1946 und „Der Rat der Götter", Regie: Kurt Maetzig, 1949/50

Zweiten Weltkrieg in Ostdeutschland gedreht wurde. Im Film „Der Rat der Götter" ging es um die Führungsspitze des Chemiekonzerns IG-Farben, der Hitler in den Sattel gehoben, am Krieg verdient hatte und nun angeblich mithilfe der Amerikaner neue Kriege vorbereite.

### Widerstand in den Fünfzigerjahren

Doch es gab von Anfang an Menschen, die sich der kommunistischen Diktatur verweigerten und sogar trotz hoher Risiken politischen Widerstand leisteten. Auch sie beriefen sich auf den antifaschistischen Widerstandskampf, insbesondere auf den Kreis der „Weißen Rose". Sie wollten nicht wie ihre Eltern durch Schweigen mitschuldig an den Verbrechen einer totalitären Staatsmacht werden. So gründete in der sächsischen Kleinstadt Werdau ein Kreis von Oberschülern aus Protest gegen die Scheinwahlen zur Volkskammer am 15. Oktober 1950 eine Widerstandsorganisation. Die Gruppe verteilte Flugblätter und schrieb nachts Parolen an Häuserwände. Überall in der Stadt tauchte ein symbolisches „F" auf, das für Freiheit stand. Im Mai 1951 kam es zu den ersten Verhaftungen. Am 4. Oktober 1951 wurden 19 Schüler vom Landgericht Zwickau zu langen Zuchthausstrafen verurteilt.

### Die Sowjetunion als Leitbild

Nicht nur politisch, sondern auch kulturell galt die Sowjetunion als Vorbild. Kunst und Literatur sollten den politischen Aufbau unterstützen. So findet sich in einschlägigen Werken oft eine idealisierende Darstellung der sozialistischen Wirklichkeit. Diese Kunstrichtung hieß „sozialistischer Realismus" und verherrlichte den einfachen Arbeiter und die Aufbauleistungen nach dem Krieg.

Besondere Bedeutung hatte in den Anfangsjahren der DDR der Stalinkult. Der Führer der Sowjetunion wurde wie ein Übermensch dargestellt. Straßen trugen seinen Namen und sein Bild war in der Öffentlichkeit allgegenwärtig. Diese Propaganda wollte aber nicht recht zum mühsamen Wiederaufbau nach dem Zweiten Weltkrieg passen.

**M 3** „Monat der deutsch-sowjetischen-Freundschaft 1952" Plakat der SED von 1952, im Hintergrund sind die Bauten der „Stalinallee" in Berlin-Friedrichshain zu erkennen (heute Karl-Marx-Allee).

# Deutschland – Von der Teilung zur Wiedervereinigung

## Stalinkult – Perspektiven erfassen

### M 4 „Wie soll man Stalin danken"

a) In dem DEFA-Film „Roman einer jungen Ehe" (1952) von Bodo Uhse und Kurt Maetzig findet eine junge Schauspielerin in der Vier-Sektoren-Stadt Berlin ihren Weg durch die Wirren des Kalten Krieges an die Seite der „fortschrittlichen Arbeiterklasse". Den Höhepunkt des Films bildet die Rezitation eines Gedichts von Kurt Barthel (Pseudonym Kuba) über den Namensgeber der Stalinallee:

Auf dieser Straße ist der Friede in die Stadt gekommen.
Die Stadt war Staub.
Wir waren Staub und Scherben
und sterbensmüde.
Aber sagt, wie soll man sterben?
Hat uns doch Stalin selber bei der Hand genommen
und hieß uns, unsre Köpfe stolz erheben.
Und als wir Schutt wegräumten und uns Pläne machten,
den grünen Streifen und die Häuserblocks erdachten,
da war'n wir Sieger, und die Stadt begann zu leben.
Gradaus zu Stalin führt der Weg, auf dem die Freunde kamen.
Nun soll'n sich in den Fenstern, in den neuen, blanken,
die Feuer spiegeln!
Sagt, wie soll man Stalin danken?
Wir gaben dieser Straße seinen Namen.

Zit. nach: Hans-Hermann Hertle/Stefan Wolle, Damals in der DDR, München 2006, S. 15.

### M 6 Widerstand

Achim Beyer war einer der Schüler, die 1950 in der Stadt Werdau eine Widerstandsorganisation gründeten. Die Oberschüler verteilten Flugblätter und wurden 1951 zu langjährigen Haftstrafen verurteilt. Achim Beyer erinnert sich 2003:

Bei der Lektüre ihrer Flugblätter aus dem Jahre 1943 wurde uns die Ähnlichkeit zwischen dem NS-Regime und dem Stalinismus von 1950 besonders offenkundig: ein Austausch der Begriffe NSDAP gegen SED, Hitlerjugend (HJ) gegen FDJ, Gestapo gegen Stasi drängte sich geradezu auf.
Damit erschien der politische Widerstand gegen die NS-Diktatur für uns in einem völlig anderen Licht: Es ging nicht mehr nur um eine überwundene Vergangenheit – es ging auch um die gegenwärtige politische Entwicklung. Die Geschwister Scholl wurden für viele Jugendliche zum Vorbild – und dies nicht nur in Werdau, sondern an vielen anderen Orten der DDR.

Achim Beyer, Urteil: 130 Jahre Zuchthaus, Leipzig 2003, S. 24.

### M 7 „Einem Denkmale zu Lebzeiten gleich"

Der Schriftsteller Uwe Johnson beschreibt das „Führerbild" im Wohnzimmer seiner Eltern, das im Mai 1945 abgehängt wird, und schildert dann das Erscheinen des Porträts von Josef Stalin:

Im Bilde wurde er meist gezeigt nach der Manier seines Porträts auf dem Frontispiz seines Standardwerkes „Über den Großen Vaterländischen Krieg der Sowjetunion", Verlag für fremdsprachige Literatur, Moskau 1946: ein fülliger Mann mit frappierend glatter Uniformbrust, an einen Harnisch gemahnend, mit wenig Hals im verzierten Kragen und einem straffen Gesicht (keinerlei Pockennarben), das merkbar wurde durch die behagliche Behaarung über Stirn und Schläfen, über den Augenbrauen und unterhalb der Nase. Der Mann dargestellt in der Verfassung eines fünfzigsten Lebensjahres, tatsächlich den Siebzig nah, ließ sich sehen im Halbprofil, den starr glänzenden Blick abwendend auf etwas Erheblicheres als den Betrachter, mit auffällig senkrecht hängenden Armen, als sei er schon längere Zeit unbeweglich und werde so verbleiben, einem Denkmale zu Lebzeiten gleich.

Uwe Johnson, Begleitumstände, Frankfurt/Main 1980, S. 35.

### M 5 Josef Stalin
Porträtaufnahme, 1945

# „Weltfestspiele der Jugend und Studenten" – Propaganda analysieren

### M 8   „Auf die Knie mit dem Krieg!"

Im August 1951 fanden die „Weltfestspiele der Jugend und Studenten" in Ostberlin statt. Die in Ostberlin ansässige Tageszeitung „Neues Deutschland" berichtete darüber am 18. August 1951:

In allen Straßen, auf allen Plätzen der deutschen Hauptstadt zeigt die Jugend den unermesslichen Reichtum ihrer Lieder und Tänze. In weiten hellen Sälen hängen Bilder und Plastiken, deren Schön-
5 heit die reine Sehnsucht der Völker nach Glück und Frieden spiegelt, und zugleich den unaufhaltsamen Sieg des Tages über die Nacht. Schwarze und weiße und gelbe Söhne der Menschheit reichen einander die Hand und sprechen die Sprache
10 der Zukunft: Die Sprache der Freundschaft.
Aber vor diesem leuchtenden sieghaften Bild liegen, die Zähne fletschend, die Fratzen wutverzerrt, die Kettenhunde des amerikanischen und deutschen Imperialismus, bereit, über diese blü-
15 hende Jugend herzufallen, sie in das entsetzliche Massengrab eines dritten Weltkrieges zu treiben, die Lieder, die Tänze, die Kunstwerke mit der höllischen Detonation der Atombomben zu vernichten.
Bereit zu dieser Mordtat sind sie, aber sie können 20 nicht, wie sie wollen, denn die Jugend greift ihnen in den Rachen, schlägt ihre Pranken zurück. Die Jugend singt und tanzt, aber keine Sekunde lässt sie dabei die Todfeinde ihres glücklichen Lebens aus den Augen. Das mussten die […] Mordkum- 25 pane zur Kenntnis nehmen, als Tausende FDJler das leuchtende Blau des Friedens, den hellen Klang ihrer Lieder, den Stolz und die edle Begeisterung junger Menschen, die für die Wahrheit stehen, über die Sektorengrenzen hinübertrugen. […] 30
Jetzt waren die „Kommunisten", die Friedenskämpfer da und sie sangen: „… das Kind will die Mutter vom Weinen befrein, und der Friede wird schön wie die Heimat sein. Im August, im August blühn die Rosen!" Und die Menschen in den Häu- 35 sern hoben den stumpfgewordenen Blick, die Frau des Arbeitslosen presste ihr Kind erregt an die Brust, weil das Blau auf der Straße wie Hoffnung leuchtete: „Freundschaft!"

Neues Deutschland, 18. August 1951.

### M 9   Weltjugendlied

1. Jugend aller Nationen,
uns vereint gleicher Sinn, gleicher Mut!
Wo auch immer wir wohnen,
unser Glück auf dem Frieden beruht.
In den düsteren Jahren
haben wir es erfahren:
Arm ward das Leben!
Wir aber geben
Hoffnung der müden Welt!
Unser Lied die Ländergrenzen überfliegt,

Freundschaft siegt! Freundschaft siegt!
Über Klüfte, die des Krieges Hader schuf,
springt der Ruf, springt der Ruf:
Freund, reih dich ein,
dass vom Grauen wir die Welt befrein!
Unser Lied die Ozeane überfliegt,
Freundschaft siegt! Freundschaft siegt!
2. Schmerzhaft brennen die Wunden, nun der Hass neuen Brand

schon entfacht.
Denn wir haben empfunden:
Bittres Leid hat der Krieg uns gebracht.
Junger Kraft wird gelingen,
Not und Furcht zu bezwingen.
Licht soll es werden
ringsum auf Erden!
Zukunft, wir grüßen dich! […]

Worte: Lew Oschanin, deutsche Nachdichtung: Walter Dehmel, Weise: Anatoli Nowikow, 1947.
Zit. nach: www.ddr.geschichte.de/Bildung/Schule/FDJ/Weltjugendlied/weltjugendlied.html.

## Aufgaben

1. **Stalinkult – Perspektiven erfassen**
   a) Bearbeite die Materialien zum Stalinkult und erläutere die Merkmale dieses Kults.
   b) Arbeite anhand der Materialien die Auswirkungen des Stalinkults auf die frühe DDR heraus.
   → Text, M4– M7

2. **„Weltfestspiele der Jugend und Studenten"**
   a) Erläutere mithilfe von Zitaten die politische Position der Zeitung „Neues Deutschland".
   b) Fasse die Aussagen des „Weltjugendliedes" zusammen.
   c) Überprüfe die Propaganda-Absichten, die im „Weltjugendlied" zum Ausdruck kommen.
   → M8, M9

# Deutschland – Von der Teilung zur Wiedervereinigung

**M 1** Große Koalition 1966
Bundeskanzler Kurt Georg Kiesinger (rechts) mit Vizekanzler und Außenminister Willy Brandt (links) und dem SPD-Fraktionsvorsitzenden Helmut Schmidt (Mitte)

## Die Bundesrepublik 1963–1990

### Von der Ära Adenauer zur Großen Koalition

Der Rücktritt Konrad Adenauers 1963 beendete die frühe Phase der Bundesrepublik. Nachfolger wurde sein Wirtschaftsminister Ludwig Erhard (CDU). Obwohl die Bürger mit seinem Namen das deutsche „Wirtschaftswunder" verbanden, war ihm als Bundeskanzler wenig Erfolg beschieden. In seiner Amtszeit kam es zu einer Wirtschaftskrise mit einem bis dahin nicht gekannten Anstieg der Arbeitslosenzahl.

Um die Probleme zu meistern, ging die CDU nach heftigen Debatten eine Koalition mit der SPD ein. Neuer Bundeskanzler wurde Kurt Georg Kiesinger (CDU), Vize-Kanzler und Außenminister Willy Brandt (SPD). Damit übernahm die SPD erstmals Regierungsverantwortung. Der Großen Koalition gelang es mithilfe gezielter Maßnahmen, die wirtschaftliche Krise bald zu überwinden.

### Die Entstehung der APO

In den 1960er-Jahren äußerten Studenten zunächst ihre Unzufriedenheit mit den verkrusteten Verhältnissen an den Universitäten. Daraus entstand Ende der 1960er-Jahre eine umfassende Protestbewegung. Besonders umstritten waren die Notstandsgesetze. Das Notstandsrecht, das bei inneren Unruhen, Katastrophen oder im Kriegsfall galt, hatten sich die westlichen Alliierten vorbehalten. Nun sollte die Bundesrepublik auch auf diesem Sektor ihre Souveränität zurückgewinnen. Da der Staat bei einem Notstand die Grundrechte einschränken kann, fürchteten die Kritiker – ähnlich wie in Weimar – die schleichende Errichtung einer Diktatur. Da eine starke Opposition im Bundestag fehlte und nur noch die FDP die Regierung kontrollierte, verstanden sich die Demonstranten daher als „Außerparlamentarische Opposition" (APO).

### Schatten der Vergangenheit

Die APO forderte von der älteren Generation auch eine schonungslose Aufarbeitung der nationalsozialistischen Vergangenheit. Die Ermittlungen der 1958 eingerichteten „Zentralen Stelle der Landesjustizverwaltungen zur Verfolgung nationalsozialistischer Gewaltverbrechen" führten in den 60er-Jahren zu aufsehenerregenden Prozessen. Der Auschwitz-Prozess, der von 1963 bis 1966 in Frankfurt stattfand, zeigte einer breiten Öffentlichkeit kaum vorstellbare Gewalttaten aus den Konzentrationslagern. Es wuchs das Bewusstsein, dass viele NS-Verbrechen ungesühnt geblieben waren und sich die Täter in der deutschen Bevölkerung frei bewegten.

### „1968"

Die Protestbewegung erreichte im Jahr 1968 ihren Höhepunkt. Besonders der von den USA geführte Krieg in Vietnam provozierte heftigen Widerstand. Mit neuen Aktionsformen verschaffte sich die APO Gehör: Flugblätter, Demonstrationen und Sitzblockaden wurden gängige Mittel, eigenen Forderungen Nachdruck zu verleihen.

1967 kam es in Berlin beim Staatsbesuch des persischen Herrschers zu gewalttätigen Auseinandersetzungen: Während einer Demonstration erschoss ein Polizist den Studenten Benno Ohnesorg, was zu Straßenkämpfen in verschiedenen deutschen Städten führte.

Im Frühjahr 1968 versuchte ein Attentäter den Anführer der Studentenbewegung, Rudi Dutschke, zu erschießen, der schwer verletzt überlebte. Die Studenten gaben den Zeitungen des Verlagshauses Springer, insbesondere der Bild-Zeitung, eine Mitschuld an der Eskalation, da Bild die Studentenbewegung scharf kritisierte.

### Wandel der Lebensformen

Die „68er-Bewegung" propagierte auch neue Lebensformen, die keinen gesellschaftlichen Zwängen unterlagen. So provozierte die Forderung nach einer anti-autoritären Erziehung, das heißt ohne äußeren Zwang, die ältere Generation. Warum sollten Kinder ungefragt gehorchen? Warum sollte ihr Leben von Pflichten und Verboten bestimmt sein? Bewusst grenzte sich ein Teil der jungen Generation auch äußerlich ab. Lange Haare und eine nachlässig-bequeme Kleidung kamen in Mode.

War es damals unüblich oder gar strafbar, Wohnungen an unverheiratete Paare zu vermieten, so gründeten Studenten nun Wohngemeinschaften, in denen unverheiratete Frauen und Männer zusammenlebten. Berühmtheit erlangte die Berliner „Kommune 1", die sexuelle Tabus brach und sich bewusst von kleinbürgerlichen Vorstellungen lösen wollte. Fand der neue Lebensstil zunächst nur bei Studenten und anderen jungen Leuten Anklang, so bewirkte er langfristig eine Veränderung der Gesellschaft.

**M 2** Studentendemonstration 1968 in Westberlin

### Die Frauenbewegung

Im Zuge der „68er-Bewegung" entstand eine Frauenbewegung, die die Gleichstellung der Frau in allen gesellschaftlichen Bereichen forderte und für die Streichung des Verbots des Schwangerschaftsabbruchs eintrat. Unter dem Motto „Mein Bauch gehört mir" forderten Frauen das Recht, selbst über eine Abtreibung zu entscheiden.

### Machtwechsel – Die sozialliberale Koalition von 1969 bis 1982

Seit 1949 hatte die CDU/CSU die Regierung gestellt. Das änderte sich nach der Bundestagswahl 1969, denn nun übernahm eine sozialliberale Koalition aus SPD und FDP die Macht. Willy Brandt wurde im Oktober 1969 der erste sozialdemokratische Kanzler der Bundesrepublik. Brandt trat mit dem Motto „Mehr Demokratie wagen" an. Das entsprach Forderungen der Jugend und führte zu wichtigen Reformen. So gewährte ein Betriebsverfassungsgesetz den Arbeitnehmern mehr Mitbestimmung. Das Wahlrecht wurde von 21 auf 18 Jahre herabgesetzt, die rechtliche und gesellschaftliche Stellung der Frau verbessert.

### Eine neue Ostpolitik

Da die strikte Abgrenzungspolitik die Lage eher verschärft hatte, suchte die neue Regierung Verständigung und Aussöhnung mit den osteuropäischen Staaten und mit der DDR. Sie schloss daher Verträge mit der Sowjetunion und Polen, später mit der Tschechoslowakei, in denen sie die Unverletzlichkeit der Nachkriegsgrenzen anerkannte.

# Deutschland – Von der Teilung zur Wiedervereinigung

Der Grundlagenvertrag mit der DDR von 1973 regelte das Nebeneinander beider deutscher Staaten. In ihm erkannte die Bundesrepublik die Souveränität der DDR an, die dafür Reiseerleichterungen zugestand. Die Forderung nach Wiedervereinigung erhielt die Bundesregierung zwar aufrecht, akzeptierte aber die bestehenden politischen Verhältnisse. Die Ostpolitik stieß bei der CDU/CSU-Opposition auf erbitterten Widerstand, wurde aber international begrüßt. Bundeskanzler Willy Brandt erhielt dafür den Friedensnobelpreis.

**M 3  Aussöhnung mit Polen**
Willy Brandt kniet bei seinem Besuch in Warschau 1970 vor dem Mahnmal des Warschauer Getto-Aufstandes.

### Von Brandt zu Schmidt

Nach dem Machtwechsel 1969 kehrten einige Abgeordnete der sozialliberalen Koalition den Rücken, sodass die knappe Mehrheit verloren ging. Aus den vorgezogenen Wahlen ging 1972 die SPD als stärkste Partei hervor. Willy Brandt war auf der Höhe seiner Macht angelangt und setzte die SPD/FDP-Koalition fort. Doch bereits im Mai 1974 erklärte er seinen Rücktritt, nachdem ein enger Mitarbeiter als Spion der DDR enttarnt worden war.

Nachfolger Brandts wurde Helmut Schmidt (SPD). Er setzte die Politik seines Vorgängers fort, hatte aber mit besonderen Herausforderungen zu kämpfen. In diese Zeit fielen nämlich die Auswirkungen der Ölkrise. Die Erdöl exportierenden arabischen Staaten hatten 1973 die Fördermengen gedrosselt, was den Ölpreis sprunghaft ansteigen ließ. Die dadurch ausgelöste Wirtschaftskrise ließ die Zahl der Arbeitslosen in der Bundesrepublik ansteigen. Schmidt profilierte sich dabei international als Wirtschafts- und Finanzpolitiker und war Mitbegründer des Weltwirtschaftsgipfels, der jährlich die Staats- und Regierungschefs der sieben wichtigsten Industriestaaten zusammenführt.

**M 4  Gefangener der RAF**
Der entführte Arbeitgeberpräsident Hanns-Martin Schleyer, 1977

### Die Bedrohung durch den Terrorismus

Seit 1970 erschütterte eine Serie terroristischer Gewaltakte die Bundesrepublik. Eine kleine Gruppe aus dem Umfeld der APO war in den Untergrund gegangen, um die freiheitlich-demokratische Grundordnung mit Gewalt zu stürzen. Die „Rote-Armee-Fraktion" (RAF), wie die Terroristen ihre Organisation nannten, ermordete Repräsentanten des gesellschaftlichen Lebens, vor allem aus der Justiz und der Wirtschaft.

Einen Höhepunkt und zugleich eine neue Dimension erreichte der Linksterrorismus 1977. Der von der RAF entführte Arbeitgeberpräsident Schleyer sollte gegen elf inhaftierte Terroristen ausgetauscht werden. Nachdem die Bundesregierung dies ablehnte, kaperten arabische Luftpiraten eine Lufthansa-Maschine mit deutschen Mallorca-Touristen und entführten sie nach Mogadischu in Somalia. Eine Spezialeinheit des Bundesgrenzschutzes befreite die Touristen in einer dramatischen Rettungsaktion. Wenige Stunden danach begingen die RAF-Anführer im Gefängnis Selbstmord. Hanns-Martin Schleyer wurde am nächsten Tag ermordet aufgefunden.

Als Reaktion auf den Terrorismus kam es zu einer Verschärfung des bundesdeutschen Strafrechts und des Strafvollzugs. Neue Antiterrorgesetze stellten die Bildung terroristischer Vereinigungen und auch das Befürworten von Gewalttaten unter Strafe.

## Die Ära Kohl

1982 brach die sozialliberale Koalition wegen Meinungsverschiedenheiten in der Wirtschaftspolitik auseinander. Im Oktober wurde Helmut Schmidt durch ein konstruktives Misstrauensvotum gestürzt. Die CDU/CSU wählte mit Unterstützung der FDP Helmut Kohl zum neuen Bundeskanzler. Vorgezogene Neuwahlen bestätigten 1983 das Ergebnis. Außenpolitisch setzte die Regierung Kohl die Ostpolitik ihrer Vorgänger fort. So erhielt die DDR 1983 einen Milliarden-Kredit, der ihr das wirtschaftliche Überleben sicherte. 1987 empfing Kohl sogar den Staatschef der DDR, Erich Honecker, zu Gesprächen in Bonn. In die lange Amtszeit Helmut Kohls fiel 1990 die deutsche Wiedervereinigung. Er wurde damit der erste gesamtdeutsche Bundeskanzler.

## Die Partei der Grünen

Erstmals seit Einführung der 5-Prozent-Hürde zog 1983 neben CDU/CSU, SPD und FDP mit den Grünen eine weitere Partei in den Bundestag ein. Die Grünen waren eine pazifistische, ökologische und basisdemokratische Partei, die sich in den 70er-Jahren als Reaktion auf die atomare Bedrohung und die Verschmutzung der Umwelt gebildet hatte. Die Ölkrise, die hemmungslose Ausbeutung natürlicher Ressourcen und Atomunfälle wie die Reaktorkatastrophe von Tschernobyl erzeugten bei vielen Menschen ein neues ökologisches Bewusstsein.

M 5 „Dieser Kanzler schafft Vertrauen"
CDU-Plakat zur Bundestagswahl 1983

M 6 „Die Grünen"
Plakat der Grünen zur Bundestagswahl 1983

# Deutschland – Von der Teilung zur Wiedervereinigung

## Die neue Ostpolitik

### M 7  Wandel durch Annäherung

*Der SPD-Politiker Egon Bahr in einer Rede vom 15. Juli 1963:*

Die amerikanische Strategie des Friedens lässt sich auch durch die Formel definieren, dass die kommunistische Herrschaft nicht beseitigt, sondern verändert werden soll. […] Die erste Folgerung, die sich aus einer Übertragung der Strategie des Friedens auf Deutschland ergibt, ist, dass die Politik des Alles oder Nichts ausscheidet. Entweder freie Wahlen oder gar nichts, entweder gesamtdeutsche Entscheidungsfreiheit oder ein hartes Nein, entweder Wahlen als erster Schritt oder Ablehnung, das alles ist nicht nur hoffnungslos antiquiert und unwirklich, sondern in einer Strategie des Friedens auch sinnlos.

Heute ist klar, dass die Wiedervereinigung nicht ein einmaliger Akt ist, der durch einen historischen Beschluss an einem historischen Tag auf einer historischen Konferenz ins Werk gesetzt wird, sondern ein Prozess mit vielen Schritten und vielen Stationen. Wenn es richtig ist, was [US-Präsident] Kennedy sagte, dass man auch die Interessen der anderen Seite anerkennen und berücksichtigen müsse, so ist es sicher für die Sowjetunion unmöglich, sich die Zone [DDR] zum Zwecke einer Verstärkung des westlichen Potenzials entreißen zu lassen. Die Zone muss mit Zustimmung der Sowjets transformiert werden. Wenn wir soweit wären, hätten wir einen großen Schritt zur Wiedervereinigung getan. […] Wir haben gesagt, dass die Mauer ein Zeichen der Schwäche ist. Man könnte auch sagen, sie war ein Zeichen der Angst und des Selbsterhaltungstriebes des kommunistischen Regimes. Die Frage ist, ob es nicht Möglichkeiten gibt, diese durchaus berechtigten Sorgen dem Regime graduell so weit zu nehmen, dass auch die Auflockerung der Grenzen und der Mauer praktikabel wird, weil das Risiko erträglich ist. Das ist eine Politik, die man auf die Formel bringen könnte: Wandel durch Annäherung.

Deutschland Archiv 8/1973, S. 862 ff.

### M 9  Grundlagenvertrag

*Der 1973 in Kraft getretene Vertrag regelte die Grundlagen der Beziehungen zwischen den beiden deutschen Staaten:*

Artikel 1: Die Bundesrepublik Deutschland und die Deutsche Demokratische Republik entwickeln normale gutnachbarliche Beziehungen zueinander auf der Grundlage der Gleichberechtigung.

Artikel 2: Die Bundesrepublik Deutschland und die Deutsche Demokratische Republik werden sich von den Zielen und Prinzipien leiten lassen, die in der Charta der Vereinten Nationen niedergelegt sind, insbesondere der souveränen Gleichheit aller Staaten, der Achtung der Unabhängigkeit, Selbstständigkeit und territorialen Integrität, dem Selbstbestimmungsrecht, der Wahrung der Menschenrechte und der Nichtdiskriminierung.

Artikel 3: Entsprechend der Charta der Vereinten Nationen werden die Bundesrepublik Deutschland und die Deutsche Demokratische Republik ihre Streitfragen ausschließlich mit friedlichen Mitteln lösen und sich der Drohung mit Gewalt oder Anwendung von Gewalt enthalten. […]

Artikel 7: Die Bundesrepublik Deutschland und die Deutsche Demokratische Republik erklären ihre Bereitschaft, im Zuge der Normalisierung ihrer Beziehungen praktische und humanitäre Fragen zu regeln. Sie werden Abkommen schließen, um auf der Grundlage dieses Vertrages und zum beiderseitigen Vorteil die Zusammenarbeit auf dem Gebiet der Wirtschaft, der Wissenschaft und Technik, des Verkehrs, des Rechtsverkehrs, des Post- und Fernmeldewesens, des Gesundheitswesens, der Kultur, des Sports, des Umweltschutzes und auf anderen Gebieten zu entwickeln und zu fördern. […]

Der Grundlagenvertrag, Seminarmaterial des Gesamtdeutschen Instituts, Bonn 1975, S. 3 f.

### M 8  „Unterschrift des Jahres",
Karikatur von Hanns Erich Köhler, Bundesrepublik Deutschland, 1970

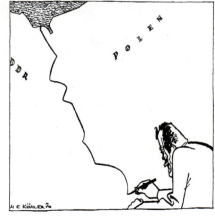

## Die Ära Kohl im Spiegel von Karikaturen

**M 10** „Es muss was Wunderbares sein ..."
Karikatur von Horst Haitzinger, 1982

**M 11** „Sonnenkanzler"
Karikatur von Horst Haitzinger, 1990

### Aufgaben

1. **Die neue Ostpolitik**
   a) Erläutere die Formel des SPD-Politikers Egon Bahr „Wandel durch Annäherung".
   b) Arbeite den Aspekt heraus, der für Egon Bahr weiterhin das oberste Ziel bundesdeutscher Politik sein sollte.
   c) Beschreibe die Karikatur von Hanns Erich Köhler und erläutere deren Aussage.
   d) Fasse die wiedergegebenen Inhalte des Grundlagenvertrages zusammen.
   e) Erkläre die Gründe dafür, dass dieser Vertrag innenpolitisch heftig umstritten war.
   → Text, M7, M8, M9

2. **Die Ära Kohl**
   a) Skizziere die wichtigsten innenpolitischen und außenpolitischen Entwicklungen in der Ära Kohl.
   b) Beschreibe die beiden Wahlplakate von 1983 und bestimme die jeweilige Aussage.
   c) Beschreibe die beiden Karikaturen von Horst Haitzinger.
   d) Erläutere die Zusammenhänge, auf die die Karikaturen Bezug nehmen.
   e) Setze dich mit den Aussagen der Karikaturen auseinander.
   → Text, M5, M6, M10, M11

# Die DDR zwischen Mauerbau und Revolution

### Wirtschaftsreformen nach 1961

Nach dem Mauerbau begann für die DDR eine Phase der Konsolidierung. Die Gefahr eines Wirtschaftskollapses durch die „Abstimmung mit den Füßen" war gestoppt. Auch in der Bevölkerung setzte sich die Erkenntnis durch, dass die Mauer noch lange stehen würde und man sich mit dem Regime arrangieren müsse. Die Wirtschaftplanung wurde Ziel einer vorsichtigen Reform. Der Ministerrat verkündete 1963 das Neue Ökonomische System der Planung und Leitung (NÖSPL), das Korrekturen bei der Planwirtschaft vorsah. Es sollte den Betrieben eine selbstständigere und gewinnorientiertere Arbeit ermöglichen. Unter Erich Honecker wurde das NÖSPL abgebrochen.

### Maulkorb für Schriftsteller und Kritiker

Gegenüber der kritischen Intelligenz verhärtete die SED Mitte der 60er-Jahre ihren Kurs. 1965 wandte sie sich gegen „schädliche Tendenzen" in der Literatur und im Film und bezeichnete westliche Pop-Musik als unmoralisch und dekadent. Im Zentrum der Angriffe standen den Kritiker wie der Schriftsteller Stefan Heym oder der Naturwissenschaftler Robert Havemann, der sogar Berufsverbot erhielt.

### Die Ära Honecker (1971–1989)

Im Mai 1971 wurde Walter Ulbricht gestürzt und Erich Honecker übernahm das Amt des Staats- und Parteichefs. Unter ihm endeten die Reformprojekte und die Zusammenarbeit mit der Sowjetunion wurde stärker betont. Über das Politbüro setzte Honecker sich vielfach hinweg.

Der VIII. Parteitag der SED beschloss 1971 das Konzept der „Einheit von Wirtschafts- und Sozialpolitik". Diese in den nachfolgenden Jahren umgesetzte Konzeption steigerte den Lebensstandard der DDR-Bevölkerung in einem bis dahin nicht gekannten Ausmaß. Konsumgüter hielten verstärkt Einzug in den Haushalten und das Realeinkommen stieg beachtlich. Auch in der Außenpolitik erzielte die DDR Erfolge: Im Grundlagenvertrag von 1972 gab die Bundesrepublik ihren Alleinvertretungsanspruch auf und erkannte die DDR als souveränen Staat an. Die DDR wurde Mitglied der UNO und in Ostberlin eröffneten nahezu alle Länder der Welt Botschaften.

Unter Honecker verschärfte sich auch die Abgrenzungspolitik der DDR. Alle Hinweise auf die deutsche Einheit verschwanden aus der überarbeiteten Verfassung vom Oktober 1974 und der Text der Nationalhymne entfiel wegen seiner Berufung auf „Deutschland, einig Vaterland". Bei feierlichen Anlässen spielte man nur noch die Melodie.

Honecker proklamierte „Weite und Vielfalt" in der Kunst. So entstanden bemerkenswerte Filme wie „Die Legende von Paul und Paula" oder die Erzählung „Die neuen Leiden des jungen W." von Ulrich Plenzdorf. Doch Kritik am SED-Regime sollte nicht geduldet werden. Nach der Ausbürgerung des Liedermachers Wolf Biermann im November 1976 endete die „liberale Phase" der Kulturpolitik. Viele prominente Künstler verließen die DDR.

Mit einer Reihe sozialpolitischer Maßnahmen versuchte die SED, die Bevölkerung für sich zu gewinnen. 1976 wurde ein Babyjahr für

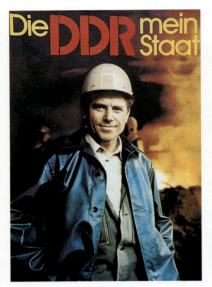

**M 1** Propagandaplakat um 1980
Im Arbeiter- und Bauernstaat DDR war die offizielle Propaganda auf die „Werktätigen" abgestimmt.

**M 2** Erich Honecker (1912–1994)
Generalsekretär des ZK der SED und Staatsratsvorsitzender der DDR, Foto von 1975

Mütter eingeführt, ferner gab es Fördermaßnahmen für junge Familien. Das Wohnungsproblem sollte durch ein gewaltiges Wohnungsbauprogramm gelöst werden. Am Rande der Großstädte schossen neue Plattenbausiedlungen aus dem Boden, deren Wohnungen begehrt waren.

### Das sozialistische Kollektiv

„Sozialistisch arbeiten, lernen und leben" hieß die Devise. Die Arbeitswelt stand im Mittelpunkt des Lebens und erfreute sich in der öffentlichen Darstellung großer Wertschätzung. Bestarbeiter wurden hoch geehrt, ihr Bild auf dem Betriebshof in der „Straße der Besten" ausgehängt. Da es in der DDR eine Beschäftigungsgarantie gab und die zentral verwaltete Wirtschaft ohne Rücksicht auf betriebswirtschaftliche Kosten Arbeitskräfte einstellte, herrschte offiziell Vollbeschäftigung und niemand musste Entlassungen befürchten. Zudem stellte der Betrieb Gesundheitseinrichtungen, Ferienplätze, Freizeitmöglichkeiten und Betriebskinderkrippen zur Verfügung. Mit der 1954 eingeführten Jugendweihe sollten junge Menschen ab 14 Jahren symbolisch in die sozialistische DDR integriert werden. Formal war die Teilnahme zwar freiwillig, wer sich aber dagegen entschied, musste mit Nachteilen in der Schule und im weiteren beruflichen Werdegang rechnen.

Die sozialistische Lebensform setzte sich auch im Wohnviertel fort. Samstags gab es gelegentlich einen „Subbotnik". Das war ein freiwilliger Einsatz zur Reinigung der Grünanlagen. Verantwortlich war die Hausgemeinschaftsleitung, die auch Festlichkeiten organisierte und das „Hausbuch" führte. Feiern, Theaterbesuche und Dampferfahrten wurden in „Brigadetagebüchern" verewigt, in denen man die Geborgenheit rühmte, die den Einzelnen im Sozialismus umgab. Das Arbeitskollektiv band den Einzelnen in eine Gemeinschaft ein, bildete aber auch ein dichtes Netz der Kontrolle und politischen Überwachung. Frauen fand man in der DDR in allen Berufen. Ihre Gleichberechtigung wurde als sozialistische Errungenschaft gefeiert und bedeutete völlige Integration in den Arbeitsprozess. Das Erziehungssystem der DDR war von der Krippe bis zur Universität streng organisiert. Es setzte auf Disziplin und Leistung und zielte auf die ideologische Beeinflussung.

**M 3 Arbeiterin in der Produktion**
Eine Facharbeiterin produziert beim „VEB Wirkwarenfabrik Goldfisch Oberlungwitz" (Sachsen) Badebekleidung, Foto, undatiert.

**M 4 FDJ-Demonstrationszug in Ostberlin 1983**
Aufmärsche von Massenorganisationen wie dieser der Freien Deutschen Jugend (FDJ) waren in der DDR ein übliches Ereignis.

# Deutschland – Von der Teilung zur Wiedervereinigung

M 5 **Verfall der Altbausubstanz**
Leipzig, Foto von 1977

## Mangel und Konsum

Die schwerfällige Planwirtschaft der DDR führte zu organisatorischen Mängeln, sodass es in vielen Bereichen nur ein geringes Warenangebot gab. Der Alltag bestand in einer ständigen Jagd nach Verbrauchsgütern. Besonders schlimm sah es bei Baumaterialien, Autoersatzteilen und Möbeln aus, doch waren auch andere Waren selten. Südfrüchte und höherwertige Genussmittel waren rar, überall gab es Warteschlangen. Staatlich festgesetzte Preise führten zu billigen Grundnahrungsmitteln und niedrigen Mieten, sodass die Menschen viel Kaufkraft besaßen, diese aber aufgrund des beschränkten Angebotes nicht nutzen konnten. Im Intershop gab es gegen ausländische Währung (Devisen) all die ersehnten Waren, die viele DDR-Bürger nur aus dem Westfernsehen kannten. Doch um an Devisen zu gelangen, musste man Verwandte oder Freunde im Westen haben. Es entstand eine Schattenwirtschaft, in der Beziehungen wichtig waren.

## Ausreise und Opposition

In den 80er-Jahren beschleunigten die Auswirkungen der Weltwirtschaftskrise den Niedergang der DDR. Immer mehr Bürger stellten Anträge auf eine Ausreise. Allein 1984 verließen 35 000 Menschen legal das Land. Andere versuchten die Flucht in den Westen.

Im Schutz der evangelischen Kirche hatte sich eine christlich orientierte Friedensbewegung aus Umweltschützern und kritischen Bürgern gebildet, die vor allem bei der Jugend zahlreiche Anhänger fand. Sie wandte sich gegen die Aufrüstung und forderte Frieden, Gerechtigkeit und ein menschenwürdiges Leben. Angesichts der Reformpolitik des sowjetischen Staatschefs Gorbatschow wurden ihre Forderungen zunehmend politischer. Es bedurfte nur noch eines Anlasses, bis die Dauerkrise des Systems in eine akute politische Konfliktsituation umschlug.

M 6 **Gottesdienst in der Gethsemanekirche in Ostberlin**
Oktober 1989

# Die Jugendweihe – Mit Textquellen arbeiten

## M 7  Das Gelöbnis

*a) Die 1954 in der DDR eingeführte Jugendweihe wurde als Konkurrenz zur katholischen Firmung und zur protestantischen Konfirmation staatlich massiv gefördert. Die überwiegende Mehrheit der Vierzehnjährigen nahm an der Jugendweihe teil. Das Gelöbnis lautete folgendermaßen:*

Liebe junge Freunde!
Seid ihr bereit, als junge Bürger unserer Deutschen Demokratischen Republik mit uns gemeinsam, getreu der Verfassung, für die große und edle
5 Sache des Sozialismus zu arbeiten und zu kämpfen und das revolutionäre Erbe des Volkes in Ehren zu halten, so antwortet: Ja, das geloben wir!
Seid ihr bereit, als treue Söhne und Töchter unseres Arbeiter-und-Bauern-Staates nach hoher Bildung
10 und Kultur zu streben, Meister eures Fachs zu werden, unentwegt zu lernen und all euer Wissen und Können für die Verwirklichung unserer großen humanistischen Ideale einzusetzen, so antwortet: Ja, das geloben wir!
15 Seid ihr bereit, als würdige Mitglieder der sozialistischen Gemeinschaft stets in kameradschaftlicher Zusammenarbeit, gegenseitiger Achtung und Hilfe zu handeln und euren Weg zum persönlichen Glück immer mit dem Kampf für das Glück des Volkes zu
20 vereinen, so antwortet: Ja, das geloben wir!
Seid ihr bereit, als wahre Patrioten die feste Freundschaft mit der Sowjetunion weiter zu vertiefen, den Bruderbund mit den sozialistischen Ländern zu stärken, im Geiste des proletarischen
25 Internationalismus zu kämpfen, den Frieden zu schützen und den Sozialismus gegen jeden imperialistischen Angriff zu verteidigen, so antwortet: Ja, das geloben wir!
Wir haben euer Gelöbnis vernommen. Ihr habt
30 euch ein hohes und edles Ziel gesetzt. Feierlich nehmen wir euch auf in die große Gemeinschaft des werktätigen Volkes, das unter Führung der Arbeiterklasse und ihrer revolutionären Partei, einig im Willen und im Handeln, die entwickelte
35 sozialistische Gesellschaft in der Deutschen Demokratischen Republik errichtet.
Wir übertragen euch eine hohe Verantwortung. Jederzeit werden wir euch mit Rat und Tat helfen, die sozialistische Zukunft schöpferisch zu gestalten.

Thomas Gandow, Jugendweihe. Humanistische Jugendfeier, München 1994, S. 47.

**M 8**  Jugendweihe in Bad Freienwalde, 1985

*b) Claudia Rusch, geboren 1971, schildert ihre Jugendweihe in Berlin (2003):*

Die Jugendweihe war das abschließende und am heißesten erwartete Ereignis einer DDR-Kindheit. Sie bedeutete die feierliche Aufnahme der Vierzehnjährigen in den Kreis der Erwachsenen. Zeitgleich bekam man seinen Personalausweis, trat in 5
die FDJ ein und wurde fürderhin von den Lehrern im Unterricht gesiezt. Ein bedeutsamer Moment also. [...] Ich hatte Anfang 1985 Jugendweihe. [...] Der Festakt mit Reden, Kulturprogramm und sozialistischem Glaubensbekenntnis fand in einem 10
Saal des Museums für Deutsche Geschichte statt. [...] Obwohl ich sogar eine Rede halten musste, war ich insgesamt ein wenig leidenschaftslos, was diese ganze Weihe betraf. Theoretisch hätte ich mich auch konfirmieren lassen können, doch es 15
wäre mir noch falscher vorgekommen, als auf diesen Staat zu schwören. Denn ich war zwar zutiefst atheistisch erzogen worden, aber, ehrlich gesagt, belog ich doch lieber Honecker als Gott. Sicher ist sicher. Man weiß ja nie. [...] Also entschied ich mich 20
für die Jugendweihe. Denn natürlich wollte auch ich ein Initiationsritual. Ich wollte auch erwachsen werden. Und ich wollte sein wie die anderen.
Die entscheidende Frage der Jugendweihe lautete: „Was ziehst du an?" [...] Das Gelöbnis spielte 25
keine Rolle – entscheidend waren das Fest und die Geschenke. [...] Als wir dran waren, erhob ich mich und tat das, was ich immer tat: Ich ging los und stand es durch. In meinem bedeutungsvollen Westkleid stieg ich auf die Bühne, schwor mit 30
gekreuzten Fingern auf den Staat und wurde erwachsen.

Claudia Rusch, Meine freie deutsche Jugend, 2003, S. 47 ff.

# Alltag in der DDR im Spiegel von Quellen

### M 9 Soziale Errungenschaften der DDR

*Aus einer DDR- Publikation über die „Geschichte der Sozialpolitik der DDR 1945–1985":*

Seit dem X. Parteitag der SED war die gezielte Bevölkerungspolitik schrittweise weitergeführt worden. Das betraf:
- spezielle Maßnahmen zur finanziellen Unterstützung von Familien mit drei und mehr Kindern (1981) durch Erhöhung des Kindergeldes sowie
- umfassende Maßnahmen zur Verbesserung der Arbeits- und Lebensbedingungen von Familien mit 3 und mehr Kindern (Mai 1986).

Letzteres schloss eine verbesserte Versorgung mit Wohnraum, die Verlängerung des Babyjahres bis zum vollendeten 18. Lebensmonat des Kindes, die wirksame finanzielle Unterstützung bei Erkrankung der Kinder und besondere Unterstützung bei Aufnahme in Kindereinrichtungen sowie die Versorgung mit Ferienplätzen ein.

Diese Maßnahmen trugen den realen Lebensbedingungen der Familien mit drei und mehr Kindern Rechnung und bewirkten eine weitere Annäherung im Lebensniveau gegenüber Familien mit weniger Kindern.

Unmittelbar in Vorbereitung des XI. Parteitages der SED erließ der Ministerrat weitere Maßnahmen auf bevölkerungspolitischem Gebiet, die in Anlehnung an die 1984 beschlossenen Maßnahmen neue Linien setzten bzw. diese fortführten. Dazu rechnen
- die volle Entscheidungsfreiheit der Familien über die Inanspruchnahme des Babyjahres durch einen Ehepartner (bzw. Großmutter). Dabei liegt es ausschließlich im Ermessen der Familien, ob Vater, Mutter oder Großmutter des Kindes das Babyjahr in Anspruch nehmen;
- die Gewährung eines Babyjahres auch bei Entbindung des ersten Kindes;
- die Erhöhung des Kindergeldes auf 50 Mark für das 1. Kind, auf 100 Mark für das 2. und 150 Mark für jedes weitere Kind;
- die bezahlte Freistellung für verheiratete Werktätige mit zwei und mehr Kindern bei deren Erkrankung.

Gunnar Winkler, Geschichte der Sozialpolitik der DDR 1945–1985, Berlin (Ost) 1989, S. 223 f.

### M 10 Engpässe

*Aus einer streng vertraulichen Information der Bezirksverwaltung Suhl (Thüringen) des MfS (Ministeriums für Staatssicherheit) vom 13.5.1985:*

Kreis Sonneberg: In den Grenzgemeinden des Kreises bestehen seit Monaten Schwierigkeiten bei der Bereitstellung von ausgewählten Gemüsekonserven wie Gurken, Paprika und Letscho [ungarisches Schmorgericht]. […]

Ständige Nachfrage besteht in den Grenzgemeinden nach gekörnter Brühe, schwarzem Tee in Beuteln, Waffeln und Dauergebäck.
Kreis Suhl: […] In der Konsumverkaufsstelle Suhl-Neundorf gibt es heftige Diskussionen über die schlechte Obst- und Gemüseversorgung; außer Kuba-Orangen gebe es z. Z. keinerlei Obst und Gemüse. […]
In diesem Zusammenhang wurde die Auffassung geäußert, dass „40 Jahre nach dem Krieg die Versorgung mit bestimmten Dingen besser sein müsste". Unter der Bevölkerung der Bezirksstadt traten Diskussionen über den ungenügenden Frischegrad von Brot auf sowie über die ungenügende Versorgung mit Joghurterzeugnissen, Südfrüchten, Backzutaten und Kuko-Reis. Ausgewählte Käsesorten wie Limburger, Romadur und Brie sind nicht ständig im Angebot. Der Bedarf nach Edelfleisch- und Schinkenware kann derzeit nicht befriedigt werden.

BStU (Bundesbeauftragter für die Unterlagen des Staatssicherheitsdienstes der ehemaligen DDR), Archiv der Außenstelle Suhl, AKG/29 Bd. 2.

### M 11 Einkaufen
Schlange vor einem Obst- und Gemüseladen in Weimar, 1983

## Opposition in der DDR

**M 12  Aktion gegen die Umweltbibliothek**

a) Am 25. November 1987 ging der Staatssicherheitsdienst der DDR gegen Friedensaktivisten der Zionskirchgemeinde in Berlin Mitte vor. Aus der öffentlichen Erklärung der Mitglieder der Zionsgemeinde vom gleichen Tag:

In der Nacht vom 24. zum 25. November wurde […] die Umweltbibliothek des Friedens- und Umweltkreises der Zionskirchgemeinde von etwa 20 Mitarbeitern des Generalstaatsanwaltes der
5 DDR und des Ministeriums für Staatssicherheit durchsucht. Unter Berufung auf eine anonyme Anzeige gegen die Umweltbibliothek, deren Inhalt nicht bekannt wurde, und unter Auslassung der konkreten Rechtsgrundlagen drangen Ein-
10 satzkräfte in die Dienstwohnung des geschäftsführenden Pfarrers […] ein. Es wurden 7 Personen festgenommen, Vervielfältigungsgeräte und Schriftmaterial beschlagnahmt. […]
Wir sehen in dieser Aktion gegen die Umweltbib-
15 liothek einen Angriff auf alle Gruppen der Unabhängigen Friedensbewegung, auf die Ökologie- und Menschenrechtsgruppen. […]
Während sich gestern in Genf die Außenminister der UdSSR und der USA auf ein wichtiges Abrüs-
20 tungsabkommen einigten, bereiten in der DDR die Vertreter des harten Kurses nach altem Muster einen Angriff auf die Friedensbewegung vor.

Wir fordern
1. Die unverzügliche Freilassung der Festgenommenen; 2. Die Offenlegung der Verdachtsgründe; 25
3. Die sofortige vollständige Wiederherstellung der Arbeitsfähigkeit der Umweltbibliothek; [...]

Matthias Judt, DDR-Geschichte in Dokumenten, Berlin 1997, S. 417 f.

b) Aus einer Information der Bezirksverwaltung für Staatssicherheit Berlin vom 24. Januar 1988:

Am 23. Januar 1988 wurde in der Zeit von 17.00 Uhr bis 17.45 Uhr in der Gethsemanekirche [Berlin Prenzlauer Berg] der geplante „Informationsgottesdienst" durchgeführt. An der Veranstaltung nahmen ca. 250 bis 300 Personen teil […]. 5
Eine Aufstellung weiterer erkannter Teilnehmer ist als Anlage 1 beigefügt.
Im Umfeld der Kirche wurden wiederum Fahrzeuge westlicher Diplomaten und Korrespondenten festgestellt (Anlage 2). […] 10
Zu Beginn der Veranstaltung gab Pfarrer Wekel unter dem Thema „Gott ist treu" eine religiöse Einleitung. […] Danach trat der operativ bekannte Christian Halbrock in Erscheinung. […] Halbrock verlas das Telegramm einer Gruppe, der „unabhän- 15
gigen offenen Arbeit" aus Jena, in dem die Solidarität mit den Inhaftierten zum Ausdruck kommt.

BStU (Bundesbeauftragter für die Unterlagen des Staatssicherheitsdienstes der ehemaligen DDR), Berlin.

## Aufgaben

1. **Die Jugendweihe – Mit Textquellen arbeiten**
    a) Arbeite die Erwartungen heraus, die an die Jugendlichen im Gelöbnis zur Jugendweihe formuliert wurden.
    b) Erläutere die im Bericht von Claudia Rusch erkennbare Einstellung zur Jugendweihe.
    c) Erkläre den Zweck der Jugendweihe und nimm dazu Stellung.
    → Text, M7, M8

2. **Alltag in der DDR im Spiegel von Quellen**
    a) Nenne die Maßnahmen zur Unterstützung von Familien in der DDR.
    b) Erläutere die Gründe für die Durchführung der einzelnen Maßnahmen.
    c) Beschreibe die „Engpässe" im Bereich des Konsums in der DDR.
    d) Erkläre die Gründe dafür, dass sich die Staatssicherheit der DDR mit diesen Problemen beschäftigte.
    → Text, M9–M11

3. **Opposition in der DDR**
    a) Fasse die Forderungen der Friedensaktivisten vom 25. November 1987 zusammen und erläutere die Zusammenhänge.
    b) Charakterisiere die Arbeitsweise der Staatssicherheit der DDR anhand der Beispiele.
    → Text, M12

# Die deutsche Einheit 1990

### Der deutsche Nationalfeiertag
Seit 1990 ist der 3. Oktober deutscher Nationalfeiertag. Er erinnert an die Vereinigung der beiden deutschen Staaten im Jahr 1990. An diesem Tag trat die DDR der Bundesrepublik bei. Das Grundgesetz hatte 1949 in seiner Präambel das deutsche Volk aufgefordert, „in freier Selbstbestimmung die Einheit und Freiheit Deutschlands zu vollenden". Wie kam es zum Zusammenbruch der SED-Herrschaft und zur Wiedervereinigung Deutschlands?

### Der Zusammenbruch der SED-Herrschaft 1989
Mitglieder von Oppositionsgruppen wiesen die Fälschung der Kommunalwahlen im Mai 1989 nach. Sie verglichen die Auszählergebnisse mit dem amtlichen Endergebnis und stellten eine Differenz von 20 bis 30 Prozent zum amtlichen Endergebnis von 98,77 Prozent fest. Das steigerte den Unmut der Bevölkerung. Im Sommer nutzten Zehntausende die beginnende Urlaubszeit und flüchteten in die Botschaften der Bundesrepublik in Prag, Budapest und Warschau, um von dort ihre Ausreise in den Westen zu erlangen. Als Ungarn im September 1989 seine Grenzen öffnete, wagten Tausende die Flucht über Österreich in die Bundesrepublik.

**M 1 „Montagsdemonstration" in Leipzig**
Über 100 000 Menschen nahmen am 16. Oktober 1989 an der Demonstration in Leipzig teil.

Inzwischen fanden sich große Teile der Bevölkerung der DDR zu mächtigen Demonstrationen zusammen: Hunderttausende begaben sich angesichts der Präsenz der Staatssicherheit in Gefahr und gingen auf die Straße, demonstrierten gewaltlos für Demokratie und Reformen und riefen in Sprechchören „Wir sind das Volk!" – vor allem in Berlin und Leipzig. Das SED-Regime wagte aber nicht, gegen die Demonstranten vorzugehen. Das erschreckte Politbüro stürzte vielmehr am 18. Oktober den reformunwilligen Erich Honecker, doch konnte auch dessen Nachfolger Egon Krenz, der bei großen Teilen der Bevölkerung über keinerlei Vertrauen verfügte, die Lage nicht beruhigen.

### M 2 Der Fall der Mauer am 9. November 1989

Ausgelassen feiern Deutsche aus Ost und West die historische Maueröffnung in der Nacht vom 9. zum 10. November 1989.

## Der Fall der Mauer

Da die Situation in der DDR immer unhaltbarer wurde, beschloss der Ministerrat eine neue Reiseregelung: Den Bürgern gestattete man die sofortige Ausreise in alle Länder. Am Abend des 9. November 1989 wurde diese Meldung im DDR-Fernsehen verkündet. Noch in der gleichen Nacht strömten viele Ostberliner zur Mauer. Die verunsicherten Grenzpolizisten öffneten unter dem Druck der Massen die Schlagbäume. Hunderttausende besuchten in den nächsten Tagen über neue Grenzübergänge Westberlin und die Bundesrepublik.

## Von der „friedlichen Revolution" zum Ruf nach Einheit

Im November 1989 übernahm der als Reformpolitiker geltende Hans Modrow (SED) das Amt des Ministerpräsidenten. Egon Krenz trat am 3. Dezember als Generalsekretär der SED zurück. Ein im Dezember 1989 in Ostberlin aus Vertretern aller Parteien, der SED und der Bürgerbewegungen gebildeter „Runder Tisch" beschloss freie Wahlen für den 18. März 1990.

In seinem „Zehn-Punkte-Plan" ging Bundeskanzler Helmut Kohl im November 1989 noch von einer Konföderation beider deutscher Staaten aus, mit der Einheit als Fernziel. Doch mehrten sich in der Bevölkerung der DDR rasch Stimmen, die keine Reform des Sozialismus wünschten, sondern eine baldige Wiedervereinigung forderten. Diesen Stimmungsumschwung nutzte Bundeskanzler Kohl. Er unterstützte eine „Allianz für Deutschland" unter Führung der Ost-CDU, die eine rasche Vereinigung mit der Bundesrepublik versprach.

Ferner drohte der wirtschaftliche und finanzielle Zusammenbruch der DDR, da der osteuropäische Markt wegbrach und westdeutsche Waren DDR-Produkte verdrängten. Die Bevölkerung forderte lautstark die Einführung der Deutschen Mark: „Kommt die D-Mark, bleiben wir, kommt sie nicht, gehn wir zu ihr!", so lautete damals ein geläufiger Spruch. Auch um einen Exodus der DDR-Bevölkerung zu verhindern, erstrebte die Regierung Kohl nun eine rasche Vereinigung.

## Erste freie Wahlen zur Volkskammer und Währungsunion

Aus der ersten freien Volkskammerwahl am 18. März 1990 ging die „Allianz für Deutschland" mit 48% als Siegerin hervor. Die SPD gewann 21,9%, die Liberalen 5,3%. Das „Bündnis 90" – die Gruppe

### M 3 „Wir sind ein Volk"

Demonstrant in Ostberlin am 9. Dezember 1989

# Deutschland – Von der Teilung zur Wiedervereinigung

**M 4** Wahlkampf in Leipzig
Bundeskanzler Helmut Kohl auf einer Wahlkampfveranstaltung, März 1990

der Bürgerrechtsbewegungen – kam hingegen nur auf 2,9%. Die „Partei des Demokratischen Sozialismus" (PDS), die Nachfolgerin der SED, kam auf 16,4%. Dieses Ergebnis zeigte deutlich, dass die SED gegen eine Mehrheit der Bevölkerung geherrscht hatte. Der neue Ministerpräsident Lothar de Maizière (Ost-CDU) bildete eine Regierung, die den Vereinigungsprozess beschleunigte.

Ein wichtiger Schritt in Richtung Einheit war der Staatsvertrag vom 1. Juli 1990 über eine „Währungs-, Wirtschafts- und Sozialunion": Jetzt galt die DM als alleiniges Zahlungsmittel in der DDR; Löhne, Renten und Mieten wurden – anders als die Sparguthaben – im Verhältnis 1:1 umgestellt. Dieser Umtauschkurs blieb jedoch umstritten, da die reale Kaufkraft der DDR-Währung erheblich geringer war.

### Reaktionen im Ausland

Das Ausland betrachtete eine mögliche Wiedervereinigung Deutschlands mit großer Skepsis. Viele europäische Staaten fürchteten ein wirtschaftlich dominantes und militärisch erstarktes Deutschland in Europas Mitte. Von den ehemaligen Siegermächten signalisierten lediglich die USA ihr volles Einverständnis. Beide deutsche Staaten suchten solche Bedenken zu zerstreuen und versicherten, ein vereintes Deutschland werde auch künftig dem Westen angehören und Mitglied der Europäischen Union (EU) und der NATO sein.

### Der „Zwei-plus-Vier-Vertrag"

Nach langen Verhandlungen konnte Helmut Kohl im Juli 1990 die Zustimmung des sowjetischen Präsidenten Gorbatschow zur deutschen Einheit erreichen. Die sowjetischen Truppen sollten bis 1994 abziehen, die UdSSR im Gegenzug finanzielle Unterstützung erhalten.

Nun galt es, in Verhandlungen zwischen beiden deutschen Staaten und den vier Siegermächten des Zweiten Weltkrieges die Vereinigung außenpolitisch zu vollenden. Am 12. September 1990 unterzeichneten die Außenminister in Moskau den „Zwei-plus-Vier-Vertrag", der Deutschland die volle Souveränität zurückgab. Als Gegenleistung musste die Bundesrepublik die Oder-Neiße-Grenze zu Polen völkerrechtlich anerkennen und die Bundeswehr verkleinern. Damit war der Weg zur deutschen Einheit frei.

### Die Vereinigung beider deutscher Staaten

Es stellte sich nun die Frage, auf welche Weise die Vereinigung vollzogen werden sollte. Dafür boten sich zwei Lösungen: Artikel 23 des Grundgesetzes ermöglichte einen „Beitritt" der DDR zur Bundesrepublik. Bei Anwendung von Artikel 146 GG hätten beide deutsche Staaten eine neue Verfassung ausarbeiten müssen.

Da die Bevölkerung der DDR eine rasche Wiedervereinigung forderte und die internationalen Bedingungen günstig waren, beschloss die Volkskammer am 23. August 1990 mit überwältigender Mehrheit den Beitritt zur Bundesrepublik. Der Einigungsvertrag vom 31. August gliederte die neu geschaffenen Länder der Bundesrepublik ein und verfügte den Beitritt der DDR zur Bundesrepublik Deutschland nach Artikel 23 des Grundgesetzes zum 3. Oktober 1990. Damit war die Wiedervereinigung Deutschlands vollzogen.

## M 5 Eine Massenkundgebung

a) Die Protestbewegung in der DDR fand ihren Höhepunkt in einer Massenkundgebung am 4. November 1989 auf dem Berliner Alexanderplatz, an der mehrere Hunderttausend Menschen teilnahmen. Die Liste der Redner reichte von reformbereiten Funktionären der SED bis hin zu Regimegegnern. Jan Joseph Liefers (*1964), Schauspieler am Deutschen Theater in Berlin:

Ich möchte drei Überlegungen mitteilen. In den letzten Wochen haben Hunderttausende Menschen auf den Straßen unseres Landes das Gespräch eingefordert. Wir alle führen es seit kurzer Zeit. Natürlich hat jeder das Recht, Partner in diesem Gespräch zu sein. Aber ich meine, wir sollten darauf achten und uns verwahren gegen mögliche Versuche von Partei- und Staatsfunktionären, jetzt oder zukünftig Demonstrationen und Proteste von Menschen unseres Landes für ihre Selbstdarstellung zu benutzen, Initiatoren und Führer des begonnenen gesellschaftlichen und politischen Reformprozesses zu sein.

Der zweite Gedanke. Zur ganzen Frage der führenden Rolle überhaupt meine ich schon, dass sie zur Disposition gestellt werden muss. Zur Demokratie gehört für mich, dass keine gesellschaftliche Kraft allein dieses Recht okkupieren noch sich um sie bewerben, sondern sie bestenfalls erringen kann. Und zwar in täglicher Arbeit, demokratisch und eindeutig durchschaubar organisierter Arbeit und entsprechender Resultate. Solange die Spitze der SED nur auf unser aller Druck reagiert, kann meiner Meinung nach von führender Rolle nicht die Rede sein. Außerdem haben, denke ich, allein die in diesem Land verbliebenen und verbleibenden Menschen darüber zu entscheiden, wen sie mit der Führung beauftragen.

Und der dritte Gedanke: Es ist richtig, jeden Menschen zu ermutigen, die durch die Politik von Partei und Regierung entstandene Krise in unserem Land durchzustehen. Ich glaube allerdings nicht, dass in 40 Jahren DDR-Geschichte nur einzelne Personen immer wieder in Krisen führten, sondern auch die von ihnen geschaffenen und zentrierten Strukturen.

Die vorhandenen Strukturen, die immer wieder übernommenen prinzipiellen Strukturen lassen Erneuerung nicht zu. Deshalb müssen sie zerstört werden. Neue Strukturen müssen wir entwickeln, für einen demokratischen Sozialismus. [...]

b) Christa Wolf (1929–2011), Schriftstellerin:

Jede revolutionäre Bewegung befreit auch die Sprache. Was bisher so schwer auszusprechen war, geht uns auf einmal frei über die Lippen. Wir staunen, was wir offenbar schon lange gedacht haben und was wir uns jetzt laut zurufen: Demokratie jetzt oder nie! Und wir meinen Volksherrschaft, und wir erinnern uns der steckengebliebenen oder blutig niedergeschlagenen Ansätze in unserer Geschichte und wollen die Chance, die in dieser Krise steckt, da sie alle unsere produktiven Kräfte weckt, nicht wieder verschlafen; aber wir wollen sie auch nicht vertun durch Unbesonnenheit oder die Umkehrung von Feindbildern. Mit dem Wort „Wende" habe ich meine Schwierigkeiten. Ich sehe da ein Segelboot, der Kapitän ruft: „Klar zur Wende!", weil der Wind sich gedreht hat und die Mannschaft duckt sich, wenn der Segelbaum über das Boot fegt. Stimmt dieses Bild? Stimmt es noch in dieser täglich vorwärtstreibenden Lage? Ich würde von revolutionärer Erneuerung sprechen. Revolutionen gehen von unten aus. „Unten" und „oben" wechseln ihre Plätze in dem Wertesystem und dieser Wechsel stellt die sozialistische Gesellschaft vom Kopf auf die Füße. Große soziale Bewegungen kommen in Gang. [...]

Stell dir vor, es ist Sozialismus, und keiner geht weg! Wir sehen aber die Bilder der immer noch Weggehenden, fragen uns: Was tun? Und hören als Echo die Antwort: Was tun! Das fängt jetzt an, wenn aus den Forderungen Rechte, also Pflichten werden: Untersuchungskommission, Verfassungsgericht. Verwaltungsreform. Viel zu tun, und alles neben der Arbeit. Und dazu noch Zeitung, essen! Zu Huldigungsvorbeizügen, verordneten Manifestationen werden wir keine Zeit mehr haben. Dieses ist eine Demo, genehmigt, gewaltlos. Wenn sie so bleibt, bis zum Schluss, wissen wir wieder mehr über das, was wir können, und darauf bestehen wir dann: Vorschlag für den Ersten Mai: Die Führung zieht am Volk vorbei. Unglaubliche Wandlungen. Das „Staatsvolk der DDR" geht auf die Straße, um sich als „Volk" zu erkennen. Und dies ist für mich der wichtigste Satz dieser letzten Wochen – der tausendfache Ruf: Wir sind das Volk! Eine schlichte Feststellung. Die wollen wir nicht vergessen.

Liefers: www.dhm.de/archiv/ausstellungen/4november1989/lief.html.
Wolf: ww.dhm.de/archiv/ausstellungen/4november1989/cwolf.html.

# Deutschland – Von der Teilung zur Wiedervereinigung

## Reaktionen im Ausland auf die Wiedervereinigung – Unterschiedliche Standpunkte erfassen

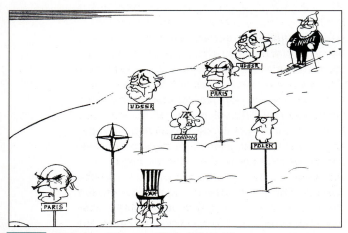

**M 6** „Auf dem Weg zur Einheit", Karikatur von 1990

**M 7** Die „Deutsche Frage"

*a) Über sein Treffen am 10. Februar 1990 mit dem damaligen Bundeskanzler Helmut Kohl schreibt Michail Gorbatschow:*

Was die prinzipielle Einstellung der UdSSR zu Deutschlands Vereinigung betraf, so erklärte ich Kohl: „Wahrscheinlich kann man behaupten, dass zwischen der Sowjetunion, der Bundesrepublik und der DDR in der Frage der Einheit der deutschen Nation keine Meinungsunterschiede bestehen. Um es kurz zu machen: Wir stimmen im wichtigsten Punkt überein. Die Deutschen selbst müssen ihre Entscheidung treffen. Und sie müssen unsere diesbezügliche Position kennen."
„Die ist ihnen bekannt", erwiderte Kohl. „Meinen Sie damit, die Frage der Einheit ist eine Entscheidung der Deutschen selbst?"
„Aber im Kontext der Realitäten", fügte ich hinzu.
„Damit bin ich einverstanden", erklärte der Kanzler. In der gegebenen Situation war es in meinen Augen entscheidend, zu verhindern, dass Kohl in Euphorie verfiel und die „deutsche Frage" lediglich auf die Vereinigung und die Befriedigung nationaler Sehnsüchte der Deutschen reduzierte. Sie betraf die Interessen aller Nachbarstaaten, einschließlich der Sowjetunion, betraf die Situation in Europa ebenso wie die globale. In diesem Zusammenhang war eine Unzahl von Fragen zu lösen: nach Garantien der Unantastbarkeit der Grenzen und der Anerkennung der territorial-politischen Realitäten der Nachkriegszeit, nach dem militärpolitischen Status des vereinten Deutschland, nach der Verknüpfung des gesamteuropäischen Prozesses mit dem der deutschen Wiedervereinigung.
Der Kanzler nahm meine Argumente im Großen und Ganzen verständnisvoll auf, obwohl er sich sofort gegen alle Varianten einer deutschen Neutralität aussprach. Ansonsten einigten wir uns, alle mit der Wiedervereinigung zusammenhängenden Probleme im Rahmen der „Sechs" – die UdSSR, die USA, Großbritannien und Frankreich auf der einen, die Bundesrepublik und die DDR auf der anderen Seite – zu erörtern. Die Idee der „Vier plus Zwei"-Konferenz (später bestanden die Deutschen, aktiv unterstützt von den USA, darauf, dass sie die Bezeichnung „Zwei plus Vier" erhielt) sage ihm zu, meinte Kohl, eine separate Konferenz der vier Mächte zur „deutschen Frage" lehne er jedoch kategorisch ab. Ich versicherte ihm, dass ohne Beteiligung der Deutschen keine Entscheidungen getroffen würden. Damit schlossen wir unser Gespräch ab.

Gorbatschow, Michail, Erinnerungen, Berlin 1995, S. 717.

*b) Stellungnahme des US-Präsidenten George Bush sen. vom 24. Oktober 1989:*

**Interviewer:** Können Sie irgendwelche Veränderungen im Status von Deutschland voraussehen?
**Präsident Bush:** Ja. [...] Ich teile die Sorge mancher europäischer Länder über ein wiedervereinigtes Deutschland nicht, weil ich glaube, dass Deutschlands Bindung an und Verständnis für die Wichtigkeit des [atlantischen] Bündnisses unerschütterlich ist. Und ich sehe nicht, was einige befürchten, dass Deutschland, um die Wiedervereinigung zu erlangen, einen neutralistischen Weg einschlägt, der es in Widerspruch oder potenziellen Widerspruch zu seinen NATO-Partnern bringt [...]
Trotzdem glaube ich nicht, dass wir den Begriff der Wiedervereinigung forcieren oder Fahrpläne aufstellen und über den Atlantik hinweg unsererseits eine Menge neuer Verlautbarungen zu diesem Thema machen sollten. Sie braucht Zeit. Sie benötigt eine vorsichtige Entwicklung. Sie verlangt Arbeit zwischen ihnen (den Deutschen) [...] und Verständnis zwischen den Franzosen und Deutschen, den Engländern und Deutschen über alle diese [Fragen].
Und wer weiß, wie sich Herr Krenz entwickeln wird? Wird er nur eine Verlängerung des

25 Honecker'schen Standpunkts oder etwas anderes sein? Ich glaube nicht, dass er dem Wandel völlig widerstehen kann.

Interview mit George Bush vom 24. Oktober 1989, in: New York Times vom 25. Oktober 1990. Entnommen aus: Informationen zur politischen Bildung, Der Weg zur Einheit. Deutschland seit Mitte der achtziger Jahre, Heft 250, Bonn 1996, S. 38 f.

*c) Stellungnahme der britischen Premierministerin Margaret Thatcher (nach 1990):*

Der wahre Ursprung der deutschen Angst [im original deutsch; A.d.Ü.] ist die Qual der Selbsterkenntnis. Wie ich bereits erklärt habe, ist das einer der Gründe, warum so viele Deutsche aufrichtig –
5 und wie ich meine, irrigerweise – Deutschland in ein föderatives Europa eingebettet wissen wollen. Es ist doch wahrscheinlich, dass Deutschland in einem solchen Gefüge die Führungsrolle einnehmen würde, denn ein wiedervereinigtes Deutsch-
10 land ist schlichtweg viel zu groß und zu mächtig, als dass es nur einer von vielen Mitstreitern auf dem europäischen Spielfeld wäre. Überdies hat Deutschland sich immer auch nach Osten hin orientiert, nicht nur in Richtung Westen, obwohl die moderne Version solcher Tendenzen eher auf 15 wirtschaftliche denn auf kriegerische territoriale Expansion abzielt. Daher ist Deutschland vom Wesen her eher eine destabilisierende als eine stabilisierende Kraft im europäischen Gefüge. Nur das militärische und politische Engagement der 20 USA in Europa und die engen Beziehungen zwischen den beiden anderen starken, souveränen Staaten Europas, nämlich Großbritannien und Frankreich, können ein Gegengewicht zur Stärke der Deutschen bilden. In einem europäischen 25 Superstaat wäre dergleichen niemals möglich.
Ein Hindernis auf dem Weg zu einem solchen Gleichgewicht der Kräfte war zu meiner Amtszeit die Weigerung des von Präsident Mitterrand regierten Frankreich, französischen Instinkten zu 30 folgen und den deutschen Interessen den Kampf anzusagen. Denn das hätte bedeutet, die französisch-deutsche Achse aufzugeben, auf die Mitterrand sich stützte. Wie ich noch ausführen werde, sollte sich dieser Schwenk für ihn als zu schwierig 35 erweisen.

Thatcher, Margaret, Downing Street No. 10. Die Erinnerungen, Düsseldorf 1993, S. 1095 f.

## Aufgaben

1. **Eine Massenkundgebung**
   a) Ordne die Massenkundgebung vom 4. November 1989 in den Verlauf der friedlichen Revolution ein.
   b) Fasse die zentralen Aussagen von Jan Josef Liefers und Christa Wolf zusammen.
   c) Erläutere die Grundeinstellung zur DDR, wie sie jeweils in den Reden deutlich wird.
   d) Vergleiche die Erwartungen der Redner vom 4. November 1989 mit der weiteren Entwicklung.
   → Text, M5
2. **Reaktionen im Ausland**
   a) Erläutere die Position, die Michail Gorbatschow gegenüber Helmut Kohl bezüglich einer möglichen deutschen Wiedervereinigung vertritt.
   b) Helmut Kohl lehnte eine mögliche deutsche Neutralität kategorisch ab. Erläutere die Gründe dafür.
   c) Vergleiche die Positionen von Margaret Thatcher und George Bush sen.
   d) Verfasse einen Leserbrief, in dem du deine Meinung zu den Bedenken vieler europäischer Politiker äußerst und erläuterst.
   e) Erkläre die Aussage der Karikatur zur deutschen Einheit und nimm Stellung dazu.
   → M6, M7
3. **Die Revolution in der DDR**
   a) Erkläre die Ursachen für die Revolution in der DDR.
   b) Dokumentiere das Ende der DDR in Form einer Collage.
   c) Führe eine Zeitzeugenbefragung durch. Suche dafür in dem Bekanntenkreis deiner Eltern Menschen aus Ost- und Westdeutschland. Befrage diese zu den Ereignissen und Stimmungen im Jahr 1989.
   → Text, Zeitzeugenbefragung (vgl. S. 123)

# Deutschland – Von der Teilung zur Wiedervereinigung

**M 1** „Tag der Deutschen Einheit"
Staatsakt und Volksfest – die Feier zur deutschen Einheit vor dem Berliner Reichstag am 3.10.1990

## Das vereinte Deutschland

### Politische Veränderungen

Seit dem 3. Oktober 1990 ist Deutschland wieder vereint. Die neuen Bundesländer Sachsen, Sachsen-Anhalt, Thüringen, Brandenburg und Mecklenburg-Vorpommern gaben sich eigene Landesverfassungen und wirken im Bundesrat bei der Gesetzgebung mit. Heute besteht die Bundesrepublik Deutschland aus 16 Bundesländern. Die erste gesamtdeutsche Wahl am 2. Dezember 1990 gewann die regierende CDU/CSU-FDP-Koalition, sodass Helmut Kohl Bundeskanzler blieb. Allerdings hatte sich das Parteienspektrum des neuen Deutschland verändert. Die alten Blockparteien der DDR gingen meist in den westlichen Parteien auf. Die SED, die Staatspartei der DDR, benannte sich um in „Partei des Demokratischen Sozialismus" (PDS) und war vor allem bei Wahlen in den ostdeutschen Bundesländern erfolgreich. Mit der politischen Einheit waren aber nicht alle Probleme gelöst. Vielmehr zeigte sich, dass der neue Staat vor ganz neuen Herausforderungen stand.

### Wirtschaftliche Probleme im Osten

Besonders schwierig erwies sich die Umstellung der DDR-Wirtschaft vom planwirtschaftlichen auf das marktwirtschaftliche System. Die Produktionsstätten der DDR waren veraltet, die Fabriken marode, die Infrastruktur in einem erbärmlichen Zustand. Hinzu kamen beträchtliche Umweltschäden. Somit konnte die ostdeutsche Wirtschaft der westlichen Konkurrenz nicht standhalten, zumal der frühere Absatzmarkt in Osteuropa wegbrach. Die 1990 gegründete staatliche „Treuhandanstalt" sollte die DDR-Betriebe sanieren und privatisieren. Die Folge war die Schließung vieler ostdeutscher Betriebe, da eine rentable Produktion meist nicht möglich war. Gleichzeitig nutzten Spekulanten die Situation, um sich unliebsamer Konkurrenz zu entledigen. Die Arbeitslosigkeit erreichte in einigen Regionen über 30 Prozent.

**M 2** Wirtschaft in der Sackgasse
Ehemals begehrte Produkte sind schnell nicht mehr gefragt, Foto Mitte der 90er-Jahre.

Finanziert wurde die Umstrukturierung Ostdeutschlands aus Steuermitteln. Seit 1995 zahlen alle Arbeitnehmer einen „Solidaritätszuschlag", der zur Finanzierung des Umwandlungsprozesses beiträgt.

### Unterschiedliche Mentalitäten?
Viele Menschen im Osten waren enttäuscht über die wirtschaftliche und soziale Lage. Das führte zur Verbitterung einstiger DDR-Bürger, die sich im neuen Deutschland als „Bürger zweiter Klasse" fühlten. Der Erfolg der PDS in den neuen Bundesländern lässt sich auf mehrere Faktoren zurückführen. Einerseits stellte sie sich den Menschen als „ostdeutsche Partei" dar und andererseits nutzte sie die Tatsache, dass einige Politiker die neuen Lebensumstände der Menschen und die daraus resultierenden Sorgen nicht ernst genug nahmen. Umgekehrt waren manchen Westdeutschen die Kosten der Wiedervereinigung zu hoch oder sie stellten sogar den Sinn der Vereinigung in Frage. Die verschiedenen Lebenswege und Erfahrungen der Deutschen in Ost und West machten zuweilen eine Verständigung schwierig.

M 3 „Wo ist meine Akte?"
Vor der ehemaligen Stasi-Zentrale in der Normannenstraße in Ostberlin, 19. Februar 1990

### Aufarbeitung der Vergangenheit
Als schwierig – aber notwendig – erwies sich die Aufarbeitung der DDR-Vergangenheit. Führende Politiker der DDR, aber auch Grenzsoldaten, mussten sich Gerichtsverfahren stellen, in denen sie sich wegen Schusswaffengebrauchs an der Berliner Mauer und der innerdeutschen Grenze zu verantworten hatten. Der Schießbefehl gilt als unvereinbar mit dem völkerrechtlichen Schutz des Lebens. Die Bürgerrechtsbewegung in der DDR forderte vom Staatssicherheitsdienst („Stasi") schon während der Wendezeit die vollständige Öffnung der Archive. Diesem Begehren kam der deutsche Staat mit dem Stasi-Unterlagen-Gesetz von 1991 nach. Zugleich schuf der Bundestag eine Behörde, die jedem Bürger, den die Stasi verfolgt oder abgehört hatte, die Möglichkeit gab, seine personenbezogenen Unterlagen einzusehen.

### Die Außenpolitik des vereinten Deutschland
Das wiedervereinigte Deutschland blieb Mitglied sowohl der NATO als auch der Europäischen Union (EU). Die Sowjetunion hatte diesen Plänen bereits 1990 in langen Verhandlungen zugestimmt und ihre Truppen bis 1994 aus Deutschland abgezogen. Mit der Erlangung der vollen Souveränität erhöhten sich die Anforderungen der internationalen Staatengemeinschaft an Deutschland. Durfte die Bundeswehr bislang nicht an sogenannten Out-of-Area-Einsätzen, also Einsätzen außerhalb des NATO-Gebietes, teilnehmen, wurde nun die Beteiligung deutscher Soldaten auch an solchen Missionen gefordert. Das war in Deutschland umstritten. Schließlich entschied das Bundesverfassungsgericht, dass die Bundeswehr an bewaffneten Friedensmissionen teilnehmen darf, wenn der Bundestag ausdrücklich zustimmt. Seitdem beteiligt sich die Bundeswehr an verschiedenen Auslandseinsätzen, so etwa auf dem Balkan, in Afghanistan und im Libanon.

### Die deutsche Europapolitik
Bei wichtigen europäischen Fragen übernahm Deutschland eine Vorreiterrolle. So trieb die Bundesregierung seit den 1990er-Jahren eine

# Deutschland – Von der Teilung zur Wiedervereinigung

gemeinsame europäische Währung voran. 2002 wurde der Euro eingeführt, der in der deutschen Bevölkerung jedoch auf Skepsis stieß. Um die Stabilität der Währung zu garantieren, wurden im Vertrag von Maastricht 1992 Kriterien vereinbart, die jedes Land erfüllen muss, das dem Euro-Raum beitreten will. Die Europäische Zentralbank (EZB), die die Währungsstabilität des Euros überwacht, hat ihren Hauptsitz in Frankfurt am Main. Allerdings kam es zu einer weltweiten Finanzkrise, die das Vertrauen in den Euro nachhaltig erschütterte und in einigen Ländern zu großer Not führte. Die strenge Sparpolitik, die die EU in dieser Situation anwandte, war in der Öffentlichkeit sehr umstritten.

### Rot-Grün an der Macht

1998 kam es in der Bundesrepublik zum Machtwechsel. Gerhard Schröder wurde zum Bundeskanzler einer rot-grünen Bundesregierung (SPD und Bündnis 90/Die Grünen) gewählt. Innenpolitisch wurden viele Reformen angestoßen, wie z. B. der Ausstieg aus der Kernenergie, die Anerkennung von homosexuellen Partnerschaften, die Stärkung des Verbraucherschutzes, die Entschädigung der Zwangsarbeiter des Dritten Reiches und die Stärkung der Ökologie. Deutschlands gewaltige Verschuldung sollte zudem durch einen grundlegenden Umbau des Sozialstaates reduziert werden. Diese als „Agenda 2010" bezeichneten Reformen führten durch die damit verbundenen sozialen Härten zu heftigen Protesten. Außenpolitisch vollzog die rot-grüne Regierung einerseits eine Wendung zur Beteiligung an internationalen Militäraktionen, insbesondere nach dem Terroranschlag in New York am 11. September 2001; andererseits weigerte sie sich aber 2003, die USA im Irak-Krieg durch Entsendung von Truppen militärisch zu unterstützen.

**M 4 Rot-grüne Koalition 2005**
Bundeskanzler Gerhard Schröder (1998–2005) mit Vizekanzler und Außenminister Joschka Fischer

### Der Beginn der Ära Merkel

Die Politik der rot-grünen Koalition war umstritten. Vorgezogene Neuwahlen erbrachten 2005 nahezu ein Patt der Volksparteien SPD und CDU/CSU, sodass es zu einer Großen Koalition aus CDU/CSU und SPD kam. Mit Angela Merkel (CDU) wurde erstmals eine Frau Bundeskanzlerin, die zudem aus Ostdeutschland stammte. Nach der Bundestagswahl von 2009 konnte Merkel mit einer schwarz-gelben Koalition (CDU/CSU und FDP) weiterregieren, bevor es 2013 wieder zu einer Großen Koalition kam. Die FDP ist seitdem zum ersten Mal seit 1949 nicht mehr im Bundestag vertreten.

Im Unterschied zur rot-grünen Koalition verfolgte Angela Merkel keine großen Reformprojekte, sondern versuchte die innenpolitische Situation zu stabilisieren und die außenpolitische Rolle Deutschlands zu stärken. Die wichtigsten Herausforderungen waren die weltweite Finanzkrise, die seit 2007 die Welt erschütterte, die durch die Finanzkrise in Frage gestellte europäische Einigung, der Rückzug aus dem Militäreinsatz in Afghanistan und der Atomunfall in Fukushima, der zum endgültigen Atomausstieg Deutschlands führte.

Die Bundesrepublik hat seit 1990 viele Probleme der Vereinigung überwunden und ist inzwischen ein Staat, der in der Welt wirtschaftlich und politisch sehr einflussreich ist.

**M 5 Große Koalition 2006**
Bundeskanzlerin Angela Merkel, die erste Frau an der Spitze der Republik, mit Vizekanzler und Arbeitsminister Franz Müntefering

# Deutsche Einheit – Zwischenbilanzen

### M 6  15 Jahre Einheit – Eine erste Bilanz

*Der Journalist Hermann Rudolph zieht eine erste, vorläufige Bilanz im Jahre 2004:*

Das Mindeste, was von der Einheit gesagt werden muss, ist, dass ein Grauschleier über ihr liegt. Keine Frage: Das hat auch mit der Gemütsverfassung der Deutschen zu tun, immer erst das Haar und
5 dann die Suppe zu sehen. Doch er ist auch die Folge davon, dass das Ereignis der Einheit, das keiner mehr erwartet hatte, Entwicklungen auslöste und sich in Formen vollzog, mit denen auch niemand gerechnet hat.
10 Das Zusammenbrechen der Industrien, aus denen die DDR-Bürger doch ihren Stolz gezogen hatten, der Abbau so vieler Arbeitsplätze, an denen individuelles und kollektives Leben hing: Die Einheit kostete einen Preis, an den keiner gedacht hat.
15 Dieser Schock hat der Erfolgsgeschichte deutsche Einheit das Selbstvertrauen genommen.
Ähnlich gebrochen stellt sich, fünfzehn Jahre nach der Vereinigung, das Lebensgefühl dar. Die Einheit hat unendlich vielen Menschen Lebenschan-
20 cen eröffnet, von denen ihre Vorgänger-Generationen nicht einmal träumen konnten. Die Welt hat sich für die Menschen in den neuen Ländern geöffnet, für Reisen ebenso wie für berufliche Laufbahnen, für die Jüngeren noch mehr als für
25 die Älteren – vor allem aber ist die Welt in einer so überwältigenden Weise in das Leben in Sachsen oder Brandenburg eingedrungen, dass es schwerfällt, sich an die Enge und Bevormundung überhaupt noch zu erinnern, mit denen man in diesem Teil Deutschlands über zwei, drei Generationen 30 leben musste. Doch kann man nicht darüber hinwegsehen, dass die gewünschte und begrüßte Veränderung viele Biografien nicht bereichert, sondern aus der Bahn geworfen hat – wobei, natürlich, nicht an jene parteiergebenen Kader zu 35 denken ist, die sich ihr Scheitern wahrlich verdient haben, sondern an den zur Wendezeit fünfzigjährigen Ingenieur oder Universitätsprofessor mit dem DDR-Horizont, die im Zuge all der Abwicklungen die Stellungen verloren haben, in die sie 40 sich für den Rest ihrer Tage eingerichtet hatten. Es bleibt ein Schatten auf der Vereinigung, dass in einem glückhaften Prozess, den so gut wie jeder für richtig hält und den jedenfalls keiner rückgängig machen will, ein beträchtliches Maß an Irrita- 45 tion, Verstörung und Scheitern hat geschehen können, sodass oft – wie ungerecht das immer sein mag – weniger seine Erfolge, sondern seine Schwierigkeiten das Bild bestimmen und es fast den provokativen Ton eines Protestes gegen den 50 Zeitgeist hat, wenn jemand erklärt, er freue sich über die Einheit.

Rudolph, Hermann, 15 Jahre deutsche Einheit. Eine Bilanz, in: Eppelmann, Rainer u. a. (Hg.), Das ganze Deutschland. Reportagen zur Einheit, S. 20 ff.

### M 7  „Ossi – Wessi"
Karikatur von Hans-Jürgen Starke, 1991

# Deutschland – Von der Teilung zur Wiedervereinigung

## Die Ära Rot-Grün in der Bilanz – Darstellungen analysieren

### M 8 Rot-Grün an der Macht

*In seinem Buch „Rot-Grün an der Macht" analysiert der Zeithistoriker Edgar Wolfrum die Leistungen der rot-grünen Bundesregierung (2013):*

Rot-Grün an der Macht – dies war eine Zeit gesteigerter Reformtätigkeit. Von der Agenda 2010 und vom Atomausstieg über das Kulturstaatsministerium und den Verbraucherschutz bis zur Zuwande-
5 rung und der Zwangsarbeiterentschädigung: Auf nahezu allen innenpolitischen Feldern, die oftmals – sei es durch Globalisierungsdruck, sei es durch neu aufgekommene Menschheitsfragen – mit außenpolitischen verschränkt waren, konnte
10 man Neues vernehmen, ganz gleich, ob man es schätzte oder ablehnte. Je nach Standpunkt wurden die Reformen als sinnvoll oder als verhängnisvoll bewertet. „Nachhaltigkeit" wurde ein Leitbild politischen Handelns. […]
15 1998 bis 2005 war eine Zeit der Modernisierung unter globalen Erfordernissen. Wie nie zuvor brachen für Deutschland globale Zeiten an. Die ökologische Modernisierung ist Vorbild für viele Länder der Welt geworden, und ökonomisch erschien
20 Deutschland wieder als Kraftwerk, das seinen Sozialstaat reformiert und im Kern bewahrt hat. Der Agenda 2010 haftete zwar das schlechte Gewissen der SPD an, sie hat jedoch das Tor zu einem Reformprozess aufgestoßen, das nicht
25 mehr geschlossen werden kann. Der Prozess der ständigen Korrekturen an diesem umfassenden Reformpaket dauert an. Auch die innenpolitischen Verwerfungen, die es bewirkte, bestehen fort und verschärfen sich zum Teil noch. Doch
30 trotz dieser neuen Unruhe und der Probleme hat sich der Zustand der Institutionen in Deutschland als stabil erwiesen, und die Stimmung im Land wurde reformfreudiger. […]
Rot-Grün hat die Aufarbeitung der nationalsozia-
35 listischen Vergangenheit vorangetrieben und zentrale geschichtspolitische Vorhaben wie das Holocaust-Mahnmal abgeschlossen sowie einen neuen europäischen Erinnerungsraum erschlossen. Die kulturellen Beziehungen zum Ausland haben eine
40 gesteigerte Verflechtung erfahren. Die Stellung Deutschlands in der Welt ist, auch infolge seiner machtpolitischen Selbstbehauptung hinsichtlich des Irak-Krieges, erheblich aufgewertet worden.

E. Wolfrum, Rot-Grün an der Macht, München 2013, S. 709–713.

### M 9 Zwischenkanzler Schröder?

*Der Journalist Christian Malzahn zieht eine Bilanz der Kanzlerschaft Gerhard Schröders (2005):*

Gerhard Schröder war der dritte sozialdemokratische Kanzler der Bundesrepublik – und der widersprüchlichste von allen. Sicher ist: Ohne seine persönliche Strahlkraft hätte es Rot-Grün nicht gegeben. Was wird von diesem Zwischenkanzler 5 bleiben? […]
Vieles bei ihm lag zwischen Baum und Borke, eine klare Bilanz ist schwer zu ziehen. Er hat die ersten Auslandseinsätze der Bundeswehr im Kosovo und in Afghanistan zu verantworten – und ließ sich im 10 letzten Wahlkampf als „Friedenskanzler" feiern.
[…] Löwenmutig stieg er mit der Agenda 2010 in den Ring. Er wusste, wie gefährlich dieser Kampf werden würde, weil er offen mit der in der SPD verbreiteten Vorstellung staatlicher Vollversor- 15 gung brach. Nach der Verkündung dieses Programms wirkte er dennoch seltsam verwundbar, manchmal fast hilflos, schockstarr. Schröder scheute im Sommer 2004 das persönliche Risiko nicht, das politisch Notwendige zu tun. Aber er verstand 20 es lange nicht, seine Partei davon zu überzeugen, dass er mit diesem Programm kein Mobbing der Arbeiterklasse betreiben, sondern die Sozialsysteme retten wollte.
Trotzdem: Getan ist getan. Die „Zeit" hat das 25 Patriotismus genannt, auf jeden Fall war es verantwortungsvolles Handeln ohne Rücksicht auf sich selbst und die eigene Klientel. So etwas findet man selten in der Politik, umso mehr fiel Schröders Haltung auf. […] 30
Rot-Grün war in der Gesamtbilanz deshalb viel mehr als bloß eine zufällige Episode der deutschen Geschichte – obwohl selbst Gerhard Schröder und SPD-Chef Franz Müntefering zum Ende hin Bemerkungen in diese Richtung machten. Rot- 35 Grün hat die Republik einerseits entstaubt, anschließend leider oft Lametta aufgehängt. Allerdings gehen viele Modernisierungsschritte, die diese Koalition zum Beispiel im Staatsbürgerschaftsrecht gegangen ist, eher auf das Konto der 40 Grünen. Die Frage, wer bei Rot-Grün Koch und wer Kellner war, ist deshalb viel schwerer zu beantworten, als es Schröder lieb sein kann.

www.spiegel.de/politik/deutschland/bilanz-der-aera-schroeder-der-zwischenkanzler-a-379027.html (19.5.2014).

## Die Ära Merkel – Eine Karikatur auswerten

**M 10 Ring frei in Berlin**
Die Große Koalition in Person von CSU-Chef Horst Seehofer, Bundeskanzlerin Angela Merkel (CDU) und Vizekanzler Sigmar Gabriel (SPD) steht im Ring den Fraktionschefs der Oppositionsparteien Gregor Gysi (Linke) und Anton Hofreiter (Grüne) gegenüber, Karikatur von Dieter Hanitzsch, 2013.

### Aufgaben

1. **Deutsche Einheit – Zwischenbilanzen**
   a) Nach Meinung des Journalisten Hermann Rudolph liegt ein „Grauschleier" über der Einheit. Erkläre diese Aussage.
   b) Überprüfe die Aktualität der Aussagen von Hermann Rudolph.
   c) Ermittle die Grundaussage der Karikatur und vergleiche sie mit den Auffassungen von Hermann Rudolph.
   d) Beobachte für eine gewisse Zeit die Meldungen und Kommentare in der Presse und im Fernsehen. Sammle Informationen und Meinungen zum Stand der inneren Einheit Deutschlands und diskutiere deine Ergebnisse mit deinen Mitschülern.
   → M6, M7

2. **Die Ära Rot-Grün**
   a) Fasse die Kernaussagen der beiden Darstellungen in eigenen Worten zusammen.
   b) Recherchiere die Leistungen der rot-grünen Regierung auf einem Politikfeld oder im Hinblick auf ein Reformvorhaben und verfasse dazu einen Kommentar. Beispiele: Atomausstieg, Agenda 2010, Irak-Krieg.
   → M8, M9

3. **Die Ära Merkel**
   a) Nenne die Grundaussage der Karikatur.
   b) Stelle in einer Übersicht das Verhältnis von Oppositions- und Regierungsparteien in den einzelnen Wahlperioden der BRD dar.
   c) Die 2013 gewählte Regierung verfügt über mehr als zwei Drittel der Sitze im Bundestag. Nimm Stellung zu folgender Auffassung: „Eine so große Mehrheit der Regierungsparteien im Bundestag ist eine große Chance, aber auch ein hohes Risiko für das politische System."
   → M10

# Deutschland – Von der Teilung zur Wiedervereinigung

## Deutschland nach 1949 in Museen der Region

### Grenzmuseum Schifflersgrund, Bad Sooden-Allendorf

**Im Grenzmuseum Schifflersgrund**

Das Museum befindet sich an der ehemaligen innerdeutschen Grenze bei Bad Sooden-Allendorf. Die dortigen Grenzanlagen sollen als Mahnmal für nachfolgende Generationen erhalten bleiben. Auch ehemalige Grenzkontrollhäuschen wurden wieder aufgestellt und zu Ausstellungsräumen umfunktioniert.
Die Entwicklung der Besatzungszonen, das Leben im Sperrgebiet und das Jahr 1989 werden anschaulich dargestellt. Ebenso werden regionalspezifische Aspekte thematisiert wie der Tod von Heinz Josef Große, der 1982 von zwei Grenzsoldaten auf dem Gelände des heutigen Museums erschossen wurde.

www.grenzmuseum.de

### Deutsches Feuerwehrmuseum, Fulda

Dieses Museums bietet einiges für einen anschaulichen Geschichtsunterricht für die Zeit nach 1945. In Halle II befinden sich Meilensteine der Motorisierung der Feuerwehren bis hinein in die 1960er-Jahre. Außerdem wurden Räume aus den 1950er-Jahren wieder aufgebaut, die von sozialhistorischem Interesse sind. Ein wichtiges Thema ist auch die Gefahrenabwehr in einem Nuklearkrieg, den man zeitweise in den 1960er-Jahren fürchtete.
Führungen werden angeboten, auf Wunsch auch in das Besucherdepot.

www.dfm-fulda.de

### 50er-Jahre-Museum, Büdingen

Eher nostalgisch angehaucht ist das 50er-Jahre-Museum in Büdingen. In den liebevoll und detailgetreu eingerichteten Räumen leben die 50er-Jahre wieder auf. Zu bestaunen sind neben zeittypisch eingerichteten Wohnräumen auch ein Friseursalon und ein kleiner Laden. Wirtschaftswunder, Kalter Krieg, Rock ´n´ Roll sowie der Rückzug ins kleine private Glück können hier nachvollzogen werden. Auch das Aufeinanderprallen von Bürgerlichkeit und aufmüpfiger Jugendkultur, das die Fünfziger prägte, wird hier lebendig.

www.50er-jahre-museum.de

# Lesetipps

## Funder, Anna: Stasiland

Funder, Anna: Stasiland, Frankfurt 2006, 304 Seiten.

Die Australierin Anna Funder lebte 1987 und 1995 in Berlin. Sie recherchierte dort Einzelschicksale von Opfern und Tätern und schildert in ihrem Buch an diesen Beispielen die Herrschafts- und Lebensbedingungen in der DDR.
Die Autorin mietet sich nach der Wende in einer dürftig ausgestatteten Altbauwohnung in Ostberlin ein und teilt nach Möglichkeit den Alltag mit den Menschen, die sie umgeben: mit der zuerst sehr verschlossenen Mitbewohnerin, mit dem einst gefeierten Musiker, den sie in der Kneipe trifft oder den Schnapsbrüdern, denen sie im Park begegnet. Sie schildert sehr genau die Atmosphäre, wenn sie durch die ehemalige DDR reist, um Interviewpartner zu treffen. Darunter sind viele, die das Leben in „Stasiland" gebrochen hat, etwa Miriam.
Mit 16 Jahren unternahm sie einen fast geglückten Fluchtversuch und saß dann mehrere Jahre im Gefängnis. Sie heiratete einen jungen Mann, der bald seinerseits in die Fänge der Stasi geriet. Nach einigen Verhörtagen wurde ihr sein Tod mitgeteilt. Seitdem versucht sie herauszufinden, was tatsächlich passiert ist, denn die Geschichte vom Selbstmord hat sie nie geglaubt. Ein Horrorszenario bot man ihr bei der Beerdigung, wo ganz offensichtlich eine andere Leiche bestattet wurde.
Ihr Leben ist von der Vergangenheit ebenso überschattet wie dasjenige eines Elternpaares, dessen lebensgefährlich erkrankter Sohn nach dem Mauerbau unerreichbar in einem Westberliner Krankenhaus aufwuchs. Der Fluchtversuch der Eltern scheitert. Als die Mutter das heimtückische Angebot erhält, den Sohn im Krankenhaus zu besuchen, wenn sie bei dieser Gelegenheit auch ihren westdeutschen Fluchthelfer trifft, lehnt sie ab. Später, nach der Wende, kommt der Sohn zu ihnen, voller Distanz und durch die schwere Krankheit verkrüppelt. Wäre sein Leben anders verlaufen, wenn die Mutter sich für den Besuch entschieden hätte? Die Frage lastet auf allen. Nicht nur viele sehr unterschiedliche Opferschicksale kommen zur Sprache, sondern die Autorin schildert auch Begegnungen mit ehemaligen Tätern. Nur einer, ein Agent, der im Westen operierte, spricht freimütig über seine Privilegien.
Gerade der Besuch des ehemaligen Stasizentrums macht die „Banalität des Bösen" deutlich, vor der die Autorin erschrocken zurückweicht. Sie schildert erfreulich offen ihre Reaktionen, die man sehr gut nachvollziehen kann, weil die Menschen und Situationen wie Szenen in einem Film deutlich werden. Das gilt auch, wenn ehemalige Gefangene durch das Gefängnis Hohenschönhausen führen und die Folterzellen öffnen. Die Stärke des Buches ist die offene Sicht auf diese fremde Welt, in die die Autorin mehr und mehr staunend eintritt. Zahlen tauchen auf, die von einem Spitzel auf rund 60 Bürger in der DDR sprechen, weit mehr als im Dritten Reich oder in Stalins Sowjetunion. Diese dauernde gegenseitige Bedrohung ist noch nicht bewältigt, so das Fazit, das die Autorin aus den tiefen Ängsten ihrer Gesprächspartner zieht.

## Weitere empfehlenswerte Bücher und CDs zum Thema „Von der Teilung zur Wiedervereinigung"

**Prinz Alois:**
**Lieber wütend als traurig. Die Lebensgeschichte der Ulrike Marie Meinhof, 5 Audio-CDs, Rabel 2005.**

**Brussig, Thomas:**
**Am kürzeren Ende der Sonnenallee, Frankfurt 2001, 160 Seiten.**

**Hintze, Olaf, Krones, Susanne:**
**Tonspur. Wie ich die Welt von gestern verließ, München 2014, 360 Seiten.**

# Deutschland – Von der Teilung zur Wiedervereinigung

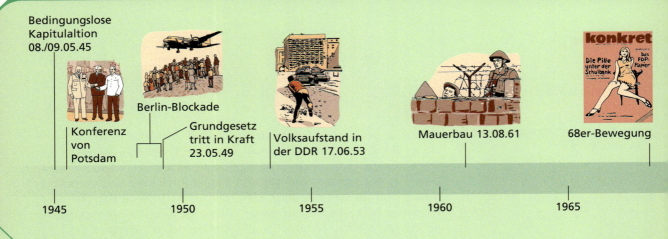

## Zusammenfassung

Der Ost-West-Konflikt führte zur Teilung Deutschlands in zwei Staaten. Während in der Bundesrepublik eine freiheitlich-demokratische Staatsordnung mit freier Marktwirtschaft entstand, errichtete die SED in der DDR eine sozialistische Staats- und Gesellschaftsordnung.

Ein existentielles Problem der DDR bildete ihre fehlende Legitimation, denn das sozialistische System war nicht aus freien Wahlen hervorgegangen. Das zeigte der Volksaufstand 1953, den nur sowjetische Panzer niederschlagen konnten. Um künftig jeden Widerstand zu ersticken, schufen die Machthaber ein ausgedehntes Spitzel- und Überwachungssystem: den Staatssicherheitsdienst. Der Flucht hunderttausender DDR-Bürger setzte erst der Bau der Berliner Mauer 1961 ein Ende.

Auf der Basis des Marshallplans und einer sozialen Marktwirtschaft entwickelte sich in der Bundesrepublik nach 1949 ein „Wirtschaftswunder". Die von der CDU vertretene Integration in das westliche Bündnissystem stieß bei den meisten auf Zustimmung und wurde schließlich auch von der oppositionellen SPD akzeptiert.

Ende der 60er-Jahre übte eine links orientierte studentische Protestbewegung Kritik an der politischen Grundordnung des Staates. Durch Abspaltung radikalisierter Gruppen kam es zu Terror- und Mordanschlägen, doch zeigte sich die Bundesrepublik als „wehrhafte Demokratie". Zugleich erfasste eine Aufbruchstimmung die westdeutsche Gesellschaft, die in dieser Zeit ein liberaleres Gesicht erhielt.

Ein politischer Machtwechsel brachte 1969 die sozialliberale Koalition an die Regierung, die ein umfangreiches Reformprogramm einleitete. Die 1970 mit der Sowjetunion und Polen geschlossenen Ostverträge und der Grundlagenvertrag von 1972 mit der DDR sollten zu einer Entspannung und Verständigung führen.

Als der sowjetische Staats- und Parteichef Gorbatschow 1985 Reformen einleitete, sprang der Prozess der Demokratisierung auch auf die DDR über. 1989 demonstrierten Hunderttausende für mehr Demokratie und brachten mit ihrer „friedlichen Revolution" das SED-Regime zu Fall. Nach den ersten gesamtdeutschen freien Wahlen und intensiven Verhandlungen mit den Alliierten kam es so schließlich zur Vereinigung beider deutscher Staaten am 3. Oktober 1990.

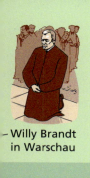
Willy Brandt in Warschau

RAF-Terrorismus

Helmut Kohl Bundeskanzler >>>

Gorbatschow wird Generalsekretär

Fall der Mauer

Deutsche Einheit

1975 — 1980 — 1985 — 1990 — 1995

### Daten
17.6.1953 Volksaufstand in der DDR
1961 Mauerbau
9.11.1989 Fall der Mauer
3.10.1990 „Tag der Deutschen Einheit": Beitritt der fünf „neuen" Länder zur Bundesrepublik

### Begriffe
„Wirtschaftswunder"
Westintegration
Gastarbeiter
Soziale Marktwirtschaft
Ministerium für Staatssicherheit (Stasi)
Planwirtschaft
Neue Ostpolitik
Montagsdemonstration

### Personen
Ludwig Erhard

Willy Brandt

Helmut Schmidt

Erich Honecker

Helmut Kohl

### Methoden
Umgang mit schriftlichen Quellen

Der historische Raum: Deutschland – Von der Teilung zur Wiedervereinigung

## Seiten zur Selbsteinschätzung

### Thema: Deutschland – Von der Teilung zur Wiedervereinigung

Hinweis: Die folgende Tabelle dient der Selbsteinschätzung deiner erworbenen Kenntnisse und Fähigkeiten. Die Auflistung erhebt nicht den Anspruch, vollständig zu sein. Es handelt sich um eine Auswahl,

| Ich kann … | Ich bin sicher. ☺☺ | Ich bin ziemlich sicher. ☺ | Ich bin noch unsicher. ☺😐 | Ich habe große Lücken. ☹☹ |
|---|---|---|---|---|
| … den Begriff „Kanzlerdemokratie" erklären. | | | | |
| … die innenpolitische Entwicklung der BRD in den Fünfzigerjahren erläutern. | | | | |
| … den Prozess der Integration der BRD in den Westen beschreiben. | | | | |
| … die Gründe für den Volksaufstand am 17. Juni 1953 in der DDR nennen sowie den Verlauf und die Ergebnisse des Aufstandes erläutern. | | | | |
| … die Unterschiede der wirtschaftlichen Entwicklung zwischen der BRD und der DDR in den Fünfzigerjahren darlegen. | | | | |
| … die Ursachen für die Errichtung der Berliner Mauer erklären. | | | | |
| … den Begriff „Ostpolitik" erläutern und die wichtigsten Ergebnisse dieser Politik erklären. | | | | |
| … die Veränderungen des Parteisystems in der BRD in den Achtzigerjahren darlegen. | | | | |
| … die Ursachen für die wirtschaftspolitischen Veränderungen in der DDR in den Sechzigerjahren darlegen. | | | | |
| … die Ursachen für die Revolution in der DDR erläutern. | | | | |
| … den Verlauf der Revolution in der DDR bis zur Herstellung der deutschen Einheit darlegen. | | | | |
| … die Bedeutung des Zwei-plus-Vier-Vertrages erklären. | | | | |
| … die Ursachen für die wirtschaftlichen Probleme der ostdeutschen Bundesländer nach der Wiedervereinigung erörtern. | | | | |

Bitte beachte: Kopiere die Seiten, bevor du mit ihnen arbeitest.

die ggf. erweitert werden kann. In der rechten Spalte findest du Hinweise, wie du eventuell vorhandene Lücken oder auch Unsicherheiten beseitigen kannst.

**Bitte beachte: Solltest du über ein Leihexemplar dieses Lehrbuches verfügen, dann kopiere die Seiten, bevor du mit ihnen arbeitest.**

| Auf diesen Seiten kannst du in HORIZONTE nachlesen | Empfehlungen zur Übung, Wiederholung und Festigung |
|---|---|
| 242, 245 | Verfasse einen Lexikonartikel zum Thema: „Der Regierungsstil Konrad Adenauers". |
| 242–244 | Entwickle ein Schaubild zur innenpolitischen Entwicklung der BRD in den Fünfzigerjahren. |
| 248/249 | Nimm Stellung zu folgender Behauptung: „Die Integration der BRD in den Westen war auch ein Resultat des Kalten Krieges." |
| 257 262/263 | Erstelle einen Kurzvortrag zum Thema: „Der 17. Juni 1953 in der DDR". |
| 243/244 246/247 258 | Erläutere die Unterschiede zwischen sozialer Marktwirtschaft und Planwirtschaft. |
| 258–260 | Die Regierung der DDR hat die Berliner Mauer als „Antifaschistischen Schutzwall" bezeichnet. Nimm dazu Stellung. |
| 269/270 272 | Verfasse eine Erörterung zur Ostpolitik der Regierung Brandt. |
| 271 | Finde Argumente für die Behauptung: „Die Gründung der Grünen war ein Resultat neuer politischer Herausforderungen." |
| 274 | Erkläre für ein Schülerlexikon den Begriff „NÖSPL". |
| 276 280/281 | Erstelle ein Schaubild zu den kurz- und langfristigen Ursachen für die Revolution in der DDR. |
| 280–282 | Fertige einen Zeitstrahl mit den wichtigsten Stationen der Revolution in der DDR an. |
| 282 | Erörtere den Satz: „Der Zwei-plus-Vier-Vertrag bedeutete das Ende der Nachkriegszeit für Deutschland." |
| 286/287 289 | Erstelle einen Kurzvortrag zum Thema: „Die Umstrukturierung der Wirtschaft der ostdeutschen Bundesländer nach der Wiedervereinigung". |

# Minilexikon

**Achsenmächte.** Die von Hitler und Mussolini 1936 vereinbarte Zusammenarbeit wurde als „Achse Berlin-Rom" bezeichnet. Sie wurde ergänzt durch den Beitritt Italiens zum deutsch-japanischen Antikominternpakt sowie 1939 durch den Stahlpakt, einem Militärbündnis zwischen dem nationalsozialistischen Deutschland und dem faschistischen Italien. Im 2. Weltkrieg nannte man alle mit Deutschland verbündeten Staaten „Achsenmächte".

**Alleinvertretungsanspruch.** Von der Bundesrepublik Deutschland seit 1955 erhobener Anspruch, dass nur sie Deutschland völkerrechtlich vertreten könne, da allein ihre Regierung durch freie Wahlen legitimiert sei. Dieser Grundsatz westdeutscher Außenpolitik ging auf den Staatssekretär Walter Hallstein zurück und beinhaltete zugleich den Abbruch diplomatischer Beziehungen zu allen Staaten, die die DDR anerkannten. Die Hallstein-Doktrin wurde erst mit der neuen Ostpolitik der sozialliberalen Koalition nach 1969 endgültig aufgegeben.

**Alliierter Kontrollrat.** Im August 1945 gebildetes oberstes Regierungsorgan der Besatzungsmächte in Deutschland. Der Kontrollrat setzte sich aus den vier Oberbefehlshabern der alliierten Besatzungstruppen zusammen und vertrat die Interessen der USA, der Sowjetunion, Großbritanniens und Frankreichs. Neben seinen Kontrollfunktionen sollte er ein einheitliches Vorgehen bei allen Fragen gewährleisten, die Deutschland als Ganzes betrafen. Aufgrund zunehmender Meinungsverschiedenheiten (Kalter Krieg) wurde er bald handlungsunfähig und trat seit März 1948 nicht mehr zusammen.

**Antisemitismus.** Abneigung oder Feindseligkeit gegenüber Juden. Bezeichnung für völkisch-rassistische Anschauungen, die sich auf soziale, religiöse und ethnische Vorurteile stützen. Derartige Vorstellungen spielten eine zentrale Rolle in der Ideologie der Nationalsozialisten und wurden mit ihrem Machtantritt 1933 in Deutschland politisch wirksam. Sie führten zur Ausgrenzung der jüdischen Bevölkerung aus dem politischen, wirtschaftlichen und gesellschaftlichen Leben (Nürnberger Gesetze, 1935), steigerten sich mit dem Pogrom von 9./10. November 1938 („Reichskristallnacht") und mündeten schließlich in eine systematische Massenvernichtung. Mit dem Angriff auf die Sowjetunion im Juni 1941 begann der systematische Massenmord, der ab 1942 auch in Vernichtungslagern verübt wurde. Fast sechs Millionen Menschen wurden ermordet.

**Appeasement-Politik** (engl. = Beschwichtigung). Bezeichnung für die konzessionsbereite britische Außenpolitik gegenüber dem nationalsozialistischen Deutschland, die vor allem von Chamberlain vertreten wurde. Chamberlain machte Zugeständnisse bei den deutschen Revisionsbestrebungen, weil er hoffte, Hitler dadurch von einer kriegerischen Durchsetzung seiner Ziele abhalten zu können (Sudetenkrise, Münchner Abkommen 1938). Diese Politik wurde in England zum Teil heftig kritisiert und nach dem deutschen Einmarsch in Böhmen und Mähren 1939 aufgegeben.

**Besatzungsstatut.** Parallel zur Gründung der Bundesrepublik Deutschland erließen die drei Westmächte 1949 ein Besatzungsstatut. Mit ihm traten sie wesentliche Ho-heitsrechte an den neuen Staat ab, behielten sich jedoch Kontrollbefugnisse und die außenpolitische Vertretung vor. Die Interessen der Westalliierten nahm eine Hohe Kommission mit drei Hochkommissaren wahr. Die Pariser Verträge hoben das Statut nach mehrfacher Lockerung 1955 endgültig auf, doch blieben den Alliierten weiterhin Rechte in Berlin sowie Notstandsbefugnisse vorbehalten.

**Bodenreform.** Neuverteilung von Landbesitz aus wirtschaftlichen oder politischen Gründen. Nach dem Zweiten Weltkrieg kam es insbesondere in den sozialistischen Staaten zu einer Bodenreform durch Enteignung des Großgrundbesitzes zugunsten kleiner oder besitzloser Bauern. Dies war der erste Schritt auf dem Weg zur Kollektivierung im Sinne einer sozialistischen Gesellschaftsordnung.

**Bolschewismus, Bolschewiki** (russ. = Mehrheitler). Bezeichnung für die radikalen sozialdemokratischen Anhänger Lenins, die seiner revolutionären Taktik (Leninismus) auf einem Parteitag 1903 zustimmten. Die bei dieser Abstimmung Unterlegenen akzeptierten für sich den Namen Menschewiki (= Minderheitler). Nach Lenins Theorie muss die Proletarische Revolution von einer straff geführten Kaderpartei getragen werden. Sie ist die bestimmende Kraft auf dem Weg zum Sozialismus und muss durch Parteifunktionäre alle nachgeordneten gesellschaftlichen Gruppierungen beherrschen. In der Sowjetunion erzwang Stalin die Umgestaltung von Staat und Gesellschaft nach bolschewistischen Prinzipien, was nach 1945 von allen Staaten innerhalb des sowjetischen Machtbereichs übernommen wurde.

**Breschnew-Doktrin.** 1968 besetzten Truppen des Warschauer Pakts unter Führung der Sowjetunion die Tschechoslowakei, um die Reformbewegung des „Prager Frühlings" gewaltsam zu beenden. Um diesen Einmarsch nachträglich zu rechtfertigen, vertrat der sowjetische Generalsekretär Breschnew die These, dass alle Staaten des sozialistischen Lagers lediglich ein „eingeschränktes Selbstbestimmungsrecht" besäßen. Die UdSSR hätte daher das Recht zur Intervention, falls der Sozialismus in einem Land gefährdet sei.

**Demontage.** Erzwungener Abbau von Industrieanlagen in einem besiegten Land. Die Reparationen, welche die Alliierten Deutschland nach dem 2. Weltkrieg auferlegten, sollten vor allem die Demontage der deutschen Industrie betreffen. Ein Plan sah den Abbau von 1800 Betrieben und eine Begrenzung der Produktion auf 50 % des Vorkriegsniveaus vor. Der sich verschärfende Ost-West-Konflikt führte in den westlichen Besatzungszonen schon ab 1946 zu einer teilweisen, 1951 zur endgültigen Einstellung der Demontagen. In der sowjetischen Besatzungszone kam es hingegen zu umfassenden Demontagemaßnahmen, die den Wiederaufbau stark behinderten. Die Startbedingungen der DDR waren daher ungleich schlechter.

**Deutsch-Sowjetischer Nichtangriffspakt.** Am 23. August 1939 in Moskau unterzeichneter Vertrag, auch Hitler-Stalin-Pakt genannt. Beide Staaten sicherten sich im Fall eines Kriegs gegenseitige Neutralität zu. Bedeutender war ein „Geheimes Zusatzprotokoll", das die Interessengebiete beider Mächte in Osteuropa voneinander abgrenzte und „für den Fall einer territorialen Umgestaltung" in Kraft treten sollte.

**Deutsche Arbeitsfront (DAF).** NS-Organisation, die nach Zerschlagung der Gewerkschaften angeblich die Interessen der Arbeitnehmer vertrat. Aufgabe der DAF sollte die Überwindung des „Klassenkampfes" durch die Idee der nationalsozialistischen „Volksgemeinschaft" sein.

**Dolchstoßlegende.** Nach dem 1. Weltkrieg von deutschen Nationalisten verbreitete Behauptung, dass nicht das Militär und die kaiserliche Führung für Deutschlands Niederlage verantwortlich seien, sondern Sozialisten und demokratische Politiker. Diese Propaganda diente nationalistischen und antidemokratischen Kräften zur Diffamierung der Weimarer Republik.

**Eiserner Vorhang.** Von Winston Churchill 1945 geprägtes Schlagwort. Es bezeichnet die Grenze in Europa, mit der die Sowjetunion nach dem 2. Weltkrieg ihren Machtbereich von der übrigen Welt abriegelte.

**„Endlösung der Judenfrage".** Seit 1940 Deckname für europaweite Programme zur Verfolgung der Juden, seit Ende 1941 Synonym für totalen Massenmord. Der systematische Massenmord an den europäischen Juden begann im Juni 1941 während des Krieges gegen die Sowjetunion, wurde Ende 1941 auf Polen und im Frühjahr/Sommer 1942 auf das ganze von Deutschland besetzte und kontrollierte Europa ausgedehnt. In den meisten Ländern wurde dieses Vernichtungsprogramm bereits im August 1943 abgeschlossen. An die sechs Millionen Juden wurden ermordet, fast die Hälfte davon in Vernichtungslagern.

**Ermächtigungsgesetz.** Ein Gesetz, durch das ein Parlament die Regierung dazu ermächtigt, an seiner Stelle Gesetze oder Verordnungen zu erlassen. Die Gewaltenteilung ist damit aufgehoben und die demokratische Ordnung gefährdet. Katastrophale Folgen hatte das Ermächtigungsgesetz vom 24.3.1933 („Gesetz zur Behe-bung der Not von Volk und Reich"). Es übertrug die gesamte Staatsgewalt der nationalsozialistischen Regierung und schuf damit die Grundlage der NS-Diktatur.

**Europäische Union** (EU). 1957 schlossen sich die Bundesrepublik Deutschland, Frankreich, Italien sowie die Benelux-

Staaten zur Europäischen Wirtschaftsgemeinschaft (EWG) zusammen. Nach ihrer Verschmelzung mit der Montanunion und der Europäischen Atomgemeinschaft (EURATOM) entstand 1967 die Europäische Gemeinschaft (EG), der weitere europäische Staaten beitraten.
1992 kam es mit dem Vertrag von Maastricht zu einer grundlegenden Ergänzung, später zum Beitritt zahlreicher osteuropäischer Staaten. Die Europäische Union (EU), wie die Gemeinschaft der 28 Staaten seither heißt, setzte sich neue Ziele: Neben dem zollfreien Binnenmarkt wurde eine noch engere Wirtschaftsunion geplant, weiterhin eine gemeinsame Außen-, Sicherheits- und Rechtspolitik. Fernziel ist die völlige Verschmelzung der Volkswirtschaften.

**Faschismus** (von lat. fasces = Rutenbündel römischer Beamter als Symbol der Richtgewalt). Der Begriff bezeichnet ursprünglich die nationalistische, autoritäre und nach dem Führerprinzip ausgerichtete Bewegung Mussolinis, die 1922 in Italien zur Macht kam. Die Bezeichnung wurde bald übertragen auf rechtsgerichtete Bewegungen in anderen Staaten, die gleiche Merkmale aufwiesen: eine antimarxistische, antiliberale und demokratiefeindliche Ideologie mit extrem nationalistischen Zügen und imperialistischen Tendenzen. Ziel des Faschismus ist der Einheitsstaat mit dem Machtmonopol der faschistischen Partei, die das gesamte öffentliche Leben beherrscht. Der Staat fordert vom Bürger bedingungslose Unterwerfung, verherrlicht die „Volksgemeinschaft" und stilisiert den „Führer" als Mythos. Die Durchsetzung der Macht besorgt ein brutales Polizei- und Überwachungssystem, verbunden mit der Einschränkung von Menschenrechten und einer intensiven Propaganda. Das Ergebnis dieser Diktatur ist der „totale Staat": Verlust aller demokratischen Freiheiten, Terror gegenüber Andersdenkenden, Ausgrenzung ethnischer und religiöser Minderheiten. Zu den Erscheinungsformen des Faschismus zählt auch der Nationalsozialismus.

**Freikorps.** Ein aus Freiwilligen bestehender Kampfverband, der nicht zur regulären Armee zählt. In den Jahren 1919–23 setzte die Reichsregierung mehrfach Freikorps zur Abwehr kommunistischer Aufstände und zum Grenzschutz im Osten ein. Auch nach ihrer offiziellen Auflösung bestanden die oft antirepublikanisch eingestellten Freikorps vielfach fort, meist in Form rechtsextremer Untergrundorganisationen, die den inneren Frieden der Weimarer Republik bedrohten.

**Gleichschaltung.** Mit der Gleichschaltung bezweckte der Nationalsozialismus die Durchdringung des Staates und die Ausrichtung aller staatlichen Organe und Interessenverbände auf die nationalsozialistische Reichsregierung. Entsprechende Gleichschaltungsgesetze beseitigten ab 1933 die Länderparlamente, machten die NSDAP zur alleinigen Staatspartei, zentralisierten Gesetzgebung und Verwaltung und zwangen Presse und Kultur unter die Leitung des Propagandaministeriums. Interessenverbände wie z. B. die Gewerkschaften wurden entweder zerschlagen oder durch systemkonforme NS-Organisationen ersetzt.

**Grundgesetz.** Die vom Parlamentarischen Rat ausgearbeitete und 1949 in Kraft getretene Verfassung der Bundesrepublik Deutschland wurde Grundgesetz genannt. Damit sollte ihr provisorischer Charakter angesichts der deutschen Teilung deutlich werden, die zu beheben das Grundgesetz gebot.

**Grundlagenvertrag.** Vertrag von 1972 „über die Grundlagen der Beziehungen zwischen der Bundesrepublik und der DDR". Der Vertrag erkannte erstmals die Souveränität der DDR an und sollte im Rahmen der neuen Ostpolitik der sozialliberalen Koalition eine Normalisierung zwischen beiden deutschen Staaten einleiten.

**Hitlerjugend** (HJ). Bezeichnung für die nationalsozialistische Jugendorganisation mit ihren verschiedenen Untergliederungen. Bereits 1926 von der NSDAP gegründet, wurde die HJ nach der Machtübernahme 1933 zur umfassenden Staatsjugend ausgebaut. Das 1936 erlassene „Gesetz über die Hitlerjugend" bestimmte, dass diese Organisation die Jugend außerhalb von Schule und Elternhaus im Geist des Nationalsozialismus erziehen sollte. 1939 wurde der Dienst in der HJ Pflicht und zum „Ehrendienst am deutschen Volke" erklärt. Zur HJ zählten auch der „Bund Deutscher Mädel" (BDM), das „Deutsche Jungvolk" (DJ) für 10–14-jährige Jungen und der „Jungmädelbund" (JM) für gleichaltrige Mädchen.

**Kalter Krieg.** Bezeichnung für die machtpolitische und ideologische Auseinandersetzung zwischen den USA und der Sowjetunion nach dem 2. Weltkrieg. Er war eingebettet in den globalen Ost-West-Konflikt, in dem sich die Militärblöcke der NATO und des Warschauer Pakts gegenüberstanden. Angesichts der Vernichtungskraft nuklearer Waffen vermieden die Supermächte eine direkte militärische Konfrontation. Stattdessen versuchten sie die Position des Gegners durch Militärbündnisse, Infiltration, Spionagetätigkeit und wirtschaftlichen Druck zu schwächen. An der Schwelle eines „heißen" Kriegs führten vor allem die Berliner Blockade (1948/49), der Koreakrieg (1950–53) und die Kuba-Krise (1962/63). Nach 1963 ließen Entspannungsbemühungen den Kalten Krieg abklingen, doch führte erst der Zerfall des Ostblocks 1989/90 sein endgültiges Ende herbei.

**Kolchose.** Landwirtschaftlicher Großbetrieb in der Sowjetunion auf genossenschaftlicher Basis. Er war ein Ergebnis der Kollektivierung und entstand durch Zusammenschluss bäuerlicher Einzelbetriebe unter Aufgabe des Privateigentums an Land und Produktionsmitteln. Jeder Kolchosbauer durfte daneben ein Stück Hofland bis 0,5 ha in privater Regie bewirtschaften.

**Kollektivierung.** Überführung von Produktionsmitteln – vor allem landwirtschaftlicher Privatbesitz – in genossenschaftlich bewirtschaftetes Gemeineigentum. Die Kollektivierung der sowjetischen Landwirtschaft erfolgte vor allem nach 1929 unter Stalin, und zwar zumeist gewaltsam als Zwangskollektivierung. Die so entstandenen Betriebe nennt man Kolchosen. Nach 1945 kollektivierten auch die sozialistischen Ostblockstaaten ihre Landwirtschaft, so z. B. die DDR in Form der Landwirtschaftlichen Produktionsgenossenschaften (LPG).

**Kommunismus.** Von Marx und Engels begründete Theorie, welche die Vorstellung einer klassenlosen Gesellschaft enthält, in der das Privateigentum an Produktionsmitteln (Fabriken, Maschinen) in Gemeineigentum überführt worden ist. Eingeleitet wird der Kommunismus durch die Proletarische Revolution. Die Arbeiterklasse errichtet die „Diktatur des Proletariats" und nach der Übergangsphase des Sozialismus entsteht allmählich die kommunistische Gesellschaft. Im 20. Jh. bezeichnete man als K. die Gesellschaftsform, die nach der Oktoberrevolution 1917 in der Sowjetunion errichtet wurde und durch die Diktatur der Kommunistischen Partei (KPdSU) gekennzeichnet war. Die Begriffe Kommunismus und Sozialismus werden häufig synonym gebraucht.

**Konzentrationslager** (KZ). Nach ihrer Machtübernahme 1933 errichteten die Nationalsozialisten Konzentrationslager, in denen anfangs politische Gegner, später auch „rassisch" oder religiös Verfolgte in großer Zahl inhaftiert wurden (1945: 715 000 Häftlinge). Die Lager dienten der Einschüchterung, Ausschaltung und Vernichtung und unterstanden der SS. Zwangsarbeit, Hunger, Seuchen und sadistische Quälerei brachten vielen Häftlingen den Tod. Im Rahmen der sogenannten „Endlösung der Judenfrage" errichtete die SS seit 1942 Vernichtungslager in den eroberten Ostgebieten. Knapp die Hälfte der etwa 6 Millionen jüdischen Opfer aus allen Teilen des besetzten Europas wurden hier ermordet.

**LPG.** Nach dem Vorbild der Sowjetunion führte auch die DDR die Kollektivierung der Landwirtschaft durch. Bäuerliche Betriebe wurden meist zwangsweise zu Landwirtschaftlichen Produktionsgenossenschaften (LPG) zusammengeschlossen, der Boden einheitlich bestellt und gemeinsam bewirtschaftet.

**Marktwirtschaft.** Wirtschaftsordnung, die keiner Lenkung durch den Staat unterliegt, sondern dem freien Spiel der Kräfte des Marktes gehorcht. Art und Umfang der erzeugten Güter werden von der Nachfrage bestimmt, die Preisregulierung erfolgt im Wettbewerb mit Konkurrenzprodukten. Voraussetzungen einer Marktwirtschaft

# Minilexikon

sind Privateigentum, Gewerbe- und Vertragsfreiheit, freie Berufs- und Arbeitsplatzwahl sowie ein freier Wettbewerb. Das Gegenmodell zur Marktwirtschaft ist die Planwirtschaft. – Bei einer sozialen Marktwirtschaft trifft der Staat Vorkehrungen, um negative Auswirkungen des freien Wettbewerbs auf die Bevölkerung zu korrigieren. Das geschieht durch eine entsprechende Sozialpolitik, eine Wettbewerbsordnung sowie weitere flankierende Maßnahmen. So z. B. eine Strukturpolitik für wirtschaftlich unterentwickelte Regionen oder eine Konjunkturpolitik zur Dämpfung von Konjunkturschwankungen. Ziel dieser Maßnahmen ist eine gleichmäßigere Einkommensverteilung, der Schutz sozial schwacher Schichten sowie die Verhinderung von Wettbewerbsverzerrungen durch Monopole oder Kartelle (Bundeskartellamt).

**Marshallplan.** Auf Anregung des amerikanischen Außenministers George Marshall entwickeltes „Europäisches Wiederaufbauprogramm", das die USA 1947 als Wirtschaftshilfe für das kriegszerstörte Europa einleiteten. Die Westeuropa zufließenden Mittel umfassten Rohstoffe, Maschinen, Nahrungsmittel sowie Kredite und waren die Grundlage eines Neuanfangs. Die Ostblockstaaten lehnten den Marshallplan unter sowjetischem Druck ab und gründeten unter Führung der UdSSR 1949 den Rat für gegenseitige Wirtschaftshilfe (RGW).

**NATO** (North Atlantic Treaty Organization, Nordatlantikpakt). Angesichts der Ausweitung des kommunistischen Machtbereichs durch die Sowjetunion schlossen sich 1949 12 Staaten Europas und Nordamerikas zum Militärbündnis der NATO zusammen. Heute umfasst das Bündnis, dessen Führungsmacht die USA sind, 28 Staaten. Die Bundesrepublik trat 1955 bei, Frankreich schied 1966 aus der militärischen Integration aus, da es sie als unvereinbar mit seiner Souveränität betrachtete. Die NATO trug während des Ost-West-Konflikts entscheidend zur Stabilität Westeuropas bei und sucht nach Auflösung des Ostblocks 1989/90 ihre Ziele neu zu definieren. Seit dieser Zeit sind auch zahlreiche ehemalige Ostblockstaaten der NATO beigetreten.

**Notverordnung.** Durch Artikel 48 der Weimarer Verfassung war der Reichspräsident ermächtigt, bei Gefährdung der „öffentlichen Sicherheit und Ordnung" gesetzesvertretende Verordnungen zu erlassen, welche die Grundrechte völlig oder teilweise außer Kraft setzten. Diese Maßnahmen mussten zwar auf Verlangen des Reichstags rückgängig gemacht werden, doch da der Reichspräsident den Reichstag jederzeit auflösen konnte, verlieh ihm der Artikel 48 praktisch diktatorische Vollmachten. In der Endphase der Weimarer Republik (1930–33) wurden Notverordnungen zum eigentlichen Regierungsinstrument und ermöglichten den totalitären Staat der Nationalsozialisten.

**Nürnberger Gesetze.** Die Ausgrenzung der jüdischen Bevölkerung durch eine diskriminierende Gesetzgebung leiteten die Nationalsozialisten gleich nach ihrer Machtübernahme ein. Das Berufsbeamtengesetz von 1933 verwehrte allen Deutschen jüdischer Herkunft den Zugang zum öffentlichen Dienst. Verschärfte Bestimmungen schlossen Juden bald aus der Wirtschaft und dem öffentlichen Leben aus und führten 1935 mit den Nürnberger Gesetzen zu einem Höhepunkt der NS-Rassegesetzgebung: Der Entzug zentraler Bürgerrechte deklassierte die jüdische Bevölkerung zu minderen Staatsangehörigen, Eheschließungen und sexuelle Beziehungen zwischen Deutschen und Juden waren als „Rassenschande" verboten und wurden mit Zuchthaus bestraft. Die rechtliche Diskriminierung zog die gesellschaftliche Isolierung nach sich und bereitete den Boden für den Völkermord an den Juden vor („Endlösung", Antisemitismus).

**Oder-Neiße-Linie.** Auf der Potsdamer Konferenz der Siegermächte des 2. Weltkriegs (USA, Sowjetunion, Großbritannien) 1945 festgelegte Demarkationslinie zwischen Deutschland und Polen. Alle deutschen Gebiete östlich dieser Linie, die entlang der Oder und Lausitzer Neiße verlief, wurden polnischer Verwaltung unterstellt. Die Oder-Neiße-Linie sollte bis zur endgültigen Regelung durch einen Friedensvertrag Bestand haben und wurde mit dem „Vertrag über die deutsche Souveränität" vom 12.9.1990 zur völkerrechtlich verbindlichen Grenze.

**Ostverträge.** Bezeichnung für mehrere Verträge, die die Bundesregierung unter Bundeskanzler Willy Brandt (SPD) schloss. Hierzu zählen der Moskauer Vertrag mit der Sowjetunion vom 12.8.1970, der Warschauer Vertrag mit Polen vom 7.12.1970 und der Grundlagenvertrag mit der DDR vom 21.12.1972. In diesen Verträgen erkannte die Bundesrepublik die Unverletzlichkeit der polnischen Westgrenze und die Souveränität der DDR an und verzichtete damit auf ihren Alleinvertretungsanspruch. Die Ostverträge waren zwischen der sozialliberalen Koalition und der CDU umstritten, führten aber zu einer Phase der Entspannung.

**Planwirtschaft.** Bezeichnung für ein Wirtschaftssystem, in dem der Staat die gesamte Volkswirtschaft lenkt und kontrolliert. Produktion, Verteilung von Waren und Preisfestsetzung erfolgen nach einem einheitlichen Plan, dessen Erfüllung eine zentrale Planbehörde überwacht. Ein Wettbewerb ist in diesem System nicht vorgesehen und das freie Spiel der Kräfte des Marktes zur Regulierung von Angebot, Nachfrage und Preisen außer Kraft gesetzt. Die Planwirtschaft – auch Zentralverwaltungswirtschaft genannt – ist vor allem in sozialistischen Staaten verbreitet. Das gegensätzliche Modell ist die Marktwirtschaft.

**Potsdamer Konferenz.** Vom 17.7.–2.8.1945 traten die Regierungschefs der alliierten Siegermächte zur Konferenz von Potsdam zusammen, um die deutsche Nachkriegsordnung zu beraten. Truman (USA), Stalin (UdSSR) und Churchill (Großbritannien) fassten hier wichtige Beschlüsse, die im Potsdamer Abkommen vom 2.8.1945 verankert wurden: Einsetzung eines Alliierten Kontrollrats, Entmilitarisierung, Entnazifizierung, Verfolgung von Kriegsverbrechern, Reparationszahlungen, Übertragung der Verwaltung der deutschen Ostgebiete jenseits der Oder-Neiße-Linie an Polen und die UdSSR (nördliches Ostpreußen), Ausweisung der deutschen Bevölkerung aus den Ostgebieten, Entflechtung der Wirtschaft, Aufbau einer deutschen Selbstverwaltung nach demokratischen Grundsätzen. Die Beschlüsse der Potsdamer Konferenz bestimmten die Deutschlandpolitik nach 1945 entscheidend, wurden jedoch infolge des ausbrechenden Kalten Kriegs und der Gründung beider deutscher Staaten in vielen Bereichen bedeutungslos.

**Räterepublik.** Staatsform, die unterprivilegierte Bevölkerungsschichten (z. B. Arbeiter, Bauern, Soldaten) direkt an der Macht beteiligt. Gewählte Delegierte bilden einen Rat, der alle Entscheidungsbefugnisse besitzt und ausführende, gesetzgebende und richterliche Gewalt in seiner Hand vereinigt. Die Gewaltenteilung ist damit aufgehoben. Die Räte sind ihrer Wählerschaft direkt verantwortlich und jederzeit abwählbar. Das Rätesystem bildet somit ein Gegenmodell zur parlamentarischen Demokratie. In Russland bildeten sich 1905 und während der Oktoberrevolution 1917 spontan Räte (russ. = Sowjets), die später zu Herrschaftsinstrumenten der Kommunistischen Partei wurden. Während der Novemberrevolution 1918 kam es auch in Deutschland zur Bildung von Arbeiter- und Soldatenräten, die jedoch dem parlamentarischen System der Weimarer Republik weichen mussten.

**„Reichskristallnacht".** Ein von den Nationalsozialisten inszeniertes Pogrom gegen die jüdische Bevölkerung im Deutschen Reich, das eine neue Phase der Judenverfolgung einleitete. In der Nacht vom 9. zum 10. November 1938 zerstörten nationalsozialistische Kolonnen etwa 7 000 jüdische Geschäfte, setzten Synagogen in Brand und demolierten Wohnungen, Schulen und Betriebe. Im Verlauf des Pogroms wurden zahlreiche Juden misshandelt, viele fanden den Tod, über 30 000 wurden ohne Rechtsgrundlage in „Schutzhaft" genommen, um ihre Auswanderung zu erpressen (Nürnberger Gesetze, „Endlösung der Judenfrage").

**SA** (Sturmabteilung). Militärisch organisierter Kampfverband der Nationalsozialisten. Die SA war bei Saalschlachten und Straßenkämpfen als Schlägertruppe gefürchtet, verlor jedoch nach Ausschaltung ihrer Führungsspitze 1934 an Bedeutung.

**Sowjet** (russ. = Rat). In der russischen Oktoberrevolution von 1917 bildeten sich – wie schon zuvor in der Revolution von 1905 – spontane Arbeiter-, Soldaten- und Bauernräte. Sie gerieten rasch unter den Einfluss der Bolschewisten, die mit dem „Rat der Volkskommissare" unter Lenin die Regierungsgewalt übernahmen. 1917 wurde die Russische Sozialistische Föderative Sowjetrepublik gegründet, 1922 konstituierte sich die Union der Sozialistischen Sowjetrepubliken (UdSSR). Dem Staatsaufbau lag seither das Rätesystem (Räterepublik) zugrunde, dessen Spitze der Oberste Sowjet bildete. Dieses Parlament wurde alle vier Jahre gewählt, wobei die Bevölkerung lediglich den Kandidaten der Kommunistischen Partei und Vertretern der von ihr beherrschten Organisationen zustimmen konnte.

**Sozialismus.** Im 19. Jh. entstandene politische Bewegung, die bestehende gesellschaftliche Verhältnisse mit dem Ziel sozialer Gleichheit und Gerechtigkeit verändern will. Als Mittel hierzu dient die Überführung der Produktionsmittel in Gemeineigentum, die Einführung einer Planwirtschaft und die Beseitigung der Klassenunterschiede. Seit Ende des 19. Jh. bildeten sich gemäßigte und radikale sozialistische Richtungen, deren Ziele von einer Reform der kapitalistischen Wirtschaftsweise bis zum Umsturz der auf ihr beruhenden Gesellschaftsordnung reichten. Nach 1945 unterschied man den realen Sozialismus, wie ihn die Ostblockstaaten praktizierten, und den demokratischen Sozialismus, wie ihn die sozialdemokratischen und sozialistischen Parteien der westlichen Welt vertreten. In der marxistischen Theorie bildet der Sozialismus das Übergangsstadium vom Kapitalismus zum Kommunismus.

**SS** (Schutzstaffel). Elite- und Terrororganisation der Nationalsozialisten, die 1925 mit Sicherungsaufgaben der NSDAP und ihres „Führers" Adolf Hitler betraut wurde. Unter der Leitung von Heinrich Himmler stieg sie nach 1933 zu einem starken Machtfaktor im nationalsozialistischen Deutschland auf. Als Himmler 1936 zugleich Chef der Polizei wurde und die Geheime Staatspolizei (Gestapo) mit ihrem Spitzelsystem übernahm, verfügte die SS über eine erhebliche Macht im Staat. Während des 2. Weltkriegs übernahmen besondere SS-Verbände zunehmend militärische Aufgaben (Waffen-SS). Als Herrschaftsinstrument der Nationalsozialisten verübte die SS zahlreiche Verbrechen. Vor allem ist sie verantwortlich für die brutale Verfolgung politischer Gegner (Konzentrationslager) und den millionenfachen Mord in den Vernichtungslagern. Der Nürnberger Gerichtshof stufte die SS als „verbrecherisch" ein.

**Stalinismus.** Von Stalin geprägtes Herrschaftssystem, das sich der Gewalt und des Terrors bediente und von etwa 1927 bis 1953 währte. Der von Stalin propagierte „Aufbau des Sozialismus in *einem* Land" sollte vor allem die Industrialisierung vorantreiben und Überreste des Kapitalismus durch einen verschärften Klassenkampf beseitigen. Die Folge war ein brutales Terrorregime, das seine Ziele mit Schauprozessen, Liquidierungen, Deportationen und „Säuberungen" durchsetzte, wobei Stalin einen ausgeprägten Personenkult inszenierte. Der XX. Parteitag der KPdSU verurteilte 1956 die terroristischen Elemente des Stalinismus (Entstalinisierung).

**Truman-Doktrin.** Außenpolitische Leitlinie der USA im Kalten Krieg, die auf einer Kongressbotschaft des amerikanischen Präsidenten Harry S. Truman (1945–52) vom 12.3.1947 basierte. Unter dem Eindruck der sowjetischen Expansionspolitik versprachen die USA, „alle freien Völker zu unterstützen, die sich Unterjochungsversuchen durch bewaffnete Minderheiten oder auswärtigem Druck widersetzen". Diese Eindämmungspolitik der USA sollte von einer massiven Militär- und Wirtschaftshilfe begleitet werden und eine kommunistische Infiltration der westlichen Welt verhindern.

**Vereinte Nationen** (United Nations Organization, UNO). Gestützt auf die Atlantik-Charta gründeten 51 Nationen am 26.6.1945 in San Francisco die UNO. Die Organisation soll den Weltfrieden sichern und die Achtung der Menschenrechte gewährleisten. Die UNO verfügt über fünf Hauptorgane: Zentrale Beratungsinstanz ist die Generalversammlung, die aus den Vertretern der Mitgliedstaaten besteht. Sie wählt die nichtständigen Mitglieder des Sicherheitsrats, den Wirtschafts- und Sozialrat sowie den Generalsekretär. Ihre Entschließungen haben den Charakter von Empfehlungen. Der Sicherheitsrat entscheidet über Maßnahmen zur Friedenssicherung. Er umfasst 5 ständige Mitglieder mit Vetorecht (USA, Russland, VR China, Großbritannien, Frankreich) sowie 10 nichtständige Mitglieder. Weitere Organe sind der Wirtschafts- und Sozialrat, der Internationale Gerichtshof in Den Haag sowie der Generalsekretär als ausführende Instanz. Zahlreiche Sonderorganisationen nehmen sich weiterer Aufgaben der UNO an, vor allem im Bereich der Entwicklungshilfe, der Bildung und Kultur sowie der Gesundheit.

**Vertrag von Maastricht.** Der in Maastricht beschlossene „Vertrag über die Europäische Union", der 1993 in Kraft trat, ergänzte die bisherige Europäische Gemeinschaft (EG) grundlegend. Neben der Vollendung des zollfreien Binnenmarktes sieht er eine vertiefte europäische Integration vor, die durch folgende Maßnahmen erreicht werden soll: Errichtung einer Wirtschafts- und Währungsunion (bereits erfolgt), gemeinsame Außen- und Sicherheitspolitik, Zusammenarbeit in der Innen- und Rechtspolitik, in der Umwelt- und Sozialpolitik.

**Volksdemokratie.** Bezeichnung für kommunistische Herrschaftssysteme, die nach 1945 vor allem in den osteuropäischen Staaten des sowjetischen Machtbereichs errichtet wurden. Während die Einrichtungen einer parlamentarischen Demokratie äußerlich fortbestanden, herrschte in Wirklichkeit die kommunistische Partei, die das gesamte gesellschaftliche und wirtschaftliche Leben bestimmte. Zu den Merkmalen der Volksdemokratie zählen Vergesellschaftung der Produktionsmittel (Kollektivierung, Planwirtschaft) und das Herrschaftsmonopol der kommunistischen Partei, der sich vielfach weitere Parteien im Rahmen eines Blocks unterordnen (Einheitsliste). In der marxistisch-leninistischen Theorie sichert die Volksdemokratie den Übergang vom Kapitalismus zum Sozialismus.

**Volksgemeinschaft.** In der Ideologie des Nationalsozialismus wurde stets die „rassisch verbundene Volksgemeinschaft" beschworen, die über Klassengegensätzen stehen und sich dem „Führer" unterordnen sollte. Da die Nationalsozialisten entschieden, wer zu ihr zählen sollte, war die Volksgemeinschaft ein Instrument zur Ausgrenzung von Minderheiten und zur Brandmarkung politischer Gegner.

**Warschauer Pakt.** 1955 in Warschau gegründetes Militärbündnis, dem 7 Ostblockstaaten unter Führung der Sowjetunion angehörten. Albanien trat 1968 aus. Der Pakt entstand als Reaktion der UdSSR auf den Beitritt der Bundesrepublik zur NATO und beide Militärblöcke prägten nachhaltig den globalen Ost-West-Konflikt. Das Bündnis erwies sich rasch als Herrschaftsinstrument der Sowjetunion, die 1956 den Volksaufstand in Ungarn niederschlug. 1968 marschierten Truppen des Warschauer Pakts in die Tschechoslowakei ein und beendeten die Reformbewegung des „Prager Frühlings". Mit der deutschen Vereinigung verließ 1990 die DDR den Warschauer Pakt, der sich nach Zerfall des Ostblocks 1991 auflöste.

**Weltwirtschaftskrise.** Ende der 20er-Jahre verschlechterten sich die Konjunkturdaten der USA. Die Gründe lagen in einer hohen Überproduktion, einem Absatzrückgang sowie einem aufgeblähten Kreditvolumen. Hinzu kam die destabilisierende Wirkung von Reparationszahlungen sowie die Schuldenlast, welche die Alliierten der USA noch aus der Zeit des 1. Weltkriegs trugen. Dies führte am 24.10.1929 („Schwarzer Freitag") zu einem Kurssturz an der New Yorker Börse, der eine weltweite Wirtschaftskrise auslöste. Die sozialen Folgen der Weltwirtschaftskrise trugen erheblich zur politischen Radikalisierung bei und bewirkten in Deutschland ein Anwachsen des Nationalsozialismus. Massenarbeitslosigkeit und Verelendung breiter Bevölkerungsschichten diskreditierten nicht nur das kapitalistische Wirtschaftssystem, sondern auch die liberale Demokratie.

# Register

10-Punkte-Plan 281
14-Punkte-Plan 20
9/11-Anschlag 215, 228 f.

**A**bdankung 8, 10
Abrüstung 202 f., 205, 213, 279
Achsenmächte 105, 142
Adenauer, Konrad 174, 176, 242, 245, 248 ff., 268, 288
Afghanistan 203, 206 f., 228 f., 236, 288
Alleinvertretungsanspruch 249, 274
Allianz für Deutschland 281
Alliierte 19, 50, 97, 113 f., 118, 121, 134, 136, 142, 152, 156 ff., 162 ff., 166–169, 172, 174, 176, 180, 243, 249, 268, 294
Alliierter Kontrollrat 156, 180
al-Qaida 215, 228
Annexionen 96, 104, 106
„Anschluss" Österreichs 96, 104, 223
Antifaschismus 53, 158, 160, 174, 256, 259, 264 f.
Anti-Hitler-Koalition (s. auch Alliierte) 136, 166
Antikommunismus, Antibolschewismus 76 f., 197, 248
Antisemitismus 46, 76, 90 f., 94 f., 124, 140, 142
APO, Außerparlamentarische Opposition 268
Appeasement 97, 99, 104
Arabien, Arabischer Frühling 228, 230, 233, 270
Arbeitslosigkeit 27 f., 40–44, 50 f., 56, 58 ff., 80, 215, 221, 232, 268, 270, 286
Arbeiter- und Soldatenräte s. Räte
Atlantik-Charta 137, 186
Atombombe, Atomwaffen 24, 136 ff., 142, 166 f., 191 f., 196, 202, 204, 236, 267, 271
Attentate 26, 29, 91, 130, 132, 134, 215, 269
Auschwitz 65, 126, 128 f., 137, 268
Ausreiseantrag 202

„**B**arbarossa" 109
BdM, „Bund deutscher Mädel" 86 f., 89, 119, 130
Beitritt 173, 212, 223 f., 226, 248 f., 282
Bekennende Kirche 131
Berliner Mauer 172, 209, 258–261, 272, 274, 281, 287, 294
Besatzungsmächte, Besatzungszonen 16, 26, 114, 132, 156–159, 163, 168, 180, 190, 250, 261, 264
Bethmann Hollweg, Theobald von 32
Binnenmarkt 41, 223
Blauhelme 186 f., 236
„Blitzkrieg" 108, 125
Blockade 112, 168, 172, 180, 187, 196
Blockbildung 236, 249
Blockparteien 256, 286
Bodenreform 158, 172
Bolschewiki, Bolschewismus 46, 78, 103, 117
Bonhoeffer, Dietrich 131
Boykott 90, 207
Brandt, Willy 172, 240, 259, 268 ff.
Breschnew, Leonid Iljitsch (Breschnew-Doktrin) 198 f., 208
Briand, Aristide 20, 30 f.
Brüning, Heinrich 50, 54
Bundesländer 156, 173, 286 f.
Bundeswehr 228, 248 f., 252, 256, 282, 288
Bürgerkrieg 14, 53, 100, 187, 221, 226, 230
Bürgerrechtler 202, 208, 282, 287
Bush sen., George 214, 284 f.
Bush, George W. 213, 228 f., 231

**C**astro Ruz, Fidel 196
Chamberlain, Arthur Neville 97
Chamberlain, Austen 30
Charta der Vereinten Nationen 137, 186, 188, 272
China 186 f., 190 f., 196, 200 f., 206, 230, 232

Chruschtschow, Nikita Sergejewitsch 196, 258
Churchill, Winston Leonard Spencer 99, 114, 137, 156, 159, 166, 186, 222
Clemenceau, Georges 16, 18
Clinton, William Jefferson Blythe („Bill") 193, 215
Coventry 108

**D**AF, „Deutsche Arbeitsfront" 68, 81
Dawes-Plan 31, 33 f., 40
Deflationspolitik 50
Demontagen 156, 167, 243
Deportationen 109, 114, 126
Deserteure, Desertion 132
„Deutsche Christen" 131
Deutsch-Sowjetischer-Nichtangriffspakt 105, 107
Diktatur 14, 66, 68 f., 72 f., 80, 100, 108, 136 f., 142, 149, 157, 162, 172, 186, 196 f., 214, 229, 231, 265 f., 268
Diskriminierung 90, 124, 175, 272
Displaced Persons 153
Dolchstoßlegende 17, 21
Domino-Theorie 197
„Drittes Reich" 25, 68, 81, 162

**E**bert, Friedrich 8–12, 26, 32, 34, 60, 82
EG, Europäische Gemeinschaft 218 f., 223
EGKS, Europäische Gemeinschaft für Kohle und Stahl s. Montanunion
Ehrhardt, Hermann 26
Eindämmungspolitik 167, 180, 231, 236
Einigungsvertrag 282, 287
„Einsatzgruppen" 114, 124 f.
Elser, Georg 132
Emigration 91, 253
„Endlösung" 127
Entente 29, 32
Entkolonisierung 137
Entmilitarisierung 16 f., 96, 156
Entnazifizierung 156 f., 162 f.
Entspannungspolitik 192, 196, 198, 202, 236, 294
Erhard, Ludwig 243, 268
„Ermächtigungsgesetz" 68, 70, 72, 142
ERP, European Recovery Program s. Marshallplan
Erster Weltkrieg s. Krieg
Erzberger, Matthias 16, 26
EU, Europäische Union 213, 219, 222–227, 282, 288
EURATOM, Europäische Atomgemeinschaft 223
Europäische Kommission 223 ff.
Europäisches Parlament 224 f.
„Euthanasie" 124, 130 f., 140
EVG, Europäische Verteidigungsgemeinschaft 222, 248 f.
EWG, Europäische Wirtschaftsgemeinschaft 222 f., 242, 249
Exil, Exilanten 130, 253
Expansion, Expansionismus 96 f., 99, 108, 112, 166 ff., 285
EZB, Europäische Zentralbank 288

**F**älschungen 24, 280
FDJ, Freie Deutsche Jugend 264, 266 f., 275, 277
Film 22, 35, 39, 66, 81, 94, 111, 124, 163, 253, 264 ff., 274
Fischer, Joseph Martin („Joschka") 288
Flucht, Flüchtlinge 91, 136, 152, 156, 280
Föderalismus 173, 218 f.
Frankfurter Dokumente 172
Frauen, Frauenbewegung, Frauenrechte 13, 35, 37, 80, 119, 148, 152 f., 155, 175, 269, 275
Freikorps 9, 26 f., 59
Frick, Wilhelm 66 f.
Frieden von Brest-Litowsk 8
Friedensbewegung 203, 276, 279
Friedensnobelpreis 31, 270

„Führer", Führerkult 27, 46 f., 68, 72 f., 75, 77, 79, 86, 89, 115

**G**alen, Clemens August Graf von 130 f., 135
Gaskammern 126, 128 f., 140
Gastarbeiter 244
Gazprom 213
Generalstreik 8, 26, 52, 59, 67
Gestapo, „Geheime Staatspolizei" 73, 81 f., 131, 140, 266
Getto 116, 124, 127, 270
Gewaltenteilung 9
Gewerkschaften 9, 28, 50, 52, 68, 81, 142, 157, 208, 244
Glasnost 207
„Gleichschaltung" 72, 75, 94, 142
Gleiwitz 105, 122
Globalisierung 215, 236
Goebbels, Joseph 22, 72, 81, 93, 111, 115, 121, 124, 125, 162
Goldene Zwanzigerjahre 34 f.
Gorbatschow, Michail Sergejewitsch 203, 207 ff., 212 f., 276, 282, 284, 294
Göring, Hermann 66 f., 72, 121, 162, 164
Groener, Wilhelm 9
Grotewohl, Otto 158, 160, 174, 176
Grundgesetz 172–175, 180, 242, 280, 282
Grundlagenvertrag 270, 272, 274, 294
Grynszpan, Hershel 91
GUS, Gemeinschaft Unabhängiger Staaten 208, 212

**H**avel, Václav 208
Heuss, Theodor 174, 262
Himmler, Heinrich 72 f., 82, 127, 134
Hindenburg, Paul von 21, 34, 50 ff., 56, 60, 66, 68 f., 71, 73
Hiroshima 136, 138, 142
Hitler-Putsch 27, 46, 60, 132
Hitler-Stalin-Pakt s. Deutsch-Sowjetischer Nichtangriffspakt
HJ, „Hitlerjugend" 47, 73, 80, 86–89, 119, 130, 266
Ho Chi Minh 196, 200
Holocaust s. Shoah
Honecker, Erich 202, 207, 264, 271, 274 f., 280, 285
Hugenberg, Alfred 32, 66 f., 69

**I**mperialismus 106, 169, 199 f., 267 f.
Industrialisierung 100
Inflation 27 f., 31, 56, 60, 168
Irak-Krieg s. Krieg
Islam 224
Islamismus 215, 228, 236

**J**alta 114, 169
Jelzin, Boris 208, 212 f.
Johnson, Lyndon B. 200, 261
Juden, Judentum 46, 76 ff., 90–94, 109, 114, 116, 124–129, 136, 142

**K**ádár, János 192, 195
Kalter Krieg 137, 166 f., 169, 172, 174, 190, 192, 196, 198, 203, 212 f., 221 f., 224, 231, 236
Kapitulation 108, 113 ff., 136, 142, 180, 190
Kapp-Putsch 26
KdF, „Kraft durch Freude" 81, 85
Kennedy, John F. 196, 201, 272
Klima, Klimaschutz, Klimawandel 215
Kohl, Helmut 271, 273, 281 f., 284, 286 ff.
Kollaboration 109 f., 132
Kollektivierung 100 f., 103, 258
Kolonialismus, Kolonien 17, 19, 40, 96, 110, 112, 137, 196
Kommissarbefehl 117
Konkordat 130
Konservati(vi)smus, Konservative 11, 13, 17, 46, 56, 66, 68, 208
Konsumgesellschaft 252